DR. MARTIN WEISS

DEN MARKT IM GRIFF!

Börsengewinne in jeder Situation

Die Originalausgabe erschien unter dem Titel
Crash Profits –
Make money when stocks sink and soar!
im Verlag John Wiley & Sons

Übersetzt aus dem Amerikanischen von Egbert Neumüller.

Druck: Ebner & Spiegel GmbH

ISBN 3-922669-51-4

BÖRSEN MEDIEN
AKTIENGESELLSCHAFT

Postfach 1449 · 95305 Kulmbach
Tel. 09221-90510 · Fax 09221-67953

Inhaltsverzeichnis

Einleitung

Millionen von Menschen auf der ganzen Welt haben Angst vor der Zukunft, und vielleicht sind Sie einer von ihnen.

Auch ich sehe sehr schwere Zeiten kommen. Aber anders als die meisten Menschen habe ich davor keine Angst.

Eigentlich hat mein Vater, Irving Weiss, schon vor etwa 50 Jahren damit begonnen, mich auf harte Zeiten vorzubereiten.

Während andere Kinder mit ihren Vätern Dame spielten, spielten Dad und ich ein Börsenspiel. Wenn ich Käufer sein wollte, spielte er den Verkäufer, und umgekehrt. Das war seine Art, die Lehren an mich weiterzugeben, die er aus dem großen Börsenkrach von 1929 gezogen hatte.

Dad war einer der großen Außenseiter der Wall Street. Er stand mehr oder weniger allein da als der Mann, der den Crash 1929 richtig voraussah, der das Geld seiner Familie in Sicherheit brachte, als die Kurse purzelten, und der sogar den Crash ausnutzte, um große Profite mitzunehmen.

Dad lieh sich von seiner Mutter 500 Dollar und machte sie während des schwersten Börsenniedergangs der Geschichte zu 100.000 Dollar.

Er lehrte mich, warum jede größere Kursblase unausweichlich mit einem gleichermaßen großen Platzen enden muss ... wie sich Aktiencrashs entfalten und auch den Durchschnittsbürger schädigen ... wie man sich auf Börsencrashs und ihre Nachwirkungen vorbereitet ... und wie man selbst in den allerschlechtesten Zeiten Sicherheit findet und wahren Wohlstand aufbaut. Diese wertvollen Lektionen möchte ich nun auch mit Ihnen teilen.

Dad erzählte mir, dass er den Crash 1929 nicht nur einmal, sondern zweimal besiegt hat: Sein erstes Vermögen machte er, als die Aktien Anfang der 30er-Jahre in den Keller fielen. Als sie den Boden erreicht hatten, machte er ein zweites Vermögen, indem er die Aktien der besten amerikanischen Unternehmen fast zu den niedrigsten Preisen des Jahrhunderts kaufte.

Er begann 1924, als er „im fortgeschrittenen Alter von 16“ als Maschinenschreiber an der Wall Street zu arbeiten anfing. Bis 1928 war er in die Position eines „Kunden-Mannes“ aufgestiegen – er war

Broker. Er handelte für sich selbst und für eine kleine Gruppe von Klienten mit Aktien.

Damals grassierte an der Wall Street das Aktienfieber. – Die Anleger steckten jeden Penny, den sie hatten, in die Börse, und dann liehen sie sich den letzten Dollar, um noch mehr Aktien zu kaufen. Aber Dad glaubte nicht an dieses Fieber. Er sah, dass die Geschäfte in ganz Amerika schlecht gingen und sich weiter verschlechterten. Er sah außerdem, dass der britische und die anderen europäischen Märkte abtauchten. Und zudem wusste er, dass viele Anleger bis zum Hals in Schulden steckten.

Als dann im Oktober 1929 der große Crash kam, hatte er sein Geld strikt in sicheren Anlagen investiert. Während Millionen von Menschen im Großen Krach alles verloren, haben seine Eltern keinen roten Heller Verlust gemacht.

Das war das erste entscheidende Ereignis in seiner Investorenlaufbahn.

Das zweite kam, als er George Kato kennen lernte, einen japanischen Austausch-Studenten und Analysten, der mit den raffiniertesten Spekulanten der Zeit engen Kontakt hatte. Bald wurde George zu Dads Mentor und lehrte ihn, den Aktienmarkt zu shorten und aus einem Crash Gewinn zu ziehen.

Als sich dann im April 1930 die Aktien vorübergehend erholten und die Experten von der Wall Street die Baisse offiziell für beendet erklärten, lieh sich Dad von seiner Mutter 500 Dollar. Dann setzte er das von George Kato Gelernte um, indem er die Aktien shortete, von denen er dachte, dass sie am ehesten fallen würden – eine Strategie, mit der man von Börsenniedergängen profitieren kann.

Der Große Crash des Jahres 1929 war nur eine Kostümprobe für das eigentliche Ereignis gewesen. Der längere und tiefere Abstieg begann 1930 und währte fast drei lange Jahre.

Dad sagte mir, dass er bis zur Bodenbildung des Marktes aus den 500 Dollar von seiner Mutter mehr als 100.000 Dollar gemacht hatte – in heutigem Geld etwa 1,3 Millionen US-Dollar! Aber er bekannte auch, dass er schwere Verluste erlitten hatte, als sich der Markt nicht in seine Richtung bewegte. „Ich habe Blut und Wasser geschwitzt", sagte er oft, „und manchmal wurde es richtig ungemütlich."

Dadurch dass mein Dad im Jahre die Talsohle der Börse erwischte, wurde er sogar noch reicher.

Und dann, kurz vor der Amtseinführung von Franklin Delano Roosevelt (FDR), studierte Dad die Statistiken der Federal Reserve, aus denen genau hervorging, wie viel Bargeld die Amerikaner von den amerikanischen Banken abhoben. Sie entnahmen gewaltige Beträge, und daraus schloss er, dass eine landesweite Schließung der Banken unmittelbar bevorstünde.

Die meisten Menschen nahmen an, eine Bankenpanik und eine Schließung wären so ziemlich das Schlimmste, was je passieren könnte. Sie betrachteten dies als Zeichen eines noch tieferen Crashs – Zeit, sich in die Berge zurückzuziehen. Aber Dad hielt dies für das genaue Gegenteil. Er glaubte, die drohende Bankenschließung würde das Ende des gesamten Niedergangs der Börse ankündigen.

Am 3. März 1932 war er für seinen Schachzug bereit.

Am nächsten Tag sollte FDR in das Amt eingeführt werden, und Dad dachte, der neue Präsident habe keine andere Wahl als die Banken zu schließen und alle notwendigen Schritte zur Wiederbelebung der Märkte einzuleiten. Aber egal was geschehen würde, Dad wusste, dass sich angesichts der niedrigen Kurse große Bluechips zu Schleuderpreisen verkaufen würden.

Dad erzählte die Geschichte folgendermaßen: „Wir gingen direkt zur Hauptstelle unserer Firma in Downtown. Wir hielten uns nicht mit Filialen in Midtown auf. Wir wollten unsere Orders bei dem Mann anbringen, der direkt mit den Händlern auf dem Parkett sprach. Wir kauften alles, dessen wir habhaft werden konnten. Wir kauften GM, AT & T, GE und Sears für ein paar Pennys, ganz knapp vor dem großen Boden."

Der Rest ist Geschichte. Sofort nach Amtsantritt schloss FDR alle Banken, genau wie Dad erwartet hatte. Zusätzlich schloss er auch die Börse, was Dad nicht erwartet hatte. Aber jedenfalls änderte sich die Anlegerstimmung langsam. Das Vertrauen in die Banken nahm wieder zu. Wohlhabende Anleger machten schon wieder Pläne für den Aktienkauf.

Als die Börse endlich wieder eröffnet wurde, stiegen die Preise. Die

Erholung war im Gange, und Dad erzielte große Gewinne. „Ich wünschte nur, ich hätte meine Aktien noch ein paar Jahrzehnte gehalten", sagte er. „Aber so habe ich einen schönen Gewinn mitgenommen und habe zu früh aufgehört."

Das war vor 70 Jahren!

Ich habe es zu meiner Lebensaufgabe gemacht, diese Erfahrungen – die guten und die schlechten – mit den Durchschnittsanlegern zu teilen, und zwar sowohl das, was ich von meinem Vater gelernt habe, als auch das, was ich in 30 Jahren Marktanalyse selbst erfahren habe.

Ich sage den Anlegern immer, sie sollten nicht mit 200-fachem Gewinn rechnen, und auch Sie sollten damit nicht unbedingt rechnen. Aber Sie haben auf jeden Fall die Möglichkeit, ihre finanzielle Zukunft herumzureißen, verlorenes Geld zurückzugewinnen und einen komfortablen Sparstrumpf für sich selbst und Ihre Familie zu füllen.

Dieses Buch vermittelt eine pessimistische Sicht der Zukunft.

Aber ich bin ein fundamentaler Optimist. Ich vertraue auf Amerikas und Europas Know-how, auf die Technologie und die langfristige Erholungskraft.

Ich sehe ein besseres Morgen voraus, nachdem sich der Staub der aktuellen Krise gelegt hat. Börsencrashs – und auch Wirtschaftskrisen – sind nicht das Ende der Welt. Unsere beiden Kontinente haben schon Schlimmeres durchgemacht, und wir haben es überlebt. Wir werden auch dieses Mal überleben. Und noch mehr, wenn wir das Richtige tun, können wir dieses Intermezzo nutzen, um viele der wirtschaftlichen und sozialen Missstände zu beseitigen, die uns plagen.

Sie haben zwei Möglichkeiten: Sie können während des Niedergangs Geld verdienen, und auf dem Rückweg nach oben noch mehr.

Selbst wenn Sie nur eine dieser beiden Gelegenheiten ergreifen und wenn Sie mit einem kleinen Geldbetrag anfangen, können Sie großen Erfolg haben. Je erfolgreicher Sie sind, desto mehr können Sie in die am besten geführten, die solidesten und profitabelsten Unternehmen investieren, wenn sie Ihre Unterstützung am dringendsten benötigen.

Ich habe dieses Buch geschrieben, damit Sie Ihre Erfolgschancen maximieren können. Die erste Hälfte des Buchs handelt von der derzeitigen Krise – wie wir in dieses Chaos hineingeraten sind, welche Gefahren immer noch hinter den Kulissen lauern und was Sie jetzt sofort dagegen tun können.

Die zweite Hälfte enthält Szenarien für den schlimmsten denkbaren Fall und meine Ratschläge, welche Maßnahmen man vor, während und nach der Krise klugerweise treffen sollte. Auch wenn ich ein unheilvolles Bild zeichne, denken Sie immer daran, dass es nie zu spät ist – für Sie als Einzelnen und für eine ganze Nation –, Schutzmaßnahmen zu treffen. Und selbst in den finstersten Zeiten gibt es reichlich Hoffnung auf ein besseres Morgen.

Behalten Sie im Gedächtnis, dass mein schlimmster anzunehmender Fall nicht in Stein gemeißelt ist. Er ist ausschließlich als Warnung davor gedacht, was passieren könnte, wenn unsere Führer den derzeitigen Kurs beibehalten. Das ist meine Art, Sie auf die hervorragenden Gelegenheiten hinzuweisen, die widrige Marktbedingungen Ihnen bieten können.

Manche der bevorstehenden Ereignisse entziehen sich der Kontrolle irgendeines Einzelnen oder einer Gruppe. Unterschätzen Sie trotzdem nicht Ihre eigene Fähigkeit, Ihre Zukunft zu verändern.

Jupiter, Florida
23. Juli 2004

Kapitel 1

Der heimliche Plan des Brokers

Um Ihnen ein vollkommeneres Verständnis des künftigen Geschehens und seiner Ursachen zu ermöglichen, wurde dieses Buch in Romanform verfasst und enthält mehrere erfundene Personen und Unternehmen. Diese sind allerdings ausschließlich dazu gedacht, Sie Schritt für Schritt durch das Gewebe der Ereignisse und Entscheidungen zu geleiten, die in den nächsten Monaten auf Sie zukommen.

Im Gegensatz zu einem Roman jedoch geht es in diesem Buch um die wirkliche Welt. Die Ratschläge sind fundiert und gut dokumentiert. Immer wieder erhalten Sie Schritt-für-Schritt-Anleitungen als praktischen Führer, den Sie sofort benutzen können – um sich aus der Gefahrenzone zu bringen und Ihre finanziellen Ziele zu erreichen.

Wir beginnen mit den Täuschungen und Gefahren, denen Sie als Anleger und Verbraucher gegenüberstehen. Außerdem bieten wir Ratschläge, wie Sie Ihr Geld in Sicherheit bringen können. Danach folgen Ratschläge, wie Sie aus dem Crash Gewinn ziehen können.

Linda Dedini, die etwas über dreißigjährige Tochter einer der höchstbezahlten Führungskräfte Amerikas, sprach nicht gerne über ihren Vater.

Emotional war sie zwar eng an ihn gebunden, aber finanziell war sie vollkommen unabhängig von ihm. Sie schätzte seine Liebe, aber sie wollte nichts von seinem Geld.

Sie und ihr Ehemann, der ebenfalls ein unabhängiger Geist war, wollten beweisen, dass sie es alleine schaffen konnten, ohne einen Penny väterlicher Unterstützung. Abgesehen von ihren engsten Freunden erzählte sie möglichst niemandem, dass ihr Vater ein berühmter CEO war. Sie war Physiklehrerin an der Highschool in Arlington im Bundesstaat Virginia; das war ihre Welt, und sie wollte, dass es so blieb.

Sie wollte nicht einmal seine Investment-Ratschläge. Stattdessen verließ sie sich in fast allen finanziellen Entscheidungen auf eines der größten Brokerhäuser Amerikas: Harris & Jones. Das Unternehmen hatte mehr als fünf Millionen Kunden und war eine der angesehensten Gesellschaften der Wall Street. Sie hatte das Gefühl, sie könnte dem Haus trauen.

James Dubois, der New Yorker Broker, der ihr Depot verwaltete,

Fiktion oder Fakt?

Das vorliegende Buch enthält Informationen über wirkliche Unternehmen und ihre Leiter. Aber da es als Roman gestaltet ist, sind die Hauptpersonen und die entsprechenden Unternehmen einschließlich der hier genannten erfunden:

Personen:	Unternehmen:
Linda und Gabriel Dedini	Harris & Jones
James Dubois	MetroBank
Paul E. Johnston	UCBS
Oliver Dulles	CECAR
Tamara Belmont	ABC Corp.
Don Walker	XYZ Corp.

hatte dies fast über die gesamten 90er-Jahre ganz gut gemacht, und daher hatte sie auch in ihn großes Vertrauen.

Eines Montagmorgens rief sie ihn an, weil sie ihn um Rat fragen wollte. Sie hatte neues Kapital in Höhe von 160.000 Dollar für Investitionen zur Verfügung – der Erlös aus dem Verkauf eines zweiten Hauses – und wollte aus diesem Betrag einen Grundstock schaffen, mit dem sie ihren eigenen Ruhestand und den ihres Mannes sowie die College-Ausbildung ihrer Kinder großzügig bestreiten könnte.

„Ich habe da eine großartige Aktie für Sie“, sagte der Broker begeistert. „Früher kostete sie 64 Dollar, aber jetzt ist sie auf 40 gefallen. Die gute Nachricht ist, dass das Unternehmen in diesem Jahr einen Gewinn von zwei Dollar pro Aktie erzielen soll. Bei einem Kurs von 40 Dollar bedeutet das ein Kurs-Gewinn-Verhältnis von nur 20!“

„Und ist das gut?“, fragte sie.

„Ob das gut ist? Sie machen mir Spaß! Das ist ein fantastisches Schnäppchen. Die meisten Unternehmen dieser Branche haben ein KGV von 30 bis 40. In Wirklichkeit ist dieses Unternehmen also das 30- oder 40-fache der zwei Dollar Gewinn wert, die es machen wird. Wenn

Sie das miteinander malnehmen, was bekommen Sie dann?"

„60 bis 80 Dollar pro Aktie?"

„Ganz genau. Ich würde sagen, sie ist 80 Dollar wert. Aber Sie können sie für 40 bekommen! Das ist der Hauptgrund, weshalb sie unser Researchanalyst gerade erst als 'strong-buy' eingestuft hat. Haben Sie heute morgen CNBC geschaut? Nein? Schade. Gerade vor ein paar Stunden hat unser Analyst ausführlich darüber berichtet."

„Wie heißt es?"

„United Communications and Business Systems – UCBS. Ich bin sicher, Sie haben schon davon gehört."

Sie nickte langsam. Sie schob ihre persönlichen Bedenken beiseite und beschloss, 80.000 Dollar in das Unternehmen zu investieren. Der Broker kaufte ihr 2.000 Aktien zum Preis von 40 Dollar das Stück, und sie wartete darauf, dass die Aktie steigen würde.

Die Aktie tat aber genau das Gegenteil. Es kamen Gerüchte auf, UCBS habe seine Gewinne irgendwie zu hoch angegeben. Genauere Einzelheiten waren nicht bekannt, aber laut verschiedenen Quellen (von denen einige zuverlässig erschienen), sollte das Unternehmen keine zwei Dollar pro Aktie verdienen, sondern nur etwa einen Dollar.

Da die meisten Anleger der Aktie immer noch ein KGV von 20 zugestanden, würde sie nur noch 20 mal einen Dollar, also 20 Dollar wert sein, wenn sich die Gerüchte bestätigen sollten. Fast sofort stießen die Anleger ihre Aktien ab, während der Kurs in Richtung 20 Dollar fiel. Innerhalb von Tagen hatte sie fast die Hälfte ihres Geldes verloren.

Und um dem Ganzen noch die Krone aufzusetzen, wurde ein paar Monate später enthüllt, dass einige der guten und positiven Einstufungen, die das Unternehmen von der Wall Street bekommen hatte, von dem Unternehmen selbst mit Geld erkauft worden waren. Die Analysten hatten enorme Summen dafür bekommen, dass sie das Unternehmen lobten, und sie hatten noch ein Sahnehäubchen auf die ohnehin schon übertriebenen Gewinnschätzungen des Unternehmens gesetzt. Als diese schlechte Nachricht einschlug, stuften mehrere Analysten die Aktie als „hold" ein, was in der Sprache der Wall Street eigentlich „sell", also „verkaufen" bedeutet. Prompt halbierte sich der Kurs der Aktien *nochmals* auf zehn Dollar. Von den ursprünglich angelegten 80.000 Dollar blieben ihr jetzt nur noch 20.000.

Eines Nachmittags, als sie gerade über ihre missliche Lage nachdachte, klingelte das Telefon und riss sie aus ihren Gedanken. Es war Dubois. Zu ihrem größten Missfallen empfahl er, sie solle *weitere* 2.000 Aktien des Unternehmens kaufen, das ihr Portfolio wie ein Torpedo versenkte.

„Schauen Sie", sagte er. „All die negativen Gerüchte über das Unternehmen, die Sie gehört haben, sind ein heimlicher Segen. Sie haben den Kurs weit, *sehr weit* unter den wahren Wert der Gesellschaft gedrückt. Sie brauchen jetzt nichts weiter zu tun, als noch ein paar Dollar draufzulegen; damit drücken Sie den durchschnittlichen Preis, den Sie bezahlt haben, dramatisch. Zusätzlich zu den 2.000 Aktien für 40 Dollar haben Sie dann noch 2.000 Aktien für zehn Dollar das Stück, und somit haben Sie im Durchschnitt 25 Dollar für die Aktie bezahlt. Man nennt das ‚den Dollar-Schnitt drücken'."

Sie sträubte sich dagegen. Sie sagte, sie denke eigentlich eher über einen Verkauf nach.

„Aber nein!", antwortete er, und seine Stimmlage sprang in einem Atemzug um zwei Oktaven nach oben. „Das ist der *denkbar schlechteste* Zeitpunkt, zu dem Sie das tun könnten. Sie sollten lieber nachkaufen. Und wenn Sie nicht dem Mumm haben nachzukaufen, dann halten Sie in Gottes Namen wenigstens!"

Dubois hielt kurz inne, um eine Antwort ihrerseits abzuwarten, aber sie schwieg.

„Denken Sie an die goldene Regel für Gewinne am Aktienmarkt", fügte er in professionellem Tonfall hinzu. *„Investieren Sie immer langfristig*. Über lange Zeiträume betrachtet hat die Börse andere Anlageformen schon immer überflügelt. Am Ende kommt sie immer zurück."

Sie hatte diese Behauptung schon oft gehört, von fast allen – von Freunden, Finanzplanern, sogar von Fernsehmoderatoren und unabhängigen Kommentatoren. Sie schien durch jahrezehntelange Beweise belegt. Sie hatte noch nie jemanden das Gegenteil sagen hören, und daher akzeptierte sie die Behauptung, ohne sie in Frage zu stellen.

In den nächsten Tagen haderte sie mit der Entscheidung, und in jedes

Gespräch ließ Dubois eine neue Anlegerweisheit einfließen, um sie dazu zu bringen, dass sie „Zähigkeit beweisen", dass sie „drinbleiben und durchhalten" solle.

Der Broker hatte einen heimlichen Plan: Er wollte sie als Kundin behalten, und aus Erfahrung wusste er, dass Kunden, die ihre Aktien ausverkaufen, häufig der Börse vollständig den Rücken kehren oder – noch schlimmer – ihr Broker-Konto auflösen. Mit diesem Gedanken im Kopf war er absolut entschlossen, sie mit allen ihm zur Verfügung stehenden Mitteln von dem Verkauf abzuhalten.

Die erste Taktik, die er anwendete, war der Trick mit den „Buch-Verlusten". „Zerbrechen Sie sich wegen Ihrer Verluste nicht den Kopf", sagte er. „Im Moment stehen sie nur auf dem Papier. Wenn Sie jetzt verkaufen, dann tun Sie nichts anderes, als sie wirklich festzuschreiben." Er sagte nichts davon, dass zwischen Buchgewinn und realisiertem Gewinn prinzipiell kein Unterschied besteht. Auch erzählte er nicht, dass die Securities and Exchange Commission (SEC) in den USA von Brokern verlangt, dass sie ihren Wertpapierbesitz in den Portfolios nach dem aktuellen Marktpreis bewerten – damit die Verluste als real anerkannt werden, ob sie nun die Papiere verkauft haben oder nicht. Ihm war ganz klar, dass ein Verlust ein Verlust ist, wie man es auch dreht und wendet. Das war einfach eine Tatsache.

Als die Taktik mit den Buchverlusten nicht zu funktionieren schien, versuchte er es mit dem Argument „seien Sie kein Narr und verkaufen am Boden". Er verwendete sogar eine Vorlage, die ein Verkaufsleiter für ihn erstellt hatte und in der es hieß: „Wir sind ganz, ganz kurz davor, den Nullpunkt zu erreichen. Vielleicht sind wir sogar schon am Boden angelangt. Wenn Sie jetzt verkaufen, dann möchten Sie sich in drei Monaten bestimmt selbst in den Hintern treten. Seien Sie kein Narr."

Die Wahrheit: Der Broker hatte nicht einmal die entfernteste Ahnung, wo der Boden lag. Und auch sonst niemand in dem Unternehmen. Indessen wusste er aus jahrelanger Erfahrung, dass *Aktien keinen Boden erreichen, nur weil sie preiswert erscheinen*. Tatsächlich hatte der Broker beschlossen, dass er in seinem privaten Portfolio erst dann nach dem

Grund tasten wollte, wenn die meisten anderen Broker es schon aufgegeben hatten.

Wie es so kommt, sprang der Markt Mitte der Woche kräftig nach oben, und Linda Dedini dachte sich, dies wäre ihre Chance, endlich auszusteigen. Sie rief Dubois an, um auf der Stelle ein Ende zu machen, aber er hatte auch darauf eine Antwort parat. Er ließ nun die Geschichte von der „großen Erholung“ vom Stapel. „Sehen Sie sich diese große Erholung an“, sagte er und erklärte genau, was der Dow Jones getan hatte. „Ihre UCBS-Aktien kommen jetzt zurück. Sie wollen doch jetzt nicht aussteigen, oder? Doch? Ich kann es nicht fassen. Nachdem Sie so lange durch dick und dünn gewartet haben, wollen Sie jetzt einfach davonlaufen? Gerade jetzt, wo sich alles zu Ihren Gunsten wendet?“

Das letzte Ass, das der Broker im Ärmel versteckt hatte, war der Appell an den Patriotismus. „Ist Ihnen klar“, so fragte er, „was passieren, wenn alle das täten, was Sie gerade vorhaben? Dann würde der Markt *wirklich* absaufen. Aber wenn Sie und Millionen anderer Anleger nur ein bisschen mehr Vertrauen in unsere Wirtschaft – in unser Land – hätten, dann würde sich der Markt erholen und allen wäre geholfen.“

Monate später sollte sie erfahren, dass es zahlreiche Investment-Alternativen gab, mit denen sie aus Börsenniedergängen Nutzen ziehen konnte, und nach ein paar Fehlstarts verfeinerte sie ihr Geschick, aus Crashs große Profite zu ziehen so genannte Crashgewinne. Im Moment jedoch kannte sie nur drei Möglichkeiten: Kaufen, Verkaufen und Halten. Sie entschied sich für Halten.

Sie hatte dafür auch noch persönliche Gründe, die dem Broker allerdings nicht bekannt waren: Ihr Vater war der CEO des Unternehmens.

Kapitel 2

Die Blase

Paul E. Johnston, der CEO von UCBS, wusste ebenfalls nicht viel über Crashgewinne. Und ein paar Monate zuvor, als er aus seinem Büro in Midtown ausdruckslos die Skyline der Wall Street anstarrte, hätte seinen Gedanken auch nichts ferner gelegen als eine Strategie der „Crashgewinne".

Noch vor zehn Jahren hatte UCBS noch aus einer einzigen Fabrik bestanden, aber inzwischen war es durch eine Reihe von Übernahmen schneeballartig angewachsen und entwickelte sich zu einem der größten Technologieproduzenten der Vereinigten Staaten.

Die dringendste Aufgabe des CEO war es, einen Berg von Geld zu beschaffen.

Ohne zusätzliche Mittel würde er nicht in der Lage sein, den nächsten gigantischen technischen Sprung nach vorne in der hochentwickelten Glasfasertechnologie zu machen. Er könnte dann nicht die Dutzende von Startup-Unternehmen in den Vereinigten Staaten und im Ausland kaufen, die in der Branche die führenden technischen Innovatoren waren. Er wäre dann vielleicht nicht mehr in der Lage, sich selbst vor weltweit tätigen Giganten zu schützen, die vorhatten, *ihn* aufzukaufen. Und was das Schlimmste war, er wäre dann möglicherweise nicht mehr in der Lage, die ganzen Schulden zu begleichen, die bald fällig wurden – alles Geld, das er in der ersten Übernahmerunde ausgegeben hatte.

Wie viel Geld würde er wohl brauchen? Zum dritten Mal innerhalb von 24 Stunden sann er über die Liste der Unternehmen nach, die er erwerben wollte, und kam immer auf die gleiche imponierende Zahl von 4,3 Milliarden US-Dollar, viel mehr als er je in der Unternehmensgeschichte beschafft hatte. Ehrgeizig? Ja. Unmöglich? Nein. Andere Hightech- und Telekomgiganten taten es doch auch. Warum sollte er das nicht können?

Für die Beträge jedoch, die Johnston jetzt beschaffen wollte, gab es keine Bank und keinen Investor, die die Summen bereitgestellt hätten. Selbst ein Konsortium aus den größten Banken der Welt würde das nicht tun. Es gab nur eine einzige Quelle für dieses Geld: den Aktienmarkt.

In den 90er-Jahren hatte sich der Aktienmarkt dramatisch verändert. Wenn man davor einen nennenswerten Geldbetrag hatte beschaffen wollen, musste man schon ein etabliertes Fortune-100-Unternehmen sein, dessen Aktien an der New York Stock Exchange (NYSE) gehandelt wurden.

Jetzt aber konnte mehr oder weniger jedes Unternehmen mit einer tollen Hightech-Story beträchtliche Summen auftreiben, indem es seine Aktien an einer neuen Börse notieren ließ, nämlich an der Nasdaq, in die Millionen von Anlegern aus der ganzen Welt Milliarden von Dollars hineinschütteten. In den 60 Monaten vom Januar 1995 bis zum Dezember 2000 hatten die Investoren 933 Millionen Dollar in WorldCom und 285 Millionen in XO Communications hineingesteckt. Sie schnappten sich die Aktien von Globalstar Telecommunications, Luminent, Prodigy Communications, Internet Capital Group und vieler anderer angesagter Stars des Tages. Es entstanden mehr als 2.809 neue Unternehmen. Insgesamt wurden 177 Milliarden Dollar beschafft, davon 103 Milliarden allein in den Jahren 1999 und 2000.

Johnston kannte den Nasdaq-Wahn aus nächster Nähe. Deshalb war er unter Seinesgleichen einer der ersten gewesen, die sich dem Club anschlossen – und die Aktien ihres Unternehmens an der Nasdaq notieren ließen. Und deshalb kam er auch von Zeit zu Zeit auf die Wall Street zurück, um immer größere Kapitalmengen zu beschaffen.

Und als wäre das noch nicht genug, war er auch noch bis zum Anschlag verschuldet. Ende 1999 hatte UCBS auf jeden Dollar Kapital Schulden in Höhe von fünf Dollar. Und was noch schlimmer war, das Unternehmen hatte auf jeden Dollar Schulden, die innerhalb eines Jahres fällig wurden, nur acht Cent Bargeld auf der Bank. Das war ein weiterer stillschweigender Grund, weshalb der CEO jetzt an der Beschaffung der 4,3 Milliarden Dollar schier verzweifelte.

Er wusste von zwei Unternehmen, die schon einmal so viel Geld beschafft hatten: UPS hatte den Anlegern im November 1999 die Anzahl von 109 Millionen neuer Aktien für 5,4 Milliarden Dollar verkauft, und im Oktober 1998 hatte Conoco 191 Millionen Aktien für 4,4 Milliarden Dollar verkauft.

Das wusste der CEO. Er wusste auch, dass er für die Beschaffung von so viel Geld nicht einfach mit dem Hut in der Hand und ein paar mickrigen Zahlen aus der Maschine in die Wall Street gehen könnte. Er würde eine absolut fabelhafte Geschichte brauchen. Er müsste schwindelerregende Umsatzzunahmen, irrwitzige Gewinnprognosen und blendende Märchen von futuristischen technischen Wunderdingen vorweisen können.

Der Chief Executive kannte das Zielpublikum für seine Schau sehr gut. Es waren nicht die Zehntausende Anleger, die ihre Ersparnisse und ihr Ruhestandsgeld in die Aktien des Unternehmens investieren würden. Auch waren es nicht die Hunderte Fondsmanager, die sich wie eine Herde Rinder über die Aktien hermachen würden.

Nein. Er achtete darauf, dass er mit *diesen* Menschen nur selten sprach, und ließ es niemals zu, dass deren Angst oder Gier seine Vision von der Zukunft trüben oder seine Konzentration auf Wachstum verderben könnten. Das *einzige* Publikum, zu dem er wirklich sprach, waren die Researchanalysten der Wall Street – die jungen, aufgedrehten Stockpicker, die für große Firmen der Wall Street wie Merrill Lynch, Salomon Brothers Smith Barney, Prudential Securities oder Lehman Brothers arbeiteten.

Es war *ihre* Aufgabe, nicht seine, mit den Managern von Investmentfonds und mit anderen Investoren zu reden. Es war ihr Job, den Medien und der Öffentlichkeit gegenüber die Aktien von UCBS hoch zu loben. Damit sie das wirklich mit großem Aufsehen taten, musste er mehr tun als die Analysten nur zu überzeugen, dass es dem Unternehmen gut ging. Sie mussten sich die Finger danach lecken wie japsende Hunde, sie mussten vor Aufregung beben. *Dann* würden sie entsprechende Researchberichte schreiben und damit ihre Emotionen an die Millionen von Anlegern weitergeben.

Aber Johnston wusste auch, dass die Bilanz von UCBS nur selten bilderbuchmäßig war. Hinter der schönen Fassade und dem Glitter lauerten Makel und Risse im Geschäftsbetrieb des Unternehmens. Einige aufgekaufte Unternehmen standen am Rande des Zusammenbruchs, und es gab Schulden, die auffallen konnten wie schwärende Wunden.

Deshalb lud er an diesem warmen Montagmorgen im August einige der höchstbezahlten Unternehmensberater der Welt ein, ihm bei der

Suche nach Schönungsmöglichkeiten für seine Bilanzen zu helfen. Diese Consultants waren schlau. Sie arbeiteten in einer der fünf großen Beratungsfirmen des Landes. Sie kannten die allerneuesten Kniffe – Buchführungstricks, um schlechte Zahlen aufzupeppen. Aber würden ihre Vorschläge ausreichen? Würden sie legal sein?

„Vollkommen legale" Abrechnungsmanöver

Als sich die Sonne weiter über Downtown Manhattan erhob, zwang sie den CEO, seine Augen vom Fenster abzuwenden, und erinnerte ihn daran, dass die Berater in einem privaten Besprechungszimmer direkt neben seinem Büro warteten. Er riss sich aus seiner Träumerei und ging bedächtig in das Zimmer.

Vor ihm saßen drei Angestellte des Beratungsunternehmens – eine Frau in den 40ern mit einem Harvard-Abschluss, ein jüngerer Bursche, ebenfalls mit Universitäts-Abschluss, und Oliver Dulles, ein grauhaariger Mann mit langjähriger Erfahrung als zertifizierter Rechnungsprüfer (Certified Public Accountant, CPA).

„Vor uns liegt eine historische Herausforderung", sagte Johnston, nachdem man sich einander nur knapp vorgestellt hatte. „Wenn wir unsere Ziele erreichen wollen, dürfen wir die Aktien von UCBS nicht mehr ausschließlich als ‚Unternehmensaktien, die wir verkaufen wollen' betrachten, sondern als etwas viel Größeres. Wir müssen sie wie eine neue *Währung* betrachten „eine neue Art Dollar, Pfund oder Yen. Wir müssen UCBS zu einer der *wertvollsten* Währungen der Welt machen. Wir wollen, dass die Aktien von UCBS in die Stratosphäre aufsteigen und immer mehr Wohlstand schaffen. Wir wollen diese Währung, unsere Aktie, zum Kauf noch größerer Unternehmen benutzen."

Der CEO machte eine kurze Pause, und in der Sekunde des Schweigens dachte er bei sich selbst: *Und wir müssen den Wert meiner eigenen Aktien und Bezugsrechte hochkitzeln. Sie haben mich schon reich gemacht. Jetzt werde ich noch reicher.*

Die Beraterin mit dem Harvard-Abschluss antwortete, als hätte sie seinen letzten Gedanken gehört: „Der erste Punkt auf der Tagesordnung ist die Generalüberholung der Entschädigungszahlungen an Ihre Führungsmannschaft. Wir glauben, sie – Sie – müssen belohnt werden und brauchen Anreize, um ein noch schnelleres Wachstum als jetzt zu erzielen. Im Moment nehmen Sie einschließlich Ihrer Aktien und *Bezugsrechte* in diesem Jahr nicht mehr als 14 Millionen Dollar mit nach Hause. Aber gemäß unserer vergleichenden Analyse der Managergehälter in vergleichbaren Unternehmen müssten Sie mindestens das Fünffache bekommen, vielleicht sogar das Zehnfache. Ich brauche wohl nicht zu sagen, dass das einzige Instrument, das dies ermöglichen kann, Bezugsrechte sind. Also schlagen wir eine drastische Aufstockung Ihres Bezugsrechtsplans vor."

Der CEO nickte wissend. Bezugsrechte waren das neue Elixier der amerikanischen Unternehmenswelt. Sie boten den CEOs die Chance auf den Profit von tausend Lebenszeiten, und sie mussten nicht als Ausgaben deklariert oder von dem Gewinn abgezogen werden, über den an die Aktionäre berichtet wurde. Bezugsrechte ermöglichten es den CEOs, Unternehmen zu plündern und königliche Summen zu erlösen, worüber die Aktionäre fast unbegrenzte Zeit im Dunkeln bleiben konnten.

Dieser CEO besaß bereits einen Stapel Bezugsrechte, die ihm das Recht gaben, Aktien unter dem Handelspreis zu kaufen. Die Aktien von UCBS wurden für zwölf Dollar gehandelt, und er hatte Bezugsrechte auf eine Million Aktien zum durchschnittlichen Preis von zehn Dollar, also zwei Dollar unter Wert. Wenn er sie sofort zu Geld machen wollte, dann konnte er eine Million Aktien für zehn Dollar kaufen und sofort wieder für zwölf Dollar verkaufen. Dabei würde er einen Gewinn von zwei Dollar pro Aktie oder insgesamt zwei Millionen einheimsen. *Nicht schlecht,* dachte er bei sich selbst, *aber immer noch nicht gut genug.*

Was ihn allerdings am meisten störte, war der Punkt, den die Berater gerade jetzt ansprachen: Die wachsende Schere zwischen seiner eigenen Entschädigung und derjenigen anderer Personen am Ruder von Gesellschaften der gleichen Größenordnung.

Johnston wusste beispielsweise, dass Enron, einer der Vorreiter auf dem Gebiet der „kreativen Abrechnung", seinen Managern gegenüber besonders großzügig war. Der Enron-Vorsitzende Kenneth Lay bekam ein Grundgehalt von 1,3 Millionen Dollar im Jahr und Bonuszahlungen von sieben Millionen. Außerdem übte er im März 2000 Bezugsrechte aus, die 123 Millionen Dollar wert waren. Der CEO von Enron indes, Jeffrey Skilling, bekam 850.000 Dollar, einen Bonus von 5,6 Millionen, und er hatte im Jahre 2000 Bezugsrechte im Wert von 62 Millionen Dollar ausgeübt. Ungefähr im gleichen Zeitraum kassierte Andrew Fastow, der CFO von Enron, 30 Millionen Dollar für das Management von zwei „Gesellschaften für besondere Aufgaben".

Inzwischen schritt WorldCom schnell auf dem Weg voran, der größte Telekommunikationsriese der Welt zu werden. Dies resultierte vor allem aus einem aggressiven Übernahmeprogramm ähnlich dem von UCBS. Johnston vermutete zutreffend, dass die Führungsmannschaft von WorldCom eine der bestbezahlten überhaupt sein müsste. Tatsächlich erhielt Bernard Ebbers, Präsident und CEO von WorldCom, im Jahre 2000 ein Gehalt von 41 Millionen Dollar und Bonuszahlungen von zehn Millionen Dollar. Zudem bekam er mehr als eine Million Bezugsrechte auf WorldCom-Aktien, die in jener Zeit 53,4 Millionen Dollar wert waren. Im Jahre 2000 übte Ebbers mehr als eine Million Bezugsrechte im Wert von 23,4 Millionen Dollar aus. Als er später das Unternehmen verließ, bekam er von der Gesellschaft noch ein Darlehen über die erstaunliche Summe von 408 Millionen Dollar – ganz zu schweigen von dem lebenslangen Gehalt in Höhe von 1,5 Millionen Dollar jährlich.

Johnston wusste allerdings nicht, dass Enron später in einem Pfuhl des Betrugs kollabieren würde. Auch hatte er nicht die leiseste Ahnung von den Problemen, die auf WorldCom zukamen – einem Betrug und Bankrott, neben dem derjenige von Enron ein Kinderspiel war.

Ein solcher Ausgang kam einem überhaupt nicht in den Sinn. Die Unterredung bei UCBS konzentrierte sich auf den Bezugsrechtsanteil der Gehälter, den entscheidenden Teil. Die Bezugsrechte für den Kauf von Aktien des eigenen Unternehmens waren eine Art *Call-Option* – man hatte das Recht, allerdings nicht die Pflicht, die Aktien zu einem relativ niedrigen Preis zu kaufen. Danach konnte man sie sofort teurer verkaufen. Wenn die Aktie des Unternehmens nicht stieg, hatte man außer den Bezugsrechten an sich nichts verloren. Wenn eine Aktie stieg, konnten allein diese Optionen das Zehnfache des Grundgehalts wert sein.

Man muss kein Genie sein um auszurechnen, was passieren würde, wenn die Aktie des Unternehmens beispielsweise um 30 Prozent fallen würde: Das „höchste Tier“ würde dann ein Drittel, die Hälfte oder gar zwei Drittel seines privaten Reichtums einbüßen. Je nach Unternehmen konnte dieser Anteil Hunderte von Millionen Dollar darstellen.

Die CEOs waren keineswegs dumm. Sie wussten, dass es nichts Besseres als einen positiven Ergebnisbericht gab, um die Aktienkurse hochzutreiben. Jedes Quartal kneteten skrupellose CEOs die Zahlen durch; sie versteckten Verluste auf jede mögliche Weise, blähten die Einnahmen künstlich auf, und wenn alles nichts half, dann schauten sie den Anlegern in die Augen und logen, dass sich die Balken bogen.

Als dann später diese Aktien zusammenbrachen und Millionen von Menschen ruiniert waren, missbilligten die Öffentlichkeit und der US-Kongress aufs Bitterste die CEOs, die ungeschoren mit Villen in Beverly Hills, hochseetüchtigen Yachten und achtstelligen Bankkonten davonkamen. Vorerst aber stellten an der Wall Street nur wenige das Grundprinzip in Frage, dass CEOs standardmäßig eine extra dicke Lohntüte hatten und dazu noch horrende Bonuszahlungen bekamen. „Solange diese Manager Sie reich machen“, so argumentierten die Analysten, „warum sollten *Sie* sich dann um die Höhe von *deren* Entlohnung scheren?“

Daher war bei UCBS der Umfang kein Thema, als die Dame mit dem Harvard-Abschluss Johnston eine Tabelle mit Vorschlägen für die Umstellung der Bezahlung für die Unternehmensleitung aushändigte. Im Spaltenkopf standen jeweils sein Name und die Namen von vier weiteren Topmanagern des Unternehmens. Auf der linken Seite waren verschiedene Szenarien für die Kursentwicklung der UCBS-Aktie von zehn Dollar bis 100 Dollar eingetragen. „Dies ist ein Überblick über das, was Sie und der Rest der Unternehmensleitung mit unserem neuen Vorschlag verdienen können, je nachdem was mit dem Aktienkurs von UCBS passiert“, erklärte sie.

Als sich Johnston die Tabelle ansah, verkniff er sich ein kleines Lächeln.

In der untersten Zeile stand für ihn eine Gesamtentlohnung von 360 Millionen Dollar für den Fall, dass die Aktie auf 100 Dollar steigen würde. Selbst wenn die Aktie nur die Hälfte des Weges schaffen würde – 50 Dollar –, konnte er satte 160 Millionen Dollar abstauben. *Was sagt man dazu,* dachte er.

Die Frau wartete, bis die Zahlen so richtig ihre Wirkung getan hatten, und dann begann sie zu erklären, was diesen Berechnungen zu Grunde lag. „Zunächst schlagen wir vor, dass die Gesamtzahl der Aktienbezugsrechte für Führungskräfte vervierfacht werden sollte. Zweitens verschieben wir dabei das Gewicht in Ihre Richtung und die des Topmanagements – die mittlere Führungsebene bekommt wenig, und die unteren Ränge gar nichts. Unnötig zu erwähnen“, fügte sie quasi in Klammern hinzu, „dass weder ich noch Sie darüber zu befinden haben – das ist Sache des Board of Directors von UCBS.“

Wegen dieses Aspektes hatte der CEO keine Bedenken. Er wusste, dass die Board-Mitglieder die Änderungen im Nu absegnen würden. Und wieso? Aus dem einfachen Grund, dass ihnen selbst immer eine Miniversion der Entschädigungspakete zustand, die die Topmanager bekamen. Für ihre Ja-Stimmen würden sie reichlich belohnt werden.

„Jetzt“, so schloss die Frau, „hat die Führungsmannschaft einen wirklich starken Anreiz, das Menschenmögliche zu tun, um die UCBS-Aktie an der Börse hochzutreiben, und das führt uns zum zweiten Tagesordnungspunkt – zu Ihrer Bilanz nämlich. Jetzt macht Oliver weiter.“

Sie nickte dem CPA zu, und dieser zog einen gelben Block aus der Tasche, auf dem er sich mehrere Stichpunkte notiert hatte.

Das falsche Spiel mit den Tochterfirmen

Oliver Dulles war ein Zahlenvirtuose – weit über dem Niveau eines normalen CPA. Vor vielen Jahren hatte er einen Abschluss als BS (Bachelor of Science) in Sozialpsychologie an der New York University gemacht, und dort war er bekannt dafür gewesen, dass er alle seine Forschungsarbeiten mit einer großen Portion Statistiken versah.

Anfang der 80er-Jahre jedoch versiegten die Finanzmittel für seinen

Forschungszweig, nachdem sie in der Johnson-Ära massenhaft geflossen waren. Auch die Lehraufträge waren knapp. Also baute Dulles seine Karriere um und übertrug seine Fähigkeiten zur Zahlenverarbeitung auf das Rechnungswesen, wo eine sichere Stelle und ein gutes Einkommen so gut wie garantiert waren. Die Buchhaltung langweilte ihn zwar häufig, aber er hatte das Gefühl, dass ihm nichts anderes übrig blieb.

„Wir haben Ihre betrieblichen Aktivitäten fein durchkämmt", sagte er. „Wir haben jeden einzelnen Punkt in ihrer Gewinn-Verlust-Rechnung untersucht. Und wir sehen vielfältige Möglichkeiten, sie sehr viel besser aussehen zu lassen als sie sich jetzt darstellt."

„Zunächst", sagte er, „haben wir eine Liste aller Töchter, Jointventures und Partnerschaften von UCBS in den Vereinigten Staaten und im Ausland zusammengestellt. Sie umfasst 27 Seiten und ist zwar sehr kompliziert, dafür aber reich an Möglichkeiten – von denen wir die meisten bereits genutzt haben. In fast allen Fällen besitzt UCBS nicht mehr als 49 Prozent des jeweiligen Unternehmens. Das ist sehr klug. Denn wie Sie wissen, brauchen Sie die Bilanz einer Gesellschaft nicht in die Ihrige zu konsolidieren, wenn Ihr Anteil keine Mehrheitsbeteiligung darstellt. Das bedeutet, dass Sie sie dafür benutzen können, die Schulden aus Ihren Büchern herauszuhalten. Wenn das Tochterunternehmen dann irgendwann Gewinn erwirtschaftet, haben wir die Möglichkeit, für einen Klacks die Aktienmehrheit zu erwerben. Erst dann konsolidieren wir die Zahlen und erhöhen damit die Profite von UCBS, so dass wir sie den Anlegern zeigen können."

„Zahl heißt – wir gewinnen, Adler heißt – Ihr verliert", fügte der jüngere Berater mit Begeisterung hinzu. „Gibt es Verluste, können wir sie verstecken. Gibt es Gewinne, können wir damit protzen. In jedem Fall stehen wir duftend wie eine Rose da. Alle tun das."

In der Tat benutzte Ende der 90er-Jahre fast jedes große multinationale Unternehmen seine Töchter – insbesondere die Auslandstöchter – für die Manipulation seiner Bücher.

Das Paradebeispiel, das in dieser Besprechung angeführt wurde, war Enron, mit Abstand der Weltmeister im Spiel mit dem Tochter-Trick. Schätzungen zufolge hatte Enron mehr als 900 Tochterunternehmen,

Partnerschaften und Jointventures in den Vereinigten Staaten sowie im Ausland; viele davon waren nichts als leere Hülsen. Enron beschäftigte 245 hausinterne Anwälte, davon 145 in den Zwillingstürmen, in denen sich die Unternehmenszentrale befand, das sechstgrößte Büro der Stadt. Sie arbeiteten in Vollzeit daran, um das enorme Unternehmensnetz herum eine Fassade der Legalität aufzubauen. Enron betrieb die Aufblähung seiner Vermögenswerte derart geschickt, dass es die Wall Street, die gesamte US-Regierung und Millionen von Anlegern davon überzeugen konnte, es sei das siebtgrößte Unternehmen Amerikas – größer als Walt Disney, J.P. Morgan Chase, Boeing, 3M und Chevron Texaco. Später stellte sich heraus, dass Enron, wenn die Einkünfte korrekt bewertet worden wären, wohl eher Rang 69 eingenommen hätte.

Die Berater erwähnten weitere Gesellschaften, die mit legalen Manövern um Schulden und Verluste herumkamen – Adelphia Communications, Computer Associates, Global Crossing, Halliburton, Lucent Technologies, Qwest Communications und Tyco International. Später stellte sich heraus, dass in manchen Fällen auch illegale Manöver eine große Rolle gespielt hatten. Und diese ungesetzlichen Handlungen machten Schlagzeilen; den Kern der Täuschungsstrategien der Unternehmen bildeten allerdings die so genannten legalen Aktivitäten.

Der CEO hatte schon viel von kreativer Buchführung gehört und konnte ein paar Zahlenspielereien hier und da akzeptieren. Die Vorschläge, die jetzt auf dem Tisch lagen, bedeuteten allerdings eine viel höhere Größenordnung. Da saß er nun und unterhielt sich mit Vertretern einer der renommiertesten und traditionsreichsten amerikanischen Rechnungsprüfungsgesellschaften, und diese Vertreter legten ihm einen Plan vor, der seine Unternehmenstöchter in virtuelle Bilanzmülleimer verwandeln würde – Plätze, an denen man beträchtliche Schulden und unerwünschte Ausgaben abladen konnte. Trotz seiner Zweifel lehnte er sich zurück und hörte schweigend zu.

„Diese Struktur", fuhr der jüngere Berater fort, „bringt Ihre Ergebnisberichte und Bilanzen auf Hochglanz. Allein aufgrund dessen sollte sich die UCBS-Aktie für knapp 18 statt für elf Dollar verkaufen. Sie bekommen nicht nur ein paar Dollar, sondern die Investmentbanker werden Ihnen Finanzierungen ermöglichen, von denen Sie vorher nur träumen konnten. Investoren und Banken werden Ihnen das Geld zuwerfen als gäbe es kein Morgen."

Das große Pensionsfondsmanöver

Dann gab es einen kurzen Augenblick des Schweigens, als die Beraterin mit dem Harvardabschluss einen Assistenten bat, den Konferenzraum zu verdunkeln und einen Projektor einzuschalten, den sie an ihr Notebook angeschlossen hatte. „Das Beste haben wir uns für den Schluss aufgehoben", kündigte sie an. „Alles, was wir Ihnen bisher erzählt haben, ist Kleinkram im Vergleich zu dem, was wir Ihnen jetzt zeigen werden."

Das Logo von Microsoft Powerpoint erschien kurz auf einer großen Leinwand an der Wand, und dann kam das erste Dia. „Das sind unsere letzten Zahlen zum Pensionsfonds für die Angestellten von UCBS", sagte sie und verstummte abrupt, um anzudeuten, dass sie gleich etwas Dramatisches sagen würde. „Der erste Chart beantwortet die erste Schlüsselfrage: Wie viel Geld brauchen wir, um all diese Zahlungsversprechen an die Beschäftigten zu erfüllen? Die Antwort: 9,6 Milliarden Dollar. Das zweite Diagramm beantwortet die zweite große Frage: Wie viel Geld *haben* wir momentan in dem Fonds? Aufgrund der Investitionen bis zum Jahresende lautet die Antwort: 11,1 Milliarden Dollar!"

Wie es oft seine Art war, stellte sich Johnston dumm, um eine klare Antwort zu bekommen. „Ist das ein großer Überschuss?", erkundigte er sich.

„Das ist ohne Witz enorm. Das sind satte 1,5 Milliarden *mehr* als wir brauchen. Mit anderen Worten ist der Pensionsfonds um 1,5 Milliarden *überfinanziert*. Und warum? Der Aktienmarkt steigt. Der Anleihenmarkt geht nach oben. Deshalb ist das Portfolio mehr gewachsen als geplant. Das ist eine Goldgrube. Und sie liegt offen da, weitgehend ungenutzt."

Der CEO war ehrlich verwirrt. „Ich verstehe nicht ganz. Diese 1,5 Milliarden Überschuss, von denen Sie sprechen, das ist doch Geld, das unseren Mitarbeitern gehört. Dieses Geld wird in einem separaten Fonds verwahrt, der überhaupt nichts mit unserem Betrieb zu tun hat. Wie können wir dieses Geld auf unsere Konten übertragen? Sie wissen verdammt gut, dass wir mit so etwas nicht durchkommen würden. Für solche Sachen wandert man ins Gefängnis." Während sich seine Erregung aufbaute, begann die Stirn des CEO zu zucken; das passierte oft, wenn er wütend war oder Angst hatte.

„Nein, nein, nein! Wir reden hier nicht wirklich von einer Plünderung des Pensionsfonds. Wir reden nur davon, ein paar Zahlen hin und her zu schieben. Wir wollen nichts anderes tun als diese unrealisierten Profite – Buchgewinne – in Ihre Bücher hineinzubringen. Dann können wir sie den Anlegern gegenüber in den Berichten anführen, so dass sie großartig aussehen und damit die Anleger den Aktienkurs von UCBS nach oben treiben."

Der Jüngere, der während der Präsentation die meiste Zeit geschwiegen hatte, schaltete sich ein und erhob mit gespielter Begeisterung die Stimme: „Wow! Warten Sie ab, bis diese Zahlen an der Wall Street einschlagen. Die UCBS-Aktie wird durch die verdammte Decke gehen!"

Johnston dachte, das ist zu schön um wahr zu sein. Aber das passierte in der wirklichen Welt überall. In den Jahren 2000 und 2001 benutzten einige der größten Unternehmen Amerikas tatsächlich die Buchgewinne ihrer Pensionsfonds, um die an die Investoren berichteten Gewinne aufzumotzen.

Verizon Communications beispielsweise machte im Jahre 2001 Verluste in Höhe von mehreren Milliarden. Aber indem das Unternehmen ganz einfach die erwarteten Gewinne seines Pensionsfonds in Höhe von zwei Milliarden Dollar dazuaddierte, konnte es wie durch Zauberei einen Jahresgewinn von 389 Millionen Dollar vermelden.

Eastman Kodak verlor im Jahre 2001 zig Millionen Dollar. Durch Einbeziehung des geplanten Gewinns des Pensionsfonds von mehr als 100 Millionen Dollar verwandelten sich die Verluste wie von Zauberhand in einen Gewinn von 76 Millionen.

Ein weiteres Unternehmen, das im Jahre 2001 zig Millionen verlor, war TRW. Durch Hinzufügen des erwarteten Gewinns des Pensionsfonds von über 100 Millionen Dollar verwandelte es den riesigen Verlust in einen Gewinn von 68 Millionen Dollar.

Die 99 Millionen Dollar Verlust von Honeywell International im Jahre 2001 hätten sich eigentlich auf ein Mehrfaches belaufen. Aber das Unternehmen rechnete den geplanten Gewinn seines Pensionsfonds von Hunderten Millionen in die Bilanz ein.

Und es gab noch viel mehr Unternehmen, die dies taten.

Phantomgewinne

Johnston hatte nicht die geringste Ahnung von dem bevorstehenden Niedergang der Börse, aber er beschloss, den *advocatus diaboli* zu spielen. „Nehmen wir an, mit der Börse geht es abwärts. Was dann?"

Die Berater erstarrten. Das einzige Geräusch, das in dem Besprechungszimmer zu hören war, war das leise Summen des Projektorgebläses. Schließlich sprach die Frau leise und langsam, um die Bedeutsamkeit ihrer Worte zu unterstreichen: „Die Börse geht niemals länger als ein Jahr nach unten. Und egal was passiert, gemäß den Regeln können Sie auch das mehr oder weniger ignorieren."

„Und wie funktioniert das?", fragte der CEO.

„Das ist eigentlich ganz einfach. Nehmen wir einmal an, wir haben 100 Millionen im Fonds und planen einen Jahresgewinn von zehn Prozent. Das ergibt einen geplanten Gewinn von zehn Millionen im Jahr, richtig?"

„Richtig."

„Dann nehmen wir einmal an, es kommt so ein schlimmes Börsenjahr, wie Sie es befürchten, und der Pensionsfonds hat unrealisierte Gewinne von fünf Prozent. Wie viel meinen Sie müssen wir in der Bilanz des Unternehmens abziehen?"

„Fünf Prozent von 100 Millionen? Das macht fünf Millionen."

„Sie dürfen dann noch einmal raten. Gemäß GAAP (Generally Accepted Accounting Principles, den in den Vereinigten Staaten geltenden Bilanzierungsrichtlinien) können wir die unrealisierten Verluste über sagen wir mal zehn Jahre oder einen anderen Zeitraum abschreiben."

„Ah, ich verstehe", sagte der CEO. „Wir brauchen nur ein Zehntel des Verlustes abzuziehen. Wir würden also nur einen Verlust von einer halben Million ausweisen."

Die Frau schüttelte den Kopf. „Wieder falsch. In Wirklichkeit können wir einen *Profit* von 9,5 Millionen Dollar ausweisen.“

„Bitte? Wie zum Teufel kommen Sie auf diese Zahl?“

„Erinnern Sie sich, wir planen für jedes Jahr zehn Millionen Gewinn. Also können wir die zehn Millionen geplanten Gewinn nehmen und um die halbe Million abgeschriebenen Verlust aus dem Börsenabschwung reduzieren. Das sind zehn Millionen minus eine halbe Million, und das ergibt 9,5 Millionen.“

Der CEO lachte nervös, und die Berater brachen in ein unkontrolliertes Gelächter aus. Alle Anwesenden waren klug genug zu erkennen, dass die 9,5 Millionen ein Phantomgewinn waren – ein Trugbild, das mithilfe von Buchführungstricks erzeugt wurde. Das, was sie so komisch fanden, war die Tatsache, dass das alles gemäß den amerikanischen GAAP-Regeln in Ordnung war.

„Wir haben Ihnen ja schon vor ein paar Minuten gesagt“, fügte die Frau hinzu, „dass dieser Pensionsfonds eine Goldgrube für die Bilanz ist. Wenn Sie den Aktienkurs von UCBS erhöhen wollen, wenn Sie wieder einmal einen Berg Kapital brauchen, dann brauchen Sie nichts weiter zu tun als diese Zahlen ein wenig zu manipulieren, und schon bedienen Sie sich aus diesem Topf voller Gold.“

Das Spiel mit den Derivaten

„Das nächste ist vielleicht das am wenigsten verstandene Instrument von allen“, sagte der Jüngere. „Derivate! Wir wollen ...“

„Erkären Sie ihm gefälligst zuerst, was das überhaupt ist“, unterbrach ihn der Rechnungsprüfer.

„Ach ja, richtig. Das sind Wetten, im Prinzip Wetten auf irgendetwas Beliebiges. Sie wollen darauf wetten, dass irgendein Entwicklungsland auf einen Kredit weniger als drei Prozent mehr bezahlen muss als das US-Schatzamt vom 1. Januar bis zum 30. Juni bezahlt ? Kein Problem. Sie wollen auf Erdgas, Elektrizität oder Mikrochips setzen? Ganz einfach.“

Der CEO wusste, dass viel mehr dahintersteckte, aber er wollte weiterkommen. „Und wenn wir verlieren?“, fragte er.

„Gewonnen, verloren, patt, es gibt allerlei Möglichkeiten, Derivate zu bewerten. Und außerdem gibt es viele Möglichkeiten, den exakten Zeitpunkt der Bewertung zu manipulieren. Man kann damit praktisch alles machen was man will. Sagen wir zum Beispiel, Sie wollen mit keinem der üblichen und bereits etablierten Derivatekontrakte handeln, die an diversen Börsen notieren. Dann können Sie sich ihr eigenes Derivat bauen – in fast jeder beliebigen Größe, Form oder Farbe. Letzten Endes sind das doch verflixt noch mal nichts anderes als Verträge. Also gehen Sie einfach zu irgendeinem anderen Teilnehmer an diesem Spiel – das kann ein Konkurrent sein, eine Bank oder was auch immer – und sagen zu ihm: ‚Wetten, dass dies oder jenes passiert?' Er sagt: ‚Topp, die Wette gilt.' Sie setzen einen Vertrag auf, unterzeichnen ihn, und fertig. Sie sind dann stolzer Besitzer eines neuen Derivats, das es so vielleicht noch nie gegeben hat. Aufgrund seiner Einzigartigkeit bleibt es weitgehend Ihnen überlassen, wie Sie seinen Preis festlegen, wie Sie es verbuchen und wie Sie es den Anlegern gegenüber offenlegen. Im schlimmsten Fall müssen Sie in Ihre Bilanzen und Ergebnisberichte eine Fußnote einfügen, die niemand beachtet – und die erst recht niemand versteht."

Paul E. Johnston, eine der größten Erfolgsstorys der 90er-Jahre in Amerika, verspürte im Inneren das Stechen von Schuldgefühlen und ein leises Kneifen der Probleme, die eines Tages auftreten könnten, aber diese Empfindungen wurden von einer Welle hinweggefegt – einem plötzlichen Gefühl von Macht und Kontrolle, die er über sein Schicksal sowie über den klar vorgezeichneten Weg zum persönlichen Reichtum hatte, den er vor sich sah. Und zu alledem dämpften die Berater in ihren abschließenden Bemerkungen seine Befürchtungen mit drei wirkungsvollen Worten: *alles vollkommen legal.*

„Alle unsere Vorschläge, jedes einzelne Manöver ist vollkommen legal", sagten die Berater fast wie aus einem Munde.

Kapitel 3

Der große Wall-Street-Rummel

Die gepanschten Zahlen von UCBS erreichten die Wall Street zunächst durch eine private Telefonkonferenz mit etwa zwei Dutzend Researchanalysten großer Brokerhäuser. Wie üblich wusste nur eine kleine Gruppe von Personen von dem Anruf und durften daran teilnehmen – fast alle waren Repräsentanten bedeutender Firmen.

Johnston stellte die neuen Ergebnisse mit großem Tamtam vor und stellte eindeutig klar, dass sie auch die optimistischsten Erwartungen der Wall Street weit übertrafen. Die Researchanalysten schwärmten aus und gaben glänzende Berichte heraus, die das Unternehmen über den grünen Klee lobten. Die Anleger kauften hemmungslos Aktien, und UCBS stieg von elf auf 30 Dollar.

Das leitende Emissionshaus von UCBS war Harris & Jones, eine der aggressivsten Investmentbanken und Brokerfirmen der Wall Street.

Harris & Jones ergriff die Gelegenheit beim Schopf, um einen großen Brocken des Kapitals zu beschaffen, auf das der CEO gehofft hatte. Der superspitzenmäßige Topanalyst des Hauses, einer der führenden Technologieaktien-Gurus der Wall Street, gab einen glühenden Bericht heraus und kündigte die Einstufung der Aktie als „strong-buy“ an. Große Aktienpakete wurden an Broker verteilt, die ihren Kunden die Aktie schmackhaft machten.

Harris & Jones hatte sogar ein paar Millionen Dollar in ein eigenes Fernsehstudio und eine Zuschaltung zu einem Satellitenkanal investiert – somit konnte das Aktienangebot sorgfältig auf CNBC präsentiert werden, dem wichtigsten Fernsehsender des Landes für Finanznachrichten. Harris wusste, dass Millionen von Anlegern die Sendung sehen würden und dass diejenigen, die es nicht taten, den Aktientipp auf Bloomberg, im Internet oder am nächsten Morgen im *Wall Street Journal* mitbekommen würden. Unter Führung von Harris verkaufte UCBS mehr als 3,5 Millionen Aktien für einen durchschnittlichen Preis von 36 Dollar pro Aktie.

Nach wenigen Wochen wurde der CEO von UCBS, Paul E. Johnston, als Held der Wall Street gefeiert. Er erschien auf dem Titelblatt der Zeitschrift *Forbes* und wurde sogar von dem Präsidenten und Frau Clinton eingeladen, eine Nacht in Lincolns Schlafzimmer im Weißen Haus zu verbringen. UCBS zog auf 50 Dollar an und noch weiter.

Seltsamerweise überprüften weder der Analyst von Harris noch die Analysten anderer Wall-Street-Firmen die durch den Pensionsfonds aufgeblähten Gewinne von UCBS. Nicht ein einziger machte sich die Mühe, die jährlichen 10K-Berichte des Unternehmens durchzusehen – geschweige denn die kryptischen Fußnoten nach möglicherweise versteckten Zeitbomben abzusuchen.

Die Wall Street war absolut einstimmig in ihrem glühenden Empfang der UCBS-Aktie. Tatsächlich war die Übereinstimmung so groß, dass die wenigen Manager von Investmentfonds, die *keine* UCBS-Aktien in ihren Portfolios hatten, beschuldigt wurden, sie würden „den Zug verpassen" oder noch schlimmer: Sie würden „ihre finanzielle Verantwortung den Anlegern gegenüber vernachlässigen". Auch sie fielen irgendwann in den Chor ein, und praktisch jede Institution im Lande, Investmentfonds, Pensionsfonds, Kirchen, Universitäten, Treuhandvermögen und viele Institutionen in Deutschland und Japan kauften Aktien von UCBS. Und wieder stieg der Kurs, dieses Mal auf knapp 64 Dollar.

Eine Analystin jedoch war nicht so ganz glücklich damit. Sie arbeitete ebenfalls bei Harris & Jones, und sie betrieb ebenfalls Aktienresearch. Aber sie war wirklich eine ausgebildete Wirtschaftswissenschaftlerin. Ihr Name: Tamara Belmont, Researchassistentin des Analysten, der für UCBS zuständig war. Während der ersten Telefonkonferenz mit UCBS sagte sie nichts. Auch in ihren Notizen zu UCBS für ihren Vorgesetzten schrieb sie nichts.

Aber später, als klar wurde, dass die Internetblase platzen würde, begann sie ihre Bedenken zu äußern. Sie wollte, dass ihr Chef das Unternehmen auf „sell" herabstufen sollte. Er aber sagte ihr, dass dieser Schritt katastrophale Konsequenzen haben könnte – für ihn persönlich, für die Firma und wahrscheinlich auch für UCBS. Er stellte wiederholt klar, dass in dieser Situation *jegliche* Herabstufung die Aktie ins Trudeln bringen und eine äußerst wichtige Geschäftsbeziehung sabotieren könnte.

Um ihrer Frustration Luft zu machen, nahm sie den Telefonhörer und rief eine frühere Zimmergenossin aus ihrer Collegezeit an, die ebenfalls in der Branche arbeitete. „Du bist nicht am Markt, also kann ich es dir ja sagen", sagte sie mit gedämpfter Stimme und flüsterte mehr oder weniger in den Telefonhörer. „Ich glaube, bei UCBS ist eine Katastrophe im Anrollen. Das Unternehmen ist zu schnell und zu früh gewachsen. Es hat zu viele Schulden. Das gesamte Kapital, das es beschafft, gibt es schnell wieder aus. Seine materiellen Vermögenswerte sind gering und sehr gestreut – praktisch keine Grundstücke, keine Gebäude, nichts, was man bei Bargeldknappheit verkaufen könnte. Im Verhältnis zum Gewinn ist es krass überbewertet. Und selbst dieser Gewinn scheint mittels Tricks aufgeplustert zu sein, allerdings habe ich das Meiste davon noch nicht vollständig erfasst. Die Buchhaltung des Unternehmens ist höllisch kompliziert."

„Und dein Typ stuft es immer noch als strong-buy ein? Glaubst du vielleicht, das ist eine Art intellektueller Unehrlichkeit?"

Frau Belmont flüsterte erst, wurde dann aber lauter: *„Intellektuelle Unehrlichkeit?* Du machst wohl Spaß! Das ist eine glatte besch ... ne Lüge! Das ist Research-Prostitution, ein fürchterlicher Schwindel."

Sie schwieg einen Augenblick, dann sagte sie: „Ich bin nicht der einzige Mensch hier, den diese Scharade anstinkt, die sie ‚Research' nennen. Es gibt schon einige Researchleute, denen es so geht wie mir, aber wir stecken fest, wir sitzen in der Falle. Gerade gestern haben wir noch über unseren Chef gelästert, den Researchdirektor. Du erinnerst dich, Don Walker. Du hast ihn auf der Urlaubsparty kennen gelernt. Jedenfalls haben wir Dampf abgelassen. Hier ändert sich nichts – und schon gar nicht Don. Zufällig weiß ich, dass er dieses Ding genauso hasst wie wir. Draußen in der Öffentlichkeit lässt er sich natürlich nichts anmerken und tut nur seine Pflicht – entweder ist er zu verängstigt oder zu stolz, um darüber zu reden."

„Woher weißt du, was er davon hält?"

„Ein paar Leute haben gestern darüber gewitzelt. Sie sagten, sie hätten ihn auf der Toilette reden gehört. Er hat anscheinend die Angewohnheit zu pinkeln und dann laut und tief zu grunzen, wobei er jedes Mal die Investmentbanker verflucht. ‚Verdammte Banker!' Oder ‚besch ... ne IPOs!' Wirklich jedes Mal! Und außerdem habe ich selbst gesehen ..."

„Vergiss ihn. Was willst *du* unternehmen?"

„Ich habe vor, ein paar unserer besten Kunden zu warnen – die, denen wir damals den IPO von UCBS angeboten haben, vor ein paar Jahren. Einige von ihnen sind CEOs anderer Unternehmen, mit denen wir Investmentbanking betreiben. Wir können es uns nicht leisten, sie gegen uns aufzubringen."

„Aber was ist mit der Einstufung von UCBS durch deinen Chef?", fragte die ehemalige Zimmergenossin. „Hat er vor, das ‚buy' beizubehalten?"

„Vorläufig ja. Zumindest bis die Aktie nicht mehr im Rampenlicht steht. Don Walker stellt sich vor, dass wir die Aktie dann stillschweigend auf ‚accumulate' (aufstocken) und danach auf ‚hold' herabstufen. Er sagte, wir lassen sie langsam und sanft herunter. Vielleicht können wir das machen, wenn sich die Aktie gerade mal nett erholt; dann fällt es nicht zu vielen Menschen auf, und die Aktie fällt dann nicht so übel auseinander. Und dann stellt er sich vor, dass wir die Aktie am Ende nicht mehr behandeln.

Er sagt, dass wir mit dem Unternehmen dann wohl sowieso kein großes Geschäft mehr machen. Und überdies muss ja niemand außerhalb des Unternehmens erfahren, dass wir aufhören, die Aktie zu behandeln. Wir tun es einfach. Wir geben keine neuen Berichte mehr heraus, wir lassen die alte Einstufung einfach baumeln und ..."

„Und lassen Tausende kleine Investoren im Regen stehen?"

Tamara ging in Verteidigungsstellung, aber ihre Worte klangen nicht überzeugt. „Hey, mach mich nicht so an. Ich bin nur Assistentin. Ich habe überhaupt kein Gewicht. Wenn die Anleger das Risiko eingehen und die Aktie kaufen, dann ist das nicht unser Problem. Ich hasse das, aber was kann ich machen, außer zu kündigen?"

Es stellte sich heraus, dass die „nette Erholung" nicht kam, und der Analyst von Harris & Jones bekam erst Monate später Gelegenheit zur Herabstufung. Gerüchte über Bargeldknappheit und sogar Bankrott begannen zu kursieren, und es gab keine andere Wahl als die Einstufung als 'buy' zurückzunehmen. Aber die Aktie wurde für sechs Dollar verkauft – und selbst dann noch lautete die schlechteste Einstufung von UCBS an der Wall Street auf „hold".

Den VIP-Kunden der meisten großen Investmentbanken war das

vollkommen egal. Sie hatten UCBS zum Erstemissionspreis von drei Dollar gekauft. Später bekamen sie telefonische Warnungen von Analysten und verkauften ihre Anteile für über 30 Dollar – ein spektakulärer zehnfacher Gewinn. Die Durchschnittsanleger dagegen, die gemäß den Empfehlungen gehandelt hatten, die sie auf CNBC gehört oder in der Zeitung gelesen hatten, waren angeschmiert. Die meisten kauften die Aktie in ihrer Hoch-Zeit zu Preisen zwischen 40 und 60 Dollar. Und keiner von ihnen hörte oder las jemals das Wort „sell". Daher blieben sie drin – bis zum bitteren Ende, als die Aktie praktisch auf null fiel.

Die Wall Street hatte sich zu einer gigantischen Fressmaschine entwickelt, und Ihr Geld war ihr Futter

In der wirklichen Welt der Wall Street wiederholte sich fast überall die gleiche Szene.

Im April 1999 stufte die Aktienanalystin Mary Meeker von Morgan Stanley Dean Witter – die von der Wochenzeitschrift *Barron's* zur „Königin des Internet" ernannt worden war – Priceline.com bei einem Aktienkurs von 104 US-Dollar als Kauf ein. Innerhalb von 21 Monaten war die Aktie im Eimer – sie kostete 1,50 Dollar.

Investoren, die auf Frau Meekers Empfehlung gehört hatten verloren 98 Prozent ihres Geldes. Aus einem Geldberg von 10.000 Dollar beispielsweise wäre ein Maulwurfshügel von 144 Dollar geworden.

Doch unerschrocken und ohne Scham machte Frau Meeker weiter mit Kauf-Ratings für Yahoo!, Amazon.com, Drugstore.com und Homestore.com. Die Finanzmedien gaben die Empfehlungen weiter, ohne eine Miene zu verziehen. Und schon traten sich Millionen von Anlegern auf die Füße, als sie versuchten, als Erste ihrem Rat zu folgen.

Yahoo! brach um 97 Prozent ein, Amazon.com um 95 Prozent, Drugstore.com um 99 Prozent und Homestore.com um 95,5 Prozent.

Warum empfahl Frau Meeker vor allem solche Krücken? Und warum beharrte sie selbst dann noch stur auf ihren Kauf-Einstufungen, als die Aktien 20 Prozent, 50 Prozent, 70 Prozent und schließlich gar

98,5 Prozent verloren hatten?

Antwort: So gut wie jeder „strong-buy" von Frau Meeker brachte ihrem Arbeitgeber – Morgan Stanley Dean Witter – Geld. Die Emissionsabteilung von Morgan Stanley erhielt Millionen von Dollars. Und Morgan Stanley belohnte Frau Meeker für ihre Hilfe mit einem unfassbaren Gehalt von 15 Millionen Dollar.

Während Millionen von Anlegern im Regen standen, lachten sich Morgan Stanley Dean Witter und Mary Meeker sowie die Unternehmen, die sie bewarben, ins Fäustchen. Ein Einzelfall? Mitnichten.

Im Jahre 1999 erfuhren die Topmanager von Salomon Smith Barney eine elektrisierende Neuigkeit: AT & T plante seine gigantische Mobilfunk-Abteilung an die Börse zu bringen – das sollte der größte IPO der Geschichte werden. Natürlich wollte jedes Brokerhaus an der Wall Street als Emissionshaus für diesen einmaligen IPO fungieren. Und das aus gutem Grund, denn die Gebühren dafür würden sich auf Millionen Dollar belaufen.

Aber Salomon hatte ein kleines Problem. Einer seiner Chefanalysten, nämlich Jack Grubman, äußerte sich seit Jahren negativ über AT & T. Ein *größeres* Problem? Nicht an der Wall Street der Endneunziger. Zu dem Zeitpunkt, an dem die Asse von Salomon ihr Bestes gaben, um die Emission zu bekommen, hatte Grubman seine Einstufung wundersamerweise auf „buy" geändert.

Mit diesem Börsengang machten alle möglichen großen Häuser in kürzester Zeit Geld. Salomon wurde als Konsortialführer gewählt und machte Millionen. AT & T bekam ein positives Rating und den supererfolgreichen IPO, nach dem es lechzte ... und machte ebenfalls Millionen. Grubman, der die Sache gerettet hatte, durfte seine 20 Millionen Jahresgehalt behalten. Aber rund 4,8 Millionen Kleinanleger saßen am kürzeren Hebel der Emission. Sie hielten Grubmans Kaufempfehlung für eine ehrliche Bewertung der Aktie. Sie wussten nicht, was sie wirklich war – ein billiger Verkaufstrick.

Sie vertrauten Salomon und Grubman. Sie kauften AT & T Wireless. Und dann mussten sie mit Grauen zusehen, wie die Aktie im Nu von 29,50 auf 14,75 Dollar einbrach – ein Verlust von 49,7 Prozent.

Weitere Beispiele:

- Mark Kastan von Credit Suisse First Boston liebte Winstar fast genauso wie Grubman AT & T liebte; bis zum bitteren Ende erneuerte er immer wieder sein „buy“. Das war kaum überraschend: Kastans Firma besaß Winstar-Aktien im Wert von 511 Millionen Dollar.

- Im Jahre 2000 sonderte ein Analyst von Goldman Sachs elf glorreiche positive Bewertungen von Aktien ab, die die Anleger hinterher 71 Prozent oder mehr ihres Geldes kosteten. Für seine Bemühungen kassierte er 20 Millionen Dollar. Eine seiner besten Empfehlungen des Jahres verlor 71 Prozent, seine schlechteste 99,8 Prozent.

- Indessen gelangte Henry Blodget von Merrill Lynch durch die Voraussage zu Ruhm, dass Amazon.com auf 400 Dollar pro Aktie steigen würde. Schon bald wurde die Aktie für weniger als elf Dollar verkauft. Blodget prophezeite außerdem, dass Quokka Sports auf 1.250 Dollar steigen würde. Das Unternehmen machte Bankrott. Blodget gab immer und immer wieder „strong-buys“ für Pets.com (Betrieb erloschen), eToys (95 Prozent verloren), InfoSpace (92 Prozent eingebrochen) und BarnesandNoble.com (84 Prozent verloren) aus. Während die Anleger Milliarden verloren, fuhr Merrill Lynch alleine durch seine Internet-IPOs 100 Millionen ein.

In allen diesen Fällen wurden alle reich, außer den Anlegern. Die Brokerhäuser verdienten Millionen. Die Analysten verdienten Millionen. Die beworbenen Unternehmen scheffelten Millionen. Aber die armen Anleger gaben ihr letztes Hemd her.

Tamara Belmont wurde sich des großen Wall-Street-Betrugs immer mehr bewusst. Sie wusste, dass es keine Zufälle waren. Sie wusste, dass es keine „ehrlichen Fehler“ waren, wie viele ihrer Kollegen behaupteten. Es waren organisierte Kampagnen, um die Öffentlichkeit zu schröpfen.

Es waren offene Versuche von Wall-Street-Insidern, sich auf Kosten der Anleger zu bereichern.

„Willst du dir selbst etwas Gutes tun?", fragte sie ihre ehemalige Zimmergenossin bei einem Wochenendbesuch. Sie gab ihr eine Seite, die sie auf ihrem Computer ausgedruckt hatte. „Kleb das an deinen Badezimmerspiegel, damit du es nie vergisst." In 36-Punkt-Fettdruck stand auf dem Blatt:

An der Wall Street gibt es keine Güte.
Die großen Firmen sind nicht dafür da, dich reich zu machen.
Sie sind da, um sich selbst reich zu machen.

Zur damaligen Zeit waren das radikale Ansichten, die niemals öffentlich diskutiert wurden. Später jedoch brachen auch die hässlichsten Geheimnisse der Wall Street ins Freie.

Ein unerhörter Verrat

Im August 2001 bezeugte der amtierende Direktor der SEC (Securities and Exchange Commission, die US-amerikanische Börsenaufsicht) vor dem Kongress, dass fast alle größeren Unternehmen der Wall Street in ernsten Interessenkonflikten steckten. Und ein Jahr danach sagte Elliot Spitzer, der Generalstaatsanwalt von New York, diese Intrigen seien „ein unerhörter Verrat am Vertrauen [der Anleger] und ein schockierender Missbrauch des Systems, das dafür genutzt wird, dem Unternehmen höhere Einnahmen zu bescheren."

Die Wall Street war nicht immer so. In früheren Jahrzehnten betrachteten zumindest einige Researchanalysten großer Firmen die Unternehmen mit skeptischem Blick, sie fanden Täuschungen und deckten Schwächen auf.

In den 90er-Jahren dagegen waren abweichende Meinungen in den Firmen der Wall Street praktisch nicht vorhanden. Es herrschte eine nie dagewesene Lobesstimmung, und es gab viel mehr Verkäufertricks.

Was steckte hinter dieser Veränderung? Die gleiche treibende Kraft, die CEOs dazu brachte, Halbwahrheiten oder Lügen über ihre Umsätze und Gewinne zu verbreiten – *Geld und Gier*.

In der Vergangenheit bezogen die Wall-Street-Firmen den Großteil ihrer Einnahmen aus Broker-Kommissionen für den Kauf und Verkauf von Aktien im Auftrag der Investoren. Aber jetzt stammte der Löwenanteil des Geldes aus Gebühren für Investmentbanking – Bewerbung und Vermarktung der Aktien im Auftrag der Unternehmenskunden. Einfach gesagt arbeiteten die großen Firmen der Wall Street früher vor allem für die Anleger, die die Aktien von Unternehmen kaufen wollten. Jetzt dagegen arbeiteten sie vor allem für die Unternehmen, die ihre Aktien an die Anleger verkaufen wollten.

Eine ähnliche Welle der Veränderung schwappte auch über die einzelnen Researchanalysten, die für die Firmen an der Wall Street arbeiteten. In früheren Zeiten bestanden die Einkünfte der Analysten größtenteils in einem festen Gehalt. Jetzt aber stammte der Großteil des Verdienstes aus Bonuszahlungen, *die in direktem Zusammenhang mit ihrer Fähigkeit standen, Aktien unermüdlich anzupreisen.*

Tatsächlich lautete die stets präsente Botschaft der Wall-Street-Firmen an die Analysten: „Je mehr du uns beim Aktienverkauf hilfst, desto mehr verdienst du." Und an diejenigen Analysten, die diese Botschaft nicht begriffen, erging eine noch deutlichere Botschaft: „Schreib Berichte, die den Umsatz senken, und bist gefeuert!"

Ein klassisches Beispiel: Im Jahre 2001, deutlich vor dem Zusammenbruch von Enron, schickte Chung Wu, Analyst bei UBS Paine Webber, eine Email an einige Mitarbeiter von Enron und warnte sie darin, dass sie der Besitz von Aktien des Unternehmens – die damals fast 37 Dollar wert waren – „ein Vermögen" kosten könnte. Die Enron-Führung war von dieser Email erbost und beschwerte sich bei Paine Webber. Chung Wu wurde gekündigt, Paine Webber gab hastig eine neue Kaufempfehlung heraus und die „kleine Angelegenheit" war damit beendet. Drei Monate danach kosteten die Aktien von Enron weniger als 25 Cent das Stück.

Leider machten die Firmen an der Wall Street die Vergütung ihrer Analysten nicht von dem tatsächlichen Erfolg ihrer Aktienauswahl abhängig. Ganz im Gegenteil, die Analysten konnten einmal falsch liegen, zweimal oder auch tausendmal falsch liegen, und *trotzdem* bekamen sie immense Bonuszahlungen, solange sie weiterhin die Aktien empfahlen und solange es noch genug „Dumme“ gab, die aufgrund des Wirbels weiter kauften. So wollten es die Abteilungen für Investmentbanking haben, und so blieb es dann auch.

Und was passierte, wenn es vollkommen offensichtlich war, dass ein Unternehmen den Bach hinunter gehen würde? Was, wenn ein Analyst persönlich gegen das Unternehmen eingenommen war? Machte das einen Unterschied? Nein.

Zum Beweis kann jedermann die Homepage des New Yorker Generalstaatsanwalts besuchen und den Originaltext der Anklageschrift von Elliot Spitzer gegen Merrill Lynch lesen. Dann kann man entweder auf Seite elf scrollen oder das Schimpfwort mit „sch“ suchen lassen. Das nämlich sagten die Analysten von Merrill Lynch hinter dem Rücken der Anleger über genau die gleichen Aktien, die sie in der Öffentlichkeit so marktschreierisch anpriesen.

Für die vormals superheiße Internetaktie Infospace lautete der offizielle Rat von Merrill „buy“. Privat allerdings, in Emails, die Herr Spitzer enthüllte, waren die Merrill-Insider ganz anderer Meinung. Sie schrieben, Infospace sei „ein Stück Dreck“. Resultat: Anleger, die darauf vertrauten, dass ihnen die Analysten von Merrill ihre ehrliche Meinung mitteilen würden, wurden überrollt und verloren 93,5 Prozent ihrer Ersparnisse, ihrer Anlage oder ihres Ruhestandsgelds, als Infospace zusammenbrach,

Die offizielle Empfehlung von Merrill für eine andere heiße Aktie, Excite@Home, lautete „accumulate“. Privat jedoch bezeichneten die Merrill-Analysten die Excite@Home-Aktie als „Stück Sch---“! Resultat: Anleger, die Merrill vertrauten, verloren bis zu 99,9 Prozent ihres Geldes, als Excite@Home einging.

Auch für 24/7 Media hieß der offizielle Rat von Merrill Lynch „accumulate!“. In den von Spitzer enthüllten internen Kommentaren hieß es: „24/7 Media ist ein Stück Sch ...“. Ergebnis: Anleger, die sich auf den Rat von Merrill Lynch verließen, verloren beim Zusammenbruch von 24/7 Media 97,6 Prozent ihres Geldes.

Warum tat Merrill Lynch das? Weil das Haus von genau den Unternehmen Hunderte Millionen Dollar Einnahmen einstrich, die es den Anlegern zum Kauf aufdrängte. Weil die Researchanalysten mit Millionen dafür belohnt wurden, dass sie mit Unternehmen hausieren gingen, von denen sie wussten, dass sie Schrott waren. Und, was genauso wichtig ist, wegen der ernsten Konsequenzen, die jedem unweigerlich drohten, der öffentlich von der Meinung des Unternehmens abwich.

Merrill Lynchs Beziehungen zu Enron waren ein klassisches Beispiel. Im April 1998 sandten zwei Führungskräfte von Merrill Lynch eine Mitteilung an den Präsidenten des Unternehmens, in der sie sich bitterlich über einen Analysten von Merrill beklagten, der keinen Mannschaftsgeist zeigte. Sie schrieben, dieser Analyst habe den schweren Fehler begangen, Enron ein „laues" Rating zu geben, und Enron habe eine abgrundtiefe Abneigung gegen den Analysten gefasst. Sie schlossen damit, dass Merrill Lynch als Resultat lukrative Investmentbanking-Geschäfte mit Enron verloren habe. Selbstverständlich hatte Merrill bis zum Sommer den nicht kooperationswilligen Analysten durch einen Analysten ersetzt, der Enron prompt auf „Kaufen" hochstufte. Und siehe da, Anfang 1999 belohnte Enron Merrill mit einem Bankgeschäft, das der Firma vermittelst Gebühren einen Reingewinn von 45 Millionen Dollar einbrachte.

Die Verteidiger von Merrill Lynch behaupteten, Enron sei ein Einzelfall und die Analysten, die die gehässigen von Herrn Spitzer enthüllten Emails geschrieben hatten, seien einfach „ein paar schwarze Schafe". Aber diese Behauptungen trafen nicht zu. Die Unternehmen waren nur wenige von Dutzenden, die Merrill anpries. Die Unternehmen bekamen von den Anlegern Milliarden von Dollars, als ihre Aktien stiegen. Die Abteilung Investmentbanking von Merrill heimste Gebühren in Höhe von mehr als 115 Millionen Dollar für 52 Transaktionen ein, für die sie von den gleichen Unternehmen den Zuschlag erhielten, für die sie Reklame machten. Und auch die Analysten, die die getürkten Kauf-Ratings abgaben, sahnten ab – mit enormen umsatzabhängigen Bonuszahlungen. Die vertrauensvollen Anleger wurden währenddessen ausgenommen.

Die Fürsprecher der Wall Street sagten immer, Merrill Lynch sei der schlimmste Fall und andere Unternehmen seien nicht annähernd so schlimm. Aber leider ist auch diese Behauptung falsch. Der Generalstaatsanwalt Spitzer selbst enthüllte, dass die Handlungen von Merrill zwar verachtenswert waren, dass aber *andere große Brokerhäuser noch schlimmere finanzielle Greuel begangen hatten.*

In der Tat lassen bekannt gewordene Ermittlungsergebnisse über Salomon Smith Barney die Tricksereien von Merrill vergleichsweise harmlos erscheinen. Von 1997 bis 2001 scheffelte Salomon Smith Barney, ein Unternehmen der Citigroup, unfassbare 809 Millionen für die Emission von Aktien und Anleihen von Telekommunikationsgesellschaften und weitere 178 Millionen für Fusionsberatungen. Das ist fast eine Milliarde an Gebühren – mehr als bei allen anderen Brokerhäusern der Wall Street.

Und gleichzeitig überzogen Salomon und sein Telekom-Superstar Jack Grubman die Wall Street mit glühenden Empfehlungen genau derjenigen Unternehmen, die der Ursprung ihres warmen Milliardenregens waren: AT & T, Verizon, WorldCom, Global Crossing, Level 3 Communications, Qwest Communications und andere. Wie zu erwarten wurden Anleger, die Salomon vertrauten, von AT & T um 77,8 Prozent, von Qwest um 92,6 Prozent, von WorldCom um 99 Prozent, von Level 3 Communications um 97 Prozent und von Global Crossing um erschreckende 99,9 Prozent geschröpft. Insgesamt machten 14 der von Grubman und Salomon gepushten Telekoms aufgrund ihrer Schulden bankrott oder stellten Insolvenzantrag nach „Chapter 11" [Insolvenzgesetz].

Wohin man an der Wall Street auch blickte, überall das gleiche Muster:

*Joseph Wolf von UBS Warburg empfahl vom November 2000 bis zum Juli 2002 Optical Communications Products zehnmal zum Kauf, während die Aktie von 18,88 auf nur noch 1,19 Dollar einbrach.

*Linda Mutschler von Merrill Lynch gab im Juli 2001 ihre Kaufempfehlung für Sprint PCS ab, als die Aktie bei 24,80 Dollar stand. Anfang 2002 erhöhte sie ihre Einstufung sogar auf „strong-buy", kurz bevor die Aktie 50 Prozent abgab.

*James Parmelee, Analyst bei Credit Suisse First Boston, stufte die Corvis Corporation (einen Emissionskunden der Firma) von November 2000 bis 2001 elfmal als „strong-buy“ ein, während der Preis von 26,69 Dollar auf 1,77 Dollar absumpfte und somit in weniger als einem Jahr 93,4 Prozent ihres Wertes abgab.

Das war der größte Betrug aller Zeiten. Selbst die Mafia muss neidisch gewesen sein.

Kapitel 4

Die Blase platzt

Einige Anleger entdeckten später, wie sie an der Wall Street den Spieß umdrehen und das Geld zurückholen konnten, das ihnen sozusagen aus den Depots gestohlen worden war. Aber bevor sie das gelernt hatten, wollten sie in erster Linie süße Gerechtigkeit.

Die Anleger begannen zu protestieren, zuerst eher still, aber dann immer lauter, während immer mehr Skandale Schlagzeilen machten. „Dieser Abschaum kann sich alles erlauben!“, riefen sie. „Wo zum Teufel ist die SEC? Wo zur Hölle ist das FBI? Jemand muss etwas unternehmen!“

Schließlich erwischten die Behörden ein paar der Halunken aus den Unternehmen und von der Wall Street. Hier und da verschärften sie ein paar Vorschriften zur Rechnungslegung. Sie stellten Richtlinien für Researchanalysten auf. Einige Menschen wurden sogar in Handschellen abgeführt. John Rigas und seine Söhne Timothy und Michael, die Leiter von Adelphia Communications, wurden am 24. Juli 2002 verhaftet, außerdem erlitten der ehemalige CFO von WorldCom, Scott Sullivan, und der ehemalige Controller David Myers sowie der frühere CEO von Tyco, Dennis Kozlowski, ein ähnliches Schicksal. Die Anleger triumphierten.

Für die Opfer kamen die Maßnahmen der Regierung jedoch zu spät und waren zu wenig. Die betrogenen Anleger hatten Billionen von Dollar verloren, und nichts von dem, was die Behörden taten, konnte sie wieder heil machen.

Trotz staatlicher Reformanstrengungen hatte sich bei vielen der größten Unternehmen Amerikas nichts geändert. Sie hatten immer noch aufgeplusterte Vermögenswerte in ihren Büchern stehen, große Schulden waren in Auslandstöchtern versteckt, und zu große Verluste wurden mittels der geplanten Buchgewinne aus den Pensionsfonds für die Mitarbeiter verdeckt.

Als sich nun die Vorschriften änderten, wurden sie in ihrer misslichen Lage ertappt. Tatsächlich wurde der Strick, aus dem die Unternehmen in den 90er-Jahren Vorteil gezogen hatten, zur Schlinge, die ihnen Anfang des 21. Jahrhunderts um den Hals gelegt wurde. Die Ereignisse bei UCBS sind ein typisches Beispiel dafür.

Die Rückkehr der Rechnungsprüfer

Viele Monate nach der ersten Begegnung mit den Beratern hatte der CEO von UCBS eine ähnliche Besprechung mit einer ähnlichen Gruppe von Menschen des gleichen Rechnungsprüfungsunternehmens.

„Wir sind die Rechnungsprüfer, nicht die Berater", sagte ein Mann und ließ nichts Gutes ahnen. „Wir wollen ein paar Fragen zu ein paar Punkten in der Abrechnungspraxis von UCBS stellen."

Paul Johnston hob sofort protestierend die Hand. „Moment! Ich weiß alles darüber, und alles ist vollkommen legal."

Die Rechnungsprüfer warfen sich flüchtige Blicke zu, und einer sagte dann: „Oberflächlich vielleicht schon, aber in Wirklichkeit nicht. Nehmen Sie zum Beispiel diese ganzen Partnerschaften und Tochtergesellschaften."

„Erzählen Sie mir nichts von denen", konterte Johnston. „Ich kenne andere Großunternehmen, die Hunderte von Gesellschaften und Tochterunternehmen auf den Cayman-Inseln, auf den Bermudas und sonstwo haben, die nicht in den Büchern auftauchen. Bei uns ist das im Vergleich dazu nur Kleckerkram. Und außerdem gehören uns von jedem einzelnen Unternehmen maximal 49 Prozent. Das ist der Hauptgrund, warum ich der ganzen Sache meinen Segen gegeben habe. So lautet doch die Regel, oder?"

„Ja, aber das ist nur ein Teil der Regel. Die Regel besagt nämlich außerdem, dass es egal ist, wie klein der Anteil an der Gesellschaft ist, wenn man die *Kontrolle* über das Management hat. In diesem Fall muss man selbst dann die Schulden in der eigenen Bilanz ausweisen, wenn man nur ein Prozent besitzt. Die anderen Unternehmen, von denen Sie sprechen – Tyco, Enron etc. – hatten große Anwaltsteams, die Überstunden machten, um eine gesetzliche Fassade zu schaffen, mittels deren sie die Nicht-Kontrolle beweisen konnten. Sie haben nicht einmal eine solche Fassade."

Die Enthüllung des Pensionsbetrugs

Die Rechnungsprüfer teilten Blätter mit großen Tabellen aus, die ihm gräßlich bekannt vorkamen: Den Pensionsplan von UCBS. Der CEO atmete tief durch. Er wusste, was jetzt kam. Er persönlich hatte das schon lange befürchtet, und jetzt würden sich seine schlimmsten Befürchtungen bewahrheiten.

„Ich brauche Ihnen wohl nicht zu sagen“, so einer der Buchprüfer, „dass der große Börsenaufstieg der späten 90er-Jahre für UCBS eine Goldgrube geschaffen hat, aus der Sie sich dann auch bedient haben wie nie zuvor. Jetzt aber hat der große Börsenabstieg des neuen Jahrzehnts Ihr Gold in Blei verwandelt, in toten Ballast, der in den kommenden Jahren den Gewinn des Unternehmens versenken könnte.

„Im Jahre 2000“, fuhr er fort, „ist der Markt abgetaucht und hat Ihr Pensionsfonds-Vermögen in die Grube fahren lassen; wir haben das ignoriert. Im Jahre 2001 tauchte der Markt nochmals ab, und immer noch haben wir es ignoriert. Jetzt, da der Markt noch weiter fällt, können wir es einfach nicht mehr ignorieren. Wir müssen die Verluste eingestehen. Ja, sicher, wir können sie auf einen längeren Zeitraum verteilen, aber wenn die Börse noch weiter fällt ...“ Seine Stimme brach ab und deutete damit die bösen Folgen an.

Johnston fiel nur eine einzige Verteidigung ein: Dass UCBS nur eines von Hunderten Unternehmen war, die von dem Niedergang der Börse gleichermaßen beeinträchtigt wurden. Er dachte sich auch, dass sich die Investoren vielleicht – nur vielleicht – nicht gerade UCBS für den Verkauf heraussuchen würden. Also drehte sich das Gespräch in der nächsten halben Stunde um die landesweite Pensionsfondskrise.

Von 500 US-amerikanischen Unternehmen, von denen das Consulting-Unternehmen Watson Wyatt Informationen erhob, sagten im Jahre 2000 noch 87 Prozent, ihre Fonds seien voll finanziert. Bis Anfang 2002 war dieser Anteil auf 37 Prozent gesunken, und das war noch *bevor* der S & P 500 Index in jenem Jahr um weitere 20 Prozent fiel. Bei den 234 Unternehmen des S & P 500, die feste Rentenpläne hatten, belief sich der Fehlbetrag auf insgesamt 78 Milliarden Dollar. Und selbst diese große Zahl basierte noch auf optimistischen Annahmen hinsichtlich der Börse und der Wirtschaft.

General Motors beispielsweise hatte im Jahre 1999 in seinem Pensionsfonds noch einen Nettoüberschuss von 4,5 Milliarden Dollar, der bis zum Jahresende 2001 allerdings in ein Nettodefizit von 12,7 Milliarden umschlug. Ford wanderte von einem Überschuss von 8,2 Milliarden 1999 zu einem Defizit von 2,4 Milliarden. Delta Airlines verzeichnete im Jahre 1999 in seinem Pensionsfonds einen kleinen Überschuss von 148 Millionen, aber im Jahre 2001 wies es ein Defizit von 2,3 Milliarden aus.

Fast immer verzerrten die Unternehmen bei der Berechnung des künftigen Wachstums ihrer Pensionsfonds-Portfolios die zu Grunde liegenden Annahmen auf drei Arten:

- Sie gingen davon aus, der Aktienmarkt würde sich im nächsten Kalenderjahr wieder erholen, auch wenn es für eine Erholung keinerlei Anzeichen gab.
- Sie gingen von stetigem Wirtschaftswachstum aus, auch wenn die reale Möglichkeit eines weiteren konjunkturellen Rückgangs bestand.
- Sie gingen von hohen Anlageerträgen aus, auch wenn die aktuellen Erträge niedrig waren.

Sie lebten in einer Traumwelt, und niemand machte sich die Mühe, sie aufzuwecken. Als jedoch die Buchgewinne in einer Rauchwolke aufgingen, mussten sie höllisch viel bezahlen.

Das schiere Ausmaß des Problems war mit dem Verstand kaum fassbar: Zwei Drittel der S & P 500-Unternehmen, die Pensionsfondsdaten ausweisen, schrieben rote Zahlen. Von diesen Unternehmen schuldeten 13 den Pensionsfonds ihrer Mitarbeiter jeweils mehr als eine Milliarde Dollar – General Motors (12,7 Milliarden), Exxon (7,2 Milliarden), Ford (2,5 Milliarden), Delphi (2,4 Milliarden), Delta Airlines (2,4 Milliarden), United Technologies (2,3 Milliarden), AMR (1,9 Milliarden), Pfizer (1,3 Milliarden) und Procter & Gamble (1,1 Milliarden).

Vier schuldeten den Fonds eine Milliarde Dollar – Chevron Texaco, Pharmacia, Goodyear und Raytheon. 32 Unternehmen schuldeten jeweils mehr als eine halbe Milliarde, und über 100 Unternehmen fehlten 100 Millionen Dollar oder mehr.

Wie die Rechnungsprüfer bei der Vertuschung halfen

Johnstons Begegnung mit den Rechnungsprüfern endete in Bitterkeit. Sie wollten, dass das Unternehmen sofort aufräumen und seine Ergebnisse entsprechend korrigieren sollte. Er aber wollte den Tag der Abrechnung noch hinausschieben. Er verstand die Argumente vollkommen und war in den meisten Fällen sogar der gleichen Meinung. Aber er war noch nicht bereit, sich dem zu stellen, was mit Sicherheit einem finanziellen Scheiterhaufen gleichkommen würde.

Er eilte zu seinem Schreibtisch zurück, während seine Sekretärin dringend versuchte, einen der Oberen der Rechnungsprüfungsfirma an das Telefon zu bekommen. „Zuerst sagen uns Ihre Berater, was wir tun sollen, wie wir das tun sollen und dass alles völlig innerhalb des gesetzlichen Rahmens bleibt", bellte Johnston seinen Gesprächspartner giftig an. „Dann kommen ein paar Monate später Ihre Buchprüfer daher und erzählen uns, alles, was Ihre Berater uns gesagt haben, sei falsch. Jetzt bin *ich* dran, *Ihnen* etwas zu erzählen: Entweder, Sie sagen Ihren kleinlichen Erbsenzählern, sie sollen es sein lassen, oder aber Sie genehmigen unsere Bücher so wie sie sind – sonst können Sie sich von Ihren dicken Beratungsgebühren verabschieden."

Und so kam es, dass die Rechnungsprüfer auch *nach* der Aufdeckung ernstlicher Abrechnungsprobleme nichts weiter taten als einen Aktenvermerk zu schreiben. Darin beschuldigten sie das Management vergangener Abrechnungstricks und kritisierten fragwürdige Praktiken, die immer noch vorhanden waren. Sie legten die Akte am rechten Ort ab, und sie erblickte nie wieder das Tageslicht.

In ihrer offiziellen Mitteilung für die Aktionäre dagegen klang das allerdings alles anders. Sie stellten UCBS ein sauberes Gesundheitszeugnis aus und versicherten, dass die Bilanzen des Unternehmens die Ergebnisse „in allen wesentlichen Aspekten richtig" wiedergeben würden. Über ihre tatsächlichen Bedenken schrieben sie nichts.

Wäre es ihre Pflicht gewesen, die Probleme zu beseitigen oder die Öffentlichkeit zu warnen? Ja, aber das schien ihnen nichts auszumachen. Konnten sie wegen schwerer Verletzungen des öffentlichen Vertrauens, ja sogar des Betruges angeklagt werden? Ja, aber auch das schien sie nicht zu stören. Die Buchprüfer zogen einfach die Köpfe ein und halfen bei der Vertuschung mit.

Ein Beispiel aus der wirklichen Welt: Die leitenden Führungskräfte von Waste Management wurden in einem umfangreichen Verfahren der SEC wegen Bilanztricks zur Ordnung gerufen, mittels deren die Gesellschaft von 1992 bis 1997 Ausgaben in Höhe von 1,7 Milliarden versteckt hatte, während zwei Topmanager Entschädigungen von 28,4 Milionen Dollar kassiert hatten. Die Rechnungsprüfer von Arthur Andersen hatten sich damals in aller Stille beschwert, aber als das Management ihre Einwände ignorierte, genehmigten sie die Bilanz des Unternehmens trotzdem.

Die Buchprüfer sprechen in fast allen größeren Fällen von Abrechnungsproblemen keine Warnungen aus

Der Kabelfernsehriese Adelphia Communications offenbarte Anfang des Jahres 2002, dass er zusätzliche 2,3 Milliarden Dollar Schulden hatte, die er in seiner Bilanz nie berücksichtigt hatte. Die Anleger mussten hilflos zusehen, wie ihre Aktien vom 11. März bis zum 2. April von 25 auf 11,83 Dollar fielen und innerhalb von weniger als drei Wochen die Hälfte ihres Vermögens vernichteten. Noch ein Jahr vor dieser Enthüllung hatten die Rechnungsprüfer von Deloitte & Touche der Gesellschaft ein sauberes Zeugnis ausgestellt.

Am 25. Juni stellte Adelphia Insolvenzantrag und vernichtete 100 Prozent des Anlegervermögens. Xerox gab Mitte 2002 bekannt, dass es seinen Gewinn seit 1997 um zwei Milliarden Dollar korrigieren musste. Das Unternehmen erklärte sich mit einer Geldbuße von zehn Millionen Dollar an die SEC einverstanden, der bisher höchsten in der Geschichte. Nur 13 Monate vorher hatte die Rechnungsprüfungsgesellschaft KPMG die Bücher des Unternehmens abgesegnet.

Enron, Worldcom und mindestens 29 weiteren Unternehmen, bei denen es Unregelmäßigkeiten in der Buchführung gab, war von ihren Buchprüfern ein sauberes Zeugnis ausgestellt worden, und zwar relativ kurze

Zeit bevor ihre Probleme enthüllt wurden. Dabei handelte es sich nicht um kleine dubiose Firmen, sondern große, jedermann bekannte Gesellschaften mit einer gemeinsamen Marktkapitalisierung von 1,8 *Billionen* Dollar. Aber diese bedeuten nur die Spitze des Eisbergs. Es handelt sich nicht um Unternehmen, denen es gelang, ihre Unregelmäßigkeiten zu verbergen und nicht die Tausenden von Unternehmen, die ihre Bücher „legal" frisierten.

Die Abrechnungsseuche beschränkte sich eindeutig nicht auf die spektakulären Fälle, von denen die meisten Menschen gehört haben, wie Enron oder WorldCom. Sie war zu einer landesweiten Epidemie geworden, die fast alle Bereiche der amerikanischen Unternehmenswelt durchdrang.

Auch beschränkte sie sich nicht auf Arthur Andersen, das erste Rechnungsprüfungsunternehmen, das des Betrugs für schuldig befunden worden war. *Ganz im Gegenteil, die Genehmigung fragwürdiger Abrechnungspraktiken war bei allen fünf großen Buchhaltungsfirmen Amerikas ein üblicher Vorgang.* Dazu gehören neben Arthur Andersen noch Deloitte & Touche, Ernst & Young, KPMG und PricewaterhouseCoopers. Jede einzelne davon war für die Prüfung von Großunternehmen verantwortlich, bei denen es Abrechnungsunregelmäßigkeiten gab.

Natürlich wäre es nicht der Fehler der Rechnungsprüfer gewesen, wenn sie kleinere Unregelmäßigkeiten übersehen hätten. Allerdings waren in vielen Fällen die Abweichungen so groß, dass die resultierenden Korrekturen den Unternehmensgewinn zerrissen und den Aktienkurs vernichteten. Es übersteigt die Vorstellungskraft zu glauben, dass genau die Menschen, die mit der Aufgabe betraut waren, die Bücher eines Unternehmens ausführlich zu inspizieren, so lange über Sachverhalte im Dunkeln gehalten wurden, die sich so schnell in so großem Maße auswirkten. Sie mussten es gewusst haben.

Die vom Staat vorgeschlagenen „Lösungen": Ein Flickwerk kosmetischer Änderungen

Während der ganzen 90er-Jahre versuchte der ehemalige SEC-Vorsitzende Arthur Levitt, das Problem zu beheben. Er drängte den Kongress, eine eindeutige Trennung zwischen Beratungsdiensten und Rechnungsprüfungsdiensten zu verlangen, aber der Kongress tat seine Besorgnis geringschätzig ab und wies seine Vorschläge zurück.

Im Jahre 2002 schließlich verabschiedete der Kongress eine Rechnungslegungsreform und ein Gesetz zum Schutz der Anleger, die es den Unternehmen erschweren sollten, ihre Bücher zu frisieren. Das war zwar ein Schritt in die richtige Richtung, aber noch lange keine Beseitigung des Fehlers. Das Gesetz fordert keine vollständige Trennung zwischen Prüfung und Beratung – was die Hauptquelle des Problems ist. Es beseitigt nicht den größten Anreiz für die CEOs zu schummeln – die Aktienbezugsrechte. Es beseitigt nicht die verbreiteten tief gehenden Interessenkonflikte der Wall Street. Und eines der größten Abrechnungsprobleme spricht es überhaupt nicht an – die Manipulationen mit den Pensionsfonds für die Mitarbeiter.

Die SEC indes versuchte der landesweiten Besorgnis über die Abrechnungspraktiken zu begegnen, indem sie Hunderte von CEOs großer Unternehmen aufforderte, persönlich zu versichern, dass ihre Bilanzen stimmig und korrekt seien. Das war eine nette Geste, aber sie verfehlte das wichtigste Ziel: die angeblich „legalen" Manipulationen.

Kapitel 5

Ein Kulturbeutel für 17.000 Dollar

Es war schon lange nach zwei Uhr morgens, aber Paul E. Johnston, der CEO von UCBS, konnte nicht einschlafen.

Das lag nicht so sehr an den nagenden Schuldgefühlen wegen der aggressiven Abrechnungspraktiken des Unternehmens. Er hatte schon vor Monaten gelernt, damit umzugehen. Auch lag es nicht an der wachsenden Furcht, dem Unternehmen könnte vielleicht das Geld für die fälligen Schulden ausgehen. Auch damit kam er zurecht.

Was eher in seinem Inneren nagte, war der Nachhall der Stimme seiner Tochter, mit der er ein paar Stunden davor telefoniert hatte. „Stimmen die Gerüchte?“, hatte sie so unbeteiligt wie möglich gefragt. „Was geht da wirklich vor?“, hatte sie sich laut selbst gefragt. Als er anfing zu antworten, hatte sie ihn allerdings unterbrochen, weil sie keine Insiderinformationen hören wollte.

Sie hatte ihm auch gesagt, dass sie ein paar UCBS-Aktien gekauft hatte. Sie hatte nicht gesagt, wie viele, und hatte versucht den Eindruck zu erwecken, das sei „keine große Sache“, aber Johnston fühlte, dass es mehr waren. Zu seinem Missfallen tat er etwas, das er sich geschworen hatte zu vermeiden: Er sprach mit einem Aktionär seines Unternehmens, und das war ausgerechnet seine eigene Tochter.

In den darauf folgenden Nächten wurde es mit Johnstons Schlaflosigkeit immer schlimmer. Er sah seine Tochter vor sich, wie sie in der Jahreshauptversammlung in der ersten Reihe saß und bange darauf wartete, dass er seine Rede hielt. Oder er saß ihr beim Essen gegenüber, und ihr Mann blickte ihn kritisch an.

Also blieb er lange auf und schaute CNN sowie andere Nachrichtensender. Und eines Nachts begann ein neuer Schrecken. Einer nach dem anderen wurden in den Hauptnachrichten seine ehemaligen Freunde beziehungsweise Rivalen in Handschellen abgeführt. Hastig schaltete er zu den Schlagzeilen von *New York Times Online*:

> **WorldCom gibt zu, Ausgaben verheimlicht und dadurch den Cashflow um 3,8 Milliarden aufgebläht zu haben** (Andrew Ross Sorkin, *New York Times*, 26. Juni 2002). Von WorldCom, der zweitgrößten Telefongesellschaft des Landes für Fernverbindungen, verlautete am

gestrigen Abend, das Unternehmen habe in den letzten fünf Quartalen seinen Cashflow um 3,8 Millionen Dollar zu hoch angegeben; dies ist einer der bislang schwersten Fälle von falscher Buchführung. WorldCom hatte im Juni 1999, als seine Aktien den Höhepunkt von 62 Dollar erreichten, einen Wert von 115,3 Milliarden Dollar. Inzwischen ist das Unternehmen weniger als eine Milliarde wert. Die Aktie, die schon vor der gestrigen Bekanntgabe seit Jahresbeginn 94 Prozent abgegeben hatte, fiel im nachbörslichen Handel nochmals um 26 Cent. Die SEC verlautbarte heute morgen, dass es sich um „Abrechnungsunrichtigkeiten in bisher ungekanntem Ausmaß" gehe.

Ein paar Tage danach schauderte Johnston noch einmal, als er einen Artikel von Barnaby J. Feder und David Leonhardt las, ebenfalls aus der *Times*. In einer auffälligen Tabelle waren die Namen der führenden Manager und der Boardmitglieder von WorldCom aufgeführt. Sie standen dort Schwarz auf Weiß, und daneben standen Zahlenangaben dazu, wie sehr sie sich durch den Verkauf von Unternehmensaktien bereichert hatten. Obwohl die Aktie ins Trudeln geraten war, organisierten sie angeblich den größten Wirtschaftsbetrug der Weltgeschichte und drängten die Öffentlichkeit andauernd, ihre fallenden Aktien zu kaufen.

Bert C. Roberts, der Boardvorsitzende, verkaufte seine Aktien für 22,8 Millionen Dollar; Scott D. Sullivan, Chief Financial Officer, für 44,2 Millionen; James Quell Crowe, ein ehemaliger Board-Angehöriger, bekam 24,7 Millionen, und Gerald H. Taylor, ehemals CEO von MCI, nahm 21,8 Millionen Dollar mit. Dem CEO John W. Sidgemore erging es noch besser, er kassierte 87,3 Millionen, und das Boardmitglied Lawrence C. Tucker schoss mit *110,8 Millionen Dollar* den Vogel ab.

Bald mussten auch die Anleger feststellen, dass die Insider von WorldCom stinkreich wurden, während sie selbst drückende Verluste erlitten. Darum verlangten sie, dass die Mistkerle ins Kittchen gesteckt werden sollten. Sie wollten Blut sehen.

Zwei ehemalige führende WorldCom-Manager des schweren Betruges angeklagt (Kurt Eichenwald, *New York Times*, 2. August 2002).

Zwei ehemaligen Führungskräften des Telekommunikationsgiganten WorldCom wurde gestern Abrechnungsbetrug in Milliardenhöhe vorgeworfen. Sie sollen die wachsenden Verluste vertuscht und letztendlich zu dem Bankrott der Gesellschaft beigetragen haben.

Die beiden Manager – Scott D. Sullivan, der ehemalige Chief Financial Officer von WorldCom, und der ehemalige Controller David F. Myers – stellten sich gestern um sieben Uhr morgens dem FBI-Stabsbüro in Lower Manhattan. Später wurden sie unter offizieller Bewachung und in Handschellen dem Bundesbezirksgericht vorgeführt, wo eine kurze Anhörung stattfand.

Abend für Abend, wenn alle persönlichen Mitarbeiter gegangen waren, ließ sich Johnston auf das Ledersofa in seinem Büro fallen, nahm die Fernbedienung und zappte nervös durch die Nachrichtensender – CNN, Fox, MSNBC und andere. Eines nach dem anderen erschienen die Bilder von immer mehr Bekannten auf dem Bildschirm – sie wurden von Polizisten abgeführt, beschimpften Reporter und wurden in den Schmutz gezogen, verdammt dazu, ein Leben in Schimpf und Schande zu führen.

Da war David B. Duncan, der bei Enron federführende Rechnungsprüfer von Arthur Andersen; ihm wurde Irreführung der Justiz vorgeworfen, er bekannte sich schuldig, das gesamte Unternehmen wurde verurteilt. Dann Scott D. Sullivan, der ehemalige Chief Financial Officer, und David F. Myers, ehemals Controller bei WorldCom, beide des Wertpapierbetrugs und der Verschwörung angeklagt, und schließlich Samuel D. Waksal, ehemaliger CEO von ImClone Systems, angeklagt des Insiderhandels.

Die Worte der Reporter klangen Johnston in den Ohren: „John J. Rigas, 78, der Gründer und frühere Generaldirektor von Adelphia, sowie zwei seiner Söhne wurden gestern morgen um sechs Uhr von Beamten des FBI in ihrer Wohnung an der Upper East Side in Manhattan verhaftet".

„Die Anklagevertreter behaupten, sie hätten unrechtmäßigerweise Unternehmensgelder für alles mögliche verwendet: für private Darlehen zum Aktienkauf, für den Bau einer 13 Millionen teuren Golfanlage, für den Transport von Familienangehörigen zu einem Safari-Urlaub in Afrika und [...]."

„Der einstmals seltene Anblick von Topmanagern, denen Verbrechen vorgeworfen werden, ist in den letzten Monaten fast normal geworden [...]."

„Samuel D. Waksal, ehemals CEO des Biotechnologie-Unternehmens ImClone Systems, wurde heute in seiner Wohnung in Manhattan verhaftet und des Insiderhandels mit Aktien angeklagt [...]."

„Spitzer erhebt Anklage gegen fünf Telekom-Manager wegen unlauterer persönlicher Bereicherung – gegen den ehemaligen CEO von WorldCom Bernard Ebbers, gegen den ehemaligen CEO von McLeod USA Clark McLeod, gegen das ehemalige Boardmitglied von Qwest Philip E. Anschutz, gegen den ehemaligen CEO von Qwest Joseph P.N. Nacchio sowie gegen den Gründer und ehemaligen Boardvorsitzenden von Metromedia Fiberworks, Stephen A. Garofalo [...]."

„L. Dennis Kozlowski, ehemaliger Vorsitzender und CEO des Konglomerats Tyco International wurde beschuldigt [...]."

Johnston spürte einen weiteren Schlag, als er am 18. September um vier Uhr morgens in New *York Times Online* schaute und folgende Story las:

> **Tyco macht Details über das üppige Leben seiner Manager publik.** Tyco International, dessen ehemalige Topmanager angeklagt sind, das Unternehmen ausgeplündert zu haben, ließ gestern verlauten, man habe ein Netz von Täuschungen und persönlicher Bereicherung aufgedeckt, das sich quer durch alle Führungsebenen erstreckt habe. Der Tyco-Bericht zeigt, dass der ehemalige CEO L. Dennis Kozlowski systematisch eine Unternehmenskultur der Gier und der Exzesse geschaffen hat, indem er den Führungskräften Darlehen in Höhe von zig Millionen insgeheim erließ. Kozlowski hatte das Board of Directors übergangen und ohne dessen Genehmigung an 51 Tyco-Manager Bonuszahlungen von 56 Millionen Dollar *zuzüglich* 39 Millionen Dollar für die Begleichung der Steuern auf die Bonuszah-

lungen vergeben. Dieses Geld war eindeutig dafür gedacht, die Darlehen zu tilgen, die das Unternehmen ihnen gewährt hatte.

Aus der schmutzigen Wäsche von Tyco schien es Johnston direkt auf den Schoß zu tropfen. Da, in der *New York Times* – vor Millionen von Fernsehzuschauern zur Schau gestellt – war eine lange Aufzählung persönlicher Gegenstände zu lesen, die sich der CEO von dem Geld gekauft hatte, das die Anleger dem Unternehmen anvertraut hatten:

– Zahlungen an den Yachtbauer Germán Frers – 72.000 Dollar
– Kulturbeutel – 17.000 Dollar
– Hunde-Schirmständer – 15.000 Dollar
– Nähkorb – 6.300 Dollar
– Duschvorhang – 6.000 Dollar
– Zwei Garnituren Betttücher – 5.960 Dollar
– Vergoldeter Papierkorb – 1.650 Dollar

Ein Papierkorb für 1.650 Dollar! Ein Kulturbeutel für 17.000 Dollar! Und alles von dem Vermögen der Aktionäre gekauft. Er konnte keine weitere Schlagzeile und keine Fernsehnachrichten mehr ertragen. Er hatte Magenschmerzen.

Die Ursache seiner Bauchschmerzen war teilweise Angst. Er sah es schon lebhaft vor sich, wie sein eigenes Unternehmen – das vom Aktienmarkt bereits zusammengehauen wurde – in den Schlagzeilen verrissen wurde, und er konnte sich vorstellen, wie sein Bild in CNN als Verbrecherfoto gezeigt wurde. Gleichzeitig kam seine Übelkeit auch von einer Art Stolz. Den größten Teil des üppigen Entschädigungspakets, das die Berater vorgeschlagen hatten und das das Board of Directors abgesegnet hatte, hatte er gar nicht genutzt. Und kein einziges Mal war er über die gesetzlichen Richtlinien hinausgegangen, die ihm die sachverständigen Berater skizziert hatten.

Aber trotzdem fühlte er sich schuldig und verwundbar. Er bereute, dass er mit den Zahlen des Pensionsfonds herummanipuliert hatte. Er wünschte, er hätte die Rechnungsprüfer nicht unter Druck gesetzt, damit sie ihre Bedenken verschwiegen. Wenn er doch bloß die Zeit ein paar Jahre zurückdrehen könnte, dann würde er einen unabhängigen Weg einschlagen, auch wenn dies kurzfristig unternehmerische und persönliche Opfer bedeuten würde, selbst wenn es weniger Kapitalbeschaffung bedeuten würde, einen niedrigeren Aktienkurs, enttäuschte Mitarbeiter und weniger Gewinn für die Aktionäre. Der langfristige Nutzen von Vernunft, Kontrolle und Selbstachtung hätte all diese Punkte lächerlich erscheinen lassen.

Der letzte Schlag kam, als er von seiner Frau erfuhr, dass es seiner Tochter Linda und ihrem Ehemann finanziell schlecht ging. Sie hatten 80.000 Dollar in UCBS-Aktien angelegt und schon 75 Prozent davon verloren, noch *bevor* weitere schlechte Meldungen erschienen waren. Weitere 80.000 Dollar hatten sie in einem angeblich „gestreuten" Portfolio von Telekom-Aktien angelegt, unter anderem Global Crossing, Qwest und WorldCom; hier waren die Verluste noch größer.

„Abgesehen vom Haus sind Linda und Gabriel praktisch pleite", sagte seine Frau mit einem sauren Unterton, den Johnston als leichte Unterstellung einer Mitschuld interpretierte. „Wie üblich", fügte sie hinzu, „wollen sie keine finanzielle Unterstützung. Vielleicht haben sie das absolute Minimum für einen Collegefonds, aber keinen Penny mehr."

Johnston brach zusammen.

In den folgenden Tagen und Wochen machte der CEO von UCBS alle Stadien eines genesenden Alkoholikers durch: Einen langen Kampf, während dessen er noch leugnete, dann einen noch längeren Kampf, bis er sich eingestand, dass er durch seine eigenen Fehler das Leben Tausender Anleger ruiniert hatte, und zum Schluss den schwersten Kampf von allen – die innere Ruhe und den Mut zu finden, diese Emotionen in wirksame Handlungen umzusetzen.

Zuerst mit zitternder Hand und dann mit wachsender Entschlossenheit, stellte er einen Zeitplan für die Austreibung der Dämonen auf, die ihn heimsuchten. Er wollte Veränderungen vornehmen – drastische Veränderungen, keine kosmetischen Veränderungen, die die Öffentlichkeitsarbeiter in Pressemitteilungen einbauen oder in das Internet stellen konnten. Sie sollten grundlegend sein – sie sollten die Unternehmensstruktur, die Strategien und die Unternehmenskultur betreffen.

Er beobachtete Topmanager wie Warren E. Buffett, die schon vor langer Zeit Aktienbezugsrechte aus der Vergütung der Führungskräfte gestrichen hatten. Er nahm in New York an einer Versammlung der Commission on Public Trust and Private Enterprise [Vereinigung von Wirtschaftswissenschaftlern] teil. Er saß in einer der hinteren Reihen, als Buffett, der ehemalige Fed-Vorsitzende Volcker und andere durchgreifende Reformen der amerikanischen Unternehmenswelt vorschlugen – die korrekte Offenlegung von Aktienverkäufen durch Führungskräfte, einheitliche Behandlung von Bezugsrechten als Ausgaben, keine Neubewertung von Bezugsrechten ohne Zustimmung der Aktionäre, längere Halteperioden bevor Führungskräfte ihre Aktien verkaufen dürfen, und anderes mehr.

Er hatte das verzweifelte Bedürfnis, zu diesen Unternehmensführern zu gehören und von den Medien und der Öffentlichkeit als Vorreiter der Unternehmensreform betrachtet zu werden. Und noch verzweifelter wollte er vermeiden, seinen Namen in jenen vernichtenden Schlagzeilen zu sehen. Wie sich herausstellen sollte, war es für Johnston *noch nicht* zu spät, seinen Ruf zu retten, aber es war schon zu spät, UCBS zu retten.

Schulden und Deflation

Die Schwierigkeiten von UCBS beschränkten sich nicht auf die Buchführung. Denn in diesem Fall hätte das Unternehmen seine Bilanz korrigiert, die Aktionäre hätten die Aktie noch einmal um 30 oder 40 Prozent gedrückt, und die Krise wäre vorübergegangen. Aber die Buchführung war nur die Spitze des Eisbergs.

Das Hauptproblem bestand darin, dass UCBS von *bald fälligen Schulden und Deflation* in die Zange genommen wurde – die Preise für die wichtigsten Produkte des Unternehmens gingen zurück.

Wenn nur die Verschuldung gewesen wären, hätte das Unternehmen vielleicht irgendwie überlebt. Es hätte seine Schulden von dem Cashflow bezahlt, der aus dem Umsatz resultierte. Und das Unternehmen hätte neue Schulden gemacht, um die alten Schulden zu bezahlen.

Wenn nur die Deflation gewesen wäre – sinkende Umsätze und sinkende Preise –, dann hätte UCBS ebenfalls durchkommen können. Das Unternehmen hätte Zehntausende von Stellen abgebaut, Hunderte von Tochterfirmen und Jointventures verkauft und wäre zu dem kleinen Herstellungsunternehmen zurückgeschrumpft, mit dem alles begonnen hatte.

Aber nein. Die beiden Kräfte – Schuld und Deflation – trafen zur gleichen Zeit am gleichen Ort aufeinander. Bis zum Jahresende wurde fast eine Milliarde Dollar an Rechnungen und kurzfristigen Inhaberschuldverschreibungen fällig. Und gleichzeitig entfielen die Einnahmen, aus denen UCBS die Schulden hatte bezahlen wollen.

Tatsächlich gingen die drei wichtigsten Branchen, von denen die größten Abteilungen von UCBS abhängig waren – Computer, Telekommunikation und Mobilfunk –, unter wie ein Stein.

Was die PC-Industrie angeht, las Johnston im Internet einen Artikel von Associated Press über eine Erhebung der Wallstreetfirma Goldman Sachs. Goldman hatte 100 leitende IT-Mitarbeiter von Fortune-1000-Unternehmen befragt und festgestellt, dass mehr als die Hälfte von ihnen damit rechnete, dass die ohnehin schon zusammengestrichenen Budgets für Informationstechnologie noch *unterboten* würden. Nur acht Prozent wollten die Computerausstattung ihrer Unternehmen aufrüsten, und 44 Prozent wollten die Aufrüstung auf das nächste Jahr verschieben. Johnston schickte den Artikel per Email an seinen Vizepräsidenten (VP) für den Verkauf und bat um einen Kommentar.

„Kein Wunder, dass unsere Umsätze im PC-Bereich zusammenfallen!", sagte der VP später beim Essen. „Hier, schau dir mal unsere weltweiten Verkaufszahlen an. Sieh dir den Chart an, seit fünf Quartalen ununterbrochen gesunken. Verflixt! Jedes Mal wenn wir glauben, der PC-Markt hat die Talsohle erreicht, geht er noch weiter nach unten. Niemand will mehr neue Computer kaufen. Ich kann es niemandem verdenken. Mein eigener Computer ist schon mindestens zehnmal so schnell wie es nötig wäre. Was soll ich mit einem Computer, der *noch einmal* zehnmal so schnell ist? Den brauche ich so dringend wie einen Kropf."

Johnston stellte sich wieder einmal dumm und wollte einen positiven Ton anschlagen.

„Du bist zu negativ. Betrachte es doch mal von der positiven Seite. Schau dir ..."

Der Verkaufs-VP zuckte die Achseln und lachte nervös. „Du hältst *mich* für negativ? Ich möchte dazu Brian Gammage zitieren – der Typ ist Analyst bei einem großen, unabhängigen Researchunternehmen, bei Gartner Dataquest. Er schreibt folgendes: ‚Das ist die Verschlechterung eines immer schlechteren Ergebnisses, das schlechteste seit dem dritten Quartal letzten Jahres, das der Tiefpunkt eines schlechten Jahres gewesen war.' Ich frage dich: Klingt das nicht so, als würde er in unserer PC-Abteilung sitzen und über unsere Geschäfte reden?"

„Reden wir über die Telekomabteilung."

„Bitte nicht! Bitte zwing mich nicht dazu, über die Telekomabteilung zu sprechen. Muss ich wohl? Okay, wenn du darauf bestehst. Ich muss sagen, die Leute in der Telekom-Verkaufsabteilung würden liebend gerne mit denen von der PC-Verkaufsabteilung tauschen. Sicher, die PC-Geschäfte fallen in den Keller, aber das Telekomgeschäft wird von einem gigantischen schwarzen Loch aus Schulden, übermäßiger Expansion und sogar Betrug angezogen. Von den Megabankrotten bei Global Crossing und WorldCom hast du ja gehört. Aber hast du gewusst, dass von 2000 bis 2002 mindestens 82 Telekomfirmen Insolvenz beantragt haben?"

„So schlimm?"

„Noch schlimmer!"

„Wie ist es mit unserer Tochterfirma für Handyausrüstung?", fragte der CEO und stellte sich damit immer noch dumm.

„Die Handybranche rast auf eine Massenkarambolage mitten auf der Autobahn zu. Die Leute in unserer Handyabteilung haben sich für schlau gehalten und haben Milliarden von Dollar für die Rechte an der so genannten dritten Generation (3G) ausgegeben. Diese Rechte sind vielleicht in einem Sciencefiction-Film etwas wert oder in irgendeinem zukünftigen technischen Zeitalter. Aber heute sind sie das Überflüssigste, was es in der Menschheitsgeschichte je gab. Unsere Mobilfunkabteilung hat ein Vermögen ausgegeben – fast eine Viertelmilliarde für ein kleines Stück des Kuchens. Willst du wissen, wie viel andere Unternehmen aus der ganzen Welt für 3G-Rechte ausgegeben haben? Ja? Okay, allein die europäischen Telekoms 260 Milliarden, die amerikanischen eine Billion. Bisheriger Gesamtgewinn aus diesen Investitionen: null. Eine dicke, breite, runde *Null.*"

Der CEO kannte diese Zahlen schon aus verschiedenen anderen Quellen. „Deshalb habe ich ihnen gesagt, sie sollen sich auf das Geschäft mit normalen, langsamen Mobiltelefonen konzentrieren", sagte er.

„Gute Idee! Aber auch da gehen die Verkaufszahlen zurück. Es gibt einfach zu viele Hersteller, die zu viele verschiedene Modelle zu Kampfpreisen verschleudern. Es gibt zu viele Anbieter, zu viele Netze, die sich überschneiden, zu viele Vertragsmodelle und Sondertarife. Das ist ein klassisches Beispiel für eine massive, weltweite *Übersättigung*. Genau deshalb haben sechs landesweite Netzanbieter in Amerika im ersten Quartal 2002 ihre Kapitalausgaben um 20 Prozent gesenkt. Deshalb kommen Nokia und Ericsson ins Schwimmen. Deshalb habe ich dir gesagt, du sollst die Tochter verkaufen, bevor es zu spät ist."

Ein paar Sekunden lang starrte Johnston den VP mit unbewegtem Gesicht an. Er fragte sich, ob er ihm seine geheimsten Ängste bezüglich des Unternehmens bekennen sollte, so als säße er einem Psychiater gegenüber – oder ob er versuchen sollte, eine solide Verteidigung aufzubauen, wie er es einem Analysten von der Wall Street gegenüber tun würde. Er entschied sich für eine Mischung aus beidem: „Sieh mal, ich gebe zu, dass wir im Hightech-Bereich schwere Fehler gemacht haben. Ich gebe zu, dass wir nicht kurz innegehalten und uns wenigstens die grundlegendsten Fragen gestellt haben: Verdient dieses Unternehmen Geld? Hat dieses Unternehmen greifbare materielle Vermögenswerte? Das war eben die große Euphorie. Haben wir uns davon hinreißen lassen? Aber ja, natürlich. Zum Glück jedoch sind wir ein breit diversifiziertes Unternehmen und –"

Kopfschüttelnd unterbrach ihn der VP: „Ich habe nur eine Frage", sagte er.

„Nur zu", antwortete Johnston.

„Es heißt doch, die Rezession letztes Jahr sei kurz und mäßig gewesen, oder?"

„Ja."

„Es heißt, wir befänden uns jetzt in einer Erholung, richtig?"

„Richtig."

„Nun ja, wenn wir so große Schwierigkeiten haben – wenn fast alle in unserer Branche in der ganzen Welt trotz dieser Erholung so große Probleme haben –, kannst du mir dann sagen, was passieren wird, wenn wir auch nur in eine durchschnittliche Rezession zurückrutschen? Kannst du mir sagen, was auf uns zukommt, wenn wir – Gott bewahre! – eine schwere oder längere Rezession bekommen?"

Die Besprechung war vorüber, und Johnston wusste nicht recht, was er als Nächstes tun sollte. Er fühlte sich wie ein Alkoholiker, der auf der Suche nach dem richtigen Moment dafür war, zu den anonymen Alkoholikern zu gehen. Aber schließlich machte er den ersten Schritt.

Er traf sich mit den Buchprüfern und entschuldigte sich – bei niemand Bestimmtem – für jegliche Geringschätzung, die er in der letzten Besprechung bezüglich der Rechnungsprüfung geäußert haben mochte. Und dann tat er etwas, das er noch nie zuvor getan hatte: Er bestellte die Berater und die Buchprüfer zu einer gemeinsamen Besprechung. Als alle versammelt waren, verlangte er eine interne Studie, in der sämtliche potenziellen Grauzonen in der Buchführung durchkämmt werden sollten: Bezahlung und Bezugsrechte der Manager, die Tochterunternehmen, der Pensionsfonds und die Derivate.

Als er den Bericht erhalten hatte, berief er eine erneute Pressekonferenz mit Analysten von der Wall Street ein – und dieses Mal unter Zulassung der Öffentlichkeit, wie es die neuen SEC-Vorschriften verlangten.

Ein Analyst beschrieb die Pressekonferenz hinterher in einer Talkshow auf CNBC folgendermaßen: „Ich fühlte mich wie ein Priester im Beichtstuhl, der sich eine lange Litanei unternehmerischer Sünden anhörte. Punkt für Punkt und Stück für Stück sagte uns der CEO, was er alles falsch gemacht hatte. Und dann sagte er uns, dass er alles wieder korrigieren wolle. Ob das ein Schock für den Markt war? Natürlich. Niemand hatte geahnt, dass es UCBS mit den Abrechnungstricks so weit getrieben hatte. Ob die Aktie absank? Natürlich. Aber das klärte die

Luft. Wenn die Anleger die heutige Pressekonferenz überleben, dann überleben sie alles. Das finanzielle Überleben des Unternehmens steht allerdings auf einem anderen Blatt. Wer weiß."

Johnstons zweiter Schritt: Das Haus in Ordnung bringen. Er vervollständigte seinen Zeitplan mit der Liquidierung der Derivate-Transaktionen, mit dem Verkauf beziehungsweise der Konsolidierung der Tochterunternehmen und so weiter.

Sein dritter Schritt: Zurücktreten.

Kapitel 6

Sichere Geldanlage

Wer ebenfalls von ihrer Tätigkeit zurücktrat, war Tamara Belmont. Sie verließ Harris & Jones und suchte nach neuen Möglichkeiten. Sie hatte acht Jahre Berufserfahrung als Wirtschaftsresearcherin an der Wall Street. Davor hatte sie an der School of International Affairs der Columbia University eine Dozentur innegehabt. Ihre Magisterarbeit hatte den Titel gehabt: „Der Entscheidungsprozess von Privatanlegern – Japan und USA im Vergleich". Sie hatte derartigen Anklang gefunden, dass sie problemlos direkt nach dem Studium eine Stelle bekam, ebenfalls an der Columbia University.

Sie liebte die reine Forschung. Sie würde einen Weg zurück in die akademische Forschungswelt finden, und das niedrigere Gehalt würde sie mit Publikationen und Reden ausgleichen.

Die erste Einladung, eine Rede zu halten, kam von der Columbia School of Business. Das Publikum war eine kleine Menge von Anlegern und Mitarbeitern; die meisten hatten neben dem wissenschaftlichen auch persönliches Interesse am Markt. Das war ihre Gelegenheit, den Mund aufzumachen und zum ersten Mal zu bekennen, was sie schon seit so vielen Monaten dachte. Von einem kleinen Podium herab sagte sie:

„Ich repräsentiere hier und heute mich selbst persönlich und kollektiv die Wirtschaftswelt. Und ich bin gekommen, um ein grundlegendes Bekenntnis abzulegen: *Wir haben gelogen!*

Enron, WorldCom, Merrill Lynch und Arthur Andersen – wir haben Sie angelogen.

Enron war damals die größte Pleite der Geschichte. Wir haben bezüglich der Schulden, der Profite und der Töchter gelogen. Wir haben die Banken und die Broker belogen. Wir haben die Aktionäre und Mitarbeiter belogen. Wir haben die SEC, die NASD [Vereinigung der Wertpapierhändler] und George Bush belogen. Wir haben sogar Bill Clinton belogen. Pinocchio wäre stolz auf uns.

WorldCom war fast dreimal so groß wie Enron. Wir haben um neun *Milliarden* gelogen, die größte Lüge aller Zeiten.

Merrill Lynch ist das größte und renommierteste Brokerhaus der Welt mit mehr als *zehn Millionen* Konten weltweit. Wir haben eine richtiggehende Lügenmaschine betrieben. Wir haben höchst wirksam und beflissen die Anleger in aller Welt mit einem Strom gefälschter Einstufungen versorgt.

Arthur Andersen ist eine der respektabelsten Rechnungsprüfungsfirmen des Landes. Auch wir haben Sie belogen. Wir wurden sogar gerichtlich wegen Behinderung der Justiz verurteilt – gelogen zu haben und versucht zu haben, unsere Lügen zu vertuschen.

Aber wenn Sie heute hierher gekommen sind und gedacht haben, die schlimmsten Lügen würden Sie schon kennen, dann ist es Zeit für Sie aufzuwachen und den wirklichen Braten zu riechen.

Außer Enron haben mindestens noch 30 andere Unternehmen gelogen, und das sind nur diejenigen, die überführt wurden. Außerdem kommen auf jedes Enron, das ein Verbrechen begangen hat, Hunderte, die darauf geachtet haben, dass sich ihre Manipulationen vollständig innerhalb des Buchstabens des Gesetzes bewegten.

Außer Merrill Lynch haben mindestens noch 46 andere große Firmen der Wall Street Sie angelogen, einschließlich der, in der ich gearbeitet habe. Firmen empfahlen die Aktien von Unternehmen noch bis zu dem Tag, an dem sie Insolvenz anmeldeten, trotz eklatanter Anzeichen, dass diese Unternehmen eingehen würden.

Und außer Arthur Andersen haben noch vier andere bedeutende Rechnungsprüfungsfirmen Sie angelogen. Bei jeder einzelnen gab es die gleichen Interessenkonflikte und den gleichen Kampf zwischen der Buchprüfungs- und der Consulting-Abteilung.

Sie haben zweifellos schon viele unserer Lügen gehört. Aber ist Ihnen klar, wie gefährlich unsere Lügen sein können? Wissen Sie, wie viel Schaden sie der finanziellen Zukunft Ihrer Familie zufügen können?“

Der letzte Verkaufstrick

Linda und Gabriel Dedini wussten das mit Sicherheit. Sie hatten fast ihr gesamtes Geld an der Börse verloren. Sie hatten schon ihr Ferienhaus verkauft, und jetzt sprachen sie sogar davon, ihr Haus zu verkaufen.

Aber das stand außer Frage. Es gab keinen besseren Wohnort. Beide Kinder gingen noch in die Grundschule, und diese Schule lag nur drei Blocks entfernt.

Ihre hitzige Diskussion wurde so langsam laut, als das Telefon klingelte. Es war Dubois, ihr Broker bei Harris & Jones, und er hatte einen neuen Verkaufstrick; er bot ihnen eine „großartige neue Anlagemöglichkeit" an.

Er wusste, dass das Portfolio schlecht dastand, und darum setzte er an einer anderen Stelle an. Er redete davon, dass die Hypothekenzinsen gefallen seien und dass sie ihr Haus refinanzieren könnten; sie könnten einen dicken Batzen Bargeld erlösen und dieses Geld an der Börse für sich arbeiten lassen. Er sagte, alle täten das – alle außer den Dedinis. „Die Dedinis verpassen die Gelegenheit!", sagte er, so als wäre das schon Stadtgespräch. Ja sicher, gab er zu, dem Aktienmarkt ging es seit einigen Jahren schlecht, aber das sei doch erst Recht ein Grund, wieder einzusteigen, im Erdgeschoss einzutreten.

Linda hörte ihn höflich an und sagte, sie würde ihn innerhalb von 24 Stunden zurückrufen. Eine Stunde danach rief sie wirklich an und kündigte ihm. Weitere vier Stunden später saß sie in Baltimore, Maryland, im Büro eines Finanzplaners, den ihr ein gemeinsamer Freund empfohlen hatte.

Der Berater

Sie skizzierte dem Anlageberater kurz ihre finanzielle Vorgeschichte und fragte ihn nach seiner Meinung. Er aber informierte sie zuerst über seine Preise, bevor er weitermachte. Er sagte, die Erstberatung sei zwar kostenlos, aber jegliche künftige Beratung berechne er nach Stunden.

Er kassierte keinerlei Kommission. Er verkaufte weder Versicherungen, Investmentfonds noch sonstige Investmentprodukte. Er verkaufte ausschließlich Informationen und Ratschläge – sonst nichts. Er hatte kein Interesse, ihr bestimmte Anlagen aufzudrängen, außer jenen, die am besten für sie waren. Wenn sie ihm gegen einen kleinen Prozentsatz die Verwaltung ihres Vermögens überlassen wollte, dann wäre das auch eine Alternative. Die Entscheidung lag bei ihr.

„Es ist schon erstaunlich", sagte er, „im Bundesstaat Maryland sind 40.000 Finanzberater registriert, aber nur ein paar Hundert kassieren *ausschließlich Beratungsgebühren*, und ich bin einer davon. Wenn Sie nicht mit mir arbeiten wollen, dann bedaure ich zwar das Geschäft, das mir entgeht, aber ich kann Ihnen dabei helfen, in der Region andere Finanzplaner zu finden, die nur Gebühren nehmen. Oder Sie gehen zu einem Steuerberater, der speziell für den Anlagebereich ausgebildet ist – einem persönlichen Finanzfachmann. Auch der lässt sich nach Stunden bezahlen. Aber bitte, egal was Sie tun, holen Sie sich keinen Rat mehr bei jemandem, der Kommission bekommt. Das sind keine Berater, sondern verkappte Verkäufer."

„Woran erkenne ich den Unterschied?", fragte sie.

„Das ist eigentlich ganz einfach. In der Finanzindustrie haben Sie es immer entweder mit einem Verkäufer oder einem Berater zu tun. Niemand kann beides gleichzeitig sein, unmöglich. Verkäufer sagen Ihnen, dass Sie Ihnen für die Beratung nichts berechnen. Sie sagen Ihnen, dass sie zum Service gehört oder dass sie durch die Transaktionsgebühren beziehungsweise die Kommission gedeckt ist. Für Sie ist das ein Zeichen für einen ernsten Interessenkonflikt."

„Und die Berater?"

„Vollkommen anders. Berater sagen Ihnen, wie viel sie von Ihnen verlangen, dann stellen Sie eine Rechnung und sagen Ihnen, wie viel. Klarer geht es nicht."

Das klang vernünftig, aber sie war immer noch unsicher. „Gibt es keine lang erprobten und bewährten Investmentgrundsätze, die richtig sind, unabhängig von Gebührenstrukturen, Kommissionen und Interessenkonflikten? Ich unterrichte Physik. Und egal, was man mir bezahlt, es ändert nichts an der Tatsache, dass E fast immer gleich mc^2 ist."

„Hier geht es nicht um Relativität, sondern um Geschichte – zum Beispiel um Ihre. Sie haben mir gesagt, dass Sie mit einer Aktie 75 Prozent verloren haben, und mit einigen anderen fast 100 Prozent. Sie haben mir gesagt, dass sie Ihnen ein Broker von Harris & Jones empfohlen hat. Wissen Sie eigentlich, dass Harris das leitende Emissionshaus für fast alle diese Aktien war und dass im vergangenen Jahr 90 Prozent der Einnahmen des Unternehmens aus solchen Geschäften stammten?“

Linda Dedini schüttelte den Kopf. Das hatte sie nicht gewusst. „Aber was ist mit Dubois, dem Broker. Ich habe ihm vertraut. Warum hat mein Broker ...?“

„Broker sind als optimale Verkaufsmaschinen trainiert. Zufällig kenne ich einige Broker von Harris. Ein paar Freunde von mir arbeiten dort. Wissen Sie, was die machen und wie Sie es machen? Die Broker, die die meisten Aktien dieser Gesellschaften vermitteln, bekommen dicke sechsstellige Sonderzahlungen. Sie gewinnen damit Wettbewerbe. Sie bekommen einen dreiwöchigen All-Incusive-Aufenthalt im Club Med. Ihr Broker von Harris hat Ihnen davon sicher nichts erzählt, oder?“

„Ich verstehe. Aber er kann nichts dafür, dass der Markt nach unten gegangen ist.“

„Nein, aber sehen Sie mal die ganzen Wege, auf denen er Ihnen schaden kann. Sie haben hohe Maklergebühren für den ‚Service‘ bezahlt, und zwar direkt aus Ihrer Tasche. Sie haben Anlagen gekauft, bei denen es überdurchschnittlich wahrscheinlich war, dass sie sich schwach entwickeln oder ganz einfach verlieren würden. Am Ende saßen Sie auf Verlust-Anlagen.“

Da sie immer noch nicht ganz sicher zu sein schien, versuchte es der Berater mit einem Vergleich: „Das ist so, als würden Sie mit einem Profi-Catcher in den Ring steigen. Zuerst gibt er Ihnen mit Kommissionen Saures, dann drängt er sie in schlechte Investments, und am Ende wirft er Sie auf die Matte und lässt sie nicht mehr los. Und die Moral von der Geschicht’: Befolgen Sie niemals einen so genannten „kostenlosen Rat.“

„Aber was ist mit dem Prinzip der langfristigen Anlage?“, fragte sie. „Auf lange Sicht macht man mit Aktien immer Geld. Das ist so ein Grundgesetz, das ich vorhin gemeint habe. So wie das expandierende Universum.“

Der Berater lachte herzhaft: „Sie kennen das Universum, ich kenne den Aktienmarkt. Nehmen Sie beispielsweise die Baisse von 1929 bis 1932. Wenn Sie auf dem Höhepunkt 1929 in den S & P 500 investiert hätten – was glauben Sie, wie viele Jahre Sie gebraucht hätten, um wieder auf null zu kommen?“

„Sagen Sie es mir.“

„Mindestens 25. Ich weiß nicht, wie alt Sie sind, aber ich bin 62. Wenn ich so lange warten müsste, dann wäre ich 87, bis ich mein Geld wieder hätte. Oder vielleicht unter der Erde. Sie sind zwar viel jünger als ich, aber können Sie so lange warten? Können Ihre Kinder so lange warten, bevor sie aufs College gehen? Und wie lange glauben Sie, würden Sie brauchen, bis Sie gegen jemanden aufgeholt haben, der in etwas investiert hat, das mit dem Fallen der Börse steigt und dann das Geld benutzt, um näher am Boden zu kaufen?“

„Fünfzig?“

„Nein, viel eher ewig. Sie würden niemals aufholen.“

„Ich verstehe.“

„Sehen Sie. Die ganze Theorie, die besagt ‚Aktien machen sich langfristig immer bezahlt‘, ist löchrig wie ein Sieb, eine Kette falscher Annahmen. Sie geht davon aus, dass man die Aktien zum Beginn einer Hausse kauft, aber zu diesem Zeitpunkt steigt in Wirklichkeit nur eine kleine Minderheit ein, und auch das nur mit kleinen Beträgen. Sie geht außerdem davon aus, dass man niemals auf dem Höhepunkt einer Hausse Aktien kauft, aber in der wirklichen Welt fließt das meiste Geld in den Markt, wenn er oben ist. Wann haben Sie die meisten Aktien gekauft? Ende der 90er-Jahre, oder? Genau wie die meisten anderen.“

„Ich verstehe“, sagte sie. Mit falschen Voraussetzungen kannte sie sich aus. Sie warnte ihre Laborschüler jedes Semester davor.

„Sie geht außerdem davon aus“, fuhr er fort, „dass man ‚den Markt‘ kauft, also alle 30 Aktien, die im Dow Jones Industrial Average enthalten sind, oder alle 500 Aktien des S & P 500 Index. Aber in Wirklichkeit haben Sie *nicht* den Markt gekauft. Sie haben UCBS, Global Crossing, WorldCom und so weiter gekauft. Sie haben Aktien gekauft, die sich vielleicht nie wieder erholen, von Unternehmen, die vielleicht aufhören zu existieren. Also selbst wenn der Markt irgendwann wieder nach oben geht, sind Sie nicht dabei und ernten die Früchte. Das Argument vom immer steigenden Aktienmarkt war für Ihre Situation von Anfang an völlig irrelevant.“

Sie wurde blass. Sie konnte es nicht glauben, dass Dubois sie dermaßen getäuscht hatte, dass derart viele Experten von der Wall Street derartige Täuscher waren. Taten sie das absichtlich, oder wurden sie ihrerseits von jemandem betrogen, genau wie sie selbst? Das war egal. Wichtig war nur, dass sie fast ruiniert war und keinen Ausweg wusste.

„Okay, aber *was soll ich jetzt tun?*“, fragte sie so ruhig sie konnte.

„Haben Sie irgendwelche Schulden?“

„Nur die Hypothek für das Haus.“

„Wie viel Zinsen bezahlen Sie?“

„Etwa neun Prozent.“

„Können Sie hundertprozentig garantieren, dass Sie jeden Monat Ihre Rate bezahlen, ganz ehrlich?“

„Aber natürlich, so Gott will.“

„Dann darf ich Sie jetzt fragen: Finden Sie hier und heute irgendwo eine Geldanlage, die absolut sicher ist und neun Prozent abwirft? Nein, oder? So etwas gibt es nicht. Aber Sie können diese neun Prozent *sparen*, indem Sie Ihre Hypothek abzahlen oder anzahlen. Und denken Sie daran: Jeder gesparte Penny ist ein verdienter Penny, oder nicht?“

„Ja, schon, aber jeder sagt einem *genau das Gegenteil*. Man soll auf das Haus weitere Kredite aufnehmen, eine zweite Hypothek!“

„*Wer* sagt Ihnen das? Die Banken, die hohe Gebühren kassieren? Der Broker, der mehr von Ihrem Geld will, um damit zu spielen? Auch wenn Sie es nicht direkt von denen haben, bin ich sicher, das sie diejenigen sind, die einen zu weiteren Darlehen auffordern.“

„Aber wenn wir kein zusätzliches Darlehen aufnehmen, woher nehmen wir dann das Geld für die Abzahlungen der Hypothek?“

„Das bringt mich zum nächsten Schritt. Der Aktienmarkt erholt sich gerade. Nutzen Sie diese Erholung für den Verkauf aller Aktien, die Sie schon vorher verkaufen wollten, die Sie aber nicht verkauft haben, weil der Kurs so niedrig war.“

„Aber jetzt scheint sich die Lage zu bessern. Die Konjunktur ist kräftig. Manche Menschen sagen sogar, der Aktienmarkt werde noch jahrelang weiter steigen.“

Der Berater seufzte. „Weder sie noch wir können die Zukunft voraussagen. Niemand weiß, was das Morgen bringt. Aber eines wissen wir: Aktien sind wesentlich riskanter als Sie dachten. Wissen Sie, als die Ihnen die Aktien verkauft haben, **haben sie vergessen Sie über einen entscheidenden Faktor aufzuklären – das Risiko.** Nun ist zwar der Preis Ihrer Aktien wieder nach oben gegangen, aber das ändert nichts an der Tatsache, dass Sie gemäß den jüngsten Erfahrungen offensichtlich viel zu riskant für Sie sind."

„Was soll ich also tun?"

„Vermindern Sie Ihr Risiko. Steigen Sie verflixt nochmal aus allen Aktien aus, die zu teuer oder zu volatil sind. Und wenn Sie sich keinerlei Risiko leisten können, steigen Sie gänzlich aus dem Aktienmarkt aus. Bringen Sie Ihr Geld in Sicherheit. Dann können wir von Grund auf neu anfangen und Sie auf den richtigen Weg bringen. Ich kann den Erfolg nicht garantieren, aber ich *kann* garantieren, dass keine Interessenkonflikte bestehen."

„Aber ich kann jetzt nicht verkaufen", sagte sie mit gezwungenem Lächeln. „Ich kann es mir nicht leisten, Verlust zu machen. Trotz der Börsenerholung sind die meisten meiner Aktien viel weniger wert als ich dafür bezahlt habe."

„Auch dieser Verlust ist ein geschichtliches Faktum. Sie *haben* ihn schon gemacht."

„Das verstehe ich schon, aber nehmen Sie einmal an, ich verkaufe und die Börse steigt weiter. Dann würde ich mir vorkommen wie ein vollkommener Trottel."

„Natürlich kann das passieren. Aber sehen Sie nicht, dass die Unternehmen, über die Sie sprechen, immer noch verlieren? Sie sind zum Beispiel von 60 Dollar pro Aktie auf einen Dollar gefallen und haben sich jetzt auf drei Dollar erholt. Also sagen die Broker: ‚Wow! Schauen Sie! Die Aktie hat sich verdreifacht!' Dabei vergessen sie aber, Ihnen zu sagen, dass sie immer noch 95 Prozent unter ihrem Hoch steht. Ich möchte Sie Folgendes fragen: Wenn Sie jetzt wieder Geld hätten, würden Sie dann diese Aktien kaufen?"

„Auf keinen Fall!"

„Dann sollten Sie ernstlich über den Verkauf nachdenken. Machen

Sie reinen Tisch. Egal, wie gut sich die Aktien jetzt zu verhalten scheinen und egal, wie viel Sie vielleicht verloren haben, es dürfte das Klügste sein, jetzt zu verkaufen."

Intelligent verkaufen

„Soll ich gleich morgen früh meinen Broker anrufen und direkt sagen, ‚Verkaufen Sie alles – holen Sie mich da raus und Feierabend'?"

„Nein, Sie sollten versuchen, intelligent zu verkaufen."

„Ich verstehe nicht so recht, was Sie damit meinen. In meinem Fall – ich habe nur ein paar Aktien." Sie machte eine Pause, setzte an, etwas zu sagen, hielt inne und sprach dann doch weiter: „Es *gibt* allerdings jemanden in der Familie, der ein großes Portfolio hat. Er ist schon über 90 und nicht bei bester Gesundheit. Er kann solche Entscheidungen wohl nicht mehr ohne Hilfe treffen. Und außerdem ist er stur wie ein Maulesel, den man mit einem Rind gekreuzt hat. Einen Teil seiner Aktien hat er wahrscheinlich schon vor 30 oder 40 Jahren gekauft. Wenn ich ihn bedränge, mit dem Verkauf anzufangen, dann weiß ich genau, was er sagt: ‚Nur über meine Leiche.'"

„Wie sind Sie mit ihm verwandt?"

Linda antwortete nicht sofort. Obwohl sie ihrem Berater vertraute, widerstrebte es ihr, sich mit ihm über ihre Familie zu unterhalten. Aber da es um die Familie mütterlicherseits ging, dachte sie, es wäre wohl in Ordnung. „Es geht um meinen 91-jährigen Großvater."

„Okay", sagte der Berater, „Wir wollen in mehreren Schritten vorgehen:

Erster Schritt. Die riskantesten Aktien verkaufen."

„Woher wissen wir, welche das sind?", fragte sie.

„Das sind diejenigen, die (a) am volatilsten sind und (b) im Verhältnis zu den Unternehmensgewinnen am teuersten verkauft werden."

„Bitte erklären Sie mir das."

„Darüber kann Ihnen Ihr Broker Auskunft geben. Oder Sie können selbst nachsehen. Ich gebe Ihnen gleich eine schriftliche Anleitung."

„Und was ist mit meinen restlichen Aktien – denjenigen, die nicht zu volatil und nicht überteuert sind? Wenn der gesamte Aktienmarkt

Die besten Quellen für unabhängige Aktieneinstufungen

Aktienanalyse	(www.vnr.de). Berichtet über mehr als 500 Aktien. Die einzige große unabhängige Ratingagentur Deutschlands. Dieselben Informationen, die auch von großen Anlageberatungen und Banken sowie einigen wenigen erfolgreichen Großinvestoren wie Warren Buffett oder Peter Lynch genutzt werden.
Morningstar	(800-735-0700 oder www.morningstar.com). Berichtet über ungefähr 7.000 Aktien. Identifiziert unter- beziehungsweise überbewertete Aktien. 109 US-Dollar pro Jahr.
Standard & Poor's	(800-221-5277) oder www.standardandpoors.com). Berichtet über mehr als 2.000 Aktien. Zweierlei Einstufungen, einmal aufgrund quantitativer Analyse und einmal aufgrund einer persönlichen Analystenmeinung zu der Aktie. 298 US-Dollar pro Jahr.
Value Line	(800-634-3583 oder www.valueline.com). Berichtet in der Standardausgabe über 1.700 Aktien. Zwei Ratings: Das eine bezieht sich auf den Kaufzeitpunkt, während das andere auf die Sicherheit der Investition abzielt. 598 US-Dollar pro Jahr.
Weiss Ratings	(800-289-9222 oder www.weissratings.com). Berichtet über 8.720 Aktien. Berücksichtigt Fundamentaldaten Bewertung und Risiko. Unbeschränkter Zugang für 495 US-Dollar pro Jahr.

Im Gegensatz zu den meisten Einstufungen, die von Banken und Brokerhäusern herausgegeben werden, sind die genannten Quellen unabhängig von der Investmentbanken-Branche und unterliegen keinen Interessenkonflikten. Das ist zwar noch keine Erfolgsgarantie, aber es kann sich deutlich auf Ihre Performance auswirken. Im Falle einer Aktienbaisse orientieren Sie sich an diesen Einstufungen, die Ihnen bei der Entscheidung helfen, welche Aktien Sie zuerst verkaufen sollten.

nach unten geht, sollte ich dann nicht auch diese Aktien verkaufen?"

„Das ist **Schritt zwei**."

Der Berater fragte seine Klientin, wie bald sie handeln wolle – diese Woche, im nächsten Monat? Sie sagte, sie habe keine Ahnung. Vielleicht in ein paar Monaten, vielleicht sogar erst in ein paar Jahren. Es war nicht klar, wer diese Entscheidung treffen würde und ob der Berater gefragt werden würde, wenn es einmal so weit wäre.

„Das macht es natürlich sehr viel schwieriger, Ihnen konkrete Ratschläge zu geben", gab er zu. „Bis Sie verkaufen wollen, könnten sich die konjunkturellen Bedingungen und der Aktienmarkt sehr verbessert oder aber auch sehr verschlechtert haben. Ich will Ihnen eines der Dinge zeigen, auf die ich achte – etwas, was Sie als Bezugspunkt nehmen können, wenn Sie niemanden haben, der Ihnen hilft."

Er nahm ein gelbes Notizbuch und gab es ihr. Sie schaute es stirnrunzelnd an und wusste nicht recht, was sie damit tun sollte. „Die entscheidende Frage, die Sie sich jederzeit stellen müssen, lautet: ‚Haben wir immer noch eine Baisse?' Schreiben Sie das auf: ‚Haben wir immer noch eine Baisse?'"

Sie zog einen Stift aus der Tasche und schrieb diese Worte auf den Notizblock. Dann wandte er sich mit seinem Drehstuhl leicht zur Seite, damit er seinen Computerbildschirm sehen konnte und ging eine Reihe von Schritten durch, wobei er nach jedem kurz abwartete, damit sie ihn notieren konnte. Bis er damit fertig war, hatte er nebenbei einen relativ einfachen Chart erstellt und gedruckt. „Das wird Ihnen eine einfache Antwort geben – ja oder nein. Wenn der Chart sagt ‚Ja, es herrscht immer noch Baisse', dann bedeutet das, dass Ihr Großvater auch darüber nachdenken sollte, seine sonstigen Investments zu reduzieren, einschließlich der Bluechip-Aktien."

„Auch wenn sich die Aktien ganz gut erholen? Auch wenn alle sagen, der Ärger wäre vorüber?"

„Ja. In den letzten Jahren haben wir eine Börsenerholung nach der anderen erlebt. Jedes Mal sagten die so genannten Börsen-„Experten" und Regierungsvertreter, der Ärger wäre vorüber. Und jedes Mal fiel der Aktienmarkt noch tiefer. So lange sich an den Problemen unseres

Herrscht noch eine Baisse?

Wenn Sie einen Internetzugang haben, befolgen Sie die hier gegebenen Anweisungen. Wenn Sie keinen Internetzugang haben, sollte Ihnen Ihr Broker weiterhelfen können – entweder indem er die hier gegebenen Anweisungen befolgt oder indem er ein anderes Programm verwendet, das die gleichen Informationen liefert.

Starten Sie zuerst Ihren Internetbrowser (Microsoft Internet Explorer, Netscape, AOL, Mozilla, Opera, T-Online o.ä.) und tun Sie dann Folgendes:

1. Gehen Sie zu http://de.finance.yahoo.com
2. Links im Bild sehen Sie den aktuellen Börsenchart und darunter die aktuellen Aktienindizes. Klicken Sie auf „Dax 30".
3. Ein Chart des Dax 30 erscheint rechts auf dem Bildschirm. Suchen Sie unterhalb des Charts die Zeile, die mit dem Wort „Groß" beginnt. Klicken Sie dann auf „5J.".
4. Es erscheint ein größerer, über fünf Jahre reichender Chart des Dax 30. Schauen Sie, wo der Markt heute steht und wo er vor vier Jahren stand. In den meisten Fällen dürfte klar erkennbar sein, in welche Richtung der Markt in den letzten vier Jahren tendiert hat.
5. Wenn Ihnen das nicht klar ist, suchen Sie einige Zeilen oberhalb des Charts nach „Chart: Basis" und klicken Sie auf „durchschnittliche Veränderung". Klicken Sie dann erneut auf „5J.", um einen Chart über fünf Jahre zu erhalten.
6. Jetzt sollten Sie einen Chart des Dax 30 sehen, der aus drei Linien besteht:
   – Die blaue Linie ist der Dax 30.
   – Die rote Linie ist der gleitende Durchschnitt über 50 Tage.
   – Die grüne Linie ist die 200-Tage-Linie des Dax 30.
7. Welche Linie steht momentan höher – die blaue (der Dax 30) oder die grüne (die 200-Tage-Linie)?
   – Wenn die grüne Linie höher steht, dann zeigt der langfristige Trend wahrscheinlich (aber natürlich ohne Garantie!) nach unten. Das bedeutet ja, es herrscht immer noch eine Baisse.
   – Wenn die blaue Linie höher steht, dann könnte das ein Anzeichen dafür sein, dass sich der Markt in einer Erholungsphase befindet. Warnung: Das allein darf nicht Ihr Signal für das Halten oder Kaufen von Aktien sein.

Warnung: Der Aufbau von Internetseiten ändert sich zwangsläufig! Die Anweisungen im vorliegenden Buch beziehen sich sehr genau auf die heute frei zugänglichen Internetseiten, deren Aufbau und Aussehen sich allerdings häufig ändern. In diesem Falle müssen Sie die Schritte der Vorgehensweise entsprechend anpassen.

Landes nichts Grundlegendes ändert, können Sie nicht mit einer grundlegenden langfristigen Richtungsänderung des Aktienmarktes rechnen."

„**Schritt vier:** Wenn dieser Indikator sagt, ‚ja, wir befinden wir uns immer noch in einer Baisse', dann rufen Sie Ihren Broker an und fangen Sie an zu verkaufen."

„Also sollte ich ihm *jetzt* sagen, er soll sofort alles verkaufen, oder?"

„Noch nicht! Da kommt das ‚intelligente' Verkaufen ins Spiel. Wenn Sie ein schlauer Verkäufer sind, dann verkaufen Sie nicht ‚in ein Loch', also wenn der Markt fällt, während Sie verkaufen und alle anderen ebenfalls versuchen zu verkaufen."

„Und was ist die Lösung?"

„Warten Sie auf einen guten, kurzen Anstieg, bevor Sie verkaufen."

„Auf einen guten, kurzen Anstieg?", fragte sie.

„Im Idealfall", sagte er und dachte, er würde damit die Frage beantworten, „ist zu wünschen, dass Sie *unter günstigen Marktbedingungen* verkaufen. Sie sollten vermeiden, in einem panischen Umfeld oder einem schnelllebigen Markt zu verkaufen."

Diese Antwort stellte sie nicht zufrieden. „Lassen Sie mich die Frage einmal so formulieren: In manchen Zweigen meiner Disziplin kann ‚kurzfristig' eine Million Jahre bedeuten, in anderen dagegen kann ‚langfristig' eine Millisekunde bedeuten. Wir können uns nicht den Luxus leisten, so locker mit Fristen um uns zu werfen wie Sie es am Aktienmarkt tun. Was ich brauche, ist eine präzise Definition von ‚guter kurzer Anstieg'."

Diesmal ließ er keine Notizen machen, sondern bat sie, zu ihm hinter den Schreibtisch zu kommen und in den Computermonitor zu schauen. Sie setzte ihre Lesebrille auf, stellte sich hinter ihn und beugte sich über seine linke Schulter.

„Okay, nennen wir es Schritt *fünf*", sagte er. „Ich benutze nur Werkzeuge, die im Internet kostenlos zugänglich sind. Wenn Sie wollen, können Sie auch ausgefeiltere Software kaufen, aber das hier reicht auch. Sehen Sie? Hier bekommen Sie den Verlauf des S & P 500 im letzten Jahr. Und wenn Sie hierhin gehen, sehen Sie die gleitenden Durchschnitte. Sobald die schwarze Linie unter die blaue fällt, würde ich das als guten kurzen Anstieg bezeichnen. An diesem Punkt beginnen Sie mit dem Verkauf. Ob das willkürlich ist? Ja, aber das zwingt zu der Diszipliniertheit, die Sie suchen."

Als sie sich wieder gesetzt hatte, gab er ihr ein Blatt, das aussah wie eine Fotokopie von Anweisungen, die er für einen anderen Klienten vorbereitet hatte. Darüber stand in Fettdruck: „Ist dieser Markt im Begriff sich zu erholen?"

„Wenn die Antwort ‚ja' lautet", fuhr er fort, „dann können Sie verkaufen. Wenn die Antwort ‚nein' lautet, warten Sie noch eine Weile."

„Eine Weile? Wie lang ist eine Weile?"

„Sehen Sie täglich nach, wenn Sie wollen. Aber mindestens jede Woche. Wenn Sie das einmal auf Ihrem Bildschirm aufgebaut haben und eingeloggt sind, brauchen Sie bloß noch in Ihrem Internet Explorer auf den Schalter „Aktualisieren" zu klicken, Sie wissen schon, das Kästchen mit den zwei Pfeilen, die in entgegengesetzte Richtungen zeigen."

„Hm?"

„Schauen Sie. Hier. Sehen Sie? Zwischen „Abbrechen" und „Startseite"? Einfach draufklicken und schauen. Sie sehen sofort, ob sich der Markt erholt oder nicht. Aber denken Sie daran, dass das vollkommen willkürlich ist. Es gibt keine Garantie dafür, dass das funktioniert. Das ist nur eine gewisse Hilfestellung."

„Und das ist alles?"

„Ja ... äh ... nein, Moment. Noch eine Sache. Das Portfolio Ihres Großvaters enthält keine niedrig kapitalisierten oder sehr wenig gehandelten Aktien, oder?"

„Ich glaube nicht."

„Das ist gut, denn die sind eventuell schwerer zu verkaufen. Sie

Steht der Markt auf „Erholung"?

Nehmen Sie einfach das Bild, das aus dem vorangegangenen Kasten „Herrscht noch eine Baisse" übrig geblieben ist. Ihr Browser zeigt also die Yahoo!-Seite mit dem großen Dax-Chart, der aus dem Index selbst (blaue Linie) und den gleitenden Durchschnitten besteht. Wenn nicht, wiederholen Sie die ersten fünf Schritte aus dem ersten Kasten und tun Sie dann Folgendes:

1. Zwei Zeilen über dem Chart steht „Kursspanne: 1T 5T 3M 6M 1J 2J 5J max".
2. Klicken Sie auf „3M".
3. Sie sehen einen neuen Chart, der nur die letzten drei Monate des Dax 30 Index zeigt. Klicken Sie in der Zeile direkt oberhalb des Charts auf „durchschnittliche Veränderung".
4. Es werden drei Linien angezeigt – blau, grün und rot. Schauen Sie, welche gerade höher steht, die blaue (der Dax) oder die rote Linie (die 50-Tage-Linie)?
   – Wenn die rote Linie höher steht, ist das ein Zeichen dafür, dass der Markt tatsächlich nach unten geht – er befindet sich auf dem Abstieg. Rufen Sie Ihren Broker an und sagen Sie ihm: „Verkaufen Sie die Hälfte meiner Aktien zum Marktpreis."
   – Wenn die blaue Linie niedriger steht, ist das ein Zeichen dafür, dass sich der Markt jetzt in einer Erholungsphase befindet. Rufen Sie Ihren Broker an und sagen Sie ihm: „Verkaufen Sie meine gesamten Aktien zum Marktpreis."

Anmerkung: Lassen Sie Ihren Broker ruhig Vorschläge hinsichtlich des Verkaufslimits für wenig gehandelte Aktien oder für Aktien machen, deren Umsatz momentan unberechenbar ist (ein Verkaufslimit ist der niedrigste Preis, den Sie für Ihre Aktien akzeptieren). Vielleicht empfiehlt Ihr Broker je nach Situation ein höheres oder niedrigeres Limit. Wenn seine Empfehlung nicht weiter als fünf Prozent vom Preis der letzten Transaktion entfernt liegt, dann ist sie wahrscheinlich vernünftig. Aber machen Sie Ihrem Broker eindeutig klar, dass Sie bezüglich des Zeitpunkts und des Verkaufspreises zwar flexibel sind, dass Sie sich jedoch nicht von Ihrem gesetzten Ziel abbringen lassen, nämlich sofort zu verkaufen – oder sobald es die Marktbedinungen erlauben.

Fügen Sie diese Seite zu Ihren Favoriten/Lesezeichen/Bookmarks hinzu, damit Sie sie immer bequem erreichen können.

müssen dann zusammen mit Ihrem Broker ..."

„Broker? Ich habe keinen Broker mehr, wissen Sie noch? Ich habe ihn schon lange abgeschafft. Ich mache jetzt alles online."

„Onlinetrading ist zwar gut und schön, aber in Zeiten wie diesen brauchen Sie einen Broker, der Ihnen bei den Ausführungen hilft, und zwar vor allem in panischen Marktlagen sowie bei Aktien mit dünnen Umsätzen. Bei vielen Wertpapieren müssen Sie wahrscheinlich ein Kurslimit setzen, einen Minimalpreis, den Sie für den Verkauf der Aktie akzeptieren. In diesem Punkt können leibhaftige Broker wirklich helfen. Lassen Sie sich nur nicht den Verkauf ausreden oder sich dazu überreden, einen derart hohen Preis festzulegen, dass Sie damit niemals herauskommen."

Als Linda nach Hause kam und ihrem Mann das Wesentliche von dem Treffen erzählte, schien er darüber erfreut zu sein. Er sagte, zunächst einmal habe er ihrem Broker noch nie recht getraut. Seine Eltern und seine Großeltern hatten ihm gesagt, er solle niemals Brokern, Bankern und anderern Verkäufern im Finanzwesen trauen. Bei dem Neuen hatte er ein besseres Gefühl, aber Linda stand immer noch unter Schock. „Ich kann es nicht glauben, dass uns Dubois belogen hat!", stöhnte sie.

Sein Kommentar war nicht gerade beruhigend: „Wer mag uns noch alles belügen, und worüber?"

Was soll ich kaufen?

„Sie haben uns gesagt, wir sollen verkaufen, aber Sie haben nicht gesagt, was wir mit dem Geld machen sollen", sagte Linda Dedini beim nächsten Termin mit ihrem Berater; dieses Mal saß ihr Ehemann Gabriel an ihrer Seite. „Also habe ich das Geld einfach im Geldmarktfonds des Brokerhauses geparkt."

„Ich habe zwar schon von Geldmarktfonds gehört", sagte Gabriel, „aber ich habe eigentlich keine Ahnung, was das überhaupt ist. Wissen Sie, Linda stammt aus einer Familie von Geschäftsleuten und Investoren, sie ist mit so was aufgewachsen. Ich unterrichte Fremdsprachen. Für mich ist das alles wie eine Fremdsprache, die ich nie gelernt habe."

Linda wollte nicht die Zeit des Beraters verschwenden, ganz zu schweigen von dem Geld, das das kosten würde. Sie überlegte, ob sie ihren Mann zum Schweigen bringen sollte oder ob sie sich schnell selbst einschalten und die Sache in zehn Sekunden erklären sollte, entschloss sich aber dazu, gar nichts zu tun.

„Verzeihen Sie", sagte der Berater zu Linda gewandt. „Ich habe vergessen, Ihnen das auf dem Anweisungsblatt zu zeigen – dass Sie den Erlös vorübergehend in einem Geldmarktfonds parken sollen. Aber Ende gut alles gut, Sie haben genau das Richtige getan."

Dann wandte er sich an Gabriel und sagte: „Ein Geldmarktfonds ist ein Investmentfonds – in diesem Fall wird er von einer Tochter der Brokerfirma betrieben. Aber dieser Fonds kauft keine Aktien, sondern sichere Anlagen. Sie kaufen Anteile wie bei jedem anderen Fonds, und der Fonds verleiht das Geld für sehr kurze Zeiträume – zum Beispiel für 30 bis 90 Tage – an den Staat, an Banken und an Unternehmen."

Gabriel lächelte und freute sich, dass er eine Antwort bekommen hatte, die er verstand. „Aber sie sagen, das Brokerhaus betreibt ihn. Ich traue dem Broker nicht. Warum also sollte ich dem Geldmarktfonds des Brokerhauses trauen?"

„Das Brokerhaus hat nichts von dem Geld im Geldmarktfonds. Nicht einmal die Fondsverwaltungsgesellschaft selbst hat Ihr Geld. Ihr Geld und Ihre Anlagen liegen bei einer separaten Bank, die sich der Fonds als Treuhänder gesucht hat. Und zu allem Überfluss bewahrt die Bank dieses ganze Geld getrennt von ihrem *eigenen* Vermögen auf. Also sogar wenn das Brokerhaus oder die Fondsgesellschaft zu Grunde gehen, beeinträchtigt das Ihr Geld nicht – ja sogar wenn die aufbewahrende Bank *selbst* bankrott ist, gefährdet das Ihre Anlage im Geldmarktfonds nicht."

Linda rollte mit den Augen in Richtung ihres Mannes – ein unmissverständliches „ich hab's dir doch gesagt", das der Berater nicht einmal dann hätte übersehen können, wenn er gewollt hätte.

„Das *eigentliche* Risiko ist aber folgendes", sagte er, und Gabriel spitzte die Ohren. „Dieses Risiko ist momentan sehr klein, geradezu verschwindend, aber in Zukunft könnte das wieder ein Thema werden. Wie gesagt verleihen die meisten derartigen Fonds einen Großteil Ihres Geldes an

Unternehmen, Banken und so weiter. Nehmen wir einmal an, eines der betreffenden Unternehmen oder eine der Banken geht ein. Dann könnten Sie Ihren Ertrag und vielleicht sogar Ihr Kapital verlieren."

Das Risiko war zwar relativ gering, aber Linda war enttäuscht. Sie wollte etwas noch Sichereres. „Wo gehen wir also hin? Zur Bank?"

„Das können Sie tun, wenn es eine sichere Bank ist. Aber ich habe eine noch bessere Alternative für Sie. Legen Sie Ihr Geld in einem Geldmarktfonds an, der ausschließlich staatliche Wertpapiere oder deren Äquivalente kauft. Ein solcher Fonds kauft nichts anderes – kurzfristige US-Schatzanleihen oder andere kurzfristige Schuldpapiere, die zu mehr als 100 Prozent durch Schatzpapiere gesichert sind. Solche Fonds haben eine Satzung, gemäß deren sie nichts anderes kaufen dürfen."

Ohne seine Augen von dem Berater abzuwenden hob Gabriel fast unmerklich den Kopf, eine Geste höflichen Misstrauens. „Sie sagen, keine Anlage ist perfekt. Worauf spielen Sie damit an?"

„Die Renditen! Da die Regierung die Zinsen so verdammt weit gesenkt hat, sind die Renditen nicht schlecht – sondern absolut fürchterlich. Aber was ist Ihnen lieber: Großer Verlust oder kleine Rendite? Viele Anleger würden glatt dafür töten, wenn sie ihre Verluste gegen die Rendite von Geldmarktfonds eintauschen könnten."

Unternehmensanleihen

Dem Paar gefielen die ganzen Vorteile zwar ganz gut, aber die Geschichte mit den winzigen Renditen stellte die Angelegenheit in Frage. Gabriel interessierte sich vor allem für das Thema Sicherheit, wohingegen Linda auf der Suche nach Möglichkeiten war, wenigstens eine halbwegs annehmbare Rendite zu erzielen. Sein Geld vorübergehend in einem Geldmarktfonds zu parken war eine Sache, aber große Beträge über lange Zeit dort zu lassen? Das sah nach Verschwendung aus.

„Wie ist es mit Unternehmensanleihen?", fragte Linda. „Sind die sicher?"

„Normalerweise ja, aber nicht immer", antwortete der Berater. „Manchmal sind sie genauso riskant wie Aktien."

„Jetzt mal langsam, bitte!“, warf der Ehemann ein. „Mein ganzes Leben lang höre ich immer wieder von Aktien und Anleihen, und mir ist jetzt klar, dass ich im Grunde nie verstanden habe, was zum Teufel eigentlich der Unterschied zwischen beiden ist.“

„Ganz einfach. Wenn Sie Aktien eines Unternehmens kaufen, dann kaufen Sie ein Stück des Unternehmens. Wenn Sie aber eine Anleihe des gleichen Unternehmens kaufen, dann leihen Sie dem Unternehmen Geld. Sie werden dadurch nicht zum Besitzer, sondern zum Kreditgeber. Unabhängig von Gewinn und Verlust verspricht Ihnen das Unternehmen, jedes Jahr Zinsen zu zahlen und am Ende der Frist das Kapital zurückzugeben, genau wie bei einem Darlehen. Im Prinzip bekommt das Unternehmen Ihr Geld, und Sie bekommen ein Stück Papier – ein Anleihezertifikat –, auf dem steht, dass man Ihnen Geld schuldet.“

„Können Sie mir ein Beispiel geben?“

„Natürlich. Nehmen wir an, Sie kaufen für 10.000 Dollar Anleihen von General Motors zu 6,75 Prozent mit Fälligkeit 2028. Das heißt, dass Sie General Motors einen Kredit über 10.000 Dollar geben. GM verspricht, Ihnen jedes Jahr 6,75 Prozent Zinsen zu bezahlen und Ihnen im Jahre 2028 Ihr gesamtes Geld zurückzuzahlen.“

„Und ich bekomme die Anleihen direkt von General Motors?“

„Nein, Sie bekommen sie von einem Broker, genau wie bei Aktien. Und ebenso wie bei einer Aktie variiert auch hier der Marktpreis auf dem Anleihenmarkt. Wenn zu viele Menschen die Anleihe haben wollen, steigt der Preis. Wenn zu viele sie verkaufen wollen, sinkt der Preis.“

„Warum sollte man sie verkaufen?“, fragte Linda.

Der Berater lächelte anerkennend. Das waren *keine* dummen Fragen. „Nehmen wir an, Sie kaufen Unternehmensanleihen für 1.000 Dollar. Sie haben jetzt keine 1.000 Dollar mehr auf der Bank, sondern was? Sie haben ein Stück Papier, auf dem steht: ‚General Motors schuldet Ihnen 1.000 Dollar.‘ Können Sie mit diesem Schuldschein in ein Spielwarengeschäft gehen und Ihren Kindern neue Fahrräder kaufen? Wenn Sie arbeitslos werden, können Sie damit Ihre Hypothek bezahlen? Nein. Also ist der erste Grund, weshalb jemand Anleihen verkaufen kann, die *Not* – weil derjenige das Geld braucht.

Der zweite Grund", fuhr er fort, „ist *Angst*. Nehmen wir an, Sie haben eine UCBS-Anleihe gekauft. Und nehmen wir an, weil UCBS so viel Verlust macht, haben die Ratingagenturen das Unternehmen herabgestuft. Was bedeutet das? Die Agenturen glauben, dass das Risiko eines Bankrotts oder des Ausfalls von Zins- beziehungsweise Tilgungszahlungen gestiegen ist."

Der Berater schwieg einen Moment und überlegte, wie er ihnen das klar machen könnte.

„Sie gehören anscheinend zu der Art Menschen, die nie auf die Idee kämen, auch nur einmal ihre Hypothek nicht zu bezahlen; aber glauben Sie mir, es gibt Großunternehmen, die es regelmäßig versäumen, ihren Anleihenverbindlichkeiten nachzukommen. An diesem Punkt beginnt die Angst. Wenn die Anleger einen Bankrott des Unternehmens befürchten, verkaufen sie. Das drückt den Preis nach unten. Und wenn UCBS tatsächlich bankrott macht, dann können Sie alles vergessen. Der Wert der Anleihe kann dann auf ein Viertel oder gar auf null fallen, genau wie bei einer Aktie. Die Anleihe ist ein Zahlungsversprechen, und wenn das Versprechen gebrochen wird, kann die Anleihe so gut wie wertlos sein."

„Das ist ja rein hypothetisch", sagte sie mit einem gewissen Unwohlsein beim Gedanken an ihren Vater. „Können Sie uns echte Beispiele geben?"

Der Berater beugte sich vor und zog aus der linken Aktenschublade einen großen Ordner hervor. Eine halbe Minute danach zog er ein DIN A 4 Blatt heraus und legte es auf das Buch über sichere Anlagen, das er dem Paar ein paar Minuten vorher gezeigt hatte.

Auf diesem Blatt waren Hunderte von Anleihen aufgeführt, alles Opfer des Tech-Zusammenbruchs, der Rezession, der Konkurskrise oder einfach des schlechten Managements. Da waren die 6-jährigen Anleihen von Revlon, die nach Herabstufungen von 975 auf 450 Dollar gefallen waren, die 2-jährigen von American Airlines, die sich fast halbiert hatten. Des Weiteren waren da Anleihen von Kmart, Lucent, Polaroid, AT & T, Qwest Communications, Electronic Data Systems und viele andere – alle waren verfallen, nachdem die Ratings gesenkt worden waren.

„Sehen Sie, was ich meine?“, sagte der Berater schließlich. „Viele Anleihen sind genauso gefallen wie die Aktien."“

Staatsanleihen

„Aber was ist mit lang laufenden Staatsanleihen?“, fragte Linda.

„Sie sind nicht so sicher wie es scheint. Sie binden sich damit für viele Jahre an die heutigen niedrigen Zinsen. Deshalb rate ich Ihnen, nur in kurzfristige Instrumente zu investieren. Wenn die Zinsen im Markt steigen, bekommen Sie auch sofort höhere Zinsen.“

Linda war mit dieser Antwort nicht glücklich. „Schauen Sie“, warf sie ein, „Ganz normale langfristige Staatsanleihen haben jetzt eine sehr viel höhere Rendite als alle anderen Sparmöglichkeiten. Warum kann ich nicht einfach welche kaufen, sie in meinen Tresor einschließen und die Rendite kassieren?“

„Das können Sie tun. Bedenken Sie aber, wenn Sie das Geld vor Ende der Laufzeit brauchen, dann müssen Sie sie vielleicht mit Verlust verkaufen. Sie **können** also Geld verlieren.“

„Und wie?“

„Ich nenne es den ‚Neid‘-Faktor.“

„Wie bitte?“, unterbrach Linda, „den ‚Not‘-Faktor habe ich verstanden. Und auch die Angst verstehe ich, aber Neid?“

„Nehmen wir an, ich habe 10.000 Dollar in eine Staatsanleihe investiert, die mir auf die nächsten 30 Jahre einen festen Zins von vier Prozent bringt. Wie viel Zinsen bekomme ich pro Jahr?“

Der Ehemann antwortete: „400 Dollar?“

„Das stimmt. Aber jetzt kommt etwas Neues ins Spiel. Die Zeit vergeht, und die Zinsen schwanken. Das Schatzamt gibt neue Anleihen mit weitaus höheren Zinsen heraus, sagen wir acht Prozent pro Jahr. Was passiert? Ich bin auf die Renditen neidisch – ich beneide alle, die die neuen Anleihen mit acht Prozent Rendite kaufen. Ich sage mir: ‚Verflucht, wenn ich doch bloß gewartet hätte, wenn ich doch nur die neuen Anleihen zu acht Prozent gekauft hätte! Dann bekäme ich jedes Jahr 800 Dollar statt nur 400.‘“

„Pech gehabt, oder?“, warf Gabriel ein.

„Sie sagen es. Also komme ich eines Tages wie ein Gebrauchtwagenhändler auf Sie zu und sage: ‚Hören Sie, ich habe hier eine großartige Anleihe, erst vor kurzem gekauft. Schauen Sie mal. Sie bringt einen schönen Jahresertrag von 400 Dollar, und die Bundesregierung steht hundertprozentig dafür gerade.‘ Wenn ich sie Ihnen anbieten würde, würden Sie sie mir dann abkaufen?“

Gabriel antwortete sofort: „Das soll wohl ein Scherz sein! Warum zum Teufel sollte ich Ihre alte vierprozentige Anleihe kaufen, wenn ich vom Staat eine funkelnagelneue achtprozentige bekomme, die mir den doppelten Ertrag bringt?“

„Weil ich sie Ihnen billiger gebe.“

„Wie billig?“

„Machen Sie mir ein Angebot.“

Gabriel überlegte, was ein fairer Preis sein würde. Die alte Anleihe brachte 400 Dollar im Jahr. Wenn eine achtprozentige Anleihe 400 im Jahr bringen sollte, brauchte er nur 5.000 zu investieren. Also rechnete er sich aus, dass die alte Anleihe 5.000 Dollar wert sein müsste. „Geben Sie sie mir für den halben Preis – 5.000. Mehr ist sie nicht wert.“

Der Berater lächelte. „Ja, ganz genau. Sie haben es erfasst. Das ist ziemlich nahe an dem Preis, den die Anleihe am freien Markt erzielen würde. Und das ist auch der Grund dafür, weshalb der Preis für existierende Anleihen immer *sinkt*, wenn die aktuellen Zinsen *steigen*. Deshalb sind steigende Zinsen für alle Besitzer lang laufender Anleihen eine Bedrohung. Dabei ist es egal, wer die Anleihen ausgibt – irgendein Pipifax-Unternehmen oder ein großes Bluechip-Unternehmen, ein krisengeschütteltes Entwicklungsland oder das Schatzamt der Vereinigten Staaten – *alle* werden von steigenden Zinsen ausnahmslos nach unten gedrückt.“

Linda war noch skeptisch. „Das klingt ziemlich weit hergeholt. Ist so etwas wirklich schon einmal passiert?“

„Oh! Aber *ab-so-lut!* Im Jahre 1980 fielen die 30-jährigen Schatzanleihen von 10.000 auf 5.500, und 1981 auf 4.300. Das Jahr 1994 war das schlechteste Anleihenjahr der Geschichte – und alles wegen der steigenden Zinsen. Wenn man Anleihen bis zum Fälligkeitsdatum halten würde, dann bekäme man zwar am Ende sein gesamtes Kapital zurück, aber in der Zwischenzeit würde man auf viele Jahre hinaus mit niedrigen Renditen dasitzen.

Mein Rat entspringt dem gesunden Menschenverstand: Leihen Sie Ihr Geld nur denjenigen, die wirklich vertrauenswürdig sind, die das Geld klug einsetzen und die mit fast absoluter Sicherheit zurückzahlen können. Damit haben Sie den größten Teil des Problems von Anfang an umgangen. Und Sie vertrauen ihnen immer nur für kurze Zeit. Anstatt Ihr Geld auf zehn Jahre zu verleihen, geben Sie es nur für ein Jahr weg, oder gar nur für drei Monate. Je kürzer der Zeitraum, desto geringer das Risiko der Kursschwankungen."

„Aber Sie haben doch gesagt, dass die Zinsen momentan extrem niedrig sind."

„Ja. Aber was ist Ihnen lieber – ein niedriges sicheres Einkommen oder enorme Verluste aus Aktien oder sogar Verluste aus Staatsanleihen?"

„Die niedrige Rendite natürlich. Aber die Renditen bleiben doch bestimmt nicht ewig so niedrig. Was könnte sie denn wieder hochtreiben?"

Kapitel 7

Das anschwellende Haushaltsdefizit

Paul Johnston hatte nicht die Absicht, in die nächsten Jahre zurückgezogen zu verbringen, mit einem Caddie auf einem Golfplatz in Florida hin und her zu fahren oder von zu Hause aus an der Achterbahn fahrenden Börse Daytrading zu betreiben. Er setzte sofort den nächsten Abschnitt seines Plans um – er gründete eine gemeinnützige Organisation, die Research betreiben und Lobbyarbeit leisten sollte. Er nannte es „Chief Executive's Committee for Accounting Reform" [etwa: CEO-Komitee für Bilanzierungsreform], und eröffnete ein kleines Büro in Washington, D.C.

Der Verband sollte prominente CEOs als Sprecher gewinnen und ein Researchteam zusammenstellen, das Bilanzgaunereien aller Art in Amerika aufdecken sollte. Das Komitee sollte die Probleme enthüllen, die Fakten veröffentlichen und liederliche Unternehmen beim Namen nennen.

Er engagierte einen der besten Öffentlichkeitsarbeiter des Landes und die besten Rechnungsprüfer, die im Auftrag von Gerichten arbeiteten – Detektive, die darauf spezialisiert waren, Unternehmen zu untersuchen und die versteckten Leichen im Keller zu finden. Außerdem dachte er daran, einen der Menschen zu engagieren, die den Unternehmen in den 90er-Jahren Ratschläge gegeben hatten, wie sie ihre Zahlen am besten verbiegen könnten. Wer wusste mehr über das Beugen und Brechen von Vorschriften als die Menschen, die es praktiziert hatten? Das war sein Gedankengang.

Sobald die Sache publik geworden war, bekam er Anrufe von Interessierten. Oliver Dulles, der seine Stelle bei dem Rechnungsprüfungsunternehmen kurz nach Johnstons Rücktritt verloren hatte, war einer der ersten – und der Eifrigste. Der Mann versuchte verzweifelt, in das Team zu kommen. Es machte ihm nichts aus, dass er wesentlich weniger Geld verdienen würde. Und um zu zeigen, was er konnte, hatte er schon ein paar Nachforschungen angestellt, von denen er dachte, dass sie für das Projekt sehr nützlich sein könnten.

Zuerst entschuldigte er sich ständig: „Ich weiß nicht recht, ob es das ist, was Sie wollen. Vielleicht finden Sie es völlig daneben. Wenn das der Fall ist, dann vergessen wir's einfach ... aber jungejunge, es ist ein dickes Ding!"

„Wovon zum Teufel reden Sie eigentlich?", fragte Johnston ungeduldig.

„Korrigieren Sie mich, wenn ich mich täusche, aber so wie ich es sehe, ist es das Ziel Ihrer Gruppe, *alle* Bilanzbetrügereien in Amerika aufzudecken, oder? Nun, zufällig ist es so, dass der größte Abrechnungsbetrug von allen von niemand anderem begangen wird als der *US-Bundesregierung*."

„Ich habe schon davon gehört, aber ..."

„Ich rede von der Berechnung des Bundeshaushalts. Hören Sie sich einmal Folgendes an: Laut Schatzamt hatten wir im Jahre 2000 einen Haushaltsüberschuss von 236 Milliarden Dollar. Erinnern Sie sich noch? Der warme Geldregen, um den sich die Demokraten und die Republikaner schlugen – und jeder wollte das Geld sinnvoller ausgeben als der andere. Aber jetzt kommt's: In Wahrheit hatten wir im Bundeshaushalt keine 236 Milliarden Überschuss, sondern ein *Defizit* von 137,6 Milliarden Dollar."

„Sind Sie sich da ganz sicher?"

„Absolut, und ich werde Ihnen das gleich beweisen. Aber es kommt noch schlimmer. Laut Angaben des Schatzamtes hatten wir im Jahre 2001 einen Überschuss von 127 Milliarden. Wollen Sie raten, wie es wirklich aussah?" Johnston blieb stumm, also fuhr Dulles fort: „Halten Sie sich fest. Das Haushaltsdefizit belief sich auf erschreckende 623,8 Milliarden Dollar. Können Sie das glauben? Mehr als 600 Milliarden! Und in den Jahren 2002 und 2003 ist es noch schlimmer!"

Johnston war skeptisch. „Wo bleibt der Beweis? Woher haben Sie die Zahlen?"

Dulles hatte fast 20 Jahre Erfahrung als amtlich zugelassener Wirtschaftsprüfer. Auf dem College hatte er in seinem Hauptfach Psychologie hervorragende statistische Kenntnisse und Fähigkeiten erworben. Es war nicht seine Art, ohne Belege vorschnelle Äußerungen von sich zu geben. Daher war er vorbereitet. „Haben Sie Zugang zu einem Computer?", fragte er leise.

„Sicher."

„Klicken Sie in der Email, die Sie gleich von mir bekommen, auf das Link www.federalreserve.gov/releases/Z1/Current/z1r3.pdf. Wenn Sie die Datei geöffnet haben, gehen Sie zu Tabelle 4 ‚Credit Market

Borrowing, All Sectors, by Instrument' [Kreditaufnahme am Kreditmarkt, alle Sektoren, aufgeschlüsselt nach Instrumenten]. Dann betrachten Sie die dritte Zeile ‚US-Staatsanleihen'. Das ist genau der Beweis, den Sie suchen, da steht er, und er stammt aus der untadeligsten Quelle, die man sich nur denken kann – vom U.S. Federal Reserve Board."

Johnston, der die Regierung eifrig studiert hatte, als er ein College in Washington besucht hatte, war platt. „Das kann doch nur ein Scherz sein!", antwortete er. „Also das Finanzministerium in der Pennsylvania Avenue sagt, wir hatten in den Jahren 2000 und 2001 diese enormen Überschüsse, und gleichzeitig sagt die Federal Reserve, ein Stück die Straße hinunter, Ecke Constitution und 20ste, wir haben diese immensen Defizite?"

„Ganz genau. Aber niemand beachtet die Zahlen der Fed. Sie sind nicht so weit verbreitet, und kaum jemand spricht darüber. Was durch die Presse geht, sind die Zahlen des Finanzministeriums – die getürkten Zahlen –, und über diese Zahlen wird im Kongress debattiert. Ist Ihnen klar, was für eine große Sache das ist? Ist Ihnen klar, was das letztendlich für Konsequenzen haben kann?"

Johnstons Interesse war geweckt, aber er wollte immer noch die Mechanismen kennen lernen, wie das genau funktionierte. Daraufhin erklärte ihm Dulles eine ganze Reihe von Buchführungsmanipulationen, die die Regierung regelmäßig anwendete, um den Bundeshaushalt besser aussehen zu lassen, damit er für die Wähler eher annehmbar war – Maßnahmen, die den Tricksereien erschreckend ähnlich sahen, die UCBS in den 90er-Jahren benutzt hatte, um die Ergebnisse für die Anleger besser aussehen zu lassen.

„In kurzen Worten", so Dulles, „geht das so: Zunächst einmal hat die Regierung eine ganze Reihe von Organen wie die Federal Home Bank, Freddie Mac, Fannie Mae und so weiter [Banken und Bausparkassen]. Und alle diese Organe stehen auf irgendeine Art und Weise in Verbindung zur US-Regierung. In der Tat hat der Chairman der Federal Reserve, Greenspan, kürzlich vor dem Kongress ausgesagt, dass im Falle von finanziellen Schwierigkeiten, die Regierung letzten Endes die Verantwortung für sie übernehmen muss. Der Staat bürgt für sie, übernimmt

Ausfälle oder bezuschusst sie zumindest. Ihre Schulden werden grundsätzlich als Regierungspapiere behandelt, aber ihre Bücher werden bei der Haushaltsberechnung nicht in die staatlichen konsolidiert.

Zweitens", fuhr er fort, „gibt es den Sozialversicherungsfonds. Der Fonds hat einen Überschuss, den der Staat braucht, um künftige Defizite der Sozialversicherung zu decken, mit denen man rechnen muss. Dieses Geld gehört den 45 Millionen Menschen, die im Ruhestand sind oder bald in Rente gehen. Mit den sonstigen Aktivitäten des Staates hat es nichts zu tun. Und doch *leiht sich* das Schatzamt dieses Geld für die Bezahlung von normalen Ausgaben, und diese Kredite sind in keiner der Zahlen enthalten, die ich Ihnen gegegeben habe – weder in dem offiziellen Defizit noch in den Zahlen der Federal Reserve."

Für einen kurzen Moment sprangen Johnstons Gedanken zurück an einen anderen Ort zu einer anderen Zeit. Dann kehrte er mit einer weiteren Frage in die Gegenwart zurück: „Das sind die Zahlen des Schatzamts, aber Sie sagen, die Federal Reserve rechnet anders – wie berechnet die Federal Reserve das Defizit?"

„Die Zahlen der Fed zeigen, wie viel neues Geld sich die Regierung und ihre Organe tatsächlich leihen – über die Finanzierung der alten Schulden hinaus –, und zwar für jedes Kalenderjahr. Im Jahre 2000 waren das die 137,6 Milliarden, die ich gerade erwähnt habe. Im Jahre 2001 lieh sich der Staat 623,8 Milliarden Dollar. Im Jahre 2002 nahm er 811,5 Milliarden US-Dollar auf, und im Jahre 2003 schätzungsweise 940 Milliarden Dollar!"

„Wohin fließt dieses ganze Geld?"

„Ich kann Ihnen versichern, dass es nicht unter irgendeine Matratze gestopft wird. Der Staat leiht sich das Geld nur zu einem Zweck – um das Defizit des Staates und der Behörden zu finanzieren. Deshalb, mein Freund, sage ich, dass diese Zahlen das wahre Defizit sind. Nicht die frisierten Zahlen, über die im Kongress debattiert wird oder die in der Presse zitiert werden. Das ist ein entscheidender Unterschied."

Mein Gott, dachte Johnston bei sich, im Jahre 2003 haben sich die Regierung und die Behörden an den Finanzmärkten fast eine Billion Dollar geliehen! Und wenn man dann noch das Geld dazu zählte, das sich der Staat vom Sozialversicherungsfonds lieh, belief sich das tatsächliche Defizit auf mehr als 1,2 Billionen.

„Laut US-Regierung sind die Haushaltsdefizite in Deutschland und Japan viel schlimmer als in Amerika. Wollen Sie sagen, dass diese Aussage nicht korrekt ist?"

„Nicht korrekt? Soll das ein Scherz sein? Das ist die gefährlichste Lüge des 21. Jahrhunderts. In Deutschland liegt das Haushaltsdefizit bei drei bis vier Prozent des Brutto-Inlands-Produktes (BIP). In Japan beträgt das Defizit etwa acht Prozent des BIP. Nach meiner Schätzung liegt das US-Defizit über acht Prozent des BIP."

„Aber anscheinend sind Sie der Einzige, der das sagt."

„Bis vor kurzem, ja, da war ich so ziemlich der Einzige. Aber jetzt nicht mehr. Auch andere heben protestierend ihre Stimme, und die Proteste werden von Tag zu Tag lauter."

„Wo? Wer?"

„Es hat mindestens drei bedeutende Warnungen gegeben. Zuerst hat David M. Walker, Präsident des Bundesrechnungshofs der Vereinigten Staaten, meine Ansicht bestätigt, dass das tatsächliche US-Haushaltsdefizit die offiziellen Schätzungen um Hunderte Milliarden übersteigt. Und außerdem sind die Bücher des Staates nach seiner Aussage derart chaotisch, dass er sich in den letzten sechs Jahren für seine Rechnungsprüfung nicht verbürgen konnte.

Zweitens", fuhr Dulles fort, indem er seine Finger abzählte, „gab es eine dringende Warnung von Robert E. Rubin, dem ehemaligen Schatzminister, von Peter R. Orszag von der Brookings Institution und von Allen Sinai, Chef-Volkswirtschaftler bei Decision Economic, Inc. Diese drei höchst renommierten amerikanischen Wirtschaftsexperten haben verkündet: ‚Ohne entscheidende politische Veränderungen ist damit zu rechnen, dass das Defizit des Bundeshaushalts innerhalb des kommenden Jahrzehnts auf fünf Billionen Dollar anwächst.' Ihre Schlussfolgerung: ‚Die negativen Auswirkungen eines dauerhaften Haushaltsdefizits dürften weitaus größer sein und plötzlicher auftreten als die übliche Analyse vermutet.'"

Johnston war immer noch skeptisch. „Aber könnte es nicht sein, dass diese Menschen politisch befangen sind? Vielleicht mögen sie ganz einfach den Präsidenten nicht."

„Das kann ich nicht mit Sicherheit sagen. Aber eines weiß ich mit Gewissheit. Der Internationale Währungsfonds (IWF) ist nicht politisch motiviert. Und wie es der Zufall will, ist der IWF die Quelle der dritten und dringendsten Warnung. Laut IWF ist das US-Defizit eine ernste Bedrohung für die **ganze Welt**."

All das war für Johnston ein Schock. Bis jetzt war ihm auch nie klar gewesen, wie unheimlich ähnlich die Manipulationen der Regierung den Tricks waren, die er von UCBS her so gut kannte. Die Ausklammerung von Behörden aus dem Haushalt klang genauso wie das falsche Spiel mit den Tochterunternehmen, mittels dessen er Verluste und Schulden verheimlicht hatte. Die Tricks der Regierung mit der Sozialversicherung waren fast mit der Methode identisch, mit der sie mit dem Pensionsfonds von UCBS herumjongliert hatten.

Für den Durchschnittsbürger der Vereinigten Staaten und auf der ganzen Welt war das eine immense Bedrohung. Die Pensionsfonds waren gefährdet. Die heftige Kreditaufnahme des Staates konnte die Kosten für Geld in die Höhe treiben – in Form von steigenden Zinsen. Die Darlehenszinsen konnten genau dann steigen, wenn es sich Privatpersonen und Unternehmen am wenigsten leisten konnten.

Er versuchte sich zu beruhigen, aber es gelang ihm nicht. Da rackerte er sich ab bei Regierungsbehörden Unterstützung bei seinem Feldzug für eine saubere und verantwortungsvolle Unternehmerwelt zu bekommen. Aber die Behörden wandten in ihrer *eigenen* Buchführung genau die gleichen Tricks an. Das konnte jeglichen Anschein von Glaubwürdigkeit zerstören – und vollkommen vernichten –, dass sie bei der Gesundung der Privatwirtschaft helfen könnten.

Johnston hörte schon, was die CEOs sagen würden: „Hey, die Regierung tut es doch auch, warum dürfen wir das nicht?" Wenn er aber andererseits diese Angelegenheit ignorieren und totschweigen würde, dann könnte er das nicht mit seinem Gewissen vereinbaren. Er entschied sich, Dulles in das Projekt zu holen und weiterzumachen.

Zwei Tage später gab das Komitee zögernd eine Pressemeldung heraus, vollkommen ohne Übertreibung oder Sensationslust. Trotzdem waren sie sicher, dass auf den Titelseiten Schlagzeilen wie die folgende stehen würden: „Regierung gibt Defizit um 500 Milliarden Dollar zu niedrig an."

Am nächsten Morgen betrat Johnston das Büro seines Presseagenten und fragte: „Na, wie war die Reaktion? Positiv, oder? Nein? Sagen Sie mir nicht, dass sie negativ war. Spannen Sie mich doch nicht so auf die Folter! Was schreiben sie?"

„Nichts, Sir."

„Nichts? Was soll das heißen, ‚nichts'?"

„Ich meine, wir bekommen keine Reaktion. Keinerlei Echo. Die allgemeine Presse versteht es anscheinend gar nicht. Die Typen von der Finanzpresse begreifen irgendwie, worum es geht, aber es scheint ihnen egal zu sein. Ein Kapitalmarktjournalist, der mich wegen einer alten UCBS-Frage angerufen hat, sagte mir heute morgen, das sei ein ‚Un-Thema'. Er sagte: ‚Und wenn der Staat wirklich bescheißt? Ist das etwas Neues?' Außerdem sagt er: ‚Auf den Anleihenmarkt hat sich das noch nie ernstlich ausgewirkt, wozu also sich Sorgen machen?' Er sagte, die Nachricht sei nicht neu, und unsere Pressemitteilung sei naiv. Das ist ein ziemlich gutes Bild der allgemeinen Stimmung."

Johnston war wie vor den Kopf gestoßen. Als er persönlich seine Bilanzmanipulationen eingestanden hatte, schlug das an der Wall Street ein wie eine Bombe, aber wenn jemand versuchte, einen viel, viel größeren Betrug in Washington an die Öffentlichkeit zu bringen, dann stieß er auf taube Ohren; er fragte sich, wie das kam. In den nächsten Wochen war er wie besessen von dieser Frage. Seine Mitarbeiter sprachen mit Wirtschaftswissenschaftlern, in erster Linie über Konjunkturzyklen. Er schickte sie auch zu Anleihenhändlern an der Wall Street, damit sie sich über Staatsanleihen unterhielten. Schritt für Schritt und Stück für Stück trugen sie die Teile für ein Bild zusammen, das Dulles zusammensetzte und Johnston im nächsten Gespräch präsentierte.

„Als Allererstes", sagte Dulles, „muss ich festhalten, dass wir Recht hatten, wir waren auf der richtigen Fährte. Die Bilanztricks, die Washington einsetzt, sind noch viel *schlimmer* als die, für die die Main Street und die Wall Street eins auf den Deckel bekommen."

„Schlimmer? Wieso schlimmer?“

Der CPA zog seinen gelben Notizblock aus der Schreibtischschublade und legte ihn neben das große Glas eisgekühlten Wassers, das er gerade vom Kühlschrank mitgebracht hatte. Er hatte sich, wie es seine Art war, auf dem Block drei Stichpunkte notiert. Nach einer Pause von 15 Sekunden sagte er: „Es gibt drei Gründe für die Annahme, dass es viel schlimmer ist.

Grund Nummer eins: Bei den Washingtoner Trickserein geht es um viel größere Größenordnungen. Wie viel Extragewinn haben wir damals mit unseren Taschenspielertricks aus den Töchtern herausgequetscht – eine Milliarde? Oder im besten Fall 1,5 Milliarden? Bei den Manipulationen des Schatzamts mit den Regierungsbehörden und der Sozialversicherung geht es allein seit dem Jahre 2000 um *mehr als zwei Billionen Dollar*. Wie viele Mitarbeiter waren an unserem Pensionsfonds beteiligt? Maximal 40.000. Die Tricks der Regierung mit der Sozialversicherung könnten zu Einschränkungen für *45 Millionen* Bürger führen!

Grund Nummer zwei: Die jonglieren nicht nur mit Zahlen herum, sondern mit echtem Geld. Erinnern Sie sich noch an unsere erste Begegnung vor ein paar Jahren? Erinnern Sie sich noch, wie ich Ihnen erklärt habe, dass wir den Pensionsfonds nicht wirklich ausplünderten?“

„Helfen Sie mir bitte auf die Sprünge“, bat Johnston.

„Wir haben kein Geld aus dem Pensionsfonds genommen. Wir haben nur in der Buchhaltung Zahlen verschoben.“

„Ach ja, ich erinnere mich.“

„Aber wissen Sie was? Die Regierung plündert die Sozialversicherung *tatsächlich*. Sie nimmt das harte Geld, das eigentlich für künftige Schecks der Sozialversicherung reserviert ist, das eigentlich den zig Millionen Bürgern gehört – und *gibt* es aus.“

Dulles war außer Atem und nahm einen Schluck Wasser, aber hatte noch mehr Fragen. „Sie sagen, es gebe drei Gründe, weshalb das Haushaltsdefizit des Bundes noch gefährlicher sein könnte als das Desaster in der Privatwirtschaft“, sagte er. „Welcher ist der dritte?“

„Der dritte Grund hängt unmittelbar damit zusammen, dass wir vor ein paar Wochen, als wir versucht haben, diese Pressemitteilung über den Haushalt herauszubringen, keine Reaktion bekommen haben."

„Ich verstehe nicht ganz."

„Ich rede von der Tatsache, dass dies ein sehr ernstes weltweites Problem ist – nicht nur in den Vereinigten Staaten, sondern auch in Europa und Japan. Nichtsdestotrotz wird es von der Welt ignoriert!"

„Erklären Sie mir das bitte."

„Erinnern Sie sich noch, wie Sie die Probleme von UCBS eingestanden haben? Sie erinnern sich, dass die Investoren sofort reagierten? Das war eigentlich gut. Das bedeutet, dass sie die Botschaft verstanden haben. Sie haben sie regelrecht aufgesaugt. Jeder, dem die Wahrheit nicht gefiel, verkaufte seine Aktien, und das war das Vernünftigste, was man tun konnte. Aber damit war es auch schon vorbei. Ab diesem Punkt blieb die Aktie stabil. In diesem Fall ist das anders. Die Wahrheit ist noch nicht draußen. Milliarden von Menschen auf der ganzen Welt wissen immer noch nicht, wie schlimm das ist, wie es sich auf ihre Rente, auf ihre Arbeit und auf ihre gesamte finanzielle Sicherheit auswirkt."

„Wieso?"

„Ganz einfach. Jahrzehntelang haben sich die Regierungen aller großen Industrienationen Geld von den kommenden Generationen geliehen. Jetzt stehen wir vor dem Tag der Abrechnung. Die Zukunft ist jetzt da, und **wir** sind die so genannte ‚kommende' Generation, die die Schulden bezahlen muss. Wir sind diejenigen, die mehr arbeiten müssen, die weniger verdienen und einen niedrigeren Lebensstandard haben. Vielen droht sogar die Verarmung."

„Ja, aber wie können so viele Menschen ein derart großes Problem ignorieren?"

„Verstehen Sie denn nicht? Das ist wieder einmal die Psychologie der Blase. Wenn man damals in den 90ern über Bilanzprobleme oder übertriebene Gewinne bei großen Unternehmen sprach, lachten einen die Menschen aus. Oder, noch schlimmer, sie beachteten einen gar nicht. Das war die Aktienblase. Aber jetzt haben wir eine andere Blase, eine weitaus gefährlichere Blase."

„Und zwar eine ..."

„Anleihenblase! Wenn Sie meinen, der Börsencrash wäre schlimm gewesen, dann warten Sie erst mal ab, wie sich ein Anleihencrash anfühlt. Und denken Sie daran: Wenn die Anleihen zusammenbrechen, gehen die Zinsen und Hypotheken nach oben. Überlegen Sie einmal, was das für alle verschuldeten Familien und Unternehmen bedeuten könnte."

Kapitel 8

Die Blase am Anleihenmarkt

Paul Johnston machte das Haushaltsdefizit derartige Sorgen, dass er unbedingt selbst herausfinden wollte, welche Auswirkungen es haben könnte. Er ließ sich von einem Mitarbeiter die Telefonnummer eines altgedienten Anleihenhändlers in New York geben und rief ihn an. Als Erstes entschuldigte er sich kurz, dass er im Grunde nicht viel über Anleihen und Zinsen wisse, und dann fragte er, welche Konsequenzen ein immer weiter wachsendes Haushaltsdefizit haben könnte.

Zuerst hielt sich der Anleihenhändler zurück, aber schon bald machte er auf: „Fragen Sie nicht danach, was sein könnte. Es geht doch schon los! Es ist, als hätten die Leute im Kongress und im Weißen Haus noch gestern von Überschüssen in Höhe von 200 Milliarden gesprochen, und sie überboten sich mit Vorschlägen, wie man das Geld am schnellsten ausgeben könnte. Neuerdings ist von einem Defizit in Höhe von 500 Milliarden die Rede. Noch nie in meiner 30-jährigen Laufbahn habe ich das Pendel so schnell und so weit in Richtung Defizit ausschlagen sehen."

Johnston wollte schon das 1,2-Billionen-Defizit erwähnen, von dem ihm Dulles erzählt hatte, entschloss sich aber, es doch nicht zu tun. „Wie wird sich das auf die Zinsen und auf die Anleihenpreise auswirken?", erkundigte er sich.

„Für die Regierung gibt es nur eine Möglichkeit, mit einem Defizit umzugehen – Schulden machen. Und es gibt nur eine Möglichkeit, wie die Regierung Schulden machen kann – durch den Verkauf von Anleihen und anderen Staatspapieren an die Öffentlichkeit. Je größer das Defizit, desto mehr Anleihen müssen verkauft werden. So einfach ist das. Und wie bringe ich die Menschen dazu, dass sie mehr Anleihen kaufen als je zuvor? Indem ich höhere Zinsen bezahle."

„Und?"

„Und schon bald sagen die Menschen: ‚Warum zum Teufel sollte ich mein Geld für Eure lausigen fünfprozentigen Anleihen ausgeben, wenn Ihr demnächst sowieso welche mit sieben oder acht Prozent Zinsen ausgebt?' Diese Einstellung erschwert es der US-Regierung noch mehr, ihre Anleihen zu verkaufen, und deshalb beginnen die Zinsen dann noch schneller zu steigen. Und Sie wissen ja, wenn die Zinsen steigen, verfallen die Preise für bestehende Anleihen mit niedrigeren Zinsen. In solchen Fällen sinken die Anleihenpreise manchmal genauso schnell wie Aktienkurse."

„Und was dann?"

„Dann breitet sich der Anleihencrash über den Erdball aus. Alle bedeutenden Anleihenmärkte der Welt sind genauso miteinander verbunden wie die Aktienmärkte. Wenn einer fällt, dann fallen die anderen wie Dominosteine – in Europa, in Japan, überall. Im Jahre 1987 fing der Anleihencrash in Japan an und griff *dann* auf die Vereinigten Staaten über. Ich nehme an, dass der nächste Anleihencrash in New York anfangen wird.

Einer der gefährlichsten Crashs des zwanzigsten Jahrhunderts

Johnston hatte noch nie zuvor jemanden so reden hören, und daher bat er um Details.

„Aber können denn Staatsanleihen wirklich so weit fallen? Wie groß ist denn das wirkliche Risiko?"

„Gehen Sie mal ein Stück in die Vergangenheit zurück", antwortete der Anleihenhändler. Gehen Sie in die Vereinigten Staaten und ins Jahr 1980. Sie waren damals dabei, oder? Im Jahre 1980 bekam man US-Staatsanleihen, für die die Anleger ursprünglich 10.000 Dollar bezahlt hatten, für weniger als 5.000 Dollar. Die Lage wurde ab einem gewissen Punkt so schlimm, dass neben dem Zusammenbruch der Anleihenpreise auch ein *Zusammenbruch des Anleihenmarktes an sich* begann."

„Ich verstehe nicht ganz", warf Johnston ein.

„Da die Anleihenpreise im Keller waren, hatte jeder einzelne Anleihenhändler der Wall Street Schaden gelitten, und das tat ganz schön weh. Unsere Firma hatte gefährlich wenig Kapital übrig. Und genauso erging es einem Dutzend anderer auch."

Johnston hatte so etwas Ähnliches schon einmal gehört, aber dabei ging es um den Aktienmarkt, nicht um den Anleihenmarkt. Und das war 1987, nicht 1980. „Ich habe nie davon gehört, dass so etwas am Anleihenmarkt passiert ist."

„Davon hat kaum jemand gehört. Aber ironischerweise war der Zusammenbruch des Anleihenmarktes 1980 einer der gefährlichsten Crashs des zwanzigsten Jahrhunderts – vielleicht noch gefährlicher als der Börsencrash 1987."

„Wie das?“

„Sehen Sie, die US-Regierung ist viel größer und entscheidender für die Gesamtwirtschaft als irgendein einzelnes Unternehmen. Wenn die US-Regierung sozusagen Konkurs anmelden und den Laden dicht machen muss, dann kann man auch so ziemlich alle anderen Investments auf der Welt vergessen, egal wo – Nordamerika, Südamerika, Europa oder Asien. Dann kann man sich von fast jeder Aktie, Anleihe oder Immobilie getrost verabschieden, in die man je investiert hat. Sie können das AAA-Rating von Unternehmensanleihen vergessen, weil es nichts mehr bedeutet. Einverstanden? Okay.

Und jetzt hören Sie bitte ganz genau zu“, sagte der Anleihenhändler jetzt mit mehr Bedacht, „denn *jetzt* kommt die entscheidende Verbindung. Wir handeln mit amerikanischen Staatsanleihen. Wir sind Privatunternehmen, aber ohne uns kann die Regierung ihre Anleihen nicht verkaufen. Wir arbeiten im Prinzip wie Autohändler. Wir kaufen dem Schatzamt oder den staatlichen Behörden ihre Anleihen bei den großen Auktionen verbilligt ab.

Dann nehmen wir sie in unseren Bestand auf, schlagen ein bisschen was drauf und verkaufen sie an Anleger in den Vereinigten Staaten, Deutschland, Japan und auf der ganzen Welt. Später, wenn die Regierung wieder einmal ein Anleihenbündel versteigert, dann machen wir das Ganze wieder von vorne – kaufen, in den Bestand aufnehmen, aufschlagen, verkaufen.“

„Okay, und wo ist das große Problem?“

„Das große Problem besteht darin: Wenn die Anleihenpreise zusammenbrechen, dann bricht auch der Wert unserer Bestände ein. Wir erleiden riesige Verluste. Natürlich versuchen wir uns gegen diese Verluste abzusichern, aber 1980 schlug der Crash so heftig und schnell zu, dass wir trotzdem auf dicken Verlusten saßen. Das Defizit geriet außer Kontrolle. Inflation und Zinsen stiegen. Niemand wollte Anleihen kaufen.“

„Was genau passierte dann?“

„Wollen Sie eine ausführliche Beschreibung, Schritt für Schritt?“

„Ja bitte, reden Sie weiter.“

Die Lähmung des Anleihenmarktes

„Eines Tages sitze ich an meinem Schreibtisch. hier im Verkaufsbüro in der Water Street. Ich starre ausdruckslos den Bildschirm mit den Anleihenkursen an und sehe zufällig den Preis der 30-jährigen US-Staatsanleihen. Mir fallen fast die Augen aus dem Kopf. Der verflixte Preis steht so tief, sogar noch unter den Tiefs im amerikanischen Bürgerkrieg! Ich sage zu einem unserer leitenden Mitarbeiter: ‚Kannst du das glauben? Im Bürgerkrieg war unser Land in zwei Teile gespalten, Millionen von Soldaten starben, und trotzdem waren die Anleihenpreise damals besser als jetzt im Moment!‘“

„Erstaunlich!“

„Alle sagen: ‚Die Anleihen stehen so tief, dass sie unmöglich noch tiefer fallen können.‘ Also kaufen wir bei der nächsten Versteigerung von Schatzanleihen eine große Menge. Wir haben keine Ahnung, dass das erst der *Anfang* des Rentenmarktcrashs ist. Plötzlich marschieren die Russen in Afghanistan ein, und die Anleihen-Investoren rasten vollkommen aus. Sie befürchten, dass sich der Kalte Krieg aufheizt und dass das Defizit des Bundeshaushalts total abdreht, noch weiter abdreht als es das eh schon tut. Und in diesem Moment erwischt es uns so *richtig*.“

Der altgediente Anleihenhändler schöpfte kurz Atem. „In diesen Tagen“, fuhr er fort, „bedeutet ein richtig *schlechter* Tag, dass die Staatsanleihen vielleicht einen ganzen Punkt fallen – sagen wir von 85 auf 84. Aber in den nächsten Tagen würden wir alles darum geben, wenn wir wieder Tage mit nur einem Punkt Minus hätten, denn der Langläufer taucht jetzt an einem Handelstag drei Punkte ab und am anderen vier! Nie zuvor – und nie wieder danach – in meinem Leben habe ich so etwas erlebt.

Aber es kommt noch schlimmer“, fügte er hinzu. „Es gibt keine Käufer. Nur Verkäufer. Und an einem Tag fallen die Anleihenpreise um fast zehn Prozent. Das ist prozentual betrachtet fast so viel wie am schlimmsten Tag des Börsencrashs 1929. Und wir reden hier nicht über riskante Aktien, sondern über angeblich super-sichere Anleihen – Anleihen, die von der US-Regierung ausgegeben werden."

Johnston traute kaum seinen Ohren. Er murmelte etwas Bestätigendes und hörte dann wieder schweigend zu, als der Anleihenveteran seine Erzählung fortsetzte.

„Wir überprüfen unser Kapital – praktisch null. Wir rufen die Behörden an und sagen: ‚Das Spiel ist aus. Wir geben auf, wir sind draußen. Wir können euch keine Anleihen mehr abnehmen. Wir können bei den Anleihenauktionen nicht mehr mitbieten.' Dann rufen wir unsere Branchenkollegen an. Sie sagen, ihnen geht es genauso. Praktisch alle machen dicht und ziehen sich vom Markt zurück. Und das Gleiche passiert an allen bedeutenden Märkten für Staatsanleihen – in London, in Frankfurt und in Tokio.

Schließlich kommt der Punkt, an dem alle zugemacht haben – außer vielleicht den beiden größten Anleihenhändlern mit den dicksten Brieftaschen: Merrill Lynch und Salomon Brothers. An einem dieser Tage ruft ein Anleihenhändler von Merrill Lynch einen Anleihenhändler von Salomon an und sagt: ‚Ich habe hier ein Paket US-Staatsanleihen für 20 Millionen Dollar, das ich heute unbedingt an euch verkaufen muss.' Und der Typ von Salomon antwortet darauf: ‚Ach ja? Ich habe hier 30 Millionen Dollar, die ich *euch* verkaufen muss.' – wie zwei einsame Kinder an der Straßenecke, die Kieselsteine hin und her tauschen. Sonst macht keiner mehr mit bei dem Spiel."

„Okay, aber wie hat sich das auf die US-Regierung ausgewirkt?"

„Begreifen Sie denn nicht? Wenn Händler wie wir der Öffentlichkeit nichts mehr verkaufen können, wenn sie sich nicht einmal mehr gegenseitig etwas verkaufen können – wie zum Teufel soll dann der amerikanische Staat *seine* neuen Anleihen verkaufen? Normalerweise kann ein Händler innerhalb von Sekunden Hunderte von Millionen Dollar in US-Schatzanleihen unterbringen. Aber am 11. Februar 1980 finden die Händler nicht einmal einen Käufer für die vergleichsweise kleine Menge von fünf Millionen. Nirgends gibt es Käufer für Staatsanleihen, nicht in den Vereinigten Staaten, nicht in Asien und nicht in Europa. Fast alle Märkte für Staatsanleihen der Welt sind tot oder liegen im Sterben."

„Und was tun die Anleihenhändler dagegen?"

„Sie tun sich zusammen, gehen nach Washington und sprechen mit Präsident Jimmy Carter und seinen Beratern. Ich weiß nicht genau, was sie sagen, aber ich fasse die zentrale Botschaft auf das Wesentliche zusammen. Im Grunde sagen sie: ‚Entweder treffen Sie drastische Maßnahmen, um diesen Albtraum zu beenden, oder alles ist aus. Wenn wir Ihre Anleihen nicht verkaufen können, kann die Regierung das Defizit nicht finanzieren. Sie müssen alles Erforderliche tun, um die Inflationsangst zu beseitigen, auch wenn das bedeutet, dass die Konjunktur in den Keller fällt.'"

„Und Carters Antwort?"

„Natürlich gefällt das Carter nicht. Er ist Demokrat und stellt sich in diesem Jahr zur Wiederwahl. Das Letzte, was er will, ist eine Rezession im Wahljahr. Aber die Anleihenhändler lassen nicht locker. ‚Hören Sie', sagen sie, ‚wenn Sie das Geld nicht beschaffen, dann können Sie Ihre Rechnungen nicht bezahlen. Sie können die Staatsbediensteten nicht mehr bezahlen. Die Diätenschecks der ganzen Senatoren und Kongressabgeordneten werden platzen. *Ihr* Scheck wird platzen!' Das gefällt Carter noch weniger. Er beschließt, etwas zu unternehmen, das die Inflationsangst *hier und jetzt* beseitigt ... und sich mit der Wahl *später* zu befassen. Er bringt den Fed-Vorsitzenden Volcker dazu, dass er Kreditkarten und anderen Formen des Kredits strenge Kontrollen verpasst – etwas, das es in der amerikanischen Geschichte noch nie gegeben hat. Das zerschlägt praktisch die Wirtschaft, und Carter verliert die Wahl. Aber es rettet den Anleihenmarkt."

Johnston hatte keine Ahnung gehabt, dass Anleihen-Investoren und Anleihenhändler eine derartige Macht über die Geschicke eines bedeutenden Industriestaates ausüben konnten – schon gar nicht der Vereinigten Staaten. Aber es klang logisch. Sie waren die Gläubiger Amerikas. Und genauso wie Aktionäre das Management eines Unternehmens in der Hand hatten, konnten die Anleihenbesitzer letztendlich Washingtons Wirtschaftspolitik lenken und sogar über Wohl und Wehe der Regierung entscheiden.

Der Anleihenhändler unterbrach seine Gedanken: „Wenn so etwas je wieder passieren sollte, dann wird am Ende das Gleiche herauskommen. Die konkreten Umstände werden anders sein, aber das Endergebnis wird das gleiche sein: Der Präsident wird praktisch alles opfern – die Wirtschaft, die Unternehmensgewinne, Arbeitsplätze, sogar seine politische Karriere – um die Möglichkeit zu wahren, weiterhin Kredite aufzunehmen. Er hat keine andere Wahl. Das ist 1980 passiert, und es wird auch das nächste Mal passieren."

„Was Sie sagen, bedeutet also, dass ..."

„Dass ..." Der Anleihenhändler schwieg einen Moment und formulierte es dann allgemeiner: „Die meisten Menschen glauben, die Regierung sei allmächtig und könne in Schwierigkeiten geratene Unternehmen retten, die Konjunktur ankurbeln und die Märkte oben halten. ‚Habt keine Angst', sagen sie. ‚Uncle Sam rettet euch.' Ja. Die Regierung wird **versuchen**, die Wirtschaft zu retten und es mag ihr für eine gewisse Zeit sogar gelingen. Aber am Ende wird die Regierung selbst in finanzielle Schwierigkeiten geraten. Und wenn das passiert, wird sie viel zu sehr mit ihrer eigenen Rettung beschäftigt sein, als dass sie die Wirtschaft retten könnte."

Kapitel 9

Die Immobilienblase

Im Jahre 2000 brachen die Technologieaktien zusammen, und damit endete der Wirtschaftsboom der 90er-Jahre.

Die United States Federal Reserve reagierte darauf, indem sie große Summen neuen Geldes in die Wirtschaft pumpte und die Zinsen 15-mal senkte – auf das niedrigste Niveau seit 45 Jahren.

Im Jahre 2002 veranlassten die niedrigen Zinsen Millionen von Amerikanern dazu, eilig ihre Hauskredite zu refinanzieren, und dies trieb die Immobilienpreise nach oben.

War das eine Blase? Wenn ja, dann wurde das erst klar, *nachdem* sie geplatzt war. Auch wurden die Verbraucher von ihren Immobilienmaklern nicht gewarnt.

Daher sollte es nicht überraschen, dass Gabriel Dedini auf einstimmigen und absolut unerschütterlich bullischen Rat stieß, als er mit Immobilienfachleuten darüber sprach, ein Haus für seine Eltern zu kaufen.

Die Frau, die Gabriel und seiner Frau kurz davor beim Verkauf ihres Ferienhauses geholfen hatte, war das perfekte Beispiel. Sie war seit 20 Jahren in Virginia als Immobilienmaklerin zugelassen. Während dieser Zeit hatte *nie* ein Kunde, der Wohn-Immobilien gekauft und behalten hatte, dadurch Geld verloren – kein einziges Mal. Nach ihrer Erfahrung waren Mittelklasse-Häuser am Rande von Verdichtungsräumen wie zum Beispiel Washington, D.C., so ziemlich das sicherste Geschäft, das es gab.

Gabriel rief die Maklerin in ihrem Büro an. Sie schlug ihm ein Eigenheim in einem ruhigen Viertel in Fairfax County in Virginia vor. Er wollte allerdings etwas haben, das noch weiter vom Verkehrslärm der Stadt entfernt war, das einsamer und sicherer war.

Zuerst wollte sie ihn mit versteckten Andeutungen in Richtung größerer und günstiger gelegener Anwesen drängen. Aber schließlich wagte sie den offenen Kampf; sie nahm ein Blatt zur Hand, das sie aus verschiedenen Branchenblättern zusammengestellt hatte und machte ohne Rücksicht auf Verluste Reklame: „Sehen Sie, wie die Immobilienpreise im ganzen Land wieder nach oben schießen?“, fragte sie voller Begeisterung.

„Wo?“

„Zum Beispiel hier, in Arlington!“

„Das ist nur eine bestimmte Gemeinde in einem bestimmten Staat“, bemerkte Gabriel.

„Aber nein. Im ganzen Land, überall. Sehen Sie sich mal Long Island an. Im Jahre 2002 plus 13 Prozent. Oder Fort Lauderdale, Providence, Rhode Island – überall das Gleiche. Die Hauspreise sind um 13, 14 oder sogar 15 Prozent gestiegen. Und das in nur *einem* Jahr!“

„Ja, aber ...“

„Virginia ist nicht Kalifornien, aber denken Sie einmal daran, was das über einen längeren Zeitraum bedeutet. San Francisco – über 70 Prozent, San Jose 80 Prozent. San Diego, Santa Cruz, Santa Barbara, Santa Rosa – ebenfalls plus 80 Prozent. Vor noch gar nicht so langer Zeit hätten Sie dort ein Ranch-Haus mit drei Schlafzimmern für 60.000 oder 70.000 Dollar bekommen. Raten Sie mal, was Sie jetzt dafür bekommen würden.“

„So um die 300.000?“

„Ha, schlecht geraten. Die 60.000-Dollar-Häuser gehen jetzt in Malibu für 840.000, in Burlingame für 790.000, in Beverly Hills für 742.000, in La Jolla für 727.000 und in Carmel für 882.000 Dollar weg, und ...“

„Und was hat das mit mir zu tun?“

„Das Gleiche wird hier auch passieren. Selbst wenn man die Inflation berücksichtigt, ist der Preis eines durchschnittlichen amerikanischen Eigenheims in den letzten sieben Jahren schneller gestiegen als irgendwann seit 1945. Damals kamen die Soldaten aus dem Zweiten Weltkrieg heim und trieben die Wohnungspreise durch die Decke. Jetzt haben wir keine zurückkehrenden Soldaten, die Häuser kaufen, aber wir haben Säcke voll Geld aus neuen Hypotheken, die alle in Eigenheime fließen. Wir haben Säcke voll Geld aus dem Aktienmarkt, die ebenfalls in Eigenheime fließen ...“

Er hüstelte, aber sie redete weiter: “Auch wenn die hiesigen Häuser nur halb so weit steigen – nennen Sie mir eine andere Geldanlage, die Sie kaufen können und die auch nur *annähernd* so schnell steigt. Aktien nicht! Anleihen auch nicht. Nennen Sie mir eine – nur eine

–, die Ihnen diese Performance und gleichzeitig auch noch Sicherheit bietet. Sehen Sie sich dieses schöne Haus an. Vier Schlafzimmer, Golfplatz, Klubhaus, Wachhaus mit modernster Sicherheitsausrüstung ... fahren Ihre Eltern Auto?“

„Ja.“

„Gut. Die Autobahnausfahrt ist nur eine halbe Meile entfernt, es gibt hundertprozentig sichere Parkplätze und ...“

Sie hätte wahrscheinlich noch endlos weitergesprochen, aber es klingelte an der Tür. Gabriel entschuldigte sich für einen Moment und legte den Hörer neben das Telefon. Als er zurückkam, entschuldigte er sich noch einmal und versprach der Maklerin, später zurückzurufen.

Er war skeptisch. Er gehörte zu den wenigen Menschen in der westlichen Welt, die erst kürzlich aus erster Hand erlebt hatten, wie Immobilienpreise in den Keller fielen – am Rande von Buenos Aires in Argentinien, wo seine Eltern im Moment lebten. Da die Banken geschlossen worden waren, hatte niemand Bargeld. Also gab es für nichts Käufer – und schon gar nicht für Häuser. Überall gab es verzweifelte Verkäufer, und der Wert von Mittelklassehäusern war dramatisch gefallen, besonders wenn man ihn in US-Dollar berechnete. Wertverluste von 60, 70 oder gar 80 Prozent waren nichts Ungewöhnliches – und all das innerhalb von Monaten.

Allerdings war das in Argentinien. Was war mit den Vereinigten Staaten? Wie wahrscheinlich war es, dass hier so etwas passierte? Zehn Prozent Wahrscheinlichkeit? Mehr? Er rief Lindas Anlageberater an, aber der Mann gab zu, dass er kein Immobilienfachmann war. „Was immer Sie auch tun, verlassen Sie sich nicht auf Makler. Können Sie sich daran erinnern, wann Ihnen ein Makler zum letzten Mal gesagt hat: ‚Nein, kaufen Sie nicht jetzt. Jetzt ist ein schlechter Zeitpunkt für den Kauf‘? Makler sagen das nie. Wenn der Markt gedämpft ist, sagen sie: ‚Das ist der perfekte Moment für den Kauf, denn der Markt ist gedämpft.‘ Wenn der Markt boomt, sagen sie: ‚Sehen Sie, der Markt boomt. Steigen Sie schnell ein, bevor es zu spät ist!‘“

„Ja, das ist mir auch schon aufgefallen.“

„Moment, da fällt mir etwas ein.“ Gabriel hörte am anderen Ende das Klappern der Computertastatur. „Da ist die Telefonnummer", sagte der Berater, „rufen Sie diesen Mann an." Er gab Gabriel die Nummer.

Gegen Abend erreichte Gabriel den Mann, der anscheinend irgendwo an der Westküste Floridas wohnte. Während das Telefon klingelte, dachte er über das nach, was ihm der Berater gesagt hatte: „Das ist ein 85-jähriger Rentner, aber immer noch ein Workaholic. Ein ernsthafter Immobilienanalyst. Er ist einer der wenigen im Lande, die schon lange genug dabei sind, dass sie große Wertverluste am Immobilienmarkt selbst erlebt haben. Als erstes wird er Ihnen sagen, dass der Wert von Grundbesitz nicht *immer* und ewig steigt."

Nach sechsmaligem Klingeln meldete sich am anderen Ende eine schleppende Stimme. Ein paar Minuten sagte er kaum etwas und wollte möglichst unverbindlich bleiben. Aber sobald Gabriel seine Erfahrungen in Südamerika erwähnte, sprudelte es aus dem Mann heraus wie aus einer Ölquelle. „Ah, sehr gut. Dann kann ich ja mit Ihnen sprechen."

„Wieso das?"

„Sie wissen ja gar nicht, was hier los ist. Wenn Sie zu jemandem sagen: ‚Der Aktienmarkt geht demnächst zum Teufel', dann machen Sie sich vielleicht nicht gerade Freunde, aber immerhin werden Sie noch als Mensch betrachtet. Wenn Sie den Menschen aber sagen: ‚Passt auf, die *Eigenheimpreise* fallen demnächst in den Keller', dann können Sie das vergessen; dann sind Sie eine Ratte, die die Beulenpest verbreitet. Deshalb halte ich mich von meiner eigenen Branche fern. Ich mache mein Research und schreibe für die Zeitung. Dann gehe ich schlafen. Ich wache auf, mache wieder Research und schreibe noch einen Artikel. Das ist mein Leben."

„In den Keller?"

„Genau. Es geht nicht nur ein oder zwei Prozent abwärts, sondern gleich 20, 30 oder 40 Prozent, vielleicht noch mehr – das hängt von einer ganzen Reihe Faktoren ab."

„Verstehe. Aber hier, in den Vereinigten Staaten von Amerika? Ich meine – ist das normal? Hat es so etwas *je* gegeben?"

„Normal nicht, aber ..."

„Wann hat es denn so etwas gegeben?"

„Überall und zu allen Zeiten gibt es Immobilienblasen, die der Konjunktur einen lokalen oder landesweiten Dämpfer versetzen."

„Zum Beispiel?"

„In Hawaii brachen die Immobilien im Jahre 1990 zusammen. In Kalifornien kollabierten die Eigenheimpreise ebenfalls 1990, in Texas brachen die Immobilien 1987 ein. In Florida hat es uns 1975 am schwersten getroffen. Soll ich noch weiter in die Vergangenheit zurückgehen? Im Jahre 1962 kam es in San Diego zu einem Immobiliencrash. Lassen Sie mich überlegen. Jetzt geht es weit zurück – der Grundstückscrash in Florida 1926 war vielleicht der schlimmste in der amerikanischen Geschichte. Dann Los Angeles 1889. Chicago wurde 1842, 1877 und 1932 zusammengehauen."

„Aber ist es nicht so, dass die Immobilien im größten Teil des Landes die meiste Zeit über steigen und steigen und steigen?"

„Jaja, das stimmt vollkommen. Aber die Hauspreise sind auch schon *landesweit* gefallen."

„Wie schlimm war es denn wirklich?"

„Katastrophal. Nach dem Fiasko 1929 waren die Immobilienpreise zehn Jahre lang am Boden zerstört. Nach der Baisse 1974 erlebten wir die schwerste Immobilienrezession der zweiten Hälfte des 20. Jahrhunderts. Aber warum gingen die Immobilienpreise nach der jüngsten Aktienbaisse nicht nach unten? Wahrscheinlich wegen der extrem niedrigen Zinsen. Aber wenn die Zinsen wieder steigen, dann Vorsicht! Das ist genauso eine Blase wie die Börse eine Blase war."

Man hörte eine Frauenstimme vom anderen Ende des Zimmers, die sich offenbar beschwerte. Der Analyst legte zwar die Hand auf die Sprechmuschel, als er antwortete, aber da er laut sprach, war er immer noch deutlich zu hören. „Sei still! Ich habe hier endlich einen leibhaftigen Menschen, der mich im Gegensatz zu dir nicht für einen verrückten alten Kissenfurzer hält."

Gabriel lächelte und fragte dann: „Wo ist die Blase? Ich sehe sie nicht."

„Natürlich nicht. Kaum jemand sieht sie. Aber *ich* sehe sie. Klar wie den hellen Tag."

„Und wo?“

„In den Hypotheken. In den immensen Schulden. Ich bin schon lange dabei. Damals in den 40er-Jahren, da war ich nicht viel jünger als die Menschen, die heutzutage zum ersten Mal ein Eigenheim kaufen. Können Sie sich vorstellen, wie viel Eigenkapital die durchschnittliche Familie damals in ihr Haus einbrachte?“

„Ich weiß nicht – 50 Prozent?“

„Nein, 85 Prozent. Damals hatte eine Familie auf 10.000 Dollar Hauswert 8.500 Dollar Kapital und 1.500 Dollar Schulden. Jetzt ist das anders: Ist ein Haus 100.000 Dollar wert, hat die Durchschnittsfamilie ein Kapital von 55.000 Dollar und satte 45.000 Dollar Schulden. Der durchschnittliche Schuldenanteil hat sich verdreifacht – von 15 Prozent damals auf 45 Prozent heute.“

„Hmm. 55.000 Dollar Eigenanteil bei einem Haus für 100.000 Dollar? Das klingt ja eigentlich gar nicht so schlecht. Viele Leute würden für dieses Kapital einen Mord begehen.“

„Ganz genau. Und das ist das Problem. Das ist nur ein Durchschnittswert. Dabei haben Millionen von Menschen praktisch überhaupt kein Kapital. Viele haben das Geld auf andere Hypotheken aufgenommen, haben Darlehen aufgenommen, haben refinanziert. Es stimmt schon, sie haben einen Haufen Bargeld dafür bekommen. Aber der größte Teil dieses Geldes ist jetzt weg. Wohin? Sie haben es ausgegeben. Für Urlaubsreisen, luxuriöse Autos, Boote und sonstiges Spielzeug. Viele Menschen haben das Geld sogar dafür benutzt, um an der Börse zu spekulieren.“

Gabriel musste schlucken. Aktienspekulationen mit dem Erlös aus einem Immobilienverkauf – das war genau das, was auch er und seine Frau gemacht hatten.

„Haben Sie ein Faxgerät in der Nähe?“, fragte der Immobilienanalyst.

„Ja.“

Der Analyst rannte zu seinem Faxgerät, schickte Gabriel ein Fax und war in weniger als zwei Minuten wieder zurück. „Das ist jetzt unterwegs; Sie können es später holen und sich dann den Graphen ansehen. Er zeigt den Kapitalanteil der amerikanischen Eigenheime.

Er fällt und fällt und fällt. Jetzt hat er den tiefsten Wert seit mehr als einem halben Jahrhundert."

„Trotzdem klingt ein durchschnittlicher Eigenanteil von 55 Prozent immer noch verdammt gut, finde ich. Was ist daran so schlecht?"

„Sie haben es immer noch nicht verstanden. Wenn Sie sich den Chart anschauen, dann erinnern Sie sich bitte an folgende höchst wichtige und erschütternde Tatsache: *Das Kapital ist über all die Jahre zurückgegangen, obwohl der Wert der Häuser gestiegen ist!*"

Er hielt kurz inne und fragte dann: „Wenn Sie ein Haus haben, das 100.000 Dollar wert ist, und Sie nehmen ein Hypothekendarlehen von 70.000 Dollar auf, wie viel Eigenkapital steckt dann in dem Haus?"

„30.000 Dollar – 30 Prozent."

„Richtig. Dann nehmen wir einmal an, der Wert des Hauses verdoppelt sich auf 200.000 Dollar. Wie viel Kapital haben Sie dann?"

„Das sind 130.000 Dollar – 60 Prozent. Nein, entschuldigen Sie, 65 Prozent."

„Sehen Sie? Ihr Kapital hat sich *mehr* als verdoppelt. Und das hätte in jenen Jahren eigentlich im ganzen Land passieren müssen. Aber es ist nicht passiert. Je mehr der Wert der Häuser zugenommen hat, desto mehr haben die Menschen sie beliehen. Daher sackte ihr Kapital ab, obwohl der Wert stieg. Und das ist gefährlich, sogar *sehr* gefährlich."

„Wieso?"

„Wenn die Häuser wieder an Wert verlieren, dann wird das restliche Kapital im Nu zunichte. Dann stecken alle bis zum Hals in Schulden. Dann gibt es keine Darlehen mehr, und die Menschen hören auf, noch mehr Geld in Immobilien zu stecken. Wenn sie ihr Einkommen verlieren, dann verlassen sie ihre Häuser. Sie übergeben dem Immobilienmakler die Schlüssel und ziehen in eine andere Stadt, oder noch Schlimmeres."

Gabriel unterbrach das Gespräch und sagte, er brauche einen Moment, um die Blätter aus dem Faxgerät zu holen und das alles erst einmal zu verdauen. Eine halbe Stunde später rief er zurück. Eine alte Dame hob ab, seufzte und rief den Analysten sofort ans Telefon.

„Haben Sie sich das Zeug angeschaut?"

„Ja, vielen Dank. Sagen wir mal, ich habe die Tatsache akzeptiert, dass wir eine Immobilienblase haben. Dann will ich Folgendes wissen: *Wann* platzt diese Blase?“

„Ha! Die unvermeidliche Frage, die man unmöglich beantworten kann! Mein Rat: Halten Sie die Augen offen. Beobachten Sie die Ferienhäuser, denn die werden als Erste dran sein. In den letzten Jahren haben sich Millionen von Amerikanern Zweit- oder Dritthäuser gekauft. Sie kauften eine Hütte in den Bergen, sie kauften ein Häuschen am Strand. Damit haben Sie sich übernommen.

Als Nächstes“, fuhr der Analyst fort, „beobachten Sie die Hypothekenzinsen. Wenn sie anfangen zu steigen, dann ist alles da, was zu einer erstklassigen kompletten Panik am Wohnungsmarkt gehört.“

„Verstehe.“

„Noch eines zum Schluss: Wir reden hier nicht vom Aktienmarkt. Man kann nicht einfach eines Tages seinen Makler anrufen und sagen: ‚Verkaufen Sie diesen Besitz auf dem Markt – und zwar heute!‘ Man braucht Zeit, um Grundbesitz zu verschieben. Preistendenzen brauchen Zeit, um sich von der einen Küste bis zur anderen auszubreiten. Also wird der Sturm Ihr Viertel vielleicht noch nicht in der nächsten Woche oder im nächsten Monat erreichen. Aber früher oder später müssen Sie anfangen. Sie haben doch das Zeug aus dem Fax geholt, oder?“

„Ja, da sind noch zwei Seiten. Was ist das?“

Der Analyst erklärte, dass er kürzlich einen Artikel für den Immobilienteil der Wochenendausgabe der Lokalzeitung geschrieben habe, der aber nicht veröffentlicht wurde. Ursprünglich hätte die Überschrift lauten sollen: „Was man tun sollte, bevor die Immobilienwerte verfallen.“ Der zuständige Redakteur wollte sie unbedingt folgendermaßen ändern: „Was man tun sollte, wenn sich der Immobilienmarkt abschwächt.“ Der Analyst schickte dann die Version zurück: „Was man tun sollte, wenn die Immobilien fallen.“ Aber nach diesem ganzen Hin und Her landete der Artikel sowieso irgendwo auf dem Fußboden der Redaktion. „Das erste, was Sie tun sollten“, sagte der Analyst: „Beschließen Sie, dass Sie es nicht tun – dass Sie dieses neue Haus nicht kaufen. Der Rest steht da drin. Lesen Sie ihn einfach. Sie können mich jederzeit wieder anrufen.“

Was tun, wenn die Immobilienpreise fallen?

Schritt 1: Abwarten – nicht übereilt kaufen!

- Es stimmt nicht, dass die Immobilienpreise immer steigen. Wenn die Konjunktur zurückgeht, ist es sehr wahrscheinlich, dass Sie später viel bessere Geschäfte machen können. Selbst wenn die Zinsen dann hoch sind, kann der Anteil, den Sie am Kaufpreis sparen, ein Mehrfaches dessen betragen, was Sie für einen Hauskredit an zusätzlichen Zinsen bezahlen müssen.
- Wenn Sie aber sofort kaufen müssen, nehmen Sie nicht mehr Schulden auf, als Sie sich bequem leisten können. Niedrige Zinsen stellen vielleicht eine Versuchung dar, aber vergessen Sie nicht, dass Ihnen sämtliche Schulden, die Sie heute aufnehmen, auf Jahre erhalten bleiben werden.

Schritt 2: Denken Sie ernsthaft über den Verkauf von Gewerbeflächen nach.

Ihr Preis fällt zum Beginn von Börsencrashs normalerweise als Erstes. Streben Sie eine aggressive Preisgestaltung an, damit Sie schnell zum Zug kommen. Vergessen Sie, was die Immobilien Ihrer Meinung nach wert sein sollten. Beschaffen Sie sich einen guten, realistischen Marktpreis und bleiben Sie darunter. Wenn Sie versuchen, mehr herauszuholen oder auch nur den Marktpreis zu bekommen, dann hinken Sie möglicherweise immer einen Schritt hinterher; Sie finden keine Käufer und sitzen am Ende auf einem Vermögenswert, der immer weiter fällt.

Schritt 3: Denken Sie ernsthaft über den Verkauf von Ferienhäusern nach.

Ferienhäuser sind ebenfalls anfällig, vor allem wenn sie im Ausland stehen. Handeln Sie schnell, indem Sie die Anweisungen von Schritt 2 befolgen.

Schritt 4: Als Nächstes müssen wahrscheinlich Mietobjekte gehen.

Gehen Sie nicht davon aus, dass Ihre Mieter – unabhängig von ihrer Einkommensklasse oder der scheinbaren Arbeitsplatzsicherheit – ihre Verträge verlängern oder ihre Miete weiter pünktlich zahlen. Denken Sie ernsthaft über den Verkauf nach. Wenn Sie der Meinung sind, Sie müssten unbedingt Mietobjekte behalten, um Ihr Einkommen zu sichern, dann lesen Sie in Kapitel 20 nach, wie Sie sich gegen einen Niedergang absichern.

Schritt 5: Ihr Hauptwohnsitz: Heim oder Wohnung?

Wägen Sie die drei folgenden Fragen sorgfältig ab und besprechen Sie sie mit Ihrer Familie.

a) Ist Ihr Haus in erster Linie Ihr Heim, und es gibt keinen anderen Ort, an dem Sie glücklich leben könnten? In diesem Fall kommt Verkaufen überhaupt nicht in Frage. Egal ob der Marktwert des Eigenheims steigt oder fällt, Sie haben beschlossen zu bleiben.

b) Haben Sie sowieso schon über Umzug geredet? In diesem Fall ist der beste Verkaufszeitpunkt dann, wenn Sie gute Gründe für die Annahme haben, dass die Preise fallen – zum Beispiel am Anfang eines größeren Konjunkturrückgangs. Wenn dies auf die aktuelle Lage in Ihrer Gegend genau zutrifft, dann tun Sie Ihr Möglichstes, um aus diesem Zeitfenster Nutzen zu ziehen und einen Verkauf abzuschließen. Wenn der Preisverfall schon begonnen hat, gehen Sie unter den Marktpreis, um schnell zum Abschluss zu kommen.

c) Nähern Sie sich dem Rentenalter oder haben es schon erreicht? Und wollen Sie mit Ihrer Immobilie einen wesentlichen Teil Ihrer Altersversorgung und gesundheitlichen Versorgung bestreiten? In diesem Fall sollten Sie jetzt über einen Verkauf nachdenken. Die Entscheidung ist schwierig und schmerzlich, aber das könnte klüger sein als Gefahr zu laufen, dass Ihre Pläne über den Haufen geworfen werden.

Kapitel 10

Die Minderheit der Gewinner

In der Welt der Politik gewinnt die Mehrheit, und die Minderheit verliert. In der Welt des Investments ist das häufig umgekehrt, besonders an bedeutenden historischen Wendepunkten.

Die vielen Menschen, die sich einem Börsenboom anschließen, können zertrampelt werden, wenn die Meute im Zuge des Crashs die Türen der Ausgänge zertrümmert. Dagegen können die Wenigen, die die Geheimnisse des Crashgewinns kennen gelernt haben, während eines Niedergangs oft mehr Geld verdienen als viele andere während des vorangegangenen Booms.

Linda Dedini stammte aus einer Familie, die mehr über Geschäfte und Finanzen wusste als die meisten. Und doch sprach nie jemand über Crashs – geschweige denn über Crashgewinne.

Für die meisten Amerikaner waren Crashs etwas, das ausschließlich in einer vage definierten historischen Vergangenheit existierte; die moderne Gesellschaft hatte schon lange gelernt, so etwas zu verhindern. Im schlimmsten Fall war ein Crash eine Verirrung, die nicht von Dauer sein konnte, eine Gelegenheit, Schnäppchen zu machen, bevor der Markt seinen quasi-ewigen Aufstieg fortsetzte. Allein die Vorstellung, während eines Abstiegs *Geld zu verdienen*, war den meisten Menschen – darunter auch Linda Dedini – vollkommen fremd.

Die klassische Methode, aus einem Crash Gewinn zu ziehen, sind Leerverkäufe beziehungsweise Shortselling. Aber obwohl sie den Begriff schon gehört hatte, hatte sie keine Ahnung, was er bedeutet.

Bis vor kurzem hatte sie Anlageentscheidungen fast immer Dritten überlassen, zum Beispiel ihrem Broker. Aber jetzt ließen ihr die katastrophalen Verluste an der Börse keine andere Wahl als sich aufzuraffen und endlich mehr über Geldanlagen zu lernen. Der Fernseher im Wohnzimmer, der sonst immer den ganzen Tag im Hintergrund Disney Channel, Nickelodeon oder MTV gedudelt hatte, ließ jetzt den ganzen Tag die Sprecher von CNBC leiern. Der Cockerspaniel, dessen morgendliche Aufgabe immer darin bestanden hatte, die *Washington Post* zu zerfetzen, hatte jetzt die doppelte Arbeit – er musste außer der *Washington Post* auch noch das *Wall Street Journal* zerfetzen.

Eines Abends, als sich Linda durch einen Stapel Klausuren in Grundlagen der Mechanik fraß, erregten zwei Wörter ihre Aufmerksamkeit, die in einer Talkshow auf CNBC ausgesprochen wurden: „Crash" und „Gewinne".

Sie wusste alles über den Crash. Sie hatte das selbst durchgemacht. Sie wusste auch alles über Gewinne – Gewinne waren das, was der Broker immer versprach, aber nicht lieferte. Aber Crash und Gewinn im gleichen Satz? Das passte überhaupt nicht zusammen.

Sie schob das beiseite, blickte kurz den nach wie vor unkorrigierten Klausurenstapel an, seufzte und nahm sich eine weitere Arbeit vor: *Physik 101. Lektion 1 – Mechanik. Frage 1. Ein Hebel ist ein Werkzeug, bei dem auf zwei Punkte Kräfte wirken und das sich um einen dritten Punkt dreht. Nenne drei Beispiele für Hebel aus dem alltäglichen Leben und erkläre, inwiefern sie der Definition entsprechen.*

Die Frage war ein Geschenk. Ein Schüler, der diese Frage nicht beantworten konnte, würde sicher auflaufen, wenn er zu den schwierigeren Fragen kam, bei denen wirklich die Fähigkeit zur Problemlösung gefordert war. Sie las ein paar Antworten: *Brecheisen, Wagenheber, Katapult, Löffel beim Essenschießen in der Schulkantine, Ellbogen des Lehrers, der einen Schüler wegen einer blöden Antwort stößt.* Sie schrieb Randbemerkungen wie „ja!" oder „witzig!", und im Hintergrund brabbelte weiterhin CNBC.

Und plötzlich waren sie wieder da! Die beiden Wörter tönten aus den Surround-Lautsprechern, aus denen normalerweise die Backstreet Boys oder Britney Spears dröhnten: „Crash" und „Gewinne", und dazu noch ein drittes Wort: „Hebelwirkung".

Hebelwirkung? Am Aktienmarkt? Im Crash? Bringt Gewinne? *Halt!* sagte sie zu sich selbst. *Hör auf mit der Korrektur und hör zur Abwechslung mal zu!*

Als sie das Heft beiseite gelegt hatte und genauer hinhörte, fand sie aber nicht die Erklärung, die sie gesucht hatte, sondern eine weitere Kaskade von Fachausdrücken: „Shorts", „inverse Indexfonds", „Puts", und dann kam es plötzlich zum dritten Mal, „Crash ... Gewinne"!

Unnötig zu erwähnen, das dies bei der nächsten Unterhaltung mit ihrem Berater das *allererste* Thema war.

„Ich bin vollkommen erstaunt über das, was ich gerade über Crashgewinne gehört habe", sagte sie, als sie ihn etwas früher am Morgen als gewohnt zu Hause anrief. „Im Fernsehen. Ich habe gar nicht richtig hingehört, aber die Worte haben mich richtiggehend angesprungen und sich festgebissen, als ich gerade in Schularbeiten vertieft war."

Im ersten Moment schien er genauso verdutzt zu sein wie sie: „‚Crashgewinne'? Wovon reden Sie denn da?"

„Nein, es hieß nicht wirklich Crashgewinne. Erst kam das Wort ‚Crash', dann irgendetwas anderes, und dann erst das Wort ‚Gewinne'. Aber das kam praktisch in einem Atemzug. Ich glaube, der Dow Jones stand vorgestern 300 Punkte oder so im Minus, oder? Und da dachte ich zuerst, die reden vielleicht von einer einzelnen Aktie, die *trotz* der sinkenden Börse gestiegen war. Ich nahm an, es gehe um Gewinne trotz des Crashs, aber dann klang es so, als gehe es um Gewinne *wegen* des Crashs selbst. Deswegen habe ich Sie jetzt gleich angerufen. Entschuldigen Sie die Störung am frühen Morgen."

Der Berater wehrte sich gegen die Entschuldigung, er sagte, er sei Frühaufsteher, und sie habe doch sowieso die Erlaubnis, ihn zu Hause anzurufen. „Um welches spezielle Investment ging es denn?", fragte er.

„Ich habe nicht die leiseste Ahnung. Ich weiß nur, dass manche auf das Fünffache hochgesprungen sind. Können Sie das glauben? 500 Prozent Gewinn!"

„Naja, nicht ganz. Wenn eine Anlage auf das Fünffache steigt, dann sind das in Wirklichkeit 400 Prozent Gewinn. Wenn sie zum Beispiel von 100 auf 500 Dollar steigt, dann haben Sie 400 Dollar Gewinn, also 400 Prozent Ihrer Anfangsinvestition."

„Das ist es!", sagte sie überzeugt. „Genau das haben sie gesagt, oder fast. Sie haben über etwas gesprochen, das von rund 100 auf 250 Dollar gestiegen ist, und dann über etwas anderes, das von 150 auf fast 800 gestiegen ist. Und das an einem Tag! Ich muss unbedingt mehr über diese Anlagen wissen. Können Sie mir sagen, was das ist?"

Bevor er antwortete, dachte der Berater einen Moment nach. „Ich kenne nur ein Investment, das an einem Crash-Tag von 150 auf 800 Dollar steigen könnte. Das ist eines der Investments mit der größten Hebelwirkung, die es gibt. Anders gesagt bietet es, wie ein langer Hebel, große Gewinne auf eine kleine Investition. Diese Instrumente sind normalerweise preiswert. Sie sind volatil und spekulativ, aber sie können Spaß machen, vorausgesetzt, dass man sie nicht überstrapaziert. Bevor ich Ihnen jedoch mehr erzähle, möchte ich eines wissen: Was wollen Sie erreichen? Was ist Ihr Ziel?“

Sie seufzte. „Ich weiß es wirklich nicht. Ich weiß nur, dass wir Angst haben. Wir hätten unsere Berghütte niemals verkaufen dürfen. Wir hätten das Geld aus dem Verkauf niemals an der Börse investieren dürfen. Das hat uns einen schweren Schlag versetzt. Und jedes Mal, wenn wir versucht haben, das wieder auszugleichen, hat es uns noch schlimmer erwischt. Wir müssen die Verluste schnell wieder zurückholen, aber wie?“

Sie zögerte einen Moment und biss sich auf die Lippe. „Und dann habe ich noch mehr schlechte Neuigkeiten. Sie erinnern sich an meinen Großvater und sein Portfolio?“

„Mmh.“

„Wir haben es nicht verkauft. Schuld war nicht mein Großvater, sondern vor allem meine Brüder. Sie sind beide Ärzte. Sie wissen nicht mehr über den Markt als ich, aber sie *glauben*, sie wüssten mehr. Ihrer Meinung nach ist die Baisse vergangene Geschichte. Sie sehen, dass der Markt steigt. Daher ist Verkauf das Letzte, woran sie denken.“

„Die zweite schlechte Neuigkeit“, fuhr sie betrübt fort, „ist, dass die Ärzte sagen, Großvater habe nur noch ein paar Wochen zu leben.“

„Und was will die Familie tun?“

„Was wir wollen, ist egal. Die Entscheidungen trifft immer noch Großvater. Und selbst wenn er von uns gegangen ist, nehme ich an, dass wir monatelang beim Gericht festsitzen. Was sollen wir tun?“

„Aufprallschutz“

„Sie und Ihre Familie haben jetzt zwei Ziele“, sagte der Berater.

„Haben wir?“

„Ja. Erstes Ziel – die Aktien Ihres Großvaters schützen. Zweites Ziel – langsam wieder aufbauen.“

„Aber wie kann ich die Aktien meines Großvaters schützen, wenn er sich weigert zu verkaufen und wenn der Aktienmarkt nach unten geht?"

„Sie kaufen ein Investment, das so gestaltet ist, dass es *steigt*, wenn der Markt *fällt*. Zum Beispiel einen Investmentfonds, der den Aktienmarkt shortet."

„Ich habe solche Begriffe schon gehört – Shorten, Leerverkaufen – aber was bedeutet das eigentlich?"

Der Berater dachte einen Augenblick nach und antwortete dann: „Im Grunde ist es so, dass Shortseller nicht preiswert kaufen und teuer verkaufen, sondern die Transaktion ganz einfach umkehren: Zuerst verkaufen sie die Aktien zu einem hohen Preis, und *dann* kaufen sie sie zu einem niedrigen Preis."

„Wie um alles in der Welt können sie denn Aktien verkaufen, die sie gar nicht besitzen?"

„Sie leihen sie sich. Sagen wir, IBM kostet 35 Dollar pro Aktie. Sie gehen zu einem Broker und leihen sich 1.000 Aktien. Dann verkaufen sie die Aktien sofort. Damit haben sie 35.000 Dollar Guthaben auf ihrem Konto. So weit klar?"

„Klar. 35.000 Dollar Bargeld auf dem Konto."

„Nein, kein Geld – *Guthaben*!"

„Ach so, okay. Sie haben ein Guthaben von 35.000 Dollar auf dem Konto. Also weiter."

„Dann fällt IBM auf 15 Dollar. Sie kaufen die 1.000 Aktien für 15 Dollar pro Stück, damit sie sie Ihrem Broker zurückgeben können. Wie viel von den 35.000 Dollar Guthaben müssen sie für die Bezahlung der Aktien abziehen?"

„Tausend Stück zu 15 Dollar? Ich würde sagen 15.000 Dollar, aber ..."

„Machen Sie einfach weiter mit. Wie viel bleibt dann auf dem Konto übrig?"

„20.000 Dollar?"

„Ganz genau. Das ist der Gewinn – 20.000 Dollar. Wenn die Aktie steigt, dann machen Sie natürlich Verlust."

„Interessant", sagte sie ohne Begeisterung. „Ich will den Markt nicht shorten. Ich würde mir vorkommen wie ein Aasgeier – vom Schmerz und Leid anderer zu profitieren! Ich kann das nicht. Das ist unpatriotisch und unmoralisch." Der Berater, der bis dahin freundlich und ruhig geblieben war, antwortete streng: „Das ist vollkommener Quatsch."

Die Antwort erinnerte sie daran, wie ihr Vater immer reagiert hatte, wenn sie ihn gekränkt hatte. „Wieso das?", fragte sie entschuldigend.

„Lassen Sie mich erklären. Investoren, die leer verkaufen – Shortseller –, können auch ein Segen für den Markt sein. Sie wirken am Markt wie ‚Sparer', indem sie eine Reserve an Kaufkraft aufbauen. Wenn der Markt am Boden liegt und niemand anders kaufen will, sind sie die ersten, die einsteigen und den Markt stützen. Sie sind wie der Anlasser in einem Auto. Ohne sie würde der Markt wahrscheinlich über Monate hinweg auf niedrigstem Niveau herumkrebsen. Denken Sie daran: Die Shortseller haben alle das erwähnte Guthaben auf dem Konto. Und sie haben sich die ganzen Aktien ja geliehen. Irgendwann *müssen* Sie die Aktien kaufen. Wenn sich die Baisse dem Ende nähert, was glauben Sie, wer die Kauftätigkeit anregt? Wer bringt uns zurück auf den Weg der Besserung? Die Shortseller!"

Short-Zertifikate

„Das klingt faszinierend, aber betreiben Durchschnittsanleger Shortselling?"

„Nein, aber als normaler Anleger kann man spezielle Zertifikate kaufen, die das Shorten für einen erledigen. Mithilfe solcher Zertifikate kann man von einem Niedergang der Börse profitieren."

„Geben Sie mir bitte ein Beispiel."

„Wenn Sie ein solches Investment kaufen, setzen die Banken Ihrem höchstmöglichen Verlust automatisch eine Grenze. Sie bekommen keine Margin-Warnung. Das heißt, Sie werden nicht aufgefordert, Geld nachzuschießen. Und je tiefer die Börse fällt, desto mehr sind Ihre Anlagen wert. Sie können sich das bildlich so vorstellen, dass auf der einen Seite die Bluechips nach unten fahren und Ihre Shortzertifikate auf der anderen Seite nach oben."

Sie dachte einen kurzen Moment darüber nach, und ihr kam das Bild einer Wippe in den Sinn. Auf der einen Seite saßen die Aktien ihres Großvaters und gingen mit dem Markt nach unten. Auf der anderen Seite saßen ihre Zertifikate und gingen nach oben, um die Verluste zu kompensieren.

„Über die genaue Funktionsweise erzähle ich Ihnen später mehr", sagte der Berater. „Reden wir erst einmal über die Ergebnisse. Wenn der Markt um fünf Prozent fällt, dann sind Ihre Zertifikate so gestaltet, dass sie um fünf Prozent steigen. Wenn der Markt um 20 Prozent fällt, dann sollten Sie 20 Prozent Plus machen. **Je weiter der Markt fällt; desto mehr Geld verdienen Sie.**"

„Das klingt zu schön, um wahr zu sein."

„Es ist durchaus wahr, aber es ist nicht immer so schön. Wenn der Markt nach oben geht, machen Sie Verlust. Wenn der Index 20 Prozent steigt, fällt Ihr Zertifikat um 20 Prozent. Die Aktien Ihres Großvaters indes würden in diesem Fall vielleicht steigen. Nicht unbedingt um den gleichen Betrag, aber so ungefähr. Sie befürchten, dass die Aktien Ihres Großvaters sinken, Sie können sie aber nicht verkaufen. Also kaufen Sie solche Shortzertifikate, und die schützen Sie. Wenn seine Aktien fallen, steigen die Zertifikate."

Sie war sehr zufrieden, und der Berater versprach ihr, dass er ihr Namen und Telefonnummern einiger Banken geben würde, die diese ungewöhnlichen Investments anbieten, und dazu noch Anweisungen, wie viel sie wann und wo kaufen sollte.

Jetzt konnte Linda wieder frei durchatmen. Bisher hatte sie sich nackt und schutzlos gefühlt. Jetzt, da sie wusste, wie sie sich schützen konnte, schlief sie nachts wieder ruhig. Sie schwor sich, etwas zu unternehmen, sobald sie zu Hause war.

„Ich schicke Ihnen die Einzelheiten als Email-Anlage", sagte er. „Ich nenne die Datei ‚Aufprallschutz'. Schauen Sie einmal hinein, und wenn Sie Fragen haben, lassen Sie es mich wissen. Ich muss jetzt los. Ich habe einen Termin beim Zahnarzt ..."

„Warten Sie!", rief sie schnell, bevor er auflegte. „Was ist mit dem Investment, das aus 150 Dollar 800 macht? Was ist mit der schnellen Rückeroberung unserer Verluste?"

„Kümmern Sie sich zuerst um Ihre Verteidigung – den Aufprallschutz. Sobald Sie das unter Dach und Fach haben, rufen Sie mich noch einmal an, in ein paar Tagen. Je nach Ihrer Finanzlage können Sie dann in die Offensive gehen und Crashgewinne anstreben."

Kapitel 11

Das Team

Während des größten Teils der Geschichte der Vereinigten Staaten stellten die Unternehmen mehr Arbeiter ein, wenn sich die Konjunktur erholte. Man fand dann leichter Arbeit. Alle waren glücklich.

Aber dieses Mal nicht. Obwohl sich die Wirtschaft ganz nett zu erholen schien, blieb die Arbeitslosigkeit ungewöhnlich hoch. Besonders in der Industrie waren Millionen Arbeitsplätze verloren gegangen, und nur ein kleiner Teil der Stellen kam zurück.

Die meisten Wirtschaftsexperten nahmen an, das sei nur eine vorübergehende Anomalie. Sie nahmen außerdem an, die konjunkturelle Erholung würde jahrelang anhalten.

Tamara Belmont gehörte zu den wenigen, die laut widersprachen. Mehrere Monate zuvor, als sie noch in der Brokerfirma Harris & Jones arbeitete, hatte sie mit ihren Analystenkollegen regelmäßig über die Wirtschaft diskutiert. Die Regeln der Firma hatten sie allerdings immer frustriert. Es war zwar in Ordnung, sich in Privatgesprächen negativ über die Wirtschaft zu äußern, aber es war gegen die Regeln, öffentlich darüber zu sprechen. Auch war die Verbreitung jeglichen schriftlichen Materials – Emails, Memos, Berichte etc. – streng eingeschränkt. „Pessimismus ist schlecht fürs Geschäft", sagte ihr Chef immer.

Tamara fiel es sehr schwer, die Regeln der Wall Street zu akzeptieren. Ihre Vorfahren waren mit einem berühmten spanischen Stierkämpfer verwandt. Jetzt hatte sie das Gefühl, sie müsste gegen eine Art neuzeitlichen Stier kämpfen – gegen die ewig bullischen Vertriebsleute der Brokerhäuser an der Wall Street.

Ihr wirtschaftliche Argumentation galt an der Wall Street als radikal. Sie glaubte, die wirtschaftliche Erholung sei größtenteils künstlich, vor allem von Washington erzeugt. Sie war nicht real. Die US-Regierung zwang die Wirtschaft zur Erholung, **bevor** die Mehrheit der Unternehmen Amerikas und die Mehrheit der amerikanischen Bürger für eine Erholung **bereit** waren.

Die Federal Reserve hatte die Zinsen auf den tiefsten Stand seit fast einem halben Jahrhundert gesenkt. Der Kongress und der Präsident gaben Geld aus wie zügellose Rockstars. Und gerade als das Defizit des Bundeshaushaltes anwuchs, hatten sie Steuererleichtungen beschlossen, damit die amerikanischen Verbraucher Hunderte Milliarden neuen Geldes bekamen, das sie ausgeben konnten.

Tamara hielt das für einen großen Fehler. Sie argumentierte, Geld in die Wirtschaft zu pumpen sei etwas anderes als die Schaffung realen und dauerhaften Wohlstands. Sie war der Meinung, um den Weg für dauerhaftes Wachstum zu ebnen, müsste man zuerst die faulen Schulden und sonstigen Abfall beseitigen, der aus dem letzten Wirtschaftsboom übrig geblieben war. „Das haben wir nicht gemacht", sagte sie zu ihren Kollegen. „Ganz im Gegenteil, wir häufen **noch mehr** Schulden an!"

Über dieses Thema diskutierte sie regelmäßig mit Don Walker, dem Researchdirektor von Harris, der stets optimistisch in die Zukunft sah, selbst in den schlimmsten Zeiten. Sie fand ihn immer beim Wasserspender; er trank jeden Tag literweise gekühltes Wasser.

„Ich glaube, dass Sie sich mit der Wirtschaft irren", hatte sie eines Tages zu ihm gesagt. Während er noch ein paar Becher hinunterkippte, fügte sie herausfordernd hinzu: „Ich glaube, dass sich so ziemlich alle hier irren und sich wie Schlafwandler durch ein Minenfeld bewegen. Die letzte Rezession war nur eine kleine Kostprobe dessen, was noch kommt. Sie hat weder die Abrechnungsseuche noch die Schuldenkrankheit geheilt. Sie hat die Blase der überbewerteten Aktien nicht entspannt. Sie hat die immensen Schulden der amerikanischen Verbraucher nicht beseitigt. Ganz im Gegenteil, die faulen Schulden und die gefälschten Bilanzen sind noch schlimmer geworden. Die Profite stehen nach wie vor auf wackligen Füßen. Es hat sich nur sehr wenig geändert. Der Abstieg, den wir erlebt haben, hat nicht den Weg zur Erholung geebnet, sondern war nur das Vorspiel zu einem weiteren großen künftigen Niedergang."

„Beweise, bitte!", sagte er. „Glauben Sie mir, ich bin mit den bullischen Argumenten nicht verheiratet. Zeigen Sie mir Indizien, und ich beuge mich."

Innerhalb von 24 Stunden hatte er die Beweise in einem durchgehend gut belegten Berichtsentwurf auf dem Schreibtisch liegen.

Die ersten Seiten überflog Walker nur kurz, aber er las langsamer, als er zu einem Abschnitt kam, dessen Überschrift lautete: „Nachkriegsrezessionen im 20. Jahrhundert und die Rezession 2001 im Vergleich." Hier ein paar Auszüge aus dem Bericht:

> „In allen Nachkriegsrezessionen des vergangenen Jahrhunderts hatten die Amerikaner weit weniger Schulden. In der Rezession 1973/74 erhöhte sich die Schuldenlast der durchschnittlichen Familie nur um 1,5 Prozent und blieb unter dem Einkommen. Auch in der Rezession 1990/91 stiegen die Schulden nur um 1,5 Prozent. Im krassen Gegensatz dazu sind die Schulden der Haushalte in der Rezession Anfang des dritten Jahrtausends immer weiter gestiegen und übersteigen inzwischen deutlich die Einkommen der Haushalte: Auf 100 Dollar verfügbares Einkommen haben die Verbraucher Schulden in Höhe von 115 Dollar.
>
> Nach den früheren Rezessionen füllten die Amerikaner ihre Sparkonten wieder auf. Der jüngste Konjunkturrückgang dagegen unterscheidet sich in dieser Hinsicht ausgesprochen von den vorangegangenen. Die Amerikaner sparen immer noch nicht mehr als zwei Prozent ihres Einkommens; das ist annähernd das niedrigste Niveau der Geschichte. Auf dem Unternehmenssektor ist ein ähnliches Muster zu erkennen. In früheren Rezessionen reduzierten die Unternehmen ihre Schulden, oder sie vergrößerten sie wenigstens nicht. Jetzt zeichnet sich ein gegenteiliges Muster ab. Die Unternehmensverschuldung im Verhältnis zum Unternehmenswert ist auf 57 Prozent angewachsen – ein neuer Rekord.
>
> Wenn die wirtschaftlichen Probleme Amerikas vorüber sein sollten, dann müsste sich auch das staatliche Haushaltsdefizit gebessert haben. Beispielsweise begann die Rezession 1973/74 mit einem *Defizit* von einem halben Prozent des Bruttoinlandsprodukts (BIP) und endete mit einem netten Überschuss von einem Prozent des BIP. In ähnlicher Weise schwangen wir 1978-80 von einem Handelsdefizit in Höhe von drei Milliarden Dollar zu einem Überschuss von vier Milliarden. Und nach der Rezession 1990/91 war die Verbesserung noch drastischer. Dieses Mal jedoch läuft es anders. In den letzten Jahren hat sich die schlechte Handelsbilanz der Vereinigteh Staaten noch weiter

verschlechtert. Das Defizit beträgt jetzt annähernd fünf Prozent des BIP – das ist doppelt so viel wie der amerkanische Verteidigungshaushalt, der größte Einzelposten im Bundeshaushalt."

„Sie haben es gelesen, oder?", hatte sie Walker stolz gefragt, als sie sich das nächste Mal am Wasserspender trafen.

Er starrte vor sich hin, und sie konnte ihren Ärger nicht verbergen. „Sie haben einen Beweis verlangt; den habe ich Ihnen gegeben. Ich habe Ihnen Belege dafür gegeben, dass die Rezession zu flach war, um die wirtschaftlichen Probleme Amerikas zu bereinigen. Ich habe Ihnen Belege dafür gegeben, dass Amerika nicht reif für eine Erholung ist. Es ist klar, dass die Erholung in Washington gemacht wird und dass sie früher oder später zum Scheitern verurteilt ist. Zumindest haben Sie jetzt Anlass zu berechtigten Zweifeln – dass diese Erholung vielleicht ein großer Fehler ist. Dank Ihrer Ermunterung ist der Bericht jetzt fertig – und kann hinausgehen, an die Medien und an die Kunden."

Walker, der in Wharton Wirtschaft studiert hatte, war hin- und hergerissen. Ihre Argumente waren logisch, ihre Beweise solide. Intellektuell betrachtet konnte er nicht anders als zustimmen. In der Praxis allerdings hatten Logik und Beweise nicht viel mit dem zu tun, was von Harris veröffentlicht wurde.

Sie bedrängte ihn, und schließlich stimmte er einer begrenzten internen Verteilung zu, unter der Bedingung, dass er den Text redigieren durfte. Er bat um die Word-Datei und versprach, dass er sie ihr in ein paar Tagen zurückgeben würde. Eine Woche danach fand sie auf ihrem Schreibtisch den Bericht mit der Anweisung: „Sorgfältig durchsehen, aber keine Änderungen vornehmen."

Die edierte Fassung stieß sie völlig vor den Kopf. Sie hatte schon erwartet, dass *einige* ihrer Schlussfolgerungen verwässert würden, aber das hatte sie nicht erwartet. Einige waren gänzlich entfernt worden, andere verdreht. Nur die schwächsten Argumente waren unberührt geblieben. Und inzwischen hatte sie auch eine Email von Walker an das gesamte Researchpersonal gelesen, in der er darum bat, verschiedene Berichte unter dem Motto „Optimistische Wirtschaftsaussichten" herauszubringen.

Tamara beschloss, ihren Stolz nicht noch einmal herunterzuschlucken. Ihre Verwandten in Pamplona wussten, wie man mit Bullen umgeht, die durch die Straßen rasen. Und sie auch. Noch am gleichen Nachmittag, als Walker von einem seiner häufigen Toilettenbesuche zurückkam, fand er auf seinem Stuhl ein Exemplar des Originalberichts. Auf dem Titelblatt standen zwei kleinen und zwei große Wörter, die mit einem dicken Filzstift geschrieben waren:

Mein Kommentar: Ich kündige.

Nach diesem Zwischenfall würde sie kein Unternehmen der Wall Street mehr einstellen. Also beschloss sie, nach Washington zu gehen und zu versuchen, beim Staat eine Stelle zu bekommen.

Sie bewarb sich bei mehreren Bundesbehörden, die ihrer Meinung nach seriöses ökonomisches Research betrieben – beim Schatzamt, beim Handelsministerium und bei der Federal Reserve – stand am Ende aber mit leeren Händen da. Dann versuchte sie es beim U.S. General Accounting Office (GAO) dem amerikanischen Pendant zum Bundesrechnungshofs, dem unparteiischen Prüfungsorgan des Kongresses, dessen Berichte unsaubere Geschäfte der Regierung, unerlaubte Aktivitäten von Brokern, Risiken der Kapitalmärkte und anderes enthüllten. Auch kein Glück.

Drei angespannte und anstrengende Monate später war sie erfreut, auf ihrem Handy eine Voicemail-Nachricht von einem gewissen Oliver Dulles zu finden: „Ich habe die Rede gelesen, die Sie an der Columbia University gehalten haben, ‚Wir haben gelogen', und ich bin beeindruckt. Bitte rufen Sie an, wegen einer leitenden Researchtätigkeit beim CECAR." Und er hinterließ zwei Telefonnummern.

Sie ließ alles stehen und liegen und ging ins Internet. Sie versuchte es direkt mit www.cecar.com, aber diese Domain stand zum Verkauf. Dann suchte sie mit Google und fand sofort www.cecar.org – das Chief Executives' Committee for Accounting Reform (CECAR), „eine nichtstaatliche Organisation für unvoreingenommenes Management, Research und Berichtswesen in privaten und öffentlichen Institutionen." Je mehr sie darüber las, desto besser gefiel es ihr.

Aber als sie Dulles endlich erreichte, schien er nicht zu wissen, wer sie war, und hatte keine Zeit für ein Gespräch. Ihr sank der Mut. Aber sobald sie die Rede „Wir haben gelogen“ erwähnte, erinnerte er sich plötzlich.

„Entschuldigen Sie, ich glaube, ich habe Ihnen vor über eine Woche auf die Mailbox gesprochen. Deshalb verzeihen Sie bitte, dass ich Ihren Namen vergessen habe“, sagte er in sachlichem Ton.

„Ich mache fast alles per Email“, antwortete sie. Sie fragte sich, wie er an ihre Handynummer gekommen war, aber sie entschloss sich, nicht zu fragen.

Er erklärte, das Komitee sei zwar in erster Linie gegründet worden, um Abrechnungsunregelmäßigkeiten bei börsennotierten Gesellschaften aufzudecken, aber mit der Zeit habe er persönlich den Vorsitzenden Paul E. Johnston ermutigt, den Researchbereich des Komitees auf den öffentlichen Sektor auszuweiten – das Haushaltsdefizit des Bundes, die Aktivitäten der Federal Reserve, und in jüngster Zeit auch sonstige staatliche Eingriffe in die Kapitalmärkte. „Anfangs lag unser Schwerpunkt auf Unternehmen wie UCBS. Aber jetzt erweitern wir unseren Horizont auf die Enthüllung versteckter Risiken in der Wirtschaft insgesamt“, erklärte er.

Er bot ihr eine relativ schlecht bezahlte Stelle an, aber er versprach ihr unglaublich attraktive Researchbedingungen. Drei Wirtschaftswissenschaftler würden ihr unterstellt sein. Sie würde direkten Zugang zu einer illustren Reihe von gleich gesinnten CEOs und Wall-Street-Profis haben. Sie könnte sogar mit einigen der Behörden zusammenarbeiten, die sie bei ihrer Stellensuche angeschrieben hatte. Das war ein Traumjob, und sie nahm ihn praktisch auf der Stelle an.

Das Komitee war kurz zuvor in das National Press Building umgezogen, zwei Blocks vom Weißen Haus entfernt. Sie bekam ein Büro, von dem aus sie The Shops überblicken konnte, ein dreistöckiges Einkaufszentrum, das genauso aufgeteilt war. Ihre Hauptzuständigkeit: die Federal Reserve und die Konjunktur. *Locker*, dachte sie.

Ihr erster größerer Auftrag traf sie allerdings unvorbereitet. Er kam in Form folgender Email:

„Tamara,

angesichts der Entwicklungen an der Wall Street und der aufkommenden Debatten in verschiedenen Kongress-Ausschüssen ist es quasi unvermeidlich, dass die Regierung die Konsequenzen und politischen Implikationen eines weiteren Niedergangs der Börse untersucht. Unser Komitee beabsichtigt zu diesem Thema Stellung zu nehmen, insbesondere im Hinblick auf unorthodoxe Interventionen.

Die vor kurzem angekündigten *kabushiki kaiage*-Maßnahmen der Bank of Japan und die Gerüchte über *Stützungskäufe* durch die Deutsche Bundesbank werfen ebenfalls ernste Fragen bezüglich der möglichen und wahrscheinlichen Reaktionen der US-amerikanischen Pendants auf.

Ihr Auftrag besteht in der Sichtung des vorhandenen Researchmaterials zu diesen Themen, der Suche nach versteckten Marktrisiken und der Beschreibung des vernünftigerweise schlimmsten anzunehmenden Falles für die Zukunft der US-Wirtschaft. Bitte innerhalb von 90 Tagen vorlegen.

Viel Glück!

Oliver Dulles

P.S.: Lassen Sie bei Ihren Nachforschungen auf keinen Fall das so genannte ‚stock market plunge protection team' [etwa: Börsen-Rettungseinheit] aus."

Die Email stieß sie völlig vor den Kopf – nicht wegen dessen, was darin stand, sondern wegen dessen, was *nicht* darin stand. In diesem Stadium ihrer Karriere hatte sie am allerwenigsten damit gerechnet, eine Anforderung von Informationen zu erhalten, mit der sie nicht zurechtkam. Aber jetzt hatte sie eine Anfrage erhalten, die sie nicht einmal *verstand*.

Die Suche nach der Bedeutung des japanischen und des deutschen Begriffs war zwar etwas zeitraubend, aber nicht schwierig. Sie fand heraus, was *Stützung* heißt und was *Käufe* heißt. *Kabushiki* war das japanische Wort für Aktien, und *kaiage* bedeutete „kaufen".

Sie druckte die Email aus und schrieb neben jedes fremdsprachliche Wort die englische Bedeutung. Dann lehnte sie sich in ihrem Stuhl zurück und las sie noch einmal.

Jetzt verstand sie. Ihr Chef sprach von Sondermaßnahmen der japanischen und der deutschen Zentralbank, die beide Aktien zur Stützung ihrer Börsen kaufen wollten. Die Email zu verstehen war allerdings etwas anderes als sie zu glauben. Das gesamte Konzept war schockierend.

Taten die Japaner und die Deutschen das wirklich? Sie bezweifelte das sehr. Japan und Deutschland waren fortgeschrittene und moderne Volkswirtschaften, die zweit- und die drittgrößte der Welt. In einer modernen Volkswirtschaft würden unmittelbare Aktienkäufe durch die Zentralbank als dramatischer und radikaler Abschied von einer seit Jahrzehnten fest etablierten und bewährten Politik bedeuten.

Sie schüttelte den Kopf. Diese Mitteilung ist lächerlich! War es vielleicht doch ein Fehler, für diese Gruppe zu arbeiten? fragte sie sich. *Ist sie eine Anhäufung von Verschwörungsfanatikern?*

Ganz besonders irritierte sie das Postscriptum. ‚Rettungseinheit'? Vermutlich war das eine geheime staatliche Arbeitsgruppe, die einen Crash aufhalten sollte. „Komm auf den Boden zurück!", sagte sie zu sich selbst quasi stumm. Das waren doch nur Gerüchte, die in Internet-Chatrooms verbreitet wurden, oder? Aber warum tauchte er dann in einer offensichtlich ernst gemeinten Mitteilung auf, die kurz nach ihrem ersten Arbeitstag im Posteingang lag?

Der schlimmste anzunehmende Fall würde warten müssen. Als Allererstes brauchte sie geeignete Beweise, um die Existenz beziehungsweise Relevanz von *Stützungskäufen*, von *kabushiki kaiage* und der ‚Rettungseinheit' zu widerlegen. Aber sie fand schon bald heraus, dass sie zumindest mit zweien der drei Punkte falsch lag.

Die Bank of Japan kauft Aktien

Sie lag definitiv falsch, was die Maßnahmen der Bank of Japan (BOJ) anging. Die BOJ hatte im September 2002 bekannt gegeben, sie wolle Aktien kaufen, um den Markt zu stützen. Der Markt erholte sich und tauchte prompt wieder in neue Tiefen ab. Das war's dann wohl, dachte sie. Eine einmalige Geste, die gescheitert ist.

Aber das war noch nicht alles. Nur ein paar Wochen danach, als sie im Internet nach japanischen Banken suchte, stieß sie auf einen schockierenden Artikel der *New York Times*:

> „TOKIO, 11. Oktober 2002. Die japanische Zentralbank [...] sagte, sie würde umgerechnet 16 Milliarden US-Dollar ihres eigenen Geldes für das höchst unorthodoxe Vorhaben ausgeben, die Aktien gefährdeter Banken zu kaufen. [...] Der geplante Aktienkauf, gemäß dem über die nächsten zwölf Monate die Aktien von Investment-grade-Unternehmen aus dem Besitz von etwa zehn Banken gekauft und dann für mindestens drei Jahre gehalten werden sollen, hat bei anderen Zentralbanken Stirnrunzeln hervorgerufen, die peinlich darauf achten, sich nicht unmittelbar in den Aktienmarkt einzumischen."

Zu den *Stützungskäufen* fand sie zwar nichts Konkretes, aber auf jeden Fall gab es viele Gerüchte. *Wo Rauch ist, da besteht zumindest eine gewisse Wahrscheinlichkeit, dass irgendwo ein Feuer ist,* dachte sie bei sich.

Und was war mit der ‚Börsenrettungsmannschaft'? Sie war schockiert, wie sehr sie sich auch in diesem Punkt geirrt hatte.

Das Rettungsteam gab es tatsächlich. Offiziell hieß es President's Working Group on Financial Markets, es war durch die Executive Order 12631 geschaffen und von Präsident Ronald Reagan am 3. März 1988 durch seine Unterschrift ins Leben gerufen worden.

Auch die Mitglieder gab es wirklich – und sie waren mächtig. Dazu gehörten der amerikanische Finanzminister, der Vorsitzende der Federal Reserve, der Vorsitzende der SEC und der Vorsitzende der Commodity Futures Trading Commission (CFTC). Außerdem konnte das Team im Nu noch weitere einflussreiche Entscheidungsträger hinzuziehen, unter anderem den Vorsitzenden des Council of Economic Advisors, den Leiter des Bankenaufsichtsamts und den Präsidenten der New Yorker Federal Reserve Bank. Jedes Mitglied hatte die Privatnummern und Handynummern sowie die privaten Emailadressen aller anderen Mitglieder. Sollte es zu irgendeinem größeren Notfall an den Märkten kommen, konnten sie sofort miteinander Kontakt aufnehmen.

Tamara lächelte, als sie daran dachte, wie es in ihrem Abschlussbericht nennen würde. Washington hatte schon „die Company" (die CIA), „das Bureau" (das FBI), „die Kommission" (die SEC) und einige andere. Daher fand sie, es wäre passend, es einfach als „das Team" zu bezeichnen.

Sie ging die Kontakte, die ihr Dulles gegeben hatte. einen nach dem anderen durch, sie hinterließ Nachrichten und schickte Emails, was aber zu nichts führte. Schließlich erhielt sie nach ein paar Tagen einen Rückruf von einem angesehenen Analysten des Bundesrechnungshofs, der sich selbst als „Crashexperte des Hauses" bezeichnete. Zuerst wollte sie nichts weiter als Informationen über den historischen Hintergrund des ‚Rettungsteams'. Aber sie stellte bald fest, dass er auch eine wertvolle Quelle für das Szenario des schlimmsten anzunehmenden Falles sein würde.

Der Crash des Jahres 1987

„Das Team entstand im Gefolge des Börsencrashs 1987", sagte der Analyst. „Für einige Menschen mag das lange her sein, aber für mich nicht. Ich war dabei, und in meiner Erinnerung ist das noch immer *sehr* präsent. Aber seltsamerweise erinnern sich die meisten Menschen nicht daran, was damals wirklich passierte – oder sie wollen nicht, dass *Sie* sich daran erinnern. Deshalb ist einem großen Teil der Öffentlichkeit nicht klar, dass der Crash 1987 in mancherlei Hinsicht schlimmer war als der Große Crash 1929."

Dann zitierte er mehrere Fakten, die diese Auffassung stützen: Im Jahre 1929 gab es den schlimmsten Kursverlust pro Tag am Schwarzen Dienstag, am 29. Oktober, als der Dow Jones Industrial Average um 12,8 Prozent abtauchte. Der schlimmste Tagesverlust 1987 war annähernd doppelt so schwer – niederdrückende 22,6 Prozent, der schwerste Eintagesverlust *aller* Zeiten.

Der Crashexperte wies auch darauf hin, dass die meisten großen Firmen an der Wall Street das nötige Kleingeld hatten, um die Verluste zu verkraften, die sie am Schwarzen Dienstag erlitten. Im Gegensatz dazu wurden am Schwarzen Montag 1987 einige größere Unternehmen der Wall Street so schwer getroffen und sie verloren so viel Kapital, dass sie am Rande des Bankrotts standen – und das innerhalb von nur zwei Handelstagen.

Tamara war 1987 noch in die Schule gegangen, und sie war verwirrt. „Eins verstehe ich nicht. Der Aktienmarkt crasht doch andauernd. Warum also der ganze Zirkus?"

„Wenn die Menschen sagen, ‚die Börse ist zusammengebrochen', dann meinen sie damit immer einen Crash **im** Markt. Ich spreche aber von einem Zusammenbruch **des** Marktes."

Sie begriff das nicht ganz, und sie bohrte weiter: „Was ist der Unterschied hinsichtlich der praktischen Konsequenzen?"

„Der Unterschied ist, dass die meisten Crashs scharfe Verfälle der **Preise** sind. Das ist normal. Aber im Jahre 1987 starrten die Behörden in den Abgrund eines noch viel furchterregenderen Ungeheuers – eines Crashs des Marktes *an sich*."

„Okay, aber ..."

„Nehmen wir einmal an, wir haben einen Bauernmarkt", sagte er in einem herablassenden Ton, der ihr unangemessen schien, weil sie ja schließlich Wirtschaftswissenschaftlerin war. „Und nehmen wir an, es herrscht ein Überangebot an Tomaten. Dann bricht der Tomatenpreis zusammen, oder? Das ist ein Crash *im* Markt. Sobald das Überangebot vorbei ist, steigt der Preis wieder. Keine große Sache, oder?"

„Ganz meine Meinung", schoss sie zurück.

„Aber jetzt nehmen wir an, einige Großhändler kommen ihren Zahlungsverpflichtungen nicht mehr nach. Bauern machen Bankrott. Die Stände bleiben leer. Ein paar Wochen später reißen die Bulldozer irgendeiner Baufirma sie nieder, damit dort ein Wohnhaus gebaut werden kann. Das ist ein Crash **des** Marktes."

„Ah, okay, jetzt verstehe ich, was Sie mir sagen wollen."

„Gut, denn das ist genau die Situation, vor der die Behörden 1987 standen. Wenn die Broker pleite sind, wer wickelt dann den Handel ab? Wer macht den Markt? Das gesamte System unseres Aktienmarktes befand sich kurz vor einem Herzstillstand."

„Und was haben sie dagegen getan?"

„Zuerst wussten sie überhaupt nicht, was sie tun sollten."

Da sie das Gefühl hatte, dies könnte der Dreh- und Angelpunkt ihrer Nachforschungen sein, bat sie den GAO-Analysten, ihr die Ereignisse im Zusammenhang mit dem Crash in ihrer zeitlichen Abfolge Tag für Tag zu erklären. Er bat sie, einen Moment zu warten, während er ein paar Unterlagen zusammensuchte.

„Okay", sagte er einen Augenblick später. „Fangen wir mal am Anfang an. Als erstes ist es mit dem Markt für Ginnie Maes vorbei. So heißen die Anleihen der Government National Mortgage Association, einer staatlichen Hypotheken-Institution. Die Ginnies brechen am 15. April 1987 zusammen. Und wenn ich sage ‚zusammenbrechen', dann meine ich auch *zusammenbrechen*. Zehn krachende Punkte gefallen! Das ist der schwerste Crash von Staatsanleihen der Geschichte der Vereinigten Staaten, noch schlimmer als 1980."

„Und dann?"

„Ein paar Monate später werden in Japan die am längsten laufenden Staatsanleihen – die zehnjährigen *kokusai* – von einem ähnlichen Crash heimgesucht. Sie geraten ins Trudeln. Dann greift die Panik auf den US-amerikanischen Anleihenmarkt und schließlich auf den Dollar über. Im Sommer sind alle drei Märkte – US-Anleihen, Japan-Anleihen und der US-Dollar – in hellem Aufruhr."

„Ich mache mir zu allem Notizen. Könnten Sie mir vielleicht zu jedem Schritt den Zeitpunkt, das Ereignis und dann Ihren Kommentar geben?"

„In Ordnung. Mittwoch, 14. Oktober 1987: Das US-Handelsministerium meldet wieder einmal ein riesiges Haushaltsdefizit: Amerika hat den Gegenwert von 16 Milliarden mehr an Autos, Videorekordern, Kleidung und anderen Produkten importiert als es exportiert hat. Der Dow Jones Industrial Average fällt um 95 Punkte oder 3,8 Prozent, ein Schock! Die Vertreter von Washington und der Wall Street bleiben trotzdem ruhig und selbstsicher. Sie sagen ausnahmsweise einmal, es gebe ‚keine Anzeichen für Probleme'.

Donnerstag, 15. Oktober: Der Markt ignoriert die beschwichtigenden Worte von offizieller Seite. Der Dow Jones verliert 58 Punkte.

Freitag, 16. Oktober: Der Dow Jones gibt 108 Punkte oder 4,6 Prozent ab. Und das ist *richtig viel.* Dreistellige Verluste sind sehr selten – am heutigen Markt würde das mehr als 450 Punkten entsprechen. Aber immer noch sind die meisten Menschen optimistisch und kümmern sich nicht darum. Im *Wall Street Journal* drücken es die Reporter Tim Metz und Beatrice Garcia so aus: ‚In Harry's Bar, der Stammkneipe der Wall Street, waren die Horden von Yuppies – die Broker und Trader – mehr damit beschäftigt, jemanden zu finden, mit dem sie am Abend ausgehen könnten, als mit dem Börsenkollaps.' Sie haben noch nie zuvor einen wirklich kranken Markt erlebt. Die meisten gehen ganz einfach davon aus, dass er am Montag wieder 100 Punkte nach oben schießt."

„Bitte fahren Sie fort", sagte sie.

Der Schwarze Montag

„Der Schwarze Montag, 19. Oktober: In den Morgenzeitungen findet sich keine Andeutung der bevorstehenden Katastrophe. Aber der Markt taucht sofort ab, er sinkt den ganzen Vormittag. Am frühen Nachmittag wird derart hektisch verkauft, dass der neue Hochgeschwindigkeitscomputer der New York Stock Exchange um die Rekordzeit von 85 Minuten hinterherhinkt. Selbst ohne die rückständigen Verkaufsorders mitzuzählen zieht das Handelsvolumen am bisherigen Rekord von 340 Millionen Aktien vorbei, und es sind noch drei Handelsstunden übrig.

15:30 Uhr, immer noch Schwarzer Montag: Der letzte Erholungsanlauf ist gescheitert. Der Markt stürzt wie ein Wasserfall auf die panische Ziellinie zu. Führend sind dabei schwer verschuldete Wall-Street-Firmen, denen der finanzielle Ruin droht. Niemand weiß, wo die Börse steht oder welchen Preis er für seine Aktien bekommt. Anleger, die Aktienkürzel in ihre Computer hacken, erhalten bis zu drei Stunden alte Kursangaben, die in einer normalen Situation mehreren Monaten entsprechen würden. Aber sie verkaufen trotzdem und freuen sich, dass sie überhaupt einen Preis für den Ausstieg bekommen.

Nachmittag: Die gebührenfreien Telefonleitungen der Investmentfonds sind überlastet und die Telefonzentralen verstopft. Bis die Anleger zu einer Person aus Fleisch und Blut vorstoßen, ist der Crash schon vorbei. Bis ihre Verkaufsorders endlich ausgeführt werden, ist der Wert ihrer Aktien schon wieder um zehn oder 20 Prozent gefallen. Den meisten von ihnen ist nicht klar, dass bei Investmentfonds auch ein Verkauf am frühen Morgen zu einem ‚Abrechnungspreis' verbucht wird, der den Abstieg des *ganzen* Tages enthält.

17:00 Uhr, immer noch Schwarzer Montag: Die Börse wird offiziell für eine Stunde geschlossen, aber es dauert viele Stunden, bis sämtliche Orders sortiert sind. Der Dow Jones ist um 508 Punkte oder 22,6 Prozent gefallen."

Tamara unterbrach ihn. „Warten Sie mal. Wenn man vom heutigen Stand des Dow Jones ausgeht, so etwa 10.000 Punkten, dann entspräche das ... Nein! Habe ich mich verrechnet? Zweitausenzweihundertsechzig Punkten?"

„Korrekt. Der Dow Jones müsste *innerhalb eines Handelstages* 2.260 Punkte verlieren. Also sind die angebliche schweren 200- oder 300-Punkte-Verluste der letzten Jahre im Vergleich dazu nur ein Schluckauf. Wie ich vorhin schon sagte, es ging fast *doppelt* so weit nach unten wie beim Crash 1929. Soll ich weitermachen?"

„Aber ja, ich bitte darum."

„Morgengrauen, Dienstag, 20. Oktober: Folgendes steht im *Wall Street Journal*: ‚Die meisten Trader, Manager und Analysten der Wall Street reagierten mit ungläubigem Entsetzen [...]. Die US-Regierung war angesichts des Kursverfalls machtlos [...]. Im Weißen Haus, in der Federal Reserve und in der Securities and Exchange Commission wurden Sitzungen einberufen. Aber als der Markt weiter fiel, kamen die offiziellen Vertreter zu dem Schluss, dass sie nichts tun konnten als sich angesichts der Panik an der Wall Street ruhig zu verhalten [...]. Optimistische Äußerungen klangen angesichts der Flut von Verkaufsorders, die sich über die Wall Street ergoß, hohl.'

Dienstagmorgen, 20. Oktober: Der Handel großer Aktien wie IBM, Merck und Dutzender weniger bedeutender Titel – wird eingestellt. Selbst als Besitzer dieser liquiden und normalerweise rege gehandelten

Aktien können Sie jetzt nicht mehr aussteigen. Die ‚Specialists' auf dem Börsenparkett, die eigentlich Aktien kaufen und verkaufen sollten, um einen ordentlichen Ablauf zu sichern, sind selbst finanziell ruiniert. Fast ihr gesamtes Kapital ist verschwunden. Aus Furcht vor einem Kollaps weigern sich die Banken, den Brokern die erweiterten Kredite zu geben, die sie nun so verzweifelt brauchen. Manche Banken fordern sogar *frühere* Kredite ein.

10:00 Uhr am gleichen Morgen: John Phelan, der Leiter der New York Stock Exchange, will die Börse schließen. Er kennt *keinen* anderen Weg, den Crash aufzuhalten. Natürlich wäre die Schließung eine verzweifelte und gefährliche Maßnahme, aber er hält die Alternative für noch erschreckender. Er befürchtet, wenn nicht sofort *irgendetwas* getan wird, dann würde der Markt weiter abtauchen. Und wenn der Markt weiter abtauchen würde, dann würde er die meisten großen Firmen sprengen, die Mitglieder der NYSE sind. Dann wäre die Börse an sich gefährdet."

„Und haben sie das getan? Die Börse geschlossen? Ich kann mich daran nicht erinnern."

„Nein, sie haben sie nicht geschlossen. Machen wir chronologisch weiter, dann werden Sie schon sehen."

„11:00 Uhr: Der Dow Jones ist inzwischen schon wieder *zehn Prozent unter die 22 Prozent des Vortags* gefallen. Innerhalb von nur 30 Stunden ist ein *Drittel* des Börsenvermögens in den Vereinigten Staaten vernichtet worden. Wenn die Wall-Street-Firmen zu diesem Zeitpunkt ihre Portfolios bewerten müssen, dann sind viele von ihnen schon bankrott, ausgelöscht, pleite. Hochrangige Funktionäre wie Phelan brechen in Panik aus. Aber E. Gerald Corrigan, Leiter der Federal Reserve Bank New York, stellt sich eisern gegen eine Schließung des Aktienmarktes."

„Warum?", fragte Tamara fast im Flüsterton.

„Weil er überzeugt ist, dass dann die gesamte Maschinerie in dem Moment steckenbleibt, wo sie eigentlich am meisten Öl braucht. Er argumentiert, dass das eigentliche, grundlegende Probleme weniger die fallenden Preise sind als der plötzliche Geld- und Kapitalmangel der großen Firmen an der Wall Street. Seiner Meinung nach ist die akuteste

Gefahr nicht die weitere Verkaufstätigkeit der Anleger – sondern die Möglichkeit, dass die großen Wall-Street-Firmen ihre Glattstellungen nicht mehr bezahlen können."

Sie fragte den Fachmann von der GAO, wie er das in einem Bericht erklären würde, der für Laien gedacht ist.

„Wenn Sie Ihren Broker anrufen und ihm sagen, er soll beispielsweise 100 Aktien von General Motors kaufen, dann bezahlt er diese Aktien nicht sofort. Tatsächlich muss er das Geld erst nach fünf Geschäftstagen abliefern. Daher befinden sich in jedem beliebigen Moment Hunderte von Milliarden Dollar in Transaktionen, die bereits stattgefunden haben, die aber noch nicht bezahlt sind. Wenn ein größeres Unternehmen nicht zahlt, dann kann das eine Kettenreaktion von Zahlungsunfähigkeiten auslösen. Das kann den Markt genauso nachhaltig zerstören wie die zahlungsunfähigen Großhändler, die den Bauernmarkt kaputtgemacht haben."

„Bitte erzählen Sie weiter."

„Immer noch am 20. Oktober: Corrigans Argumente setzen sich durch. Der Markt wird nicht geschlossen. Die Behörden beschließen, das Problem stattdessen mit Geld zu lösen. Sie tun Folgendes: Die Fed pumpt Milliarden in das Bankensystem. Gleichzeitig spricht sie mit Großbanken und bittet sie, diese Milliarden den Brokern zu leihen. Jedes Mal, wenn die Behörden einen Riss entdecken, der das System zum Durchbrennen bringen könnte, gießen sie Geld hinein. Der Markt erholt sich, und die akute Krise ist vorüber."

„Und das war's?"

„Nicht ganz. Die Schockwellen das Crashs wirken noch monatelang nach. Aber was ich ja eigentlich sagen will: Nach dieser peinigenden Erfahrung an der Grenze zum Sterben wird beschlossen, nichts mehr dem Zufall zu überlassen, und das führt zur Gründung des ‚Rettungsteams'."

Im Stillen stellte sich Tamara wieder die immer gleiche Frage, die schon zu einer bedeutungslosen Phrase geworden war: *Kann so etwas wieder passieren?*

Der Crash-Experte von der GAO war auf derselben Wellenlänge. „Und jetzt", so sagte er, „wollen sie, dass man glaubt, so etwas wie der

Crash 1987 könne nie wieder geschehen. Aber das fortgesetzte Bestehen des ‚Rettungsteams' ist ein stillschweigendes Eingeständnis, dass sie selbst davor Angst haben, so etwas *könnte* noch einmal geschehen."

„Und ist es noch einmal geschehen?"

Der Katastrophe knapp entronnen

„Nein, aber wir sind mehrmals knapp daran vorbeigeschrammt. Im Jahre 1998 verlor eine Gesellschaft, von der vorher sozusagen noch niemand etwas gehört hatte – Long Term Capital Management – ein Vermögen mit esoterischen und hochriskanten Investments, die als Derivate bezeichnet werden. Sie setzte damit eine Kettenreaktion von Insolvenzen in Gang, die die Märkte und Institutionen der ganzen Welt in den Untergang hätte treiben können. Das Team schritt ein und verhinderte das in allerletzter Sekunde.

Und dann passierte es im Jahre 2001 *schon wieder*! Nach den Terroranschlägen vom 11. September befürchteten die Behörden, dass der Börsencrash noch schlimmer werden könnte als 1987. Und dieses Mal schlossen sie die Börse, aber sie hatten dafür eine Ausrede – infrastrukturelle Wartungsarbeiten."

„Was ist falsch daran, die Börse zu schließen, um einen Crash aufzuhalten?"

„Alles! Wenn die Börse einmal geschlossen ist, dann hat niemand auch nur die geringste Ahnung, was der *wirkliche* Schlusskurs ist. Der Schlusskurs eines beliebigen Wertpapiers soll doch die Gesamtsumme aller Verkaufs- und Kauforders wiedergeben, die zum Läuten der Schlussglocke ausstehen, richtig?"

„Klar."

„Wenn aber die Börse vorzeitig schließt – und zwar gerade weil zu viele Verkaufsorders ausstehen –, dann impliziert das per definitionem, dass der letzte Kurs vor Börsenschluss nicht alle Verkaufsorders widerspiegelt."

Tamara begriff immer noch nicht, was das wirklich bedeutete. „Und dann?"

„Dann würde man bewusst die gesamte seit undenklichen Zeiten geltende Existenzberechtigung aller Märkte gefährden – seit den frühesten Basaren und dem Tauschhandel."

„Können Sie mir ein praktisches Beispiel geben?"

„Wenn die Anleger ihre Aktien nicht an der New York Stock Exchange verkaufen können, dann werden sie sie schnellstens an einer anderen Börse verkaufen. Man bräuchte eine koordinierte Schließung aller Kapitalmärkte der Vereinigten Staaten. Und dann, wenn die Anleger in den Vereinigten Staaten nicht mehr verkaufen können, dann werden sie schnellstens in London, Frankfurt oder Tokio verkaufen. Wenn dieser Weg verschlossen ist, dann finden sie etwas anderes, das sie verkaufen können, Kommunalanleihen und sogar Schatzanleihen. Der Krebs würde sich ausbreiten, und schon bald hätte man einen weltweiten Handelsstopp. Wie klingt das als schlimmster anzunehmender Fall?"

„Weit hergeholt."

Der Crash-Experte war mit ihrer Anwort nicht einverstanden, aber er versuchte, höflich zu bleiben. „Sehen Sie, ich will Ihnen ja helfen. Wenn es Ihr Ziel ist, den schlimmsten anzunehmenden Fall zu erkunden, dann müssen Sie offen sein. Sie dürfen keine vernunftgemäße Möglichkeit ausschließen. Insbesondere müssen Sie persönlich diejenigen Länder besuchen und studieren, in denen staatliche Kontrollen und Rettungsaktionen zur Verhinderung langfristiger Niedergänge letztlich gescheitert sind."

„Zum Beispiel?"

„Japan."

„Japan?"

„Ja, gehen Sie nach Japan, dort finden Sie Ihre Antworten."

Kapitel 12

Schulden sind kein Vermögen

Zuerst dachte Tamara, dass eine Japanreise zwar sicherlich faszinierend wäre, dass sie aber nicht in ihren engen Zeitplan passen würde; und sie rechnete hundertprozentig damit, dass ihr Chef, Oliver Dulles, mit ihr einer Meinung sein würde und ihr keine Reiseerlaubnis geben würde. Sie erwähnte das nebenbei, und er sagte nichts darauf.

Zu ihrer großen Überraschung fand sie zwei Tage danach auf ihrem Stuhl einen gefaxten Flugplan, mit einer Klebenotiz von Dulles, in der es hieß: „Japanflüge und wichtige Kontakinformationen liegen bei. Fangen Sie an zu packen!“

Sie warf einen kurzen Blick auf den Flugplan: „All Nippon Airways. Abflug Washington Dulles International Sa 11:15 Uhr. Ankunft Narita International So 15:10 Uhr.“ Der Rückflug war ebenfalls nonstop, Abflug am nächsten Samstagvormittag um elf, Ankunft eine Stunde früher am gleichen Vormittag, Eastern Time.

Außerdem war an den Flugplan noch die Visitenkarte eines gewissen Junichiro Miyazaki geheftet, Generaldirektor für Internationales eines japanischen Brokerhauses, von dem sie noch nie gehört hatte. Sie sollte diesen Herrn anrufen, sobald sie in ihr Hotel eingecheckt hatte.

Wir sind die „kommende Generation“

Nach dem 18-stündigen Flug war Tamara angenehm überrascht, dass Herr Mizyazaki und sein Assistent auf sie warteten, als sie auf dem Tokioter Flughafen Narita aus der Zollkontrolle kam.

Über Wirtschaftsangelegenheiten sprachen sie allerdings erst später, bei Sushi und warmem Sake im Kyubei-Restaurant im fünften Stock des Hotels Okura.

Sie fragten sie nach ihrer Meinung zu der amerikanischen Wirtschaftslage, und sie wiederholte die Argumente, die sie ihren früheren Kollegen in der Brokerfirma gegenüber geäußert hatte – dass die konjunkturelle Erholung der Vereinigten Staaten und die Erholung des Aktienmarktes größtenteils künstlich von Washington gemacht seien.

Miyazaki nickte. „Das klingt sehr nach Japan“, sagte er und goß ihr heißen *Genmai*-Tee in die halb volle Tasse. „Sie wissen, als die japanische Wirtschaftsblase Anfang der 90er-Jahre platzte, geriet der japanische Markt schwer ins Trudeln. Aber dann, im folgenden Jahrzehnt, gab es vier oder fünf Erholungen der Wirtschaft und des Aktienmarktes."

„Kleine oder große Erholungen?"

„Im Rückblick, ja, da waren sie klein. Aber damals dachten wir, sie wären groß. In den Jahren 1995 und 1996 zum Beispiel erholte sich der Nikkei Index 13 Monate lang und legte seit dem vorangegangenen Tief beeindruckende 59 Prozent zu. Von 1998 bis Anfang 2000 ging es sogar noch besser. Die Erholung dauerte 18 Monate an, und der Index stieg um 64 Prozent."

„Aber?"

„Aber die Gewinne wurden in den darauf folgenden Crashs und Rezessionen wieder ausgelöscht. Und dann, Ende des Jahres 2000, nach fünf Jahren Seitwärtsbewegung in breitem Zickzack, taumelte der Nikkei auf den niedrigsten Stand der 90er-Jahre hinab, deutlich unter die Markt von 10.000."

„Wo lag das Problem?"

„Das ist schwer zu sagen. Aber es scheint, dass jede Erholung am Aktienmarkt eine neue Miniblase erzeugt hat und die Kurse vieler Aktien nach oben getrieben hat, während die Gewinne der Unternehmen relativ schwach blieben. Und jede Erholung war das Ergebnis massiver Ankurbelungen der Wirtschaft seitens der Regierung, so ähnlich wie Sie das für die Vereinigten Staaten beschrieben haben. Ihre Worte sind absolut treffend: *Die Nation war für die Erholung noch nicht bereit.*"

Tamara spürte, wie ihr der Jetlag zu schaffen machte, aber sie schob ihn beiseite, während sich die Unterhaltung vertiefte und jede Seite über die fundamentalen Schwächen ihrer Volkswirtschaft sprach. Die Grundfrage war einfach: Welche große industrielle Volkswirtschaft der Welt hatte die schwersten fundamentalen Schwächen?

Sie kamen zu dem Schluss, dass die japanischen Banken mehr faule Schulden und weniger Kapital hatten, während die Bauwirtschaft trotz ihrer politischen Verbindungen nach wie vor ein Chaos war. Aber sie sprachen auch über dramatische Schwächen der US-amerikanischen und der deutschen Wirtschaft.

Die amerikanischen Verbraucher hatten weitaus weniger Ersparnisse als die Japaner und die Deutschen.

Die Exportwirtschaft der Vereinigten Staaten war ein Scherbenhaufen, obwohl der US-Dollar gegenüber dem Euro und dem Yen schwach war.

Das amerikanische Haushaltsdefizit war viel größer als das deutsche; es war dem Defizit Japans vergleichbar.

Außerdem entdeckten sie noch viel **mehr** Faktoren, die den drei Wirtschaftsmächten gemeinsam waren: Die verbreiteten Tricksereien in entscheidenden Finanzsektoren, die demografische Zeitbombe und – was am schlimmsten war – die enormen Schulden in fast allen Sektoren.

„Wie kann ein Land überhaupt seine Schulden abbauen?", fragten sie sich. Traditionell geschieht das in einer Depression. Dann werden die Schulden in massiven Bankrotten beseitigt, die den Weg für die spätere wahre Erholung ebnen. Aber die Vereinigten Staaten hatten seit den 30er-Jahren keine Depression mehr erlebt, und die meisten Rezessionen waren derart kurz und flach, dass sie den Schuldenberg kaum spürbar beschädigten.

Tamara war keine typische Amerikanerin. Genauso wie ihre Großeltern aus Sevilla war sie klein, schlank und dunkelhaarig. Sie sprach zwei Sprachen fließend – Englisch und Spanisch – und sie hatte auch Japanisch gelernt. Obwohl sie noch nie in Ostasien gewesen war, hatte sie umfangreiche Kenntnisse verschiedener Kulturen, insbesondere der gesellschaftlichen Etikette. Sie bemerkte, dass ihr Gastgeber, bevor er sich selbst Tee eingoss, immer zuerst ihr welchen einschenkte, eine Sitte, die sie aus Europa nicht kannte, geschweige denn aus den Vereinigten Staaten.

Also machte sie es genauso. Und dann tauchte sie geschickt ein kleines Stück fetten Thunfischs in die Sojasoße. „Alle drei Länder haben immense Schulden", erklärte sie. „Das wissen wir alle. Was wir nicht wissen, ist die Antwort auf folgende Frage: Wer muss die Zeche zahlen? Wer bleibt in den ganzen Schulden stecken, wenn sie eines Tages fällig werden?"

„Als ich in die Firma eintrat", antwortete Miyazaki, „sagten wir immer, die kommenden Generationen würden für die Schulden unseres Landes teuer bezahlen müssen, vor allem die ältere Generation. Nun, jetzt ist die Zukunft da, und wir sind alle sehr überrascht über die Erkenntnis, dass **wir** die so genannte ‚kommende Generation' sind."

Scheinerholung

Ebenso wie der Rest der Welt erlebte Japan eine konjunkturelle Erholung. Der Aktienmarkt hatte sich ganz schön erholt. Das BIP wuchs. Die Arbeitslosigkeit ging zurück. Und viele offizielle Vertreter, mit denen Tamara sprach, zeigten sich vorsichtig optimistisch, dass die Erholung dieses Mal endlich real sein würde.

Alle Experten, mit denen sie sprach – Mitarbeiter von Regierungsbehörden, von privaten Researchinstituten und andere offizielle Quellen – stützten ihre Argumente mit einer Unmenge von Statistiken und Diagrammen, die teilweise auf Englisch, größtenteils aber auf japanisch vorlagen. „Die meisten westlichen Wirtschaftswissenschaftler lassen sich von dem relativ umfangreichen englischen Zahlenmaterial aus Japan irreführen", warnte sie der Leiter eines führenden japanischen Instituts für Wirtschaftsforschung. „Sie begreifen nicht, dass das Geheimnis zum Verständnis der Zukunft Japans in den qualitativen Einzelheiten liegt, die häufig nur auf Japanisch verfügbar sind." Sie sammelte dieses Material in einer großen Pappschachtel, die sie nach Washington mitnahm, und versprach, sofort nach ihrer Heimkunft einen zweisprachigen Wirtschaftswissenschaftler zu engagieren.

Sie wusste, dass sie die Zahlen in der kurzen Zeit, die Dulles ihr für das Projekt gegeben hatte, nicht im Traum durcharbeiten konnte. Sie musste sich auf die Kardinalfrage konzentrieren, und sie wusste auch schon, wie diese Frage lautete: Kann es der amerikanischen, der deutschen und der japanischen Regierung wirklich gelingen, die Wirtschaft und die Finanzmärkte zu stützen?

Die meisten offiziellen Vertreter, mit denen sie sprach, bejahten diese Frage. Aber als sie am Tag vor ihrer Abreise bei Miyazaki zu Hause zum Essen eingeladen war, bekam sie eine andere Antwort. „Wohlstand besteht nicht nur aus dem Aktienmarkt, aus der Industrieproduktion oder irgendeiner anderen offiziellen Statistik", sagte Miyazakis 81-jähriger

Vater, während sein Sohn dolmetschte. „Dabei geht es um viel mehr, um die Menge der Gewaltverbrechen, der Prostitution Jugendlicher, des Kindesmissbrauchs, der Ehescheidungen. Es geht um das allgemeine Wohlergehen und das Gefühl der Sicherheit. Wenn Sie den Wohlstand an diesen Dingen messen, dann erholen sich Japan, Europa und die Vereinigten Staaten nicht. Sie fallen immer tiefer und tiefer in ein Loch."

„Wie hätte man das verhindern können?"

„Indem man die großen Banken hätte bankrott gehen lassen, als sie eigentlich bankrott waren. Indem man die Konjunktur hätte fallen lassen, als sie eigentlich fiel. Indem man den Aktienmarkt hätte zusammenbrechen lassen, als er eigentlich zusammenbrach. Das wäre natürlich sehr hart gewesen. Aber dann hätte die junge Generation den wahren Wert des Geldes, den wahren Wert der Familie sowie das dringende Erfordernis harter Arbeit, von Opfern und Ersparnissen verstehen gelernt. Wir hätten natürlich alle darunter gelitten. Aber es wäre schneller vorüber gewesen. Und heute wären wir stärker. Stattdessen versuchte die Regierung, uns vor dieser Erfahrung zu bewahren, sie versuchte zu verhindern, dass das eintrat. Hier in Japan hieß es, wir hätten eine ‚Depression'. Aber das war keine echte Depression. Japan hat in den 90er-Jahren lediglich die Oberfläche einer Depression angekratzt. In einer wirklichen Depression wären die meisten Banken Japans in Konkurs gegangen. 20 Prozent der arbeitsfähigen Bevölkerung wären arbeitslos geworden. Der Nikkei Index wäre um 95 Prozent gefallen."

Herr Miyazaki senior machte eine Pause und lächelte. „Die Regierung dachte, wir wären schwach und würden einen solchen Zusammenbruch nicht überleben. Aber Japan hat schon viel Schlimmeres durchgemacht, und wir sind immer noch da, oder? Wir haben nicht nur überlebt, sondern wir haben die schrecklichste Not in ungeheuren Wohlstand verwandelt. Warum sollten wir das nicht noch einmal tun können?"

„Aber erholt sich denn Japan jetzt nicht wirklich?"

„Oberflächlich ja, aber in Wirklichkeit nicht. Der Aktienmarkt mag sich vielleicht erholen", sagte der alte Mann, „aber die japanische Gesellschaft als Ganzes sinkt immer noch tiefer. Und selbst wenn die wirtschaftliche Erholung ein, zwei oder sogar drei Jahre anhalten sollte, wird sie

Japan auf lange Sicht nur weiter schwächen, uns in tiefere Schulden stürzen und unsere Gesellschaft weiter unterhöhlen. Als Erstes müssen wir wieder den bitterkalten Winter spüren. Nur dann können wir die Wärme des Frühlings genießen. Ich war noch nie in der westlichen Welt, weder in Amerika noch in Europa. Aber alles was ich höre und lese sagt mir, dass Sie sich in der gleichen oder in einer noch schlimmeren Lage befinden."

Versteckte Gefahren

Die sinkende Sonne verströmte orangerotes Licht in die Economy-Class-Kabine des weißen ANA-Jets, der in 12.000 Metern Höhe auf den Nordpol zuflog, denn das ist der kürzeste Weg zurück nach Nordamerika. Tamara blinzelte den Horizont an, zog die Sonnenblende herunter, klappte die Sessellehne nach hinten und schloss die Augen.

In dem Zwischenzustand zwischen Bewusstsein und Schlaf, in dem das Gehirn Alphawellen produziert, konnten ihre Gedanken frei fließen: Welche Lösung hatte die japanische Regierung, wenn Wirtschaft und Börse ganz unten waren? Mehr Schulden machen! Aber zu ihrer großen Enttäuschung hat sie inzwischen eine simple Wahrheit erkannt: *Schulden sind kein Vermögen.*

Und welche Lösung hatten indes die Vereinigten Staaten und Europa, wenn die Regierungen vor ähnlich harten Zeiten standen? Exakt die gleiche wie in Japan – weitere Schulden. Der einzige Unterschied: Amerika hatten die simple Tatsache noch nicht erkannt: Schulden sind kein Vermögen.

Die nächsten 60 Tage waren der Auswertung der Zahlen und Informationen gewidmet, die sie in Japan und den Vereinigten Staaten zusammengetragen hatte. Vor ihrer Japanreise hatte sie einem ihrer Researchassistenten die Aufgabe übertragen, alles auszugraben, was er über Crashs, Paniken und Depressionen zum Anfang des 20. Jahrhunderts finden konnte. Den zweiten Assistenten hatte sie auf den Kapitolshügel geschickt, damit er mit den Bankausschüssen des Senats und des Repräsentantenhauses, also mit Wirtschaftsexperten beider politischer Parteien, sprechen sollte. Und den dritten, einen Anleihenhändler im Ruhestand, hatte sie nach Manhattan geschickt, wo er Spezialisten für die wichtigsten Finanzmärkte befragen sollte – Stammaktien, Unternehmens- und Staatsanleihen, Auslandswährungen, brasilianische Schuldverschreibungen und anderes mehr.

Ihre Mitarbeiter hatten alle die gleichen Anweisungen: „Treffen Sie sich mit den Vertretern unter vier Augen. Versprechen Sie Anonymität und strengste Vertraulichkeit. Bringen Sie eine freie Diskussion in Gang und stellen Sie dann die eine grundlegende Frage: *Was ist das Schlimmste, was passieren kann*?"

Den schwierigsten Auftrag reservierte sie für sich selbst – eine esoterische Kategorie von Geldanlagen, die als „Derivate" bezeichnet werden.

„Was wissen Sie über Derivate?", fragte sie alle und jeden bei CECAR. Das Büro war klein und informell, so dass es unmöglich war, *nicht* alle zu kennen, die dort arbeiteten. Also stellte sie auch Oliver Dulles und Paul Johnston diese Frage. Sie fragte sogar ihre Zimmergenossin vom College, die sich im Finanzwesen auskannte.

Es dauerte nicht lange, da lag plötzlich ein fotokopierter Bericht unbekannter Herkunft auf ihrem Stuhl. Darauf stand oben: „GAO, Bundesrechnungshof der Vereinigten Staaten. Bericht erstellt auf Anfrage von Kongressmitgliedern." Ungefähr in der Mitte standen der Titel und der Untertitel: „**Finanzderivate**, Notwendige Maßnahmen zum Schutz des Finanzsystems." Darunter das Siegel des Rechnungshofs und in der linken unteren Ecke eine Codenummer – GAO/GCD-94-133.

Sie las den Bericht von der ersten bis zur letzten Seite und tätigte dann sofort ein paar Anrufe.

Long Term Capital Management

Drei Stunden später saß sie in einem Stuhl mit gerader Lehne im GAO-Büro in der G-Street einem der Verfasser des Berichts gegenüber.

Er war von ihrem Interesse ebenso überrascht wie geschmeichelt. „Der Einzige, der unsere Berichte liest, ist normalerweise das Kongressmitglied, das sie anfordert, und dann *vielleicht* noch das gegnerische Mitglied, das sie widerlegt. Ach nein, ich habe gelogen – nicht einmal *sie* lesen die Berichte. Normalerweise liest sie ein Untergebener, der dem Kongressmitglied dann eine Liste von Fragen gibt, die er bei der Anhörung stellen soll. Wir stecken in diese Berichte viele Monate an Arbeitszeit, und die Menschen wissen nicht einmal, dass es sie gibt. Wie sind Sie zu diesem Bericht gekommen, den wir 1994 geschrieben haben?"

„Er ist heute morgen auf meinem Schreibtisch gelandet. Ich habe keine Ahnung, wer ihn da hingelegt hat."

Tamara hörte aufmerksam zu, als ihr der Koautor des Berichts aus dem Jahre 1994 die Hintergründe erklärte. „Wir haben den Bericht veröffentlicht, um den Kongress – und die Welt – davor zu warnen, was mit dem globalen Finanzsystem passieren könnte, wenn diese Derivate in die Luft gehen, wenn aus heiterem Himmel eine plötzliche und unerwartete Krise auftritt. Niemand beachtete das auch nur für einen Penny. Aber vier Jahre später knallte es. Russland war bankrott. Long Term Capital Management gab den Geist auf. Und die Derivate gingen so langsam in die Luft, genau wie wir gesagt hatten, und ..."

„Halt, halt! Long Term Capital Management? Ich habe bruchstückweise davon gehört. Was ist da *wirklich* passiert?"

„Das war ein großer privater Offshore-Hedgefonds für exquisite und wohlhabende Anleger. Unversichert, aber mit guten Verbindungen. Der Fonds spekulierte auf den ‚Spread', die Differenz zwischen zwei Anleihentypen – auf der einen Seite hielt er eine Position in Anleihen beispielsweise des russischen Staates, auf der anderen Seite in Anleihen, die von dem US-Schatzamt ausgegeben wurden. Die Theorie besagte, dass der Spread ein gewisses historisches Maximum nicht überschreiten würde. Dann macht Russland bankrott. Der Spread geht durch die Decke. Der Fonds sitzt auf riesigen Verlusten. Er steht kurz davor, seinen Zahlungsverpflichtungen an große US-Institutionen nicht mehr nachkommen zu können. Es gibt Befürchtungen, dass dies den Zusammenbruch des gesamten ..."

„Warten Sie, einen Moment! Sie sind mir viel zu schnell. Machen Sie bitte langsam."

Der Mann blinzelte und schwieg. Nach ein paar Sekunden sprach er weiter. „Sagen wir, ich bin Long Term Capital Management. Und sagen wir, Sie sind eineGroßbank, Morgan Chase. Ach nein, Moment. Damals wäre das Morgan Guaranty gewesen. Okay?"

„Sie sind LTCM, ich bin Morgan."

„Richtig. Ich kaufe Auslandsanleihen, besonders russische Anleihen. Und gleichzeitig–"

„Ist das nicht riskant?"

„Das brauchen Sie *mir* nicht zu sagen. Ich bin LTCM. Es ist mein Geschäft, das zu *wissen*. Und deshalb shorte ich vergleichbare Beträge an Anleihen hoher Qualität, zum Beispiel US-Staatsanleihen. Ich leihe mir die US-Staatsanleihen von Banken wie Ihnen, und ich verkaufe sie. Sie wissen, wie das Shorten von Anleihen funktioniert?"

„Wenn das genauso funktioniert wie das Shorten von Aktien, dann ja. Man leiht sie sich, verkauft sie zum heutigen Kurs und hofft, dass sie fallen. Wenn sie das tun, kauft man sie zu einem niedrigeren Preis zurück, gibt sie ihrem Eigentümer zurück und behält die Preisdifferenz."

„Ganz genau. Mit Anleihen funktioniert das genauso. Also, nun zurück zu LTCM. Ich halte russische Anleihen und shorte US-Anleihen. Und ich halte meine Position für ausgeglichen. Wie bei einer Waage. Wenn die Anleihenpreise insgesamt sinken, mache ich mit den russischen Anleihen Verlust, aber das ist in Ordnung, weil ich das mit meinen Shorts wieder wettmache. Wenn die Anleihenpreise steigen, kein Problem; ich mache mit der Shortposition in amerikanischen Anleihen Verlust, gleiche das aber mit Gewinnen aus den russischen Anleihen aus. Beides ist mir egal. Ich setze nur darauf, dass die Preisdifferenz zwischen den beiden – den Russen und den Amerikanern – kleiner wird. Daraus beziehe ich meinen Gewinn."

„Klar. Und dann?"

„Dann wird Russland zahlungsunfähig und meine russischen Anleihen fallen wie Meteoriten. Meine Verluste mit den russischen Anleihen werden so groß, dass ich praktisch am Ende bin. Die US-Anleihen indes fallen sanft wie Schneeflocken, oder noch schlimmer, sie fallen überhaupt nicht. Vielleicht mache ich mit den Shorts einen kleinen Gewinn, aber das deckt nur einen kleinen Teil meiner Verluste ab. Jetzt sitze ich ganz schön in der Tinte, und Sie auch."

„Wieso ich?"

„Erinnern Sie sich nicht? Sie sind eine der Banken, die mir die ganzen US-Anleihen geliehen haben. Aber im Moment habe ich nicht genug Geld, sie zu kaufen und Ihnen zurückzugeben. Ich kann meinen Teil des Geschäfts mit Ihnen nicht einhalten. Meine Verluste werden zu Ihren Verlusten. Sie sind Morgan. Also ist es für Sie vielleicht nur ein kleiner Schaden. Aber ich habe ähnliche Verträge mit Dutzenden anderer Marktteilnehmer, die dadurch tödlich verwundet werden. Und was noch schlimmer ist: Wenn ich meinen Verpflichtungen ihnen gegenüber nicht nachkomme, dann können sie vielleicht ihren Verpflichtungen gegenüber *ihren* Kontrahenten in *ihren* Trades nicht nachkommen. Und das ist dann wie ..."

„Ein Dominoeffekt?", schlug sie vor.

„Nein, eine nukleare Kettenreaktion."

„Und wie ging es finanziell mit Long Term Capital aus? Hat die Federal Reserve die Gesellschaft gerettet?"

„Ja, auch wenn sie das offiziell nicht zugibt. Sie *kann* es nicht zugeben. LTCM war nicht versichert, und es hatte sogar seinen Sitz im Ausland. Können Sie sich die politischen Auswirkungen vorstellen, wenn Regierungsangehörige zugeben würden, dass sie tatsächlich das Geld der Steuerzahler in eine unversicherte Gesellschaft mit Sitz im Ausland gesteckt haben? Aber ich habe es Ihnen ja schon vorhin gesagt, die Leiter von LTCM hatten *gute Verbindungen*. Einer von ihnen war ein ehemaliger Funktionär der Federal Reserve. Anscheinend nahm er Kontakt mit der Federal Reserve New York auf, und die Behörden schritten sofort ein, um die Rettung zu organisieren."

„Und hat das nicht geklappt?"

„Doch."

„Was ist also das Problem?"

„Das Problem ist, dass es möglicherweise Tausende gibt, die eine ähnliche Rettung gebrauchen könnten, aber *keine* so guten Verbindungen haben. Wenn sie die New York Fed anrufen, kommen sie nicht einmal zur inneren Telefonzentrale durch. Und selbst wenn sie das könnten, wie sollte die Fed eine Rettungsaktion für so viele koordinieren? Die Behörden wissen nicht einmal, wer wann welche Derivate hat."

Der GAO-Mitarbeiter bot Tamara eine Tasse Kaffee an, aber sie lehnte ab. Er entschuldigte sich kurz und holte sich selbst eine Tasse, während Tamara noch einmal den GAO-Bericht von 1994 durchblätterte. Als er nach ein paar Minuten zurückkam, stellte sie ihre Standardfrage: „Was ist das Schlimmste, was in Zukunft passieren kann?"

„Sie haben den Bericht gelesen", sagte er. „Sie sehen, was wir geschrieben haben. Wir haben sehr sorgfältig die Ereigniskette ausgebreitet, die die Finanzmärkte überrollen könnte."

Tamara beschloss, den advocatus diaboli zu spielen. „Sie reden über Derivate, als wäre das ein Schimpfwort", sagte sie. „Aber Sie wissen so gut wie ich, dass sie eine sehr positive Funktion haben können. Wenn sie richtig eingesetzt werden, dann können sie Institutionen vor dem Risiko *schützen*. Warum können Sie sich nicht mehr auf das Positive konzentrieren."

Seine Antwort kam sofort. „Das kann ich, wenn Sie das wollen."

„Gut."

„Aber das ist nicht das, was Ihrer Aussage nach Ihr Ziel ist. Als Sie mich heute morgen anriefen, sagten Sie mir, Sie wollten den schlimmsten anzunehmenden Fall malen, um die Institutionen aufzuspüren, die Derivate *missbräuchlich* einsetzen und exzessive Risiken eingehen. Und noch vor ein paar Augenblicken habe ich Sie nicht fragen hören: ‚Was ist das *Beste*, das passieren kann?', sondern ‚Was ist das Schlimmste, was passieren kann?' Genau darum geht es doch bei der Risikoanalyse. Man stellt alle Was-wäre-wenn-Fragen, die sich die meisten Menschen nicht zu stellen trauen. Und das ist auch der Ansatz, den wir in diesem Bericht verwendet haben. Unsere Ergebnisse erheben nicht den Anspruch, ‚Vorraussagen' oder ‚Prophezeiungen' zu sein. Es sind nur Antworten auf Wenn-Fragen, die Basis für die gute, alte, rationale Planung für Eventualitäten. Können wir also diesen Kurs beibehalten?"

„Natürlich."

„Als Erstes", sagte der langjährige Mitarbeiter des Rechnungshofs,

„haben wir vor einem *‚abrupten Bankrott oder Ausstieg aus dem Handel‘* gewarnt. Das ist ein wörtliches Zitat aus dem Bericht von 1994. Seither haben wir eine ganze Reihe von größeren Bankrotten erlebt. Thailand machte 1997 bankrott, Russland machte 1998 pleite und löste damit den Kollaps von Long Term Capital aus, über den wir gerade gesprochen haben. Ende des Jahres 2001 war Argentinien zahlungsunfähig – der größte Zahlungsausfall der Geschichte. Ein paar Tage später wertete Argentinien seine Währung ab, was noch mehr Schockwellen durch das Mark der Finanzwelt sandte. Drei Monate zuvor waren zwei entführte Jumbo-Jets in das World Trade Center gekracht, und eines schlug auf dem Pentagon auf. Verflixt! Wenn es eins gibt, was wir aus alledem gelernt haben, dann, dass wir üben müssen, das Unerwartete zu *erwarten*."

Der GAO-Mann machte eine kurze Pause und fügte dann hinzu: „Und vergessen Sie nicht Enron."

„Enron? Aber–"

„Ja, Enron. Als Enron ins Gras biss, war das Sensationelle der Abrechnungsbetrug. Die Kongressausschüsse waren deswegen erschüttert. Das ist das, worum der Vorsitzende *Ihres* Komitees so einen Wirbel gemacht hat. Aber irgendwie haben anscheinend alle die Derivate vergessen. Ich glaube nicht, dass der Abrechnungsbetrug der Hauptgrund für den Untergang Enrons war. Denn vor allem gingen sehr viele Geschäfte mit Energiederivaten hoch. Enron war viele Wetten auf Öl, Gas und Strom eingegangen. Die Wetten gingen daneben, Enron verlor ein Vermögen und die Jagd begann."

„Betrachten Sie die acht Großen – diejenigen Banken, die den Löwenanteil der Derivate-Geschäfte in den Vereinigten Staaten kontrollieren. Das letzte Mal, als ich nachgesehen habe, betrug das Verlustrisiko mehrerer dieser Banken zwischen 100 und 600 Prozent ihres Kapitals.

„Zwischen 100 und 600 Prozent? Sie meinen, für jeden Dollar ihres Kapitals – ihres Nettovermögens – riskieren sie sechs Dollar mit Derivaten?"

„Prüfen Sie die Zahlen nach, Sie finden sie auf der Homepage des Office of the Comptroller of the Currency, (OCC) des Bankenaufsichtsamts", sagte er und erklärte ihr genau, wie sie dort die entscheidenden Informationen finden konnte.

Das Treffen war beendet, und Tamara wollte gerade ein Taxi heranwinken, um zum Büro zurückzufahren. Aber es war ein schöner Tag, und sie beschloss zu Fuß zu gehen. So hätte sie Zeit zum Nachdenken. Was waren dies mysteriösen Derivate eigentlich *wirklich*, und wie passten sie in das große Bild? Sie fegte das Fachchinesisch weg und konzentrierte sich auf das Wesentliche: *Derivate sind Verbindlichkeiten, einfach eine Form von Schulden.*

Ihre nächste Frage war: *Was passiert mit Institutionen, die zu viele Schulden haben*? Sie dachte an den Friedhof der Unternehmen, die in den letzten Monaten Konkurs angemeldet hatten – Bethlehem Steel, Pharmor, Polaroid, Kmart, Global Crossing, Enron, WorldCom, Adelphia Communications, US Airways und viele andere. Was war das typische Muster, das sie alle verband? Zuerst kam die Blase – die Unternehmen wuchsen zu schnell, liehen sich zu viel Geld und gaben dann fast jeden Cent davon aus. Dann kam die Nadel, die die Blase platzen ließ – die Enthüllung eines Betruges, eine Sammelklage oder auch ganz einfach ein Umsatzrückgang.

Als sie die Pennsylvania Avenue entlangging, erschien vor ihrem geistigen Auge das Bild einer noch größeren Blase, aber das Bild war noch verschwommen.

Als sie zurück im Büro war, startete sie sofort ihren Internetbrowser und tippte die Adresse ein, die ihr der GAO-Mitarbeiter gegeben hatte: www.occ.treas.gov/deriv/deriv.htm.

In der linken oberen Ecke des Bildschirms erschienen die Worte: „Comptroller of the Currency, Administrator of National Banks", und rechts stand: „Derivate, Quartalszahlen." Sie wunderte sich, wieso sie in all den Jahren als Researcherin diese Seite nie besucht hatte. Aber sie erkannte, dass sie für ein Szenario des schlimmsten anzunehmenden Falls entscheidend sein könnte.

Weiter unten sah sie eine Liste von Berichten, und sie klickte auf den neuesten – „Banken-Derivate-Bericht der OCC, Erstes Quartal 2004". Die Fakten, die auf dem Bildschirm erschienen, wirkten wie Stromschläge auf sie.

Gesamtwert der Derivate in den Portfolios US-amerikanischer Handelsbanken – 76,5 Billionen US-Dollar.

Anteil im Besitz der sieben größten Banken – 96 Prozent.

Anteil im Besitz der 25 größten Banken – 99 Prozent.

Anteil, der nicht der Aufsicht regulierter Börsen unterliegt – 91 Prozent.

Wie man es auch drehen und wenden mochte, eine kluge Risikoverteilung in der Volkswirtschaft war das nicht. Und was war mit der Tatsache, dass 91 Prozent der Derivate nicht unter der Ägide irgendeiner offiziellen Börse standen? Wenn es am Aktienmarkt zu einem Crash kommt, dann kann sich das Rettungsteam mit der New York Stock Exchange koordinieren. Aber mit welcher zentralen Börse soll das Team arbeiten, wenn der Derivatemarkt zusammenbricht? Es gibt keine.

Sie scrollte auf Seite 10 des Berichts und starrte quasi im Schockzustand auf den Bildschirm: *Chart 5a. Prozentualer Anteil der Derivate am Risiko-Kapital. J.P. Morgan Chase – 889,6 %. Citibank – 263,8 %. Bank of America – 216,1 %.* Das war es! Das war der In-flagranti-Beweis für eine immense Blase, den kein vernünftiger Wirtschaftler leugnen konnte. J.P. Morgan Chase riskierte allein durch Derivate auf jeden einzelnen Dollar seines Nettovermögens (um diverse Risikofaktoren berichtigt) 8,896 Dollar. Mit anderen Worten reichte schon ein Verlust von 11,2 Prozent aus, um das Kapital der Bank auszulöschen. Die Bank wäre dann pleite.

Blieb nur noch eine Frage: Könnten die Regierungen der drei größten Volkswirtschaften der Welt – der Vereinigten Staaten, Japans und Deutschlands – ihre Wirtschaft weiter stützen und die Blasen schützen? Sie hatte das Gefühl, dass die Antwort auf diese Frage der Zukunft ihre intimsten Geheimnisse entlocken würde.

Zwei Szenarien für den schlimmsten anzunehmenden Fall

Genau 90 Tage, nachdem er die Nachricht an Tamara Belmont geschickt hatte, hörte Oliver Dulles von seinem Computer ein Pling, das den Eingang einer neuen Email anzeigte. Er ging zur Liste im Outlook und fand ganz oben eine Nachricht von Tamara. Der Betreff lautete einfach nur „Bericht“, und er öffnete sie sofort.

„Beiliegend finden Sie eine passwortgeschützte Word-Datei mit der Kurzfassung. Den vollständigen Bericht einschließlich Grafiken und Tabellen habe ich ausgedruckt. Ich freue mich schon darauf, ihn bei nächster Gelegenheit persönlich mit Ihnen durchzugehen."

Die beigefügte Datei hatte den Namen „Szenarien". Er stand von seinem Schreibtisch auf, schloss die Tür, öffnete die Datei mithilfe des Passworts und begann am Computerbildschirm zu lesen. Im Folgenden Auszüge aus dem Bericht.

Zwei Szenarien für den schlimmsten anzunehmenden Fall: Risiken und Nutzen von Crashs

Kurzfassung

Tamara Belmont und Mitarbeiter

Da die Signale, in welche Richtung Währungseingriffe, steuerliche und unorthodoxere Formen der Intervention in der Wirtschaft und an den Finanzmärkten derzeit gehen, widersprüchlich sind, ist es nicht möglich, ein einzelnes Worst-Case-Szenario zu zeichnen. In Abhängigkeit von den Entscheidungen und Handlungen derjenigen, die die Politik bestimmen, werden vielmehr zwei Szenarien in Erwägung gezogen.

Szenario A. Kurz und schmerzhaft.

Die Regierung der Vereinigten Staaten verfolgt in erster Linie eine Politik des Nichteingreifens. Sie verschwendet keine öffentlichen Mittel für die Rettung von bankrotten Unternehmen der Privatwirtschaft. Sie versucht nicht, den Aktienmarkt künstlich zu stützen. Sie flutet das Bankensystem nicht mit zusätzlichem Geld oder senkt wahllos Steuern. Auch verhängt sie keine Devisenkontrollen, um einem Währungskollaps und der Kapitalflucht vorzubeugen. Stattdessen konzentriert sie sich fast ausschließlich auf bedeutungsvolle strukturelle Reformen, um das Vertrauen der Anleger und der Verbraucher wieder herzustellen. Die politischen Führer legen angesichts der Schwere des Niedergangs und der Schmerzen, die er bereiten könnte, alles ehrlich offen.

Konsequenzen: Aufgrund massiver Schulden, geringer Liquidität und der Verkettung komplexer vertraglicher Verpflichtungen wie zum Beispiel „Derivate" führt eine Bankrottwelle von Finanz- und anderen Unternehmen zu einer vorübergehenden Lähmung der Weltwirtschaft. US-amerikanische Aktien fallen ungefähr im gleichen Maße wie in den Jahren 1929 bis 1932. Der Teufelskreis treibt die Wirtschaft in eine drei bis fünf Jahre lange Depression. Die Arbeitslosenquote steigt über zehn Prozent, vorübergehend sogar bis auf 20 Prozent. Aus den großen Kapitalmärkten verschwindet die Liquidität, auch aus weit verbreiteten Wertpapieren wie Bluechip-Aktien und langfristigen Staatsanleihen.

Um die Krise zu beenden, ist die landesweite Schließung der Banken und Börsen für eine oder zwei Wochen erforderlich. Aber nach einem annehmbaren Zeitraum folgt darauf eine gesunde Erholung.

Szenario B. Lang und wechselhaft.

Aus Furcht vor einem breiter angelegten Kollaps greift die US-Regierung in einem lange anhaltenden Kampf gegen den Niedergang aggressiv und häufig ein. In regelmäßigen Abständen rettet sie Banken, Brokerhäuser und andere Unternehmen, die als „unentbehrlich" für das Gewebe des Finanzsystems gelten. Sie versucht die Finanzmärkte durch massive Aufkäufe von Aktien und Unternehmensanleihen direkt und indirekt zu unterstützen. Sie überflutet das Bankensystem mit Bargeld und kürzt wie wild Steuern. Sie verhängt strenge Devisenkontrollen, damit das Kapital nicht aus dem Land flüchtet und um einem Zusammenbruch des US-Dollar zuvorzukommen. Sie zögert bedeutsame Reformen hinaus und kehrt die wahren strukturellen Probleme unter den Teppich. Die politischen Führer glauben, es sei im Interesse der Nation, die Öffentlichkeit von Informationen abzuschirmen, die Besorgnis oder Angst hervorrufen könnten.

Konsequenzen: Der Niedergang zieht sich über mehrere Jahre hin, während deren punktuelle Erholungen auftreten, die falsche Hoffnungen und falsche Erwartungen wecken; danach folgen aber immer nur tiefere Abstiege. Nach zehn oder mehr Jahren sich hinschleppender Krisen sind die liquiden Mittel der Nation aufgebraucht und ihre Erholungskräfte erschöpft. Und was noch schlimmer ist, das gesellschaftliche Gewebe liegt in Fetzen.

US-amerikanische Aktien bewegen sich im Zickzack seitwärts, mit vielen langen Zwischenerholungen; dadurch wird noch mehr Anlegervermögen in die Falle gelockt, und die Ersparnisse der Haushalte werden dezimiert. Gegen Ende des Abstiegs landen die Indizes allerdings ungefähr auf dem gleichen Niveau wie gemäß Szenario A – prozentual entsprechen die Verluste etwa jenen der Jahre 1929 bis 1932.

Der Niedergang der Wirtschaft führt in diesem Szenario allerdings tiefer hinab als in Szenario A. Die Tiefe zeigt sich dabei nicht nur in Form der prozentualen Schrumpfung des BIP, sondern auch anhand langfristiger struktureller Schädigungen der Produktivität, der Massenpsychologie, der gesellschaftlichen Werte und der gesellschaftlichen Institutionen – der Familie, der Schule und sogar Wohlfahrtsorganisationen.

Für die meisten Bürger ist der Schmerz, den der Niedergang verursacht, kurzfristig kleiner, aber langfristig größer. Die sozialen und politischen Folgewirkungen breiten sich weiter aus und verkomplizieren jegliche Erholungsanstrengungen noch weiter.

Viele Märkte sowie ein Großteil des Landes und der Welt sind aufgrund der chronischen Finanzlähmung und des sozialen Unbehagens über längere Zeiträume sozusagen geschlossen. Irgendwann erholt sich die Weltwirtschaft wieder, aber erst nach einer dunklen Zeit, die mehrere Jahrzehnte dauert.

Oliver Dulles las die Kurzfassung vier zermürbende Male, bevor er sich von dem Monitor abwandte. Er war jemand, der bei der Aufdeckung von Abrechnungstricks geholfen hatte. Er hatte bei der Enthüllung des massiven Haushaltsdefizit des Bundes und der potenziellen Gefahr einer Anleihenblase geholfen. Daher waren ihm Szenarien, die den jüngsten Tag heraufbeschworen, nicht fremd. Und außerdem hatte er in seiner ersten Karriere, die nie recht zur Blüte gelangt war, begierig Psychologie studiert. Somit kannte er den Wahnsinn der Masse. Er wusste, dass sie fast jede wirtschaftliche Theorie in ihr Gegenteil verkehren konnte.

Aber trotzdem war er auf DAS nicht vorbereitet gewesen. In beiden Szenarien würde der Markt etwa um den gleichen Prozentsatz abtauchen wie in den Jahren 1929 bis 1932. Wie viel war das? Annähernd 90 Prozent. Wohin würde das den Dow Jones bringen? Knapp über 1.000? In unserer modernen Wirtschaft absolut unglaublich, dachte er.

Beide Szenarien beinhalteten eine teilweise oder komplette Schließung von Banken und Finanzmärkten. Wann war das zum letzten Mal passiert? Als FDR 1932 alle Banken schloss? Genauso unglaublich!

Beim ersten Lesen wurde klar, dass Szenario B noch schlimmer als Szenario A war. In der „kurzen und schmerzhaften"–Version gab es noch Hoffnung. In der „langen und wechselhaften" dagegen viel weniger, und dazu noch eine „dunkle Zeit, die mehrere Jahrzehnte dauert". Was meinte sie wohl *damit*?

Er bestellte sie sofort in sein Büro und bereitete sich darauf vor, ihre Belege zu prüfen. Als sie hereinkam, sprang er von seinem Stuhl auf und räumte hastig die Papierstapel von dem Besucherstuhl, damit sie sich hinsetzen konnte. Dann starrte er sie an und schüttelte halb grinsend, halb lächelnd den Kopf.

„Was ist denn das für ein *Ding*, das Sie mir da geschickt haben?", fragte er schließlich. „Sind Sie noch bei Trost?"

„Sie wollten eine Beschreibung des *schlimmsten* anzunehmenden Falls, oder?"

„Schon, aber wenn Sie meine Anweisungen genauer gelesen hätten, dann hätten Sie bemerkt, dass es ein *vernünftiges* Szenario für den schlimmsten anzunehmenden Fall sein sollte. Was denken Sie?" Er lächelte. „Nein, was ist nur in *Sie* gefahren?"

Das kurze, aber schlimme Crash-Szenario

Tamara bemerkte das Lächeln nicht, aber sie überging die Beleidigung sowieso. „Wir alle wollen Klischees vermeiden, oder? Aber häufig ist ein Klischee ein Springquell der Wahrheit. In diesem Fall: ‚Die Geschichte wiederholt sich, und wer aus ihren harten Lektionen nichts lernt, der ist dazu verdammt, sie zu wiederholen.'"

„Das ist Ihre Grundlage?", fragte Dulles. „Die gleichen alten historischen Argumente, die uns die Pessimisten schon seit Jahrzehnten immer wieder herunterleiern?"

„Für den Anfang, ja. Zugegeben, jeder Zyklus bringt eine neue Dimension, eine neue Wendung oder eine versteckte Fußnote, die die Historiker verwirrt. Aber strukturell und funktional sehe ich ähnliche Muster. Ich sehe wiederkehrende Themen – in den Vereinigten Staaten, in Deutschland und in Japan. Und außerdem, sind historische Präzedenzfälle nicht eine Standardmethode zur Aufstellung von Parametern für die Prüfung von Worst-Case-Szenarien?"

„Das wird wohl so sein. Reden Sie weiter."

Tamara hatte ein Exemplar des kompletten Berichts auf ihrem Schoß liegen. Außerdem hatte sie vier aufklappbare Aktenordner mitgebracht, von jedem ihrer Researchassistenten hatte sie einen bekommen.

Sie legte die Ordner auf seinen Schreibtisch zu den Papieren, die er gerade von dem Stuhl geräumt hatte.

„Lassen Sie mich mit der Panik des Jahres 1901 anfangen", sagte sie.

„Müssen Sie so weit zurückgehen?"

„Eigentlich hätte ich wahrscheinlich sogar weiter zurückgehen müssen. Aber vom Anfang des 20. Jahrhunderts an konnten wir immerhin vier detaillierte Fallstudien erstellen, und angesichts des Zeitrahmens, den Sie uns gegeben haben, hielten wir das für angemessen. Soll ich weitermachen?"

„Sicher, sicher. Machen Sie nur."

„Panik 1901: Sie drehte sich um eine versuchte feindliche Übernahme in der damals heißesten Branche der Vereinigten Staaten – der Eisenbahnbranche. Die wichtigste Schlacht ging um die Northern Pacific Railroad, und sie kulminierte in einem Duell zwischen den Gruppen Morgan-Hill und Harriman-Kuhn Loeb um ihre Kontrolle. Heutige Situation: Wie im Jahre 1901 haben mächtige Unternehmensgruppen immense Schuldenbeträge eingesetzt, um durch Fusionen und Übernahmen die Kontrolle über gigantische Unternehmen zu erlangen.

Kollaps 1907: Wurde später unter der Bezeichnung, Panik des reichen Mannes' bekannt. Trat nach einem spekulativen weltweiten Anziehen der Rohstoffpreise auf, vor allem Kupfer und Silber, außerdem auch noch des Kupferbergbaus. Heutige Situation: Das Spekulieren mit Rohstoffen ist weit verbreitet. Nur konzentriert sich die Spekulation jetzt auf Aktienindizes, Devisen, Anleihen und eine Reihe anderer Finanzinstrumente, die durch unsere modernen Futures-Börsen zu virtuellen Rohstoffen geworden sind.

Crash 1920-21: Resultierte aus den Bestandsüberschüssen nach dem Ersten Weltkrieg. Am schwersten traf es die amerikanischen Auto- und Reifenhersteller, die Zuckerproduzenten und die Baumwollfarmer. Heutige Situation: Viele Unternehmen sitzen schon wieder auf überfüllten Lagern – zum Beispiel Hersteller von PCs, Netzwerkroutern, Mikrochips und Komponenten für die drahtlose Kommunikation."

Dulles unterbrach sie: „Ich bin schon immer der Meinung, dass diese Vergleiche hinken, und Sie haben mir gerade ein perfektes Beispiel dafür gebracht: Es besteht ein riesiger Unterschied zwischen unseren heutigen ‚just-in-time'-Lagersystemen, die wir aus Japan übernommen haben, und dem, was man im Jahre 1920 gemacht hat. Eine Bestandspanik von dieser Größe ist undenkbar."

„Das dachte ich auch", gab sie zurück. „Aber es passiert trotzdem. Sehen Sie sich die riesigen Produktions-Überkapazitäten an, die wir heute weltweit haben. Sehen Sie, wie leicht es für Hersteller in Übersee ist, ihre Waren überall zu verschleudern? Wer kontrolliert denn diese Bestände beziehungsweise potenziellen Bestände?"

„Ich will mit Ihnen darüber jetzt nicht diskutieren. Fahren Sie fort."

„*Crash 1929*: Folgte auf einen zehn Jahre langen Rekordboom in Nordamerika, Europa und Ostasien, ähnlich dem der 90er-Jahre. Verursacht durch eine wacklige Aktienpyramide, die die Broker, Banken, Tycoone und Privatanleger aufgebaut hatten, ähnlich wie heute. Massive Schulden, ähnlich wie heute.

Korrupte Unternehmen und Bankrotte, ähnlich wie heute."

„Und Sie halten diese Perioden für relevant?"

„Ja. Ich weiß, was Sie sagen wollen. Sie wollen sagen, dass es immense technologische und kulturelle Unterschiede zwischen dem frühen zwanzigsten und dem frühen einundzwanzigsten Jahrhundert gibt. Das stimmt. Aber einige Parallelen sind derart eindeutig, dass sie per definitionem unmittelbar relevant sein müssen."

„Und die wären?"

„Erstens ist es eindeutig, dass die Bundesregierung Anfang des 20. Jahrhunderts entweder unfähig oder nicht willens war, die Crashs und Paniken zu verhindern."

Dulles nickte. „Offensichtlich. Sonst wäre es ja nicht zu den Paniken und Crashs gekommen."

„Zweitens ist es eindeutig, dass alle vier Paniken den Aktienmarkt gewissermaßen platt gemacht haben, aber trotzdem – und das ist mein wichtigster Punkt – *gesunde Erholungen in den darauf folgenden Jahren nicht ausschlossen*.

Drittens ist klar, dass der private Sektor bei diesen Erholungen immer wieder eine entscheidende Rolle gespielt hat. Ich rede von Einzelpersonen mit viel Geld. Ich rede von bargeldreichen Institutionen. Sie schritten ein. Sie kauften gefährdete Vermögenswerte. Sie brachten das Land wieder zum Laufen."

„Wer zum Beispiel?"

Tamara nahm einen der Ordner und blätterte einige Fotokopien aus einem alten Buch über Paniken und Crashs durch. Dann las sie Passagen vor, die mit gelbem Leuchtstift markiert waren. „Im Jahre 1907 rettete vor allem der reichste Tycoon der Zeit, J.P. Morgan, die Wirtschaft. Und dann, in den Jahren 1920 und 1921, halfen die Familie DuPont sowie mächtige Bankhäuser General Motors, Goodyear und anderen aus. In den 30er- Jahren war es härter, aber noch machbar. Viele große amerikanische Hersteller wie zum Beispiel General Motors hatten die Lektion aus dem Crash 1920 gelernt und hatten große Bargeldreserven aufgebaut. Diese Reserven, die Regierungsprogramme und schließlich der Krieg zogen die Wirtschaft aus der Depression."

„Und was wollen Sie damit sagen?"

„Ich will damit sagen, *Paniken und Crashs, egal wie zerstörerisch, sind nicht tödlich*."

„Verstehe. Aber in Szenario A sprechen Sie von drastischen konjunkturellen Rückgängen. Was treibt diese Rückgänge an?"

„Zwei Teufelskreise. Erstens zwischen dem Niedergang der Börse und den sinkenden Verbraucherausgaben. Wenn die Aktien fallen, geben die Verbraucher weniger aus. Wenn die Verbraucher weniger ausgeben, drücken sie die Gewinne der Unternehmen – und die Aktienkurse – weiter nach unten."

Sie blickte wieder intensiv auf ihren Bericht und schaute dann auf. „Der zweite Teufelskreis besteht zwischen *Deflation* und *Bankrotten*. Die Unternehmen sind gezwungen, ihre Waren preiswerter zu verkaufen, richtig? Am Ende sorgen die niedrigeren Preise für geringere Einnahmen. Und dann können sie wegen der gesunkenen Einnahmen ihre Rechnungen nicht bezahlen. Dann machen sie bankrott und lösen noch mehr Notverkäufe aus ... noch mehr Bankrotte ... und noch mehr Notverkäufe."

„Können Sie mir dafür noch einen Beleg bringen?"

Dulles starrte sie intensiv an. Tamara fühlte, dass sie so langsam seine Aufmerksamkeit weckte – dass seine Skepsis und sein Unglaube verebbten. Sie entschloss, mit der Antwort auf seine Bitte bis zum Letzten zu warten. „Sicher, aber zuerst will ich Ihnen einen Überblick über das ‚lange und wechselhafte' Szenario geben."

Das „lange und wechselhafte" Crash-Szenario

„Okay. Was ist Ihr hauptsächlicher Bezugspunkt für das lange und wechselhafte Szenario?"

„Japan. Während der gesamten 90er-Jahre litt das Land ein einer lang hingezogenen Stop-and-Go-Depression. Die Schulden betragen schätzungsweise das 1,4-fache der Gesamtwirtschaft – das ist fast dreimal so viel wie die relative Verschuldung Argentiniens, als es Anfang 2002 zusammenbrach. Japan hat seit 1990 mindestens vier Rezessionen hinter sich – eine Depression. Die Arbeitslosigkeit ist die höchste seit dem Zweiten Weltkrieg. Der Aktienmarkt purzelt seit 1990 die meiste Zeit – seit dem Höhepunkt sind 78 Prozent verloren. Die größten Banken, Brokerhäuser und Lebensversicherungen waren dem Bankrott derart nahe, dass sie nur noch an einem Faden hingen, dessen anderes Ende der Staat in der Hand hielt. Vor ein paar Jahren wurde die Lage so schlimm, dass der Gouverneur von Tokio damit drohte, das Geld der Stadt aus der größten Bank Japans, Mizuho, abzuziehen, weil er fürchtete, es könnte in Rauch aufgehen."

Tamara wusste, dass das saß: „Können Sie sich das vorstellen? Eine mehr als zehnjährige Baisse. Eine zehnjährige Depression, in der es auf und ab geht wie in der Achterbahn. Das ist keine lang vergangene Geschichte und auch kein Zukunftsszenario. Das ist die jüngste Vergangenheit."

„Warum, glauben Sie, krebst die japanische Wirtschaft schon seit so vielen Jahren vor sich hin?"

Tamara wurde sich ihrer Präsentation immer sicherer, da sich Dulles so langsam darauf einließ. „Wegen genau der gleichen Irrtümer und Fehler, die die Regierungen der Vereinigten Staaten und der europäischen Länder vermeiden müssen. Weil die japanische Regierung ständig versucht hat, die wackligen Banken abzufangen. Weil sie den Aktienmarkt künstlich gestützt hat. Was sind die Konsequenzen daraus? Die Wirtschaft kriecht dahin wie ein lebender Toter. Man hält Zombie-Unternehmen am Leben. Der Aktienmarkt hüpft eine Wendeltreppe hinab, deren Ende tiefer liegt als das Auge erkennen kann. Anstatt das Pflaster mit einem schnellen Ruck von der Wunde zu reißen, haben die Führer Japans beschlossen, es schmerzhaft Haar für Haar abzuziehen."

„Dulles hob abwehrend die Hand. „Einen Augenblick. Ich bin kein Experte für die Wirtschaft Japans, aber eines weiß ich: Japan und die Vereinigten Staaten sind strukturell derart unterschiedlich, dass jeglicher Vergleich ernstlich hinken muss."

Tamara lächelte breit, wurde aber gleich wieder ernst. „Einverstanden. Aber sehen Sie? Das ist gerade das Hauptargument in Szenario B. In diesem Szenario *werden die Vereinigten Staaten und Europa dem heutigen Japan immer ähnlicher* – in wirtschaftspolitischen Fragen, und sogar strukturell. Viele Elemente sind schon bei uns vorhanden. Wir haben eine riesige, festgefahrene staatliche Bürokratie, genau wie dort. Wir scheinen den politischen Auftrag zu haben, einen Finanzkollaps um jeden Preis zu verhindern, genau wie dort. Wir haben das Rettungsteam und alle möglichen gesetzlichen Mechanismen für direkte Eingriffe in den Markt, genau wie dort. Also Vorsicht: Wir sind Japan vielleicht schon viel ähnlicher als es so mancher zu glauben wagt."

Weniger Schmerz, mehr Leid

Dulles überflog die Kurzfassung noch einmal. „Sie reden von den Bankrotten in Japan, von Arbeitslosigkeit und Deflation. Warum sagen Sie dann, Szenario B sei kurzfristig betrachtet *weniger* schmerzhaft?"

„Wann waren Sie zum letzten Mal in Japan?"

„Noch nie."

„Fliegen Sie jetzt einmal dorthin. Sie sehen dort keine Schlangen vor den Bäckereien. Sie sehen keine heruntergekommenen und keine verödeten Städte. Sie sehen eine vergleichsweise blühende Nation – an der Oberfläche. Der ehemalige amerikanische Handelsminister Mickey Kantor war kürzlich in Tokio. Wollen Sie hören, was er sagte? Er sagte: ‚Das Bankensystem hat zu kämpfen, die Verbraucherausgaben sind unten, die US-Wirtschaft ist unten, der Ölpreis liegt bei fast 30 US-Dollar, es herrscht Deflation, politischer Infarkt, viele Reformen werden nicht umgesetzt – aber sonst ist alles perfekt.' Ich halte das für eine schöne Zusammenfassung. Das ist so, wie wenn man auf der Titanic beim Pokern gewinnt."

Dulles war nicht überzeugt. „Warum glauben Sie, dass die Vereinigten Staaten und Europa dem japanischen Modell nacheifern werden?"

„Ich habe nicht gesagt, dass sie das tun werden. Ich habe gesagt, dass das eines von zwei möglichen Szenarien ist. Aber jetzt im Moment ist es wohl das wahrscheinlichere. Schauen Sie.

Die japanische Regierung hat ihre Zinsen auf Rekordtiefen gesenkt. Die Regierungen Amerikas und Europas folgten nach und taten das Gleiche. Die Japaner vergrößerten mit ungezügelten Ausgaben ihr Defizit. Washington, Paris und Berlin taten das Gleiche. Die Ankurbelungsprogramme der Regierungen **schienen** zu ‚funktionieren'. Auch bei uns.

„Jedes Mal", fuhr sie fort, „wenn der japanische Aktienmarkt steil anstieg, erfuhr das japanische BIP einen Wachstumsschub. Die Wirtschaftsexperten sagten, die Rezession sei vorüber und alles werde bald wieder gut sein. Aber die Einmischungsversuche in die Wirtschaft endeten jedesmal mit einem Scheitern. In meinem Szenario B erleiden die Vereinigten Staaten und Deutschland ein ähnliches Schicksal."

Dulles wiederholte das Argument, das die meisten amerikanischen Wirtschaftsexperten vorbringen: „Gibt es nicht bedeutende kulturelle und strukturelle Unterschiede zwischen Ost und West?"

„Natürlich!", sagte sie und erklärte die hauptsächlichen Unterschiede. Im Japan der 90er-Jahre bestand die liebste konjunkturelle Waffe der Regierung in öffentlichen Projekten – noch mehr hervorragende Autobahnen in ländlichen Gebieten, die schon Autobahnen im Überfluss hatten, riesige Bürgerzentren in relativ kleinen Städten, die sie eigentlich gar nicht brauchten und noch vieles andere mehr. Die regierende Liberaldemokratische Partei war sehr eng mit der japanischen Bauwirtschaft verflochten. Außerdem dachte sie, sie kämpfe für eine gute Sache – die „Rettung" der japanischen Wirtschaft. Die Regierung und die Baubranche – sowie die Banken, die einen großen Teil der Finanzierung besorgten – taten sich zu einer Schnell-Erholungsmaschinerie zusammen. Wenn sich in gewissen Zeitabständen die Wolken des Schicksals verdunkelten, kurbelten sie die Maschinerie einfach erneut an und schufen so „wundersame" Erholungen mitten in einer jahrzehntelangen Depression.

Tamara erklärt, dass die Erholungsmaschinerie der US-amerikanischen Regierung etwas anders aufgebaut war. Mit Ausnahme von Halliburton, das den Großauftrag für den Wiederaufbau im Irak bekommen hatte, hatten die amerikanischen Bauunternehmen nicht annähernd so viel politische Macht wie ihre japanischen Pendants. Außerdem hatten sich die amerikanischen Politiker schon lange ausgerechnet, dass die beste Möglichkeit, Geld in die amerikanische Wirtschaft zu bringen, darin besteht, ganz einfach die Familien dazu zu bringen, sich noch tiefer zu verschulden und einfach **sie** das Geld ausgeben zu lassen. Oder noch besser, der Kongress und der Präsident fanden heraus, dass sie den Menschen das Geld ganz einfach in Form von Steuersenkungen **schenken** konnten, so dass sie noch **mehr** ausgaben.

Die Bürger Deutschlands und der meisten anderen EU-Länder befanden sich ihren Angaben nach irgendwo in der Mitte. Sie haben im Allgemeinen mehr Schulden als die Japaner, aber weniger als die Amerikaner.

Hastig fügte Tamara noch hinzu, dass die Unterschiede zwischen den Ansätzen der drei Staaten größtenteils taktisch seien – nicht strategisch. Abgesehen von den spezifischen Waffen, die die einzelnen Regierungen einsetzten, waren die Kampfstrategien sehr ähnlich. Regierungsvertreter und Politiker sahen den Feind – eine sinkende Wirtschaft und einen zusammenbrechenden Aktienmarkt. Sie fuhren schwere Geschütze auf. Sie schossen Geld in beispiellosen Mengen in die Wirtschaft. Natürlich federten die Aktienmärkte und die Volkswirtschaften dann wieder nach oben. Schon bald hörten man „kampai", „prost" oder „cheers" rufen, die Champagnerkorken knallen und den heißen Sake fließen. „Schaut hin, es funktioniert!", freuten sie sich. „Schaut her, wir sind Genies!", schwärmten sie.

Dulles seufzte. „Ich habe nur noch ein paar Fragen, allerdings sehr wichtige."

„Fragen Sie nur."

„Sie schreiben in *beiden* Szenarien: ‚US-amerikanische Aktien fallen ungefähr im gleichen Maße wie in den Jahren 1929 bis 1932.' Ich habe das mal ausgerechnet. Für den Dow Jones würde das 1.000 Punkte und ein paar Zerquetschte bedeuten. Finden Sie nicht, dass das weit hergeholt ist? Wie kommen Sie darauf?"

„In den letzten 100 Jahren gab es nur eine Periode, in der wie heute eine Rekord-Hausse einem Kurskollaps vorangegangen ist ... nur einen Börsenabstieg, der aus Unternehmensbetrug und massiven Bankrotten hervorgegangen ist ... in der sich die Muster an allen Börsen der Welt ähnelten ... und sinkende Zinsen, die die Fed immer tiefer drückt – ein verzweifelter Versuch, den Bären mattzusetzen und den Bullen wiederzubeleben. Und das war 1929 bis 1932."

„Aber 90 Prozent?"

„Ja, Sie haben Recht, der Dow Jones verlor in den Jahren 1929-32 nur 89 Prozent. Heute würde ihn das in den Bereich zwischen 1.200

und 1.600 Punkten bringen. Sie sagen, das ist undenkbar, unmöglich, und meine Reaktion war *exakt* die gleiche wie Ihre. Das kann nicht passieren. Dann denke ich nur ein paar Jahre zurück. Und ich erinnere mich: Haben nicht *alle* Analysten der Wall Street – jeder einzelne, bis auf den letzten – genau das von der Nasdaq gedacht, als die Nasdaq auf dem Höhepunkt war? Aber der Nasdaq Composite ist damals schon fast so tief gefallen wie der Dow Jones in den 30er-Jahren."

„Manche Menschen würden argumentieren, die Wall Street habe ihre Lektion gelernt und spiele jetzt ein anderes Lied. Was würden Sie darauf antworten?"

„Sie hat bloß die Tonlage geändert: ‚Oh ja, das mit der Nasdaq war *offensichtlich* eine Blase', sagen die Menschen. ‚Aber nicht beim Dow Jones. Beim Dow Jones ist das anders.' Die Wahrheit ist, dass die Nasdaq-Blase für sie erst offensichtlich war, *nachdem* der Index geschwächt war. In meinen Szenarios gilt das Gleiche für den Dow Jones. Sie erkennen die Blase des Dow Jones erst nach dem Fall."

Während Tamara sprach, hatte sie bemerkt, dass hinter ihr jemand ins Zimmer gekommen war, aber sie schaute erst auf, als sie eine vertraute Stimme hörte. Es war Linda Dedini.

Linda entschuldigte sich für die Störung und fragte Dulles, ob sie ein paar Papiere durchsehen könne, die sie für ihn auf den Stuhl gelegt hatte. Nachdem sie das Gewünschte herausgesucht hatte, war sie schon im Gehen, zögerte dann aber doch.

In den letzten Monaten hatte sie sich häufiger im Büro ihres Vaters aufgehalten – zuerst weil sie auf der Suche nach Investment-Ideen war, aber dann aus purer Neugierde auf eine faszinierende Wissenschaft, die sich letzten Endes wohl doch vielen der physikalischen Naturgesetze fügte, mit denen sie so vertraut war.

Dulles wehrte ihre Entschuldigung verspätet ab. „Wir sprechen gerade über Zukunftsszenarien. Wollen Sie sich zu uns setzen?"

Bewertung und Psychologie

Ihre Augen leuchteten. Nichts faszinierte Linda Dedini mehr als Zukunftsszenarien. Sie ging in das Nachbarbüro, um einen Stuhl zu holen, rollte ihn herein und setzte sich schweigend hin, so dass sie mit Dulles und Tamara ein schiefes Dreieck bildete.

Dulles wandte sich wieder an Tamara und sagte: „Sie sind Wirtschaftswissenschaftlerin und Aktienanalystin. Ich bin Wirtschaftsprüfer. Wir wissen beide, dass es am Markt ausschließlich um *Bewertungen* geht. Ich bin außerdem auch gelernter Psychologe und weiß daher, dass die *Wahrnehmung* der Bewertung genauso wichtig ist. Haben Sie auch das berücksichtigt?"

„Ja. Der Dow Jones hat momentan ein Kurs-Gewinn-Verhältnis von 20."

„Und ist das nicht vernünftig?"

Linda dachte an das KGV von 20, zu dem sie UCBS gekauft hatte. Sie setzte an, den Kopf zu schütteln, blieb dann aber ruhig.

„Das kommt darauf an", sagte Tamara. „In großen Baissen kann der Dow Jones auf ein KGV von sechs oder sieben fallen, bevor er den Boden erreicht. Allein das lässt es möglich erscheinen, dass *der Dow Jones auf das Niveau von 2.500 fällt*. Das gilt für den Fall, dass die Unternehmensgewinne nicht zurückgehen."

„Wie tief können die Gewinne sinken?"

„Ich bin sicher, dass sich die Wall-Street-Analysten in beiden Szenarien die gleiche Frage stellen würden. Tatsache ist, dass es für die Gewinne keinen sicheren Boden gibt. Selbst der Nullpunkt ist kein sicherer Boden. Werfen Sie doch einmal einen Blick auf das, was mit den Nasdaq-Werten passiert ist."

Tamara nahm wieder einen Ordner und zog einen Chart mit dem Titel „Gewinnauslöschung an der Nasdaq" hervor. Sie zeigte ihn kurz Linda, die dankend nickte, und gab ihn dann Dulles in die Hand.

„Ich sehe schon, aber was genau stellt das dar?", sagte dieser.

„Punkt A zeigt, dass 4.200 Nasdaq-Unternehmen innerhalb von sieben Jahren zusammen einen Gewinn von 160 Milliarden Dollar angehäuft haben. Punkt B zeigt, dass der Gewinn innerhalb von 15 kurzen Monaten komplett ausgelöscht wurde. Ich spreche hier nicht von einem Durchschnittswert, sondern von den Gewinnen eines Jahres. Ich rede von jedem einzelnen Cent Gewinn, den jedes einzelne Nasdaq-Unternehmen

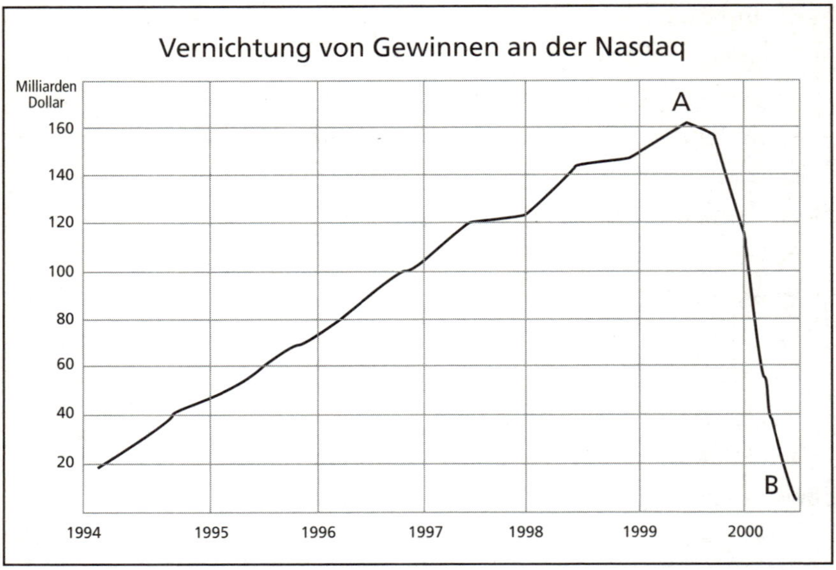

Der Gewinn von fast sieben Jahren verloren! Vom ersten April 1994 bis zum 30. Juni 2000 (Punkt A im Chart) haben die Unternehmen an der Nasdaq zusammen insgesamt 159,8 Milliarden Gewinn erzielt. Aber in nur 15 Monaten, vom 1. Juli 2000 bis zum 30. September 2001, verloren die Nasdaq-Unternehmen 161 Milliarden US-Dollar. Diese Verluste vernichteten jeden einzelnen Penny Gewinn, den sie in den sieben Jahren zuvor insgesamt erzielt hatten. Diese Vernichtung ist (1) Änderungen der Buchhaltung zur Korrektur der übertriebenen Gewinne, (2) den rückläufigen Umsätzen und (3) der Deflation zuzuschreiben – die Preise für die Produkte sind zurückgegangen.

in diesem Zeitraum verdient hat."

„Einen Augenblick, bitte", sagte Dulles. „Mal sehen, ob ich Sie recht verstanden habe. Nehmen wir einmal an, alle diese Unternehmen hätten ihre Gewinne in jenen Jahren auf einem riesigen Bankkonto angespart. Und nehmen wir an, sie hätten keinen Cent davon ausgegeben. Wie viel hätten sie dann auf dem Konto?"

„Wie schon gesagt, 160 Milliarden Dollar."

„Und Sie sagen jetzt, das ganze Geld sei von Verlusten vernichtet worden?"

„Puff! Vom Erdboden verschwunden. Bis auf den letzten Cent."

„Okay, ich verstehe jetzt, was hinter Ihrer Prognose für den Dow Jones steckt", sagte Dulles und nickte mehrmals hintereinander.

Aber Tamara schüttelte den Kopf. „Sie vergessen da etwas."

„Und was?“

„Sie haben mich nicht um eine Prognose gebeten, sondern um ein *Szenario für den schlimmsten anzunehmenden Fall.*“

„Entschuldigung.“ Nach einer kurzen Pause sagte er: „Ich muss das vielleicht ein paar wichtigen Personen vorlegen. Wenn man den Unterschied zwischen den beiden Szenarien in zwei Worten ausdrücken wollte, welche wären das?“

„Deflation und Inflation!“, kam es wie aus der Pistole geschossen. „Aber entschuldigen Sie mich bitte für einen Augenblick. Ich muss dringend jemanden zurückrufen.“

Kapitel 13

Deflation und Inflation

Während Dulles wartete, fiel ihm ein Jahrzehnte alter Komiker-Scherz ein.

In den 30er-Jahren, während die Menschen Schlange stehen, fragt einer seinen Nebenmann: „Was ist dir lieber? Inflation oder Deflation?" Der antwortet: „Ich will Flation haben. Saubere, ehrliche Flation."

Aber leider, leider wurde die Sehnsucht der Öffentlichkeit nach Preisstabilität – weder Inflation noch Deflation – in den meisten Volkswirtschaften der Welt in der ganzen Geschichte niemals erfüllt.

In der zweiten Hälfte des 20. Jahrhunderts gab es fast überall Inflation. Die Lohnerhöhungen schoben die Inflation, die Nachfrage zog sie, und die Inflation trieb sich dazu noch selbst an. Es gab die schleichende Inflation, die galoppierende, die rasende und die Hyperinflation.

Und dann, als das Jahrhundert endete und ein neues begann, da reckte zum ersten Mal seit 60 Jahren eine alte, aber mächtige Kraft wieder ihren Kopf und lastete schwer auf entscheidenden Regionen und Sektoren der Weltwirtschaft. Die *Deflation* war es, der Preisverfall, das Gegenteil der Inflation. Ironischerweise wurde sie weitgehend ignoriert. Die meisten Menschen waren so sehr mit ihren täglichen Kämpfen beschäftigt, dass sie gar nicht bemerkten, wie sich der Wind drehte.

Im Rohstoffbereich herrschte schon lange Deflation, aber die Deflation der Verbraucherpreise, also die Sorte, die der Durchschnittsbürger in seinem Alltagsleben spürt, trat in großem Maßstab zunächst im Ausland auf – in den Jahren 2000 und 2001.

In Brasilien kostete damals ein nagelneuer VW Passat, der vorher umgerechnet 15.000 Dollar gekostet hatte, nur noch 7.000. Die beliebte Stufenheckversion mit dem Namen Santana war sogar noch preiswerter; das einfachste Modell kostete umgerechnet unter 5.000 Dollar. Die Preise für luxuriöse Wohnungen fielen von 150.000 auf weniger als 80.000 Dollar.

Auf der anderen Seite der Erde, in Japan, war die Deflation noch verbreiteter und hartnäckiger. In den Jahren 2000, 2001 und 2002 fielen die Preise fast ohne Unterbrechung. Ein Hamburger kostete nur noch halb so viel wie im Vorjahr. Baumwollene Polohemden kosteten 60 Prozent weniger. Die Immobilienpreise verfielen um 50, 60 und in manchen Regionen sogar um 80 Prozent.

In Nordamerika dagegen trat die Deflation in den Jahren 2000 bis 2002 eher punktuell auf. Manche Preise, zum Beispiel für Wohnen und Gesundheit, stiegen nach wie vor, wohingegen sie in anderen Bereichen zu fallen begannen, beispielsweise im technischen Bereich. Der Preis für die Anmeldung einer Internet-Domain fiel von 70 auf 7 Dollar. Quasi neue Computerserver von IBM, Compaq oder Sun bekam man für 30 Prozent des Preises. Der Preis für einen DRAM-Chip mit 128 Megabyte, der in fast allen Personal Computern zum Einsatz kam, fiel innerhalb von nur zehn Monaten von 14 auf zwei Dollar.

Und dann, als Reaktion auf die massiven wirtschaftlichen Anreize seitens der US-Regierung und auf die große Nachfrage aus schnell wachsenden Ländern wie China und Indien, kehrte die Inflation in manche Sektoren zurück. Gold, Kupfer, Sojabohnen, Rohöl und andere zentrale Rohstoffe verzeichneten einen Preisanstieg. Die Preise, die die Erzeuger für Rohmaterialien bezahlen mussten, stiegen rapide an.

„Deflation und Inflation!“, sagte Tamara noch einmal zu Dulles, als sie nach dem Telefonat zurückkam.

„Welches von beiden wird es wohl werden?“, fragte Dulles.

„In Szenario A ist es die Deflation, in Szenario B die Inflation. Auf kurze Sicht ist Deflation für alle Beteiligten schmerzhafter, aber sie geht schnell vorüber. Inflation ist weniger schmerzhaft – vor allem für die reichen und wohlhabenden Gesellschaftsschichten –, aber mit der Zeit untergräbt sie die Wirtschaft und unterhöhlt die Gesellschaft, so dass sie das Land langfristig schwächt. Sehen Sie, die Deflation ist der Schlüssel, der die nachfolgende Erholung praktikabel macht.“

„Wieso?“

„Weil sie die Kosten senkt. Sie macht das Land wettbewerbsfähiger. Reale Deflation lässt die Gehälter sinken. Die Kosten für Rohmaterialien gehen zurück. Deflation in den Vereinigten Staaten würde die Vereinigten Staaten wettbewerbsfähiger gegenüber China und Indien machen. In Deutschland und Japan brächte Deflation den gleichen Nutzen. Aber die meisten Regierungen – insbesondere die amerikanische Regierung – haben Angst vor Deflation. Also versuchen sie ihr Eintreten zu verhindern.“

Tamara holte tief Atem und fuhr dann fort: „Die meisten Menschen begreifen nicht, dass der Durchschnittsbürger, der schwer arbeitet, damit er einen relativ kleinen Geldbetrag sparen kann, mit diesem Geld dann viel mehr kaufen und die Früchte seiner Arbeit ernten kann. Die Crux an der Sache ist bloß ...“

„Ja?“

„Die Crux besteht darin, dass fast alle Angehörigen der US-Regierung und der Industrie die Deflation vor allem anderen fürchten. Sie ist politisch inakzeptabel.“

„Einverstanden.“

„Es besteht kein Zweifel daran, dass galoppierende Inflation viel, viel schlimmer ist als Deflation. Und doch kehrt in Szenario B die Inflation zurück, und sie wirkt potenziell tödlich. Sie untergräbt die Produktivität. Sie frisst am gesellschaftlichen Gewebe. Sie wendet die Erholungschancen zum Unheil. Und unglücklicherweise ist dieses Szenario sehr wahrscheinlich.“

Das kleinere Übel

Dulles bedachte das Dilemma. Was Tamara sagte, war ganz einfach richtig, und kein Wirtschaftswissenschaftler konnte anderer Meinung sein. Die Deflation war eindeutig das kleinere Übel, und allen, die Ersparnisse oder stabile Einkünfte hatten, konnte sie sogar spürbare Vorteile bringen.

Aber trotzdem, in den höchsten Zinnen Washingtons, Berlins und Tokios war die Deflation eine der meistgefürchteten ökonomischen Kräfte. Er wusste auch warum. Diejenigen, die an der Macht waren, hatten viel mehr zu verlieren. Der Durchschnittsbürger hatte weniger zu verlieren und vielleicht sogar viel zu gewinnen.

„Wie entwickelt sich die Deflation in Ihrem kurzen, aber schlimmen Szenario?“, fragte Dulles.

„Die Preisverfälle, die Sie auf bestimmten Sektoren sporadisch beobachten, beginnen sich auszubreiten. Ich habe Ihnen ja vorhin schon von dem Teufelskreis aus Bankrott und Deflation erzählt. Nun, dieser Teufelskreis führt dazu, dass nichts mehr von dem Preisverfall verschont wird. Er betrifft sogar Dinge, von denen die Menschen dachten, sie würden *niemals* preiswerter werden – Arztbesuche, der Besuch eines privaten Colleges oder der Fahrpreis in der U-Bahn."

„Da fällt es mir wieder ein", warf Dulles ein. „Ich hatte Sie um Belege für die Sache mit der Deflation und den Konkursen gebeten, aber Sie haben mir keine genannt."

„Verzeihen Sie. Hier habe ich einen Zeitungsausschnitt, schon etwas älter. Ich lese Ihnen einmal eine Passage vor: ‚Da die Anzahl der börsennotierten Unternehmen, die Konkurs anmelden, auf Rekordhöhe gestiegen ist, sind die Unternehmen zunehmend dazu gezwungen zu liquidieren anstatt sich zu reorganisieren ... Teile des Unternehmens meistbietend zu verkaufen.'"

„Und wann war das?"

„Am 11. November 2001. Sehen Sie? In manchen Sektoren hat es damals schon angefangen. Anstatt den Konkurs als Möglichkeit zu benutzen, die Bilanzen zu bereinigen, machten viele Unternehmen einfach zu und verkauften ihre Vermögenswerte. Sie verkauften ihre Lagerbestände, ihre Außenstände, ihre Immobilien, Ausrüstung, Mobiliar, Technik, Kundenlisten – alles, und fast zu beliebigen Preisen."

„Also?"

„Also, in Szenario A erzeugen derartige Verkäufe die gemeinste Spielart der Deflation – eine Art, die sich rasend ausbreitet. Die Art von Deflation, die selbst den klügsten Wirtschaftswissenschaftler unvorbereitet trifft. Aber sie geht auch relativ schnell vorüber. Und wenn sie einmal vorüber ist, dann ist die Krise *wirklich* vorbei – es gibt keine versteckten Minen, die Monate oder Jahre später hochgehen."

Dulles dachte an seine Tage als Buchhalter zurück. „Also ist sie langfristig betrachtet positiv. Das ist mir klar. Aber kann sie nicht auch kurzfristig positiv sein? Nehmen wir an, ich betreibe ein Unternehmen. Bedeutet das nicht, dass ich mit niedrigeren Lohnkosten und niedrigeren Materialkosten rechnen kann?"

„Kurzfristig negativ, *langfristig* positiv."

Dulles schloss kurz die Augen. *Tamara hat Recht*, dachte er. *Auf jeden*

Dollar Kostensenkung würden bei einem durchschnittlichen Unternehmen zwei, drei oder vier Dollar an Gewinnausfall aufgrund der Deflation kommen.

Der CPA erinnerte sich an einen Server-Hersteller, für den seine Firma als Berater fungiert hatte. Er hatte nicht zum Prüferteam gehört, aber er kannte die Zahlen.

In einem Jahr verkaufte der Hersteller von einer bestimmten Produktlinie durchschnittlich 1.000 Stück pro Monat zu einem Stückpreis von rund 4.000 Dollar. Monatlicher Umsatz: vier Millionen.

Im nächsten Jahr verkaufte die Firma nur noch 700 Einheiten pro Monat, ein 30-prozentiger Rückgang gegenüber dem Vorjahr. Das war schon schlimm genug, aber dazu kam noch die Deflation: Das Unternehmen musste einen 50-prozentigen Rückgang des durchschnittlichen Stückpreises einstecken – auf etwa 2.000 Dollar. Resultat: Die Einnahmen schrumpften drastisch – von vier Millionen auf magere 1,4 Millionen Dollar.

Natürlich sanken auch die Kosten für die Komponenten. Aber die Marketing- und die Gemeinkosten rührten sich kaum von der Stelle. Als der Hersteller die Server noch für 4.000 Dollar verkaufen konnte, betrugen die Gesamtkosten pro Stück 3.500 Dollar, also blieb ein Gewinn von 500 Dollar. Nun, da die Server für 2.000 Dollar verkauft wurden, beliefen sich die Kosten pro Stück immer noch auf circa 3.000 Dollar – was einen Verlust von 1.000 Dollar pro Stück ergab. Je mehr die Firma verkaufte, desto mehr Verlust machte sie. „Wir verlieren Geld, aber wir machen das durch das Volumen wett", war die öffentliche Sprachregelung. Geld verlieren und durch das Volumen wettmachen? Vollkommener Schwachsinn! Aber das war typisch für das, was in den 90er-Jahren in der Technologiebranche passierte.

Nun besagte das kurze, aber schlimme Szenario von Tamara Belmont, dass sich ein ähnliches Muster auf die gesamte Wirtschaft übertragen würde. Dulles hatte zum ersten Mal das Gefühl, dass er das Szenario in seiner Gesamtheit erfasste. Er bat Tamara, ihm drei Exemplare des kompletten Berichts zu geben. Er sagte, er würde damit zu Johnston persönlich gehen und es bis ins Kleinste durchsprechen. Sie schien sehr zufrieden und ging wieder in ihr Büro.

Dulles wirbelte seinen Stuhl herum und blickte zum Fenster hinaus auf die 14. Straße. Wie würde er am besten an Johnston herankommen? – eindeutig über die *Deflation der Technologiepreise*. Auf diesem Terrain war Johnston zu Hause. Er wusste alles darüber, und sie hatten sich in der Vergangenheit häufig darüber unterhalten. Schon bevor Johnston bei UCBS zurückgetreten war, hatte die Deflation der Technologiepreise ganz klar begonnen, in die diversen Abteilungen einzuschneiden – und wahrscheinlich richtete sie unter der neuen Unternehmensleitung immer noch Verwüstungen an.

Aber vielen Menschen außerhalb der Branche – sogar vielen *innerhalb* der Branche – war nicht klar, wie ernst der Verfall der Technologiepreise für die Unternehmen sein würde. Ihnen war nicht klar, dass dies ein wichtiger Faktor bei dem schlimmsten Einbruch der Unternehmensgewinne seit der Großen Depression gewesen war (jeder Cent, den die 4.200 Nasdaq-Unternehmen seit Mitte 1994 *insgesamt* verdient haben, wurde ausgelöscht), für die schlimmsten Einzelverluste (JDS Uniphase und AOL) sowie die größte und schnellste Vernichtung von Aktionärsvermögen (an der Nasdaq gingen innerhalb von nur elf Monaten fünf Billionen Dollar verloren).

Er betrachtete noch einmal den Chart von Tamara, der die Vernichtung der Gewinne bei den Nasdaq-Unternehmen zeigte. Gewiss war ein Grund dafür die Bilanzmanipulation. Also hatte es die Profite gar nicht alle gegeben. Und als die großen Enthüllungen über die Buchführung ans Licht kamen, löste sich die Fata Morgana auf. Aber der andere große Faktor war die Deflation, allerdings ein Faktor, über den nur wenige sprachen.

Deflation war der Alptraum der Technologiebranche. In dem kurzen, aber schlimmen Szenario konnte die Deflation auch für andere Branchen zum Alptraum werden, Autos, Elektrogeräte, Hausbau und sogar Dienstleistungen. Das würde ein absoluter Schock werden, weil niemand damit rechnen würde. Aber auf lange Sicht würde das ein *Nutzen* des Crashs sein.

Tamara hatte die Deflation mit Bankrotten in Verbindung gebracht, und Dulles spürte intuitiv, dass sie damit ins Schwarze getroffen hatte.

Wenn er zurückdachte, war es tatsächlich so, dass die insolventen Unternehmen, mit denen er als Berater zu tun gehabt hatte, auf die eine oder andere Art von Deflation betroffen waren. Sie hatten große Schulden, die sehr bald fällig wurden, aber sie lebten von der Hand in den Mund. Sie bauten auf die ewig steigenden Preise und damit steigenden Einnahmen, die ihnen das Bargeld verschaffen würden, um die Schulden zurückzuzahlen. Und dann trafen die beiden wie zwei kollidierende Güterzüge aufeinander: Schulden und Deflation. Das Unternehmen war Geschichte.

Seine Gedanken kehrten zu seinem eigenen Research zurück – lose Enden, die ihn verwirrt hatten, die jetzt aber immer mehr Sinn ergaben.

Es war kein Wunder, dass so viele Emittenten von Investment-grade-Anleihen (mindestens BBB) auf Junk-Status herabgestuft wurden (BB oder schlechter) – American Greetings, Providian Financial, Lucent Technologies, Royal Caribbean Cruises, AMR, Delta und Dutzende anderer börsennotierter Unternehmen.

Kein Wunder, dass die Junkbond-Unternehmen in Rekordmenge bankrott machten. Bethlehem Steel hatte Anleihen im Wert von 179 Millionen Dollar nicht bedient und damit die Portfolios von Tausenden Anlegern angefressen. Swiss Air hatte 1,5 Milliarden platzen lassen und das Vermögen tausender Menschen zerstört. Die Bananengesellschaft Chiquita hatte 700 Millionen Schulden nicht bezahlt. Der Mobilfunkanbieter Metricom – 300 Millionen Dollar hochverzinsliche 13-prozentige Anleihen mit Fälligkeit 2010. Für Tausende von Anlegern hatten sich 13 Prozent gut angehört, aber was hatte es ihnen gebracht? Sie wurden nie bezahlt!

Die Finanzierung versiegt

Dulles dachte an die Finanzierungsprobleme, vor denen viele seiner ehemaligen Klienten jetzt standen. Selbst wenn sie vergleichsweise gut dastanden, würden sie jetzt Schwierigkeiten mit der Geldbeschaffung haben.

Wo und wann hatte das angefangen? fragte er sich. Das fiel ihm schnell ein: Mit dem Wagniskapital. Jeder kannte jemanden, der ein Vermögen mit IPOs von Gesellschaften vernichtet hatte, die schon nicht mehr existierten. Die Menschen wussten allerdings nicht, dass es vielen angeblich „schlauen" Venturekapitalisten noch schlimmer ergangen war.

Tatsächlich waren die Jahre 2001 und 2002 für die Wagniskapitalgeber die schlechtesten Jahre *der Geschichte*. Das neue Investmentkapital, das die Venturekapitalisten zur Verfügung stellten, verfiel im Jahre 2001 um unglaubliche 62 Prozent, und im Jahre 2002 *nochmals* um 92 Prozent.

Er erinnerte sich an das Jahr 1999. Damals brach Chase Manhattan in das Wagniskapitalgeschäft ein, indem es die niedrige kapitalisierte Investmentbank Hambrecht & Quist aufkaufte. Noch viel später, sogar noch nach der Fusion mit Morgan, hatte die Gesellschaft an den Folgen des Hambrecht-Desasters zu leiden.

Er erinnerte sich an den Fall Safeguard Scientifics, eine der wenigen an der Börse gehandelten Venture-Capital-Firmen. Die Firma hatte eine glänzende 50-jährige Geschichte hinter sich. Aber das änderte nicht das kleinste bisschen, als die Internetblase platzte. Safeguard fiel von 99 Dollar auf 1,03 Dollar im Oktober 2002.

Und das war nicht nur ein „dot.com"-Phänomen. Das gleiche Muster, nach dem die wegbrechenden Finanzierungen die Dot.coms zu Boden warfen, betraf jetzt fast alle Branchen in Amerika. In beiden Szenarien würden sich die Anleger von allen Unternehmen fernhalten, die nicht gerade hervorragende Einstufungen hatten. Große Banken würden furchtsam vor dem erhöhten Risiko zurückschrecken, Gesellschaften weitere Kredite zu gewähren, die ohnehin schon mit Schulden überladen sind.

Dulles fragte sich, ob es denn wirklich schon anfing. War es nicht die Wachovia Bank, die öffentlich angekündigt hatte, sie würde bei der Vergabe von Darlehen an Fluggesellschaften, Zulieferern für den Flugzeugbau, Hotels und Lebensmittellieferanten für Restaurants an der Ostküste strenger werden? Hatte nicht die Bank of America ein entscheidendes Kreditfenster für kommerzielle Vertragspartner gestrichen?

Wenn all das schon jetzt passierte, was würde dann erst in einem von Tamaras Szenarien passieren? Er sah mit Leichtigkeit, wie fast alle

Banken ihren Kreditrahmen kürzten, die Gebühren erhöhten und mehr Sicherheiten verlangten. Er sah, wie überall Kredite abgelehnt wurden und die Lichter bei Unternehmen ausgingen, die von diesen Krediten abhängig waren wie ein Süchtiger von der Droge.

Genau wie bei den Technologieunternehmen und den Telekoms konnte nichts ein kreditsüchtiges Unternehmen schneller in den Untergang treiben als ein harter Entzug – der plötzliche Wegfall des Kredits. Bisher bekamen allerdings in erster Linie die kleinen und mittleren Unternehmen den Kreditengpass zu spüren. Die großen Bluechips kamen immer noch an neue Kredite heran.

Kunst, Antiquitäten und Sammelobjekte

Dulles dachte auch an seine Lieblings-Vermögenswerte. Er war nicht reich. Aber er sammelte ein wenig Kunst und Antiquitäten. Er erinnerte sich, einmal gelesen zu haben, dass reiche Familien in den 30er-Jahren, als sie die Bargeldknappheit zwickte, seltene Kunstwerke und Antiquitäten zu Schleuderpreisen versteigert hatten. Genauso fielen die Preise für Kunst und Antiquitäten nach dem Crash 1987 auf den bedeutenden Auktionen um 30 bis 50 Prozent. Der Preisverfall hielt zwar nicht sehr lange an, aber er zeigte, wie anfällig diese Artikel für Deflation sind.

Wenn Tamaras Deflationsszenario Wirklichkeit würde, was würde dann mit dem Preis einer Tiffany Favrile Stehlampe passieren? Einer Curtis Jenny Luftpostbriefmarke von 1918? Einer Baseballkarte mit dem Autogramm von Jackie Robinson? Einer Mingvase? Alles könnte ziemlich genauso wie der Aktienmarkt steil abtauchen.

Würden die Preissenkungen sproradisch sein oder sich quer durch alle Bereiche ziehen? Würden sie auch die reichen Käufer in Amerika, Japan, Hongkong und dem Nahen Osten betreffen? Wenn die Deflation ihre Geschäfte und sonstigen Vermögenswerte treffen würde, wären sie dann auch zum Verkauf gezwungen? Die Möglichkeit bestand auf jeden Fall.

So langsam betrachtete er die Deflation als Schneeball, der immer größer wird, während er einen Hügel hinabrollt. Das würde sich nicht von den fieberhaften Verkäufen unterscheiden, die er an der Börse schon beobachtet hatte: Die Preise würden fallen, weil die Menschen verkaufen, und die Menschen würden mehr verkaufen, weil die Preise fallen. Sie würden aus allen möglichen Gründen verkaufen, vielleicht aus innerem Antrieb, vielleicht auf äußeren Druck, oder ganz einfach weil alle anderen es auch tun.

Dulles betete, dass keines der beiden Szenarien eintreten würde, aber wenn er sich zwischen den beiden hätte entscheiden müssen, dann hätte er eindeutig Szenario A gewählt, kurz aber schlimm. „Hinter sich bringen! Nicht hinziehen! Vorwärts in bessere Zeiten!", flüsterte er, ohne irgendjemanden damit zu meinen.

Die Gefahr höherer Renditen

Ein Grund, weshalb Linda Dedini an der Diskussion in Dulles' Büro so interessiert gewesen war, lag in ihrer Besorgnis hinsichtlich des Geldmarktes, der Anleihen, der Einlagezertifikate und so weiter. Als sie merkte, dass nichts davon das Hauptthema war, ging sie wieder. Außerdem hatte sie um 13:00 Uhr einen Termin bei ihrem Berater, und der Verkehr auf der Straße nach Baltimore war nie vorauszusehen.

Während sie fuhr, lenkte sie ihren Geist wieder konzentriert auf die Strategie, die sie entwickeln wollte, eine Strategie, die ihr die nötigen höheren Renditen *ohne* erhöhtes Risiko bieten würde.

„Diese Schatzwechsel bringen mich noch ins Grab", sagte sie dem Berater am Handy, als sie ihm sagte, dass sie ein bisschen später da sein würde. „Nein, ich beschwere mich nicht. Gott sei Dank verliere ich kein Geld mehr. Aber schauen Sie sich mal die niedrigen Zinsen an! Das ist Betrug! Und dann muss ich ja noch Steuern auf die Zinsen bezahlen, oder? Ich muss die Inflation ausgleichen. Wie hoch ist die Inflation im Moment?"

„Vielleicht zwei Prozent, vielleicht auch niedriger."

„Das klingt nicht gut, finde ich. Aber in Ordnung, wir können weiter reden, wenn ich da bin."

Sie stellte das Auto in seiner Einfahrt ab, ging zur Tür und klingelte. Als sie in seinem Arbeitszimmer angelangt waren, machte sie genau da weiter, wo sie vorhin aufgehört hatten. „Ich glaube nicht an die niedrigen Inflationsraten, die die Regierung herausgibt. Meine Rechnungen von der Versicherung steigen verteufelt viel schneller. Und in diesem Jahr haben sie schon wieder das Schulgeld für die Kinder aufgeschlagen. Das hört nie auf."

„Was ist mit der Deflation?", fragte der Berater. „Haben Sie über diese Perspektive je nachgedacht? Wenn Deflation herrscht, dann wächst der Wert Ihres Geldes selbst dann, wenn Sie *null* Prozent machen, und zwar möglicherweise in regelrechten Sprüngen. Am Aktienmarkt haben Sie das schon gesehen. Für einen Dollar können Sie jetzt das *Vier*fache an UCBS-Aktien kaufen. Im PC-Bereich sehen Sie es auch. Sie bekommen für ein Viertel des Geldes zehnmal so viel Rechenleistung wie noch vor ein paar Jahren. Wie hoch ist hier die Deflationsrate? So um die 97 Prozent? Eines Tages könnte Ihnen das auch im Lebensmittelladen und sogar bei der Stromrechnung so gehen."

Linda war keineswegs überzeugt. Sie sah es ganz einfach nicht. „Das sind Vermutungen", sagte sie. „Im Moment brauche ich auf jeden Fall etwas Besseres als diese Schatzwechsel. Hier also meine Idee: Ich nehme Unternehmensanleihen, die als BBB eingestuft sind. Die sind doch noch ziemlich sicher, oder?"

„Ja, das ist die niedrigste Einstufung von Anleihen, die noch nicht als spekulativ gelten – Investment grade. Alles, was darunter liegt, also BB oder schlechter, gilt als spekulative Anleihe oder Junkbond."

„Gut, ich nehme also BBB. Wenn sie heruntergestuft werden, verkaufe ich sie. So lange sie oben bleiben, behalte ich sie und kassiere die höheren Zinsen."

Der Berater war zwar beeindruckt, wie viel sie inzwischen über Anleihen gelernt hatte, aber er fühlte sich verpflichtet sicherzustellen, dass sie auch die Gefahren kannte.„Das *könnte* funktionieren, aber ich muss Sie vor zwei Fallstricken warnen", sagte er ehrlich besorgt. „Erstens melden die Unternehmen derzeit an allen Ecken und Enden Konkurs an."

„Das weiß ich. Mit Global Crossing und WorldCom habe ich das selbst erlebt. Ich will das Risiko nur wegen Moody's und S & P auf mich nehmen. *Die* warnen mich doch, oder?"

Der Berater hielt die Anleihenratings dieser Unternehmen auf jeden Fall für weniger bestechlich als die Aktieneinstufungen der Investmentbanken von der Wall Street. Aber „weniger befangen" war noch nicht genug. Die Anleiheneinstufungen waren trotzdem von den bewerteten Unternehmen gekauft und bezahlt. Die Herabstufungen kamen trotz allem zu spät. In einer um sich greifenden Insolvenzkrise konnte es sein, dass sie zu schwach waren, zu spät kamen und den Anlegern wenig nützten.

„Sie wissen alles über Enron, aber wissen Sie auch, was hinter den Kulissen mit den Krediteinstufungen von Enron passiert ist?", fragte der Berater.

„Nein. Was ist denn passiert?"

„Das werde ich Ihnen gleich sagen." Während er sprach, stand er auf, öffnete einen Aktenschrank, suchte kurz und zog dann einen Ordner mit der Aufschrift „Enron" heraus. Aus dem Ordner zog er einen Zeitungsausschnitt, an dem ein Notizzettel mit der Aufschrift „Anleihenratings von Enron" klebte, und dann setzte er sich wieder.

„Sogar noch, als den Ratingagenturen vollkommen klar war, dass die Finanzen von Enron in einer totalen Schieflage waren", sagte er, während er den Ausschnitt überflog, „weigerten sich die Agenturen, das Unternehmen auf ‚Junk' abzustufen; sie beharrten auf Investment grade. Noch einen kurzen Moment, ich suche etwas Bestimmtes in diesem Ausschnitt aus der New York Times. Ah, da ist es. Ich zitiere: ‚Die Unternehmensleitungen großer Wertpapierhäuser, die von dem Handel profitieren sollten' – die Rede ist von dem Dynergy-Deal zur Rettung von Enron – ‚drängten Moody's dazu, die Einstufungen auf Investment grade zu lassen, und zwar auch dann noch, als die Enron-Anleihen auf Niveaus fielen, die anzeigten, dass die Schuldpapiere hochriskant waren."

„Bitte übersetzen."

„Mit anderen Worten war es für alle Welt absolut offensichtlich, dass die Anleihen von Enron Junkbonds waren, und diese Anleihen wurden am freien Markt schon zu Junkbond-Preisen gehandelt. Moody's und S & P taten aber immer noch nichts."

„Und dann?"

„Dann kündigten die Ratingagenturen innerhalb von 24 Stunden massive Herabstufungen an. Moody's senkte die Einstufung von Enron um fünf Stufen. S & P drückte die Anleihen sogar sechs Stufen herunter. Den Vogel schoss allerdings Fitch ab; die Agentur stufte Enron um *zehn* Stufen herab. Alle drei Agenturen ließen die Investment grade Anleihen fallen wie eine heiße Kartoffel. Für die Anleiheninvestoren kam das allerdings zu spät. Bis dahin waren die Anleihen schon von 100 auf 22 Cent pro Dollar gefallen, sie hatten also seit dem Hoch vier Monate zuvor fast 80 Prozent abgegeben."

„So viel also zu meiner Idee, Unternehmensanleihen so lange zu halten, bis sie zu Junkbonds degradiert *wurden*."

„Ich bin froh, dass Sie es sein lassen wollen. In der jetzigen Zeit ist das voller Gefahren. Vielleicht irgendwann in der Zukunft, wenn wir das Schlimmste der Krise hinter uns haben und das meiste schon wieder auf dem Weg nach oben ist. Übrigens, enthält das Portfolio Ihres Großvaters eigentlich auch Anleihen?"

„Jetzt, wo Sie danach fragen – ja. Aber ich bin nie auf die Idee gekommen, darüber zu reden, weil wir uns ja auf die Aktien konzentriert haben."

Der Berater schien ein bisschen traurig zu sein. „Schon in Ordnung. Aber vergessen Sie nicht, dass wir harte Zeiten durchmachen. Sie müssen jeden Stein umdrehen. Sie müssen alles durchgehen, was Sie haben und was anfällig sein könnte, und Sie müssen sorgfältig die Risiken prüfen. Wie wir schon festgestellt haben, können Unternehmensanleihen in einer zurückgehenden Wirtschaft riskant sein. Was ist mit Ihrem 401(k)?"

„Mein 401(k)? Herrje! Da habe ich ja richtig ins Fettnäpfchen getreten, oder?", fragte sie.

„Ganz im Gegenteil. Ich bin es, der Sie danach hätte fragen müssen. Ich habe hier Anweisungen für beides: ‚Was tun mit Anleihen?' und ‚401(k)-Verwaltung bei fallenden Märkten'. Befolgen Sie bei Bedarf diese Anweisungen."

„Eine Freundin von mir kauft ausschließlich Investmentfonds", sagte sie, als sie der Berater zur Tür begleitete. „Was soll sie tun?"

„Wenn diese Fonds in Aktien investieren, befolgen Sie im Prinzip die

Schritte, die ich Ihnen für Aktien gegeben habe. Wenn Sie in Anleihen investieren, dann befolgen Sie die Anweisungen für Anleihen."

Linda war nicht glücklich damit, dass ihre Strategie der hohen Rendite fehlgeleitet war. Aber zumindest war sie jetzt vorgewarnt. Millionen anderer Anleger würde es kalt erwischen, wenn die Deflations- und Konkurskrise sich ausbreiten würde. Die Fahrt nach Baltimore hatte sich definitiv gelohnt. Jetzt konnte sie praktisch *alle* Vermögenswerte ihrer Familie in einem sicheren Hafen unterbringen.

Schlimme Optionen

Linda und ihre Brüder ergriffen alle nötigen Schutzmaßnahmen, um ihr künftiges Erbe und ihre Pensionsfonds abzuschirmen. Dann atmeten sie erleichtert durch und waren bereit für Weiteres.

Linda hatte nun ganz klar verstanden, dass die Aktienkurse immer weiter fallen konnten, sogar in Tiefen, mit denen niemand rechnet. Sie war begierig darauf, den Abstieg zu ihrem persönlichen Vorteil zu nutzen, aber sie wollte ihren Berater nicht schon so bald nach ihrem letzten Treffen wieder belästigen. Also ging sie online und kaufte ein paar Investments, von denen sie auf CNBC gehört hatte – *Put-Optionen*.

Sie tat das vollkommen allein und suchte sich welche aus, die lächerlich billig aussahen – 100 Dollar, 50 Dollar und sogar 25 Dollar für 100 Aktien. Einige waren derart preiswert, dass die Gebühren teurer waren als die Investition an sich. Sie wartete, dass irgendetwas passieren würde, und dann passierte es auch: Der Markt bewegte sich seitwärts, und nach ein paar Wochen war jeder Cent, den sie für die Put-Optionen ausgegeben hatte, verschwunden. Die Put-Optionen hatten alles in wertlosen Staub verwandelt.

„Wenn ich das Geld in Las Vegas in einen einarmigen Banditen gesteckt hätte, der keinen Cent ausspuckt, hätte ich mehr Spaß gehabt als mit diesen Optionen", sagte sie zu ihrem Berater ein paar Tage später am Telefon.

Wie gewohnt lachte er herzlich, aber dieses Mal fand sie es nicht wirklich lustig. „Wie viel haben Sie denn verloren?", fragte er.

„Nur etwa 2.000 Dollar, aber darum geht es gar nicht. Der Punkt ist doch, dass diese Dinger schlimmer sind als Lotterielose."

„Sie sagen es. Hören Sie, ich bin morgen nachmittag in meinem Büro in D.C. Treffen wir uns doch um 17:00 Uhr."

15 Regeln zur optimalen Ausnutzung von Put-Optionen

Die meisten Anleger, die Optionen kaufen, verlieren damit am Ende Geld, und zwar meistens aus genau den gleichen Gründen, aus denen Anleger am Aktienmarkt oder mit anderen Anlageformen Geld verlieren: Sie lassen sich von ihren Emotionen leiten. Außerdem ist ihnen nicht klar, dass Optionen bei falschem Gebrauch einem Lotteriespiel oder einem Geldspielautomaten gleichen. Man kann damit zwar nicht mehr verlieren als man bei jedem Versuch einsetzt, aber wenn man Tag für Tag und Monat für Monat spielt, dann summieren sich die Kosten mit der Zeit ins Unermessliche. Um Fußangeln zu umgehen und die Erfolgschancen zu erhöhen, befolgen Sie die folgenden Regeln:

Regel 1: Beschränken Sie den Betrag, den Sie in Optionen investieren, immer auf eine Summe, die zu verlieren Sie sich leisten können. Für die meisten Anleger gilt die Faustregel, dass sie mindestens 90 Prozent ihres Geldes in sicheren, konservativen Investments anlegen sollten. Reservieren Sie höchstens zehn Prozent für Optionen. Wenn Sie es sich nicht leisten können, zehn Prozent Ihres Portfolios zu verlieren, dann sehen Sie für Optionen einen geringeren Anteil vor; und wenn Sie sich gar keinen Verlust leisten können, dann sind Optionen wahrscheinlich nichts für Sie.

Regel 2: Investieren Sie nicht den gesamten Betrag auf einmal. Verteilen Sie die Summe mindestens über ein Jahr. Wenn Sie beispielsweise 10.000 Dollar in Optionen investieren wollen, dann könnten das 2.500 pro Quartal sein.

Regel 3: Wenn nicht eine wirklich außergewöhnliche Situation vorliegt, meiden Sie Optionen, die weniger als 50 Dollar pro Kontrakt kosten. Im Allgemeinen haben solche Optionen sehr kleine Erfolgsaussichten – weil sie so weit aus dem Geld sind, weil nur noch eine kurze Laufzeit bleibt oder beides. Und außerdem können in solchen Fällen die Gebühren genauso hoch oder höher sein als der Preis der Optionen an sich. Das ist gewöhnlich kein gutes Geschäft!

Regel 4: Genauso gilt, dass Sie pro Optionskontrakt nicht zu viel ausgeben sollten. Im Allgemeinen ist er zu teuer, wenn er mehr als 500 Dollar kostet. Wenn Sie die Tatsache ausnutzen wollen, dass das Risiko von Optionen begrenzt ist, sollten Sie die Kosten pro Optionskontrakt möglichst niedrig halten. Dadurch können Sie zudem Ihr Vermögen auf eine breitere Auswahl von Optionen verteilen.

Regel 5: Rechnen Sie mit Verlierern. Im Optionsgeschäft kann man auch mit vielen kleinen Verlierern und ein paar großen Gewinnern Erfolg haben – ein weiterer Grund, weshalb Sie die Kosten für die einzelnen Optionen niedrig halten sollten.

Regel 6: Seien Sie nicht überrascht, wenn einige der Verlierer wertlos verfallen – mit 100 Prozent Verlust. Wenn Sie Totalverluste vermeiden wollen, dann versuchen Sie zu verkaufen – egal ob mit Gewinn oder mit Verlust –, und zwar vor den letzten zwei Wochen der Optionslaufzeit.

Regel 7: Versuchen Sie Put-Optionen möglichst dann zu kaufen, wenn eine Markterholung ansteht (um festzustellen, ob das der Fall ist, vergleichen Sie „Steht der Markt auf ‚Erholung'?").

Regel 8: Versuchen Sie entsprechend, Ihre Put-Optionen dann zu verkaufen, wenn der Markt immer noch in einem kurzfristigen Abstieg begriffen ist (siehe Kapitel 6).

Regel 9: Versuchen Sie, von jeder Option eine gerade Anzahl von Kontrakten zu kaufen. So können Sie Ihren Ausstieg flexibler gestalten.

Regel 10: Wenn Sie eine Option kaufen – egal ob Put oder Call –, legen Sie immer den maximalen Preis fest, den Sie aufgrund des letzten getätigten Handels mit dieser Option zu zahlen bereit sind. Wenn Sie zum Beispiel zwei Kontrakte der Option XYZ kaufen wollen und der letzte Preis 2,75 Dollar pro Aktie war (275 Dollar pro Kontrakt über 100 Aktien), dann sagen Sie Ihrem Broker etwa: „Bitte kaufen Sie zwei Kontrakte XYZ für 2,75 Dollar oder besser." („Oder besser" heißt beim Kauf „oder weniger"). Sie können dabei den Preis ein kleines bisschen nach oben anpassen, um kleine Schwankungen zu berücksichtigen. Aber der Preis, den Sie festlegen, sollte nicht weiter als zehn Prozent über dem letzten Marktpreis liegen. Ihr Broker kann Sie in dieser Hinsicht in Abhängigkeit von den aktuellen Marktbedingungen beraten.

Regel 11: Wenn Sie eine Option verkaufen, legen Sie immer den minimalen Preis fest, den Sie akzeptieren wollen. Um das Beispiel aus Regel 10 zu nehmen: Wenn die Option XYZ 5,25 Dollar pro Aktie kostet (525 Dollar pro Kontrakt über 100 Aktien) und Sie mit beiden Kontrakten Gewinn machen wollen, dann sagen Sie Ihrem Broker: „Bitte verkaufen Sie zwei XYZ-Kontrakte zu 5,25 oder besser." („Oder besser" heißt beim Verkauf „oder mehr"). Sie können dabei den Preis ein kleines bisschen nach unten anpassen, um kleine Schwankungen zu berücksichtigen. Aber der Preis, den Sie festlegen, sollte nicht weiter als zehn Prozent unter dem letzten Marktpreis liegen. Beraten Sie sich auch in diesem Fall mit Ihrem Broker über das aktuelle Niveau und die Marktbedingungen.

Regel 12: Rennen Sie nicht dem Markt hinterher. Wenn Sie einen Kauf- oder Verkaufspreis festlegen, dann bekommen Sie entgegen Ihren Hoffnungen die Option vielleicht nicht, oder Sie werden sie nicht los. Wenn das passiert, dann ist das frustrierend, aber Sie sollten nicht weich werden. Am besten tun Sie Folgendes:
– Warten Sie mindestens drei ganze Handelstage ab.
– Wenn die Order dann noch nicht ausgeführt ist, überdenken Sie nochmals die Situation und überprüfen Sie, ob Sie den Handel immer noch wollen.
– Wenn es Ihr Budget erlaubt, stellen Sie eine neue Order zum aktuellen Preis.
– Egal was passieren mag, lassen Sie Ihren Broker die Optionen nicht „zum Marktpreis" kaufen oder verkaufen.

Es gibt zwei Gründe, weshalb Market-Orders den Nutzen der Optionen mindern können:
– Optionen können sehr volatil sein, also im Preis schnell nach oben und unten gehen. Wenn Sie Ihren Broker zu einem beliebigen Marktpreis kaufen lassen, dann müssen Sie am Ende vielleicht viel mehr ausgeben als geplant, wodurch Sie Ihr Budget überschreiten und Ihren Profit reduzieren. Und wenn Sie zum Marktpreis verkaufen, dann geben Sie vielleicht zu viel Wert dafür ab. Auf beiden Seiten – Kauf und Verkauf – kann aus einem hübschen Gewinn ein mittelmäßiges oder ein Verlustgeschäft werden.
– Optionen werden häufig recht wenig gehandelt. Wenn zu viele Investoren zur gleichen Zeit kaufen (oder verkaufen), dann könnten Sie den Marktpreis genau dann nach oben drücken, wenn Sie kaufen (oder nach unten, wenn Sie verkaufen) und damit Ihr Ergebnis verschlechtern.

Regel 13: Stocken Sie Gewinnerpositionen nicht auf. Im Hinblick auf andere Anlageformen haben Sie vielleicht das Gegenteil gehört, und deshalb kann es etwas dauern, bis Sie sich daran gewöhnen. Aber wenn eine Option eindeutig in der Gewinnerspalte steht, dann ist es wahrscheinlich zu spät einzusteigen, weil der Kauf zu teuer ist. Von dieser Regel gibt es zwar Ausnahmen, aber nur wenige, und diese treten selten ein.

Regel 14. Aus dem gleichen Grund überstürzen Sie nicht den Verkauf von Verlust-Optionen. Auch dieser Rat widerspricht dem, den man für die meisten anderen Anlageformen bekommt. Bei Optionen ist es durchaus normal, dass ein Verlierer plötzlich „von hinten" kommt und in die Gewinnerspalte springt.

Regel 15: Stop-Loss-Orders (Verkaufs-Stopps) sind normalerweise nicht zu empfehlen. Sie sollten bereits Schritte zur Risikobegrenzung unternommen haben: (1) Sie sollten Ihr Geld sorgfältig verplanen, (2) Sie sollten es über die Zeit verteilen, und was am wichtigsten ist, (3) Sie sollten alle empfohlenen Schritte beachten, um die Kosten der einzelnen Option sehr gering zu halten. Diese drei Maßnahmen begrenzen Ihr Risiko und ersetzen weitgehend die Funktion von Stopps. Und was noch dazu kommt: Wenn man Stop-Loss-Orders verwendet, dann zwingen sie meistens gerade dann zum Verkauf der Optionen, wenn sich der Markt gegen einen richtet – und das widerspricht Regel 8.

Zwei Warnungen:

- Verkaufen Sie Optionen nicht short, denn damit setzen Sie sich einem unbegrenzten Risiko aus und zerstören die hauptsächlichen Ziele dieser Strategie. (Es kann einen praktischen Nutzen haben, gedeckte Optionen zu verkaufen- das ist eine Strategie zum Schutz des Aktienportfolios oder zur Kostensenkung anderer Optionspositionen. Aber diese Strategien gehen über den Rahmen dieses Buches hinaus.)
- Immer wenn Sie in Optionen investieren, sollten Sie deren hauptsächlichen Nachteil im Gedächtnis behalten: Optionen sind Wegwerf-Werte. Wenn Sie eine Option kaufen, dann kaufen Sie in erster Linie Zeit. Wenn die Marktlage unverändert bleibt, sinkt natürlich mit der Zeit der Wert der Option. Und wenn Optionen Gewinn bringen sollen, dann muss die erwartete Bewegung stattfinden – oder zumindest beginnen –, bevor die Option verfällt.

Kapitel 14

Grundlagen des Optionshandels

Als sie in das Büro des Beraters kam, aß dieser gerade sein Mittagessen, das er in einer Pappschachtel mitgebracht hatte. Er entschuldigte sich dafür, dass er während des Gesprächs aß, aber er sagte, er habe einen arbeitsreichen Tag gehabt. Linda lächelte und wünschte ihm guten Appetit.

„Ich geleite Sie langsam Schritt für Schritt und zeige Ihnen so viele Möglichkeiten wie ich kann", sagte er, während er geschickt mit den Essstäbchen hantierte.

Schritt für Schritt – das war genau das, was sie brauchte, dachte sie. Sie hatte sich Bücher über Optionen gekauft, aber trotz ihrer wissenschaftlichen Denkweise rannte sie nur gegen eine Backsteinmauer – Butterflies, Straddles, Strangles. Alleine schon die Begriffe waren rätselhaft.

„Als Allererstes", sagte er, „versuchen Sie nicht, einen ganzen Haufen komplexer Optionsstrategien zu erlernen. Fangen Sie stattdessen mit der Art von Optionen an, mit der Sie wahrscheinlich am besten vertraut sind."

„Ich dachte, ich hätte es Ihnen schon gesagt: Ich bin mit *keinerlei* Optionen vertraut."

Er lachte. „Doch, das glaube ich schon. Sagen wir einmal, Sie sind auf der Suche nach einem neuen Haus. Und nehmen wir einmal an, wir sitzen hier in einem Maklerbüro, und ich bin Ihr Immobilienmakler. Ich nehme Sie im Auto mit und zeige Ihnen ein schönes Haus in einem angenehmen Viertel. Der Preis gefällt Ihnen, aber Sie wollen nicht sofort kaufen. Also gehen wir zu dem Besitzer und sagen: ‚Was halten Sie davon, das Haus mit Kaufoption zu vermieten?'"

„Ja, mit *dieser* Art Optionen bin ich vertraut."

Der Berater erläuterte die Bedingungen: „Der aktuelle Preis für vergleichbare Häuser liegt bei 150.000 Dollar. Aber alle glauben, dass die Preise in dieser Gegend steigen werden. Deshalb sagt der Verkäufer, er würde Ihnen eine Option auf den Kauf des Hauses für 155.000 Dollar geben. Die Laufzeit beträgt zwölf Monate. Wenn Sie die Option nicht innerhalb dieses Zeitrahmens ausüben, dann war's das – Sie haben Ihre Chance vertan. Sie betrachten die Option sozusagen als Sahnehäubchen. Wenn Sie sie nicht in Anspruch nehmen, dann haben Sie nichts verloren, aber wenn Sie sie brauchen, dann haben Sie sie. Daher gehen Sie auf den Handel ein. Alles klar?“

„Vollkommen klar.“

„Okay. Noch ein Beispiel. Szenenwechsel – gleicher Schreibtisch, gleiche Requisiten, aber jetzt sind wir nicht mehr im Maklerbüro, sondern bei einer Arbeitsvermittlung, und ich bin Ihr Sachbearbeiter. Sie sagen, Sie haben die Nase voll von der akademischen Welt und wollen einen Job in der freien Wirtschaft. Ich erzähle Ihnen von einem kleinen Start-up-Unternehmen, das in seiner Abteilung für Forschung und Entwicklung eine Stelle frei hat. Es bietet ein viel höheres Gehalt als Sie jetzt bekommen. Was sagen Sie dazu?“

„Kein Interesse.“

„Moment, es gibt tolle Sozialleistungen – vollständigen Krankenversicherungsschutz für Sie, Ihren Mann und Ihre Kinder.“

„Nein.“

„Dazu gibt es außerdem nette Aktienbezugsrechte. Gefällt Ihnen? Aha! Ich sehe Ihnen an, dass Sie das schon ein bisschen mehr interessiert.“

„Ja“, gab sie zu.

„In Ordnung. Also folgendes Geschäft“, sagte er und tat begeistert. „Es handelt sich um ein neues, aber schnell aufstrebendes Biotechnologie-Unternehmen, dem es gut gehen wird, egal ob die Börse steigt oder fällt. Als Willkommensgeschenk *schenkt* Ihnen diese Gesellschaft die Option auf den Kauf von 10.000 ihrer Aktien zu einem Preis von fünf Dollar – zu einem beliebigen Zeitpunkt innerhalb der nächsten fünf Jahre. Das ist kein schlechter Ausübungskurs – fünf Dollar.“

„Okay.“

„Die Aktie kostet im Moment 2,75 Dollar. Also können Sie mit den Bezugsrechten im Moment nichts anfangen. Aber warten Sie's nur ab“, fuhr er fort und mimte immer noch den begeisterten Arbeitsvermittler. „Die Aktie steigt auf zehn, auf 20 oder sogar 50 Dollar, genau wie die ganzen anderen Hightech-Aktien. Wenn das passiert, dann können Sie *dick* abkassieren. Egal zu welchem Preis die Aktien gerade gehandelt werden, Sie bezahlen immer nur fünf Dollar. Nehmen wir an, die Aktie steigt bloß auf zehn. Dann gehen Sie hin und kaufen 10.000 Aktien für fünf Dollar das Stück. Macht 50.000 Dollar. Dann drehen Sie sich auf dem Absatz um und verkaufen sie für 100.000 Dollar. Bingo! Sie haben einen satten Profit von 50.000 Dollar abgesahnt."

„Okay, ich kenne den Trick", sagte sie. „Wir waren jetzt gerade ein paar Jahre in der Vergangenheit, oder? Wenn die Situation real wäre und ich wirklich meine Arbeit als Lehrerin aufgeben wollte, würden Sie das machen?"

„Der Deal hat ein paar klare Vorteile. Erstens haben Sie durch die Annahme der Option nichts verloren, falls sich die ganzen Versprechungen in Luft auflösen. Wenn Sie eine Option haben, dann bedeutet das, dass *Sie* entscheiden, ob Sie kaufen. Wenn sich herausstellt, dass das Unternehmen ein kompletter Flop war, dann schmeißen Sie sie in den Papierkorb.

Zweitens", fuhr er fort, „kosten Sie diese Optionen im Gegensatz zu denen, die Sie kürzlich gekauft haben, gar nichts. Das Unternehmen will sie Ihnen *geben* – umsonst. Wenn Sie vergleichbare Optionen an der Börse kaufen würden, dann müssten Sie schon ein paar Steine investieren – viel mehr, als Sie für Ihre Puts bezahlt haben."

„Nehmen Sie an, ich wollte einen besseren Deal heraushandeln."

„In Ordnung. Wir können das Unternehmen anrufen und fragen, ob wir statt fünf Jahren zehn Jahre bekommen. Und wir könnten nach einem niedrigeren Ausübungspreis fragen – drei statt fünf Dollar. Aber ich bezweifle, dass wir das bekommen würden."

„Warum nicht?"

„Eine Kaufoption auf drei Dollar wäre viel zu wertvoll, um sie einer normalen Mitarbeiterin zu schenken. Bereits wenn die Aktie um 25 Cent auf drei Dollar steigt, sind Sie am Geld. Wenn Sie um 50 Cent auf 3,25 Dollar steigt, sind Sie schon 25 Cent im Geld. Und außerdem haben Sie zehn Jahre Zeit zu warten, dass das passiert. Jungejunge, in zehn Jahren könnte die Aktie 100 Steine wert sein! Sie kaufen für drei, verkaufen für 100 und machen mit jeder Aktie 97 Dollar Gewinn. Wenn Sie das mit 10.000 Aktien multiplizieren, kommen Sie recht nahe an die Million. Es ist undenkbar, dass ein Unternehmen einer Forschungsassistentin so viel gibt."

„Das stimmt."

Während des Gesprächs hatte der Berater die Stäbchen beiseite gelegt und ein Temaki in die Hand genommen. „Okay. Fassen wir einmal zusammen, was Sie gelernt haben. Zunächst haben Sie gelernt, was der Ausübungspreis oder *Strike* ist – der Preis, zu dem Sie die Option ausüben und die Aktie kaufen können. Sie haben gelernt, was das ‚Verfallsdatum' ist – natürlich wenn die Option verfällt. Sie haben gelernt, was ‚am Geld' bedeutet (der Markt steht auf dem gleichen Niveau wie der Ausübungspreis) und was ‚im Geld' bedeutet (der Markt hat den Ausübungspreis überschritten). Und Sie haben ein paar Grundregeln gelernt."

„Habe ich?"

„Aber sicher! Sie haben zunächst einmal gelernt, dass die Chance, den Strike der Option in der vorbestimmten Zeit zu erreichen, umso größer ist, je *näher* dieser am aktuellen Aktienkurs liegt – und dass die Option dann umso wertvoller ist."

„Ach ja, deshalb wollten Sie mir die Bezugsrechte mit dem Ausübungspreis von fünf Dollar geben, aber nicht die mit einem Strike von drei Dollar. Die Drei-Dollar-Option war fast schon im Geld."

Er nickte. „Zweitens ist eine Option umso mehr wert, je mehr Zeit sie bietet. Drittens kann der Lohn groß sein, aber das Risiko ist beschränkt. Wenn Sie eine Option kaufen, dann *können* Sie zwar jeden Cent verlieren, den Sie investiert haben, aber keinen Cent mehr."

Sie sah zu, wie der Berater die Pappschachtel zuklappte und in den Papierkorb hinter seinem Schreibtisch warf. „Mir fehlt da noch etwas. Da passt noch nicht alles zusammen. Im Fernsehen haben sie gesagt, dass jemand ein Vermögen gemacht hat, als der Markt *nach unten* ging, nicht *nach oben*. Alles, was Sie mir bisher über Optionen gesagt haben, besagt das Gegenteil."

Put-Optionen

Wieder lachte der Berater. „Ja, natürlich. Bisher haben wir ausschließlich über Kaufoptionen oder *Call*-Optionen gesprochen – mit denen man aus einer steigenden Börse Nutzen zieht. Aber die gleichen Grundprinzipien gelten auch für *Put*-Optionen – mit denen man aus einer fallenden Börse Nutzen zieht. Das ist ganz einfach: Put-Optionen geben Ihnen nicht das Recht, zu einem vorbestimmten Preis zu *kaufen*, sondern sie geben Ihnen das Recht, zu einem vorbestimmten Preis zu *verkaufen*."

„Das verstehe ich nicht."

„Nehmen wir noch einmal das Beispiel mit dem Haus. Tun Sie wieder so, als wäre ich der Immobilienmakler."

Linda nickte. „In Ordnung, Sie sind der Immobilienmakler, und ich will ein Haus kaufen."

„Nein, diesmal *ver*kaufen Sie Ihr Haus."

„Mein Haus verkaufen? Okay, ich verkaufe mein Haus. Und dann?"

„Eigentlich wollen Sie frühestens in einem Jahr ausziehen, weil ab dann Ihr neuer Arbeitsvertrag läuft."

„Verstehe. Aber warum warte ich nicht einfach ein Jahr und verkaufe dann?"

„Weil Sie befürchten, dass Ihr Haus an Wert verlieren könnte. Es wurde auf, sagen wir 190.000 Dollar geschätzt, aber Sie haben Angst, dass es im nächsten Jahr um die gleiche Zeit nur noch 160.000 Dollar wert sein könnte. Deshalb kommen Sie zu mir und fragen mich: ‚Können Sie mir irgendwie helfen, den Verkaufspreis festzuschreiben?'"

„Und können Sie das?", fragte Linda.

„Das kann ich tatsächlich. Viele Immobilienmakler machen Reklame mit Sprüchen wie ‚Wenn wir Ihr Haus nicht verkaufen können, dann kaufen wir es einfach'. Und genau das mache ich mit Ihnen, wenn Sie mir eine Gebühr von, sagen wir 2.000 Dollar bezahlen. Im Austausch gebe ich Ihnen einen Vertrag, der Ihnen das Recht gibt, Ihr Haus an mich zu verkaufen, und zwar für 190.000 Dollar. Das ist *Put-Options*-Kontrakt."

„Ich hätte ja wirklich nichts dagegen, im richtigen Leben so etwas zu tun. Aber warum sollten Sie mir diese Option geben wollen?"

„Weil ich nicht glaube, dass der Preis sinkt. Ich bin ziemlich sicher, dass ich einen Käufer finde, der *mindestens 190.000 Dollar* bezahlt, vielleicht sogar mehr. Ich denke mir, dass ich nichts zu verlieren habe. Und ich denke mir, dass ich nebenbei 2.000 Dollar zusätzlich verdiene."

„Schön für Sie. Aber was fange *ich* damit an?"

„Wenn der Marktpreis steigt, tun Sie nichts. Ich finde einen guten Käufer für Sie, zum Beispiel für 195.000 Dollar. Dann werfen Sie den Put-Kontrakt in den Müll. Warum sollten Sie mir das Haus für 190.000 verkaufen, wenn ich Ihnen von jemand anderem 195.000 beschaffe? Dann hat es Sie 2.000 Dollar gekostet. Und? Wenigstens können Sie nachts ruhig schlafen. Wenigstens haben Sie einen festgeschriebenen Mindestpreis."

„Und wenn der Markt nach unten geht?"

„Dann *verkaufen* Sie mir das Haus – Sie verpflichten mich zur Erfüllung meines Kaufkontrakts mit Ihnen. Sie bekommen Ihre garantierten 190.000 Dollar, und dann sitze ich auf der Immobilie. Ich muss mich abmühen, einen Käufer zu finden, aber das ist ja nicht Ihr Problem. Sie sind weg, in Ihrem neuen Job, und Sie haben 190.000 Dollar abzüglich der 2.000 in der Tasche, die Sie mir für die Option bezahlt haben."

Linda lächelte. Endlich hatte sie verstanden, was Put-Optionen sind. Aber mit Crash-Gewinnen konnte sie sie immer noch nicht so recht zusammenbringen. „Und wie funktioniert das mit Aktien?"

„Gleiches Spiel. Ich nehme meine Maklermütze ab und setze mir den Brokerhut auf den Kopf."

„Okay, jetzt sind Sie wieder der Broker", sagte Linda und nickte.

„Sagen wir einmal, Sie haben 100 Microsoft-Aktien, die gerade 60 Dollar pro Stück kosten. Sie wollen oder können die Aktien nicht verkaufen, aber Sie befürchten, dass Microsoft im nächsten halben Jahr bis auf 40 Dollar einbrechen wird. Deshalb kommen Sie zu mir und sagen: ‚Ich will meinen Verkaufspreis festschreiben, genauso wie ich es mit meinem Haus gemacht habe. Ich will einen Microsoft-Put zu 55 Dollar kaufen.'"

„Ich will einen Microsoft-Put zu 55 Dollar kaufen."

„Genau. Also verkaufe ich an Sie. Wenn die Aktie steigt, dann zerreißen Sie die Put-Option und werfen sie weg. Wenn die Aktie unter 40 Dollar fällt, dann verkaufen Sie mir die Aktien, und ich muss Ihnen den Preis von 55 Dollar bezahlen, den Sie festgelegt haben. Genauso wie die 190.000 Dollar, die Sie für Ihr Haus festgeschrieben hatten."

„Moment. Angenommen, ich habe keine Microsoft-Aktien. Was mache ich dann?"

„Was würde Microsoft in diesem Moment kosten?"

„40 Dollar."

„Und wie viele Aktien brauchen Sie?"

„Einhundert."

„Okay. Worauf warten Sie also noch? Es stehen Millionen von Microsoftaktien zum Verkauf. Gehen Sie einfach hin und kaufen Sie 100 Stück zu 40 Dollar. *Dann* kommen Sie wieder zu mir und verkaufen sie mir für 55 Dollar."

„Können Sie mir noch ein Beispiel geben?"

„Natürlich. Nehmen wir an, Sie erwarten, dass die Aktien der ABC Company von 100 auf 50 Dollar fallen. Dann können Sie eine Put-Option – also das Recht, die Aktie zu verkaufen – mit einem Ausübungspreis von 90 Dollar kaufen.

Wenn Sie Recht behalten und die Aktie auf 50 Dollar fällt, dann können Sie sie für 50 Dollar kaufen. Die Option gibt Ihnen das Recht, sie für 90 Dollar zu verkaufen. Sie kaufen für 50 und verkaufen für 90, also machen Sie einen Gewinn von 40 Dollar."

„Ich muss also die Aktie kaufen und dann gleich wieder verkaufen?"

„Nein, keineswegs. Sie brauchen die Option nicht auszuüben, um das Geld zu bekommen. Sie können einfach die Option an sich verkaufen. Und Sie brauchen auch nicht zu warten, bis die Option fällig ist. Sie können sie jederzeit verkaufen. In diesem Fall ist es Ihr Ziel, mit dem Kauf und Verkauf von Optionen Geld zu verdienen, und nicht mit dem Kauf und Verkauf von Aktien. Das erleichtert Ihnen das Leben wesentlich. Sie brauchen nichts weiter zu tun, als die Optionen preiswert zu kaufen und teuer zu verkaufen, genau wie alles andere auch."

Sie wollte das noch etwas genauer wissen. „Mit den Optionen, die ich gekauft habe, war das aber nicht ganz so, oder? Können Sie mir sagen, wie das funktioniert hätte?"

„Aber natürlich." Er nahm ein Blatt Papier und schrieb einen ‚Schein'–Kontrakt mit folgenden Angaben:

Put-Options-Kontrakt
Anzahl der Aktien: 100.
Aktie: ABC Company.
Ausübungsfrist: Heute in drei Monaten.
Ausübungspreis (Strike): 90 Dollar.

Sie warf einen Blick auf das Blatt und begriff sofort. Der Vertrag gab ihr das Recht, 100 Aktien der ABC Company zu verkaufen. Sie hatte ab dem heutigen Tag drei Monate Zeit, dieses Recht auszuüben. Und wenn sie die Aktien tatsächlich verkaufte, dann würde sie für jede Aktie 90 Dollar bekommen.

„Und ich brauche die Aktien vorher gar nicht zu besitzen, oder?"

„Keineswegs. Tatsächlich brauchen Sie die Aktien *niemals* zu besitzen. Das Anlageinstrument, das Sie kaufen, ist dieser Kontrakt – diese Option. Achten Sie dann nur noch darauf, was dieser Vertrag kostet und für wie viel Sie ihn verkaufen können."

„Das war genau meine Frage. Woher weiß ich, was der Kontrakt kostet?"

„Ganz einfach. Fragen Sie Ihren Broker, schauen Sie in der Zeitung nach oder im Internet. Nehmen wir an, die Put-Option der ABC Company wird für 4,75 Dollar pro Aktie verkauft. Der Kontrakt geht über 100 Aktien. Dann kostet die Option 100 mal 4,75 oder 475 Dollar pro Kontrakt."

„Und für wie viel kann ich ihn später verkaufen?"

Der Berater lehnte sich in seinem Stuhl zurück und dachte ein paar Sekunden nach. „Das kommt darauf an. Was wollen Sie zuerst hören – die Verlustszenarien oder die Gewinnszenarien?"

„Fangen Sie mit dem Verlust an. Leider", sagte sie und lächelte schmal, „bin ich im Verlieren anscheinend ziemlich gut. Auf diesem Gebiet habe ich schon echte Erfahrungen."

Das „Stolper"-Szenario

„Schön. Denken Sie daran, dass Sie durch den Kauf einer Put-Option auf die ABC Company darauf setzen, dass die Aktie *fällt*. Wenn der Kurs steigt, ist das also schlecht für Sie. Wenn er wie geplant fällt, dann ist das grundsätzlich gut für Sie. Begriffen?“

„Ich weiß, ich weiß. Darum geht es ja gerade. Ich will von dem fallenden Markt profitieren.“

„Okay. Nehmen wir an, Sie kaufen genau zum falschen Zeitpunkt. Anstatt zu fallen, wie Sie erwartet hatten, steigt die Aktie sofort auf 130 Dollar. An diesem Punkt können Sie die Option nicht ausüben. Sie wollen die Aktie natürlich nicht für 90 Dollar verkaufen, wenn sie 130 Dollar wert ist. An dem Tag, an dem die Option ausläuft, steht die Aktie immer noch auf 130 Dollar.“

„Was wäre die Option zu diesem Zeitpunkt wert?“

„Nichts.“

„Ein Totalverlust?“

„Ein Totalverlust. Sie verlieren jeden Cent, den Sie investiert haben.“

„Ich verstehe“, sagte sie nach kurzem Nachdenken. „Und jetzt sagen Sie mir bitte, was passiert, wenn der Aktienkurs fällt.“

Das „Seitwärts“-Szenario

„Später. Betrachten wir zuerst eine Seitwärtsbewegung. Am einen Tag geht ABC Company ein bisschen nach unten, am nächsten Tag wieder ein bisschen nach oben. Obwohl gelegentlich ein wenig Begeisterung aufkommt, scheint die Aktie mehr oder weniger immer wieder an der gleichen Stelle herauszukommen. Mit jedem Tag, der vergeht, verliert Ihre Option an Wert, wie ein Stundenglas, durch das in jedem Augenblick, der vergeht, Sandkörner rieseln. Und dann plötzlich, in den letzten Tagen vor dem Verfall Ihrer Option, fällt ABC Company ein paar Punkte. Aber es ist schon zu spät. Die Aktie fällt erst drei Tage *nach* Fristablauf unter 90 Dollar.“

„Nicht gut?“

„Nein. Die Ironie daran ist, dass Sie mit den Aktien der ABC Company eigentlich Recht hatten. Sie sind *gesunken,* genau wie Sie gedacht hatten. Aber das reicht nicht. Sie müssen auch mit dem Zeitpunkt richtig liegen. Sie haben die Option zu früh gekauft. Als die Aktie zu fallen begann, lief Ihnen die Zeit davon. Im Endergebnis verfällt die Option wertlos – genau wie im vorherigen Beispiel."

„Können wir *jetzt* zu einem Gewinner-Szenario übergehen?"

Das „Null"-Szenario

„Wir nähern uns an, aber wir sind noch nicht ganz so weit. Die Aktie der ABC Company fällt von der Startlinie an auseinander. Der Zeitpunkt ist perfekt. Die Aktie purzelt fast täglich weiter. Sie fällt unter 90 Dollar, Sie sind *im Geld* und freuen sich. Aber im Geld heißt noch nicht unbedingt *in der Gewinnzone*. Sie erinnern sich, dass Sie pro Aktie 4,75 Dollar bezahlt haben. Die Gesamtkosten haben sich vielleicht auf fünf Dollar einschließlich Gebühren belaufen, also 500 Dollar für den Kontrakt. Damit Sie auf Null herauskommen, muss ABC Company also nicht nur auf den Strike von 90 Dollar fallen, sondern noch fünf Dollar tiefer, auf 85 Dollar.

Und genau das passiert auch. Wenn Sie die Option an diesem Punkt ausüben würden, dann würden Sie 100 Aktien der ABC Company für 90 Dollar das Stück verkaufen und könnten sie für 85 Dollar kaufen. Somit sind die Optionen fünf Dollar pro Aktie wert. Für 100 Aktien macht das 500 Dollar, genau das, was Sie am Anfang investiert haben."

„Ich komme auf Null, klar. Und wann kommen wir zum Gewinn-Szenario?"

Das „Verdopplungs"-Szenario

„Jetzt. Wie im vorigen Szenario fällt ABC Company aus den Startlöchern. Innerhalb einer Woche erreicht sie den Ausübungspreis von 90 Dollar. Innerhalb einer weiteren Woche passiert sie 85 Dollar, also den Nullpunkt für das Verfallsdatum. Die Option hat aber noch eine Lebensdauer von zwei Monaten, und ABC Company fällt weiterhin. Zum Verfallsdatum kostet die Aktie 80 Dollar. Wenn Sie Ihre Option ausüben würden, könnten Sie 100 Aktien der ABC Company zu 80 Dollar kaufen und zu 90 Dollar verkaufen. Das ist eine schöne Differenz von zehn beziehungsweise 1.000 Dollar. Aber Sie üben die Option nicht aus, sondern verkaufen sie für die 1.000 Dollar. Sie brauchen Optionen nie auszuüben, Sie können sie immer verkaufen, um Ihre Position glattzustellen."

„Das gefällt mir schon besser!", rief sie. „Ich komme mit 500 Dollar an und gehe mit 1.000 Dollar heim – ich habe mein Geld verdoppelt. Wow! Das sind hundert Prozent Gewinn in nur drei Monaten!"

„Übertreiben Sie es nicht. Für Anleger, die an Aktien und Anleihen gewöhnt sind, klingt das vielleicht nach einem fantastischen Ergebnis. Aber beim Optionskauf kann eine kleine Aktienbewegung Ihr Geld häufig verdoppeln."

Das „Volltreffer"-Szenario

„Und jetzt", fuhr er fort, „nehmen wir an, dass ABC Company weiter absäuft, praktisch nonstop. Sie fällt schon in den ersten Tagen unter 90 Dollar, und damit ist Ihre Option fast sofort im Geld. Das ist ein sehr gutes Zeichen. Und ein paar Tage danach fällt ABC Company unter 85 Dollar – Ihren Nullpunkt – und bricht weiter zusammen. Jetzt kostet sie schon 65 Dollar, und es ist noch eine Menge Zeit übrig. Sie haben zwei Möglichkeiten – entweder Sie warten bis zum letzten Tag und hoffen, dass ABC Company immer weiter fällt, so dass Sie noch mehr Gewinn machen, oder Sie verkaufen Ihre Put-Option gleich, nehmen also Ihre Gewinne mit und sind draußen."

„Wie viel wäre sie wert, wenn ich sie jetzt verkaufen würde?"

„Rechnen Sie es aus."

„Schauen wir mal. Sie ist 90 Dollar minus 65 Dollar wert, also 25 Dollar im Geld. Okay, also nehme ich an, dass sie 25 Dollar mal 100 Aktien wert sein sollte. Das sind 2.500 Dollar. Wenn ich jetzt verkaufe, habe ich das Fünffache meiner Anfangsinvestition. Nicht schlecht!"

„Sie lernen schnell. Sie rufen Ihren Broker an und bitten ihn, den Preis zu überprüfen. Zu Ihrer angenehmen Überraschung ist die Option 1.000 Dollar mehr wert als Sie gedacht hatten, nämlich fast 3.500 Dollar. Und warum? Weil die 2.500 Dollar, die Sie ausgerechnet haben, ausschließlich den *impliziten* Wert der Put-Option darstellen, das heißt, den Betrag, den jemand aus dem Verkauf der Aktie gewinnen würde, wenn er die Option heute ausüben würde. Aber zusätzlich zu dem impliziten Wert hat die Option auch noch einen *Zeitwert*. Es bleibt noch eine ziemlich lange Zeit bis zum Verfall der Option, und diese Zeit ist etwas wert. Die Anleger sind sogar der Meinung, dass die verbleibende Zeit tatsächlich viel wert ist: zusätzlich zu dem impliziten Wert von 2.500 Dollar noch einmal 1.000 Dollar."

„Warum ist die Zeit so viel wert?"

„Weil ABC Company jeden Tag zügig und stetig nach unten geht. Genauso wie Sie nehmen auch andere Anleger an, dass sich dieser Trend fortsetzt; und die sind bereit, für die Chance auf diesen Extragewinn 1.000 Dollar zusätzlich zu bezahlen."

„Sollen Sie die Chance haben! Ich lasse mir das Geld ausbezahlen. Ich nehme 3.500 Dollar abzüglich Gebühren mit. Das ist ein Gewinn von rund 3.000 Dollar. Sechs zu eins. *Jetzt* fängt es an, Spaß zu machen. Und ist das das Höchste, mit dem man vernünftigerweise rechnen kann?"

Das „Hauptgewinn"-Szenario

„Normalerweise ja. Aber manchmal geht es noch weiter, und Sie ziehen sozusagen das große Los. Gehen wir zurück zu dem Punkt, an dem Sie Ihre Put-Optionen der ABC Company gekauft haben. Und nehmen wir an, die Aktie verhält sich relativ ruhig. Tatsächlich ist der Markt so ruhig, dass man eine Stecknadel fallen hören würde. Da sich so wenig bewegt, sind nur wenige Menschen am Kauf von Optionen interessiert, und die wenigen Interessierten wollen dafür nicht die üblichen Preise bezahlen. Ihre Argumentation ist einfach: ‚Selbst wenn ABC Company für 100 Dollar gehandelt wird und der Strike davon nur zehn Punkte entfernt liegt (bei 90 Dollar), was bringt das? Bei diesem Tempo dauert es ewig, bis ABC auf 90 fällt. In diesem toten Markt kann man froh sein, wenn ABC Company in einem Jahr auf 95 Dollar kommt.'"

„Also kann ich die Option viel preiswerter kaufen?"

„Ja. Die Menschen, die schon Put-Optionen der ABC Company haben, verlieren den Mut. Sie versuchen jemanden zu finden, der ihnen die Optionen abnimmt, aber es gibt keine Abnehmer – außer Ihnen und ein paar anderen. Anstatt fast 500 Dollar für die Option zu bezahlen, bekommen Sie sie fast geschenkt – für zwei Dollar pro Aktie oder 200 Dollar für den 100-Aktien-Kontrakt einschließlich Gebühren."

„Und was dann?"

„Dann gibt die ABC Company plötzlich bekannt, dass sie die Gewinnerwartungen der Wall Street meilenweit verfehlt hat. Gleichzeitig bekommt der gesamte Sektor einen auf den Deckel und setzt sich in Bewegung. Anstatt sich jeden Tag nur zehn magere Cents oder noch weniger zu bewegen, taucht die Aktie ab (und wieder auf) und vollführt Sprünge und Hüpfer von fünf oder zehn Dollar am Tag. Schon nach Tagen kostet die Aktie der ABC Company nur noch 65 Dollar. Eilig rufen Sie Ihren Broker an und fragen ihn, was die Option wert ist. Sie trauen ihren Ohren kaum: Von den 200 Dollar, die Sie bezahlt haben, ist sie auf 4.000 Dollar gesprungen."

„Warum ist sie so viel wert?"

„Dafür gibt es drei Gründe: Ersten den impliziten Wert. Sie wissen, wie man den ausrechnet: 90 minus 65 ergibt 25, beziehungsweise 2.500 Dollar für den Kontrakt über 100 Aktien. Zweitens den Zeitwert. Weil noch viele Wochen bleiben, ist er recht hoch. Drittens den Volatilitätswert. Wissen Sie noch, wie ich Ihnen sagte, die Optionen hätten an Wert verloren, als der Markt am toten Punkt war? Jetzt haben sie höllisch an Wert *zugelegt*, weil der Markt plötzlich in Aktivität ausgebrochen ist. Die Aktie der ABC Company fällt nicht nur in größeren Schritten. Sie schwingt außerdem wild auf und ab. Auch wenn sie manchmal in die falsche Richtung ausschlagen, machen die Wirbel die Optionen wertvoller, und Sie haben den Nutzen davon."

„Gut ... und dann?"

„Nehmen Sie alles zusammen – erstens den impliziten Wert, zweitens den Zeitwert und drittens den Volatilitätsfaktor. Ihr ABC Company Put ist 4.000 Dollar wert, also das 20-fache des Preises, den Sie bezahlt haben – ein explosiver Gewinn."

„Ist so etwas in der wirklichen Welt möglich?“

„Ja. Das passiert wirklich. Sie können sich zwar nicht darauf verlassen, aber Sie müssen es in Ihrer Strategie berücksichtigen. Sie müssen Optionen wie einen Katapult einsetzen – oder nein, wie eine Schleuder! Die Schleuder ist kein Gewehr, sie kann nicht nach hinten losgehen. Aber Sie bietet eine enorme Hebelwirkung. Wenn ein paar daneben gehen, probieren Sie ein paar andere. Die Waffe kann sehr mächtig sein, aber Sie müssen lernen, sie geschickt zu handhaben.“

„Zum Beispiel ...“

„Als Erstes müssen Sie die richtigen Steine auswählen – keine wertvollen Edelsteine, sondern gewöhnliche, wohlgeformte, relativ preiswerte Steine. Das zweite ist Disziplin – die Habgier im Zaum halten, den Spatz in der Hand würdigen. Das dritte und schwierigste ist der richtige Zeitpunkt.“

Geduldig brachte der Berater noch eine weitere Stunde auf, um den Optionshandel ausführlich zu erklären, und am Ende fasste er alles in den „15 Regeln zur optimalen Ausnutzung von Put-Optionen“ zusammen.

„Die wichtigste Regel lautet: *Investieren Sie niemals mehr als Sie verlieren dürfen.*“

„Und was noch?“

„Im Allgemeinen ist es gut, von jeder Option mindestens zwei Kontrakte zu kaufen. Denn wenn sich das Geld verdoppelt hat, kann man die Hälfte verkaufen. Das deckt die Kosten, so dass man mit dem gesamten Trade *mindestens* auf Null kommt. Danach lässt man die restlichen Kontrakte laufen und hat die Chance auf einen Volltreffer oder sogar einen Hauptgewinn.“

Linda war glücklich, hatte aber noch eine letzte Frage: „Manchmal kommt mir das vor wie ein Glücksspiel. Und da frage ich mich: ‚Soll ich mit Optionen spielen oder nicht?‘“

„Ich *kann* diese Frage nicht für Sie beantworten. Denken Sie daran: Sie können von einem Crash auch profitieren, indem Sie still auf Ihren Schatzwechseln sitzen bleiben. Je tiefer der Markt fällt, desto mehr ist Ihr Geld wert.

Sie brauchen nicht weiter zu gehen. Oder Sie nehmen einfach Shortzertifikate. Ich kann Ihnen aber immerhin sagen, was manche disziplinierte Anleger tun: Sie legen das meiste Geld an einem sicheren Ort an, so wie Sie es getan haben. Und dann reservieren sie einen kleinen Teil ihres Portfolios, beispielsweise fünf Prozent, für derartige Investments. Da sie nicht mehr verlieren können als sie investieren, bleiben ihre Sicherheitsfonds vor jeglichem Verlust geschützt, auch wenn der gesamte Plan in die Hose geht."

„Sollte ich das vielleicht auch tun?"

„Besinnen Sie sich auf Ihre Ziele. Sie haben einmal gesagt, Ihr Ziel sei es, die Verluste schnell wieder hereinzuholen, richtig? Nun bin ich nicht der Meinung, dass das unbedingt Ihr Ziel sein sollte. Der Versuch, schnell aufzuholen, kann Ihnen auch weitere Verluste bescheren – ebenfalls schnell. Wenn Sie jedoch beschließen, dass Sie das wollen, dann bieten Put-Optionen den entscheidenden Vorteil der Risikobegrenzung. Sie verlieren im schlimmsten Fall das, was Sie bezahlt haben, zuzüglich anfallender Gebühren."

Kapitel 15

Der Fall der Bluechips

An einem kalten und regnerischen Morgen begann die zweite Welle des Börsencrashs. Hauptursache waren nicht die regelmäßigen täglichen Enthüllungen über korrupte Unternehmen. Auch kein terroristischer Anschlag oder eine andere äußere Bedrohung.

Die fundamentale treibende Kraft des Abstiegs war der Abbau der Schuldenpyramide und die Ausbreitung der Insolvenzkrise.

Durch die gesamte Geschichte hindurch schwemmten Spekulationsorgien Euphorie in alle Sektoren, weil Privatpersonen und Institutionen eilig nach ihrem Anteil an den angeblichen Profiten griffen. In den 90er-Jahren war das nicht anders. Deshalb beteiligten sich viele Brokerhäuser, Versicherungsgesellschaften und Großbanken des Landes sowie die Bundesregierung selbst am großen Boom der 90er-Jahre. Und als sich der Boom wieder auflöste, waren diese ganzen Beteiligten durch den Abstieg verwundbar.

Zwar stellten die Technologieunternehmen nicht mehr die Vorhut des Niedergangs, aber sie erlitten weitere Verluste, weil die Bluechip-Unternehmen – ihre hauptsächlichen Kunden – die Ausgaben für Ausrüstung zusammenstrichen.

Noch ein paar Monate davor hatte man sich über den Gedanken lustig gemacht, der Dow Jones könnte fallen. Weder die Investment-Gurus noch die Durchschnittsanleger konnten sich vorstellen, dass der Dow Jones noch tiefer sinken könnte, abgesehen von unabhängigen Researchorganisationen wie CECAR.

„Die Schrift steht an der Wand", sagte Dulles zu Johnston nach mehreren intensiven Besprechungen über den Inhalt und die Verteilung von Tamaras Bericht. „Sie ist nicht kryptisch verschlüsselt und beschreibt keine neuen, unvorhergesehenen Umstände. Sie steht da in deutlichen, großen Buchstaben und sie stellt altbewährte und erprobte Bewertungsmaßstäbe dar."

„Wie meinen Sie das?", fragte Johnston.

„Das durchschnittliche Kurs-Gewinn-Verhältnis der Aktien im S & P 500 beträgt historisch betrachtet 16,5, richtig?"

„Richtig."

„Als ich das letzte Mal nachgesehen habe, wurde die durchschnittliche S & P 500-Aktie für das 45-fache dessen verkauft, was das Unternehmen in den vorangegangenen zwölf Monaten verdient hatte, und war somit grob überbewertet. Damit wieder eine faire Bewertung entsteht, muss nun eines von zwei Dingen geschehen: Entweder müssen diese Unternehmen schnellstens damit anfangen, mehr Geld zu verdienen, oder der S & P 500 muss fallen."

„Einverstanden."

„Mir geht es darum, dass die Gurus von der Wall Street immer noch annehmen, der S & P 500 könne unmöglich noch tiefer fallen. Deshalb sagen sie, dass es andersherum passieren *muss* – dass die Unternehmen schleunigst mehr Gewinn machen müssen. Tatsächlich sind sich die meisten Analysten dieses Ausgangs derart sicher, dass sie sogar ihre Bewertungsmethode geändert haben. Anstatt die belegten Gewinne der letzten zwölf Monate eines Unternehmens zu verwenden, blicken sie jetzt in die Zukunft und verwenden Gewinnprognosen. Sie übersehen die Tatsache, dass derartige Prognosen regelmäßig falsch sind. ‚Der Markt ist gar nicht so überbewertet', sagen sie. ‚Der Preis beträgt nur das 16,4-fache des *geplanten* Gewinns.' Der Abstieg ist aus den Karten abzulesen, aber sie schummeln bei ihren Patiencen."

Dulles fügte noch hinzu, dass all das schon passierte, bevor sich die Verluste der Pensionsfonds auf die Gewinne auswirkten. Anfang 2002 hatte er geschätzt, dass ein Wertverlust der Pensionsfonds im S & P 500 von weiteren fünf Prozent den Fehlbetrag der Rentenfinanzierung auf mindestens 109 Milliarden Dollar erhöhen würde. Zusätzliche zehn Prozent würden ihn auf 144 Milliarden bringen. Und wenn die Pensionsfonds einen wirklich schweren Schlag hinnehmen müssten, sagen wir 20 Prozent oder mehr, dann könnten mehr als 200 Milliarden Dollar fehlen.

Dulles warnte davor, dass Tausende US-amerikanischer Unternehmen durch den Fall der Börse aus drei Gründen in noch größere Finanznot geraten würden:

- Ihre Vermögenswerte und ihre Gewinne, die durch die manipulierte Buchführung oft deutlich zu hoch angegeben worden waren, wurden immer noch nach unten korrigiert, was die verschärften GAAP-Regeln widerspiegelte.

– Ihre tatsächlichen Vermögenswerte und Gewinne resultierten trotz der korrigierten Übertreibungen aus dem künstlich geschaffenen Anreiz, der durch die zügellose Kreditaufnahme der Verbraucher entstanden war; und die war nun nicht mehr möglich.
– Der Niedergang der Börse würde den Wert ihrer Anteile an Tochterunternehmen, Jointventures und Pensionsfonds für ihre Mitarbeiter vermindern.

Den Banken geht es besser?

Aufgrund der Durchsicht diverser Branchenberichte glaubte Dulles allerdings, dass die meisten Finanzunternehmen – insbesondere Regionalbanken und Lebensversicherer – im Vergleich besser dastanden. Zehn Jahre zuvor hatten sie ähnliche Wirren durchgemacht und hatten aus dieser Erfahrung einige harte Lehren gezogen.

Er erinnerte sich besonders daran, dass die Sparinstitute – Banken und Sparkassen – in den 80er-Jahren eine verheerende Serie von Bankrotten erlitten hatten und dass einige sehr große Versicherungsgesellschaften Anfang der 90er-Jahre eingegangen waren. Deshalb hatten viele von ihnen in den 90er-Jahren eine beachtliche Kapitalreserve aufgebaut und ihre Bilanzen gestärkt. Nach genauerer Prüfung entdeckte Dulles hinter diesen Zahlen jedoch unglücklicherweise mehrere Schwächen:

Erstens war eine Bank oder Versicherung – egal wie solide ihre Bilanz war – immer noch anfällig für Verluste in der Gewinn-Verlust-Rechnung.

Zweitens entdeckte Dulles, dass die Durchschnittswerte irreführend waren. Viele Banken und Versicherungen hatten eben *nicht* genügend Kapital.

Drittens erinnerte er sich an Tamaras Bericht. Auch einige der stärkeren Banken hatten möglicherweise nicht genügend Kapital, um den Schlägen zu widerstehen, die sie bei einem massiven Abstieg aushalten müssten – egal ob kurz und schlimm oder lang und wechselhaft.

Viertens war es für Dulles offensichtlich, dass große Moneycenter-Banken wie Morgan Chase oder Citigroup dem Ground Zero des Crashs so nah waren wie es nur geht. Sie wurden mit als Erste vom Schiffbruch der Technologiesektors getroffen, von den Abrechnungstricks, den Konkursen im Ausland, den auffliegenden Derivaten und den Bankrotten von Großunternehmen.

Während ihm diese Gedanken immer noch im Kopf herumschwirrten, beschloss Dulles, sich ein bisschen Bewegung zu verschaffen. Er spazierte die 14. Straße hinunter zur Pennsylvania Avenue und wandte sich dann nach rechts in Richtung Rotunda. Es war kalt, aber sonnig.

Der nächste Dominostein

In der 240 Meilen entfernten Wall Street war es ebenfalls kalt, aber es schien keine Sonne. Durch die Nachrichtenagenturen schwirrten Gerüchte über den Bankrott eines weiteren Großunternehmens.

Der Verkaufsdruck an der Börse, der sich in einer steilen Baisse-Erholung verflüchtigt hatte, ballte sich zur Lawine, als die Anleger panisch zu den Ausgängen flüchteten. Der Dow Jones sackte bis zum späten Vormittag um 350 Punkte ab, erholte sich dann wieder auf minus 150 Punkte, brach dann wieder zusammen und schloss dann am unteren Ende mit 427 Punkten Verlust.

„Genau wie am Schwarzen Montag 1987!", rief ein Anleger in München aus, der am späten Abend die Vorgänge an seinem Computerbildschirm verfolgte. Aber das stimmte aus zwei Gründen nicht. Erstens gab es noch keine „endgültige Kapitulation" – einen Tiefpunkt, von dem die Marktbeobachter hofften, dass er den Abstieg beenden würde. Und tatsächlich waren die 427 Punkte prozentual betrachtet immer noch ein geringerer Verlust als am Schwarzen Montag. Und zweitens brachen die Anleihenmärkte im Gegensatz zum Schwarzen Montag, als sie gestiegen waren, diesmal ein.

Die Gerüchte stimmten. Eine der größten amerikanischen Erfolgsgeschichten der 90er-Jahre stand am Rande der Insolvenz, und zweien seiner Geldgeber standen infolgedessen schwächende Verluste bevor. Der Name des Unternehmens: United Communications and Business Systems, Nasdaq-Symbol UCBS.

Man brauchte kein Genie zu sein, um den Grund zu erkennen. Zusätzlich zu den Bilanzkorrekturen, die der ehemalige CEO ein paar Jahre zuvor angekündigt hatte, wurden einfach zu viele Schulden fällig. Als die Umsätze der diversen Tochterunternehmen zurückgingen, ging UCBS das Bargeld für die Zahlungen aus. So einfach war das.

Der neue CEO war in die Fußstapfen seines Vorgängers getreten und hatte die längst fälligen Abrechnungsreformen erfolgreich umgesetzt, aber er konnte den Rückgang der Geschäfte nicht bremsen, vor allem weil die größten Kunden des Unternehmens ihre Aufträge über Ausrüstung kräftig kürzten.

Die Party war vorbei, aber die Manager von UCBS wollten noch nicht nach Hause gehen. Sie hatten unterschätzt, wie viel Kredit sie brauchten, um zu überleben.

Der Chief Financial Officer von UCBS hatte eine große Anleihenemission geplant, um Notfallkapital aufzutreiben, aber das hatte er in letzter Sekunde verschoben: „Vorübergehend ungünstige Marktbedingungen", sagte ein Sprecher von UCBS.

Der Wert der UCBS-Aktien, die am Tiefpunkt der Baisse bereits 75 Prozent abgegeben hatten, verfiel nochmals und markierte neue Tiefs. Die Anleihen, die auf B degradiert worden waren, folgten auf dem Fuße.

Auch die größten Investmentbanken von UCBS litten unter akuter Finanznot: MetroBank und Harris & Jones. Diese beiden Institute und noch einige mehr, die UCBS Übergangsfinanzierungen beschafft hatten, drängten so langsam auf Zahlung. Die Zulieferer, die der Gesellschaft Handelskredite zugesichert hatten, wurden ebenfalls nervös. Fast alle verlangten ihr Geld.

Eines Tages, als zwei Mitarbeiter der MetroBank beim Mittagessen Erfahrungen austauschten, machten sie eine interessante Entdeckung: „Endlich haben wir ein bisschen Kleingeld für UCBS zusammengekratzt – 30 Millionen", sagte ein Kreditsachbearbeiter zu seinem Freund aus der Abteilung Wertpapierhandel. „Das ist nur ein Tropfen auf den heißen Stein, aber wenigstens können sie sich so ein paar Tage über Wasser halten, bis etwas anderes ausgehandelt werden kann."

„Das glaube ich einfach nicht! Ihr habt UCBS gerade ein Darlehen gegeben?", gab der Trader zurück.

„Aber sicher. Warum nicht? Hast du wohl etwas gegen das Unternehmen?“

„Nein, das nicht. Nur habe ich heute morgen unser Trading-Portfolio liquidiert; dabei habe ich 20 Millionen Dollar in langlaufenden Anleihen und 30 Millionen in 90-Tages-Wechseln von UCBS abgestoßen.“

Eines der Szenarien für den schlimmsten anzunehmenden Fall bewahrheitete sich.

Die versteckte Gefahr der Finanztöchter

Ein paar Jahrzehnte zuvor, während der Geldknappheit der 70er-Jahre, hatte Chrysler eine ähnliche Krise durchgemacht. Für die meisten Analysten kam dies vollkommen überraschend, weil sie vergessen hatten, die Schulden der in Bedrängnis geratenen Finanztochter Chrysler Financial zu berücksichtigen. Chrysler stellte die Autos her; Chrysler Financial vergab die Darlehen für den Kauf der Autos.

Dieses Mal machten die Analysten den gleichen Fehler. Sie achteten kaum auf den Niedergang der großen Hersteller und noch weniger auf die Notlage der abhängigen Finanzgesellschaften.

Um wieder auf UCBS zurückzukommen: Die Finanztochter hatte auf sehr kurzfristiger Basis große Anlagekredite aufgenommen, und jeden Tag wurden Millionen fällig. Um sich über Wasser zu halten, musste das Unternehmen unbedingt Schulden aufnehmen – von der Hand in den Mund und von einem Tag auf den anderen –, und zwar 18 Millionen pro Tag beziehungsweise fast eine Million Dollar pro Stunde. Das Mutterunternehmen kämpfte indes mit dem Doppelschlag der sinkenden Einnahmen und der Konkursgerüchte, die ihm den kurzfristigen Geldmarkt verschlossen, auf dem es normalerweise Notfallkapital beschafft hätte.

Der Stolperdraht des Bankrotts war gespannt, und es reichte der kleinste Auslöser. UCBS konnte seine kurzfristigen Kredite bei den Investoren (so genannte „Commercial Paper“) nicht mehr verlängern. Die Abrufkredite der Banken, die eigentlich als Sicherheit für diese Kredite gedacht waren konnten nicht gewährt werden.

Versuche, die Gehälter generell zu kürzen, wurden von den Gewerkschaften blockiert. Entlassungen wurden zwar angeordnet, aber aufgrund der Abfindungen, die auf die neueren Arbeitsverträge gezahlt werden mussten, ergaben sich dadurch keine unmittelbaren Einsparungen.

Der Chief Financial Officer von UCBS düste mit der Concorde über den Atlantik, um in Europa Geld zu beschaffen, aber die Gerüchte, die per Email weitergegeben wurden, waren vorher da, und er kehrte mit leeren Händen zurück.

Eine Dringlichkeitssitzung, an der eine Gruppe von Bankern und einige Kongressmitglieder beteiligt waren und die einen Rettungsvorschlag im Stil von Chrysler hätte bringen sollen, endete schließlich mit einem kollektiven Achselzucken.

UCBS hatte keine andere Wahl. Die Anwälte wurden herzitiert. Auf dem Tisch im Sitzungszimmer des Board of Directors wurden die Abrechnungsbücher des Unternehmens ausgebreitet. Es gab eine kurze Diskussion und einen noch kürzeren Augenblick der Rührung, wonach die Anwälte ihre Aktenkoffer zuklappten und sich zum letzten Mal in ihren Limousinen zu den Konkursgerichten fahren ließen.

Der Markt für kurzfristige Unternehmenskredite war tot. „Wenn UCBS pleite gehen kann", so überlegten die Investoren, „was ist dann mit den ganzen anderen großen Finanzgesellschaften Amerikas – mit GMAC, Sears Acceptance, Ford Motor Credit und Citigroup?" Fast alle Emittenten, egal ob solvent oder insolvent, gerieten in Verdacht.

Der Nasdaq Composite und der Dow Jones, die eine scharfe Erholung zustande gebracht hatten, mussten noch einmal eine Ehrenrunde drehen. Alle Aktien bekamen den Verkaufsdruck wie einen Schlag zu spüren – die Technologieaktien und die Bluechips, egal ob „Old Economy" oder „New Economy". Ausnahmen gab es nur sehr wenige.

Die Flut der Anlegerklagen

Zu diesem Zeitpunkt steckten auch die Aktien der Investmentbanken ihre schwersten Schläge ein. Bei Harris & Jones beispielsweise war das Emissionsgeschäft so gut wie versiegt. Das Unternehmen musste in seinen eigenen Aktien- und Anleihenportfolios riesige Verluste hinnehmen. Und was vielleicht das Schlimmste war: Es wurde in einer Welle nach der anderen von Anlegerklagen ertränkt.

„Wie ist das möglich?", schrie der CEO von Harris eines Nachmittags Don Walker in der Herrentoilette an. „Wie kommt es, dass wir diese ganzen Klagen am Hals haben?"

Don Walker war unsicher. „Ich weiß nicht. Da müsste ich nachsehen."

„Sie wissen es nicht? Was soll das heißen, Sie wissen es nicht? Sie sind der Researchdirektor; es ist verdammt noch mal Ihr Job, das zu wissen."

„Ich muss da genauer nachsehen", wiederholte Walker kleinlaut, „aber das könnte an einer Kombination von Faktoren liegen – die großen Verluste, die die Anleger erleiden, die schlechte Publicity, und jetzt auch noch ... die Sache mit UCBS. Ich glaube, das hat das Fass zum Überlaufen gebracht: UCBS. Wir haben eine höllische Menge von höchst verärgerten Kunden, die auf UCBS sitzen, und die meisten haben zu Spitzenpreisen gekauft."

„Das ist doch verdammt noch mal deren Fehler! Es war doch offensichtlich, dass das Unternehmen zugrunde gehen würde. Wussten die das denn nicht? Warum haben sie denn *nicht* verkauft?"

„Weil, ähm, weil wir ihnen gesagt haben, sie sollten nicht verkaufen."

„Das soll wohl ein Witz sein!", sagte der CEO von Harris, jetzt nicht mehr ganz so arrogant. Die beiden Männer gingen nun den Flur entlang.

„Nein, ich meine es vollkommen ernst. Wir hatten ein ‚buy' auf der Aktie. Wir haben sie nicht heruntergestuft. Die Gesellschaft ist untergegangen und war bis zu dem Tag als Kauf eingestuft, an dem sie Konkurs anmeldete. Und als ich das letzte Mal bei Bloomberg nachgesehen habe, stand da *immer noch* unsere alte Kaufempfehlung."

„Also liegt der Fehler bei Bloomberg. Die Kunden sollten Bloomberg verklagen!"

„Nein, Sir. Es lag in unserer Verantwortung, Bloomberg von einer Änderung der Einstufung in Kenntnis zu setzen, und die Wahrheit ist, dass wir sie nie geändert haben – höchstens in Privatgesprächen mit VIP-Kunden."

Der CEO wies Walker an, so schnell wie möglich der Flut von Anlegerklagen auf den Grund zu gehen. Der Researchdirektor setzte seine Mitarbeiter sofort darauf an, obwohl er schon ziemlich genau ahnte, was da vor sich ging.

Als die Anleger feststellten, dass sie von einem korrupten System getäuscht worden waren, hatten sie scharenweise angefangen auf Schadenersatz zu klagen. Das hatte kleinere Brokerhäuser in den Bankrott und größere Firmen tief in die roten Zahlen getrieben.

Um das zu belegen, ließ Walker seine Mitarbeiter auf der Homepage der National Association of Securities Dealers (NASD) die neuesten Zahlen zu den Klagen gegen Brokerhäuser heraussuchen. Er wollte seinem Chef zeigen, dass es die Anleger nicht nur auf Harris abgesehen hatten, sondern dass die gesamte Branche betroffen war. Und wirklich war die Anzahl der Klagen gegen Brokerhäuser von 1990 bis 2002 um 113 Prozent angestiegen. Hier gab es also nichts Überraschendes.

Pensionsfonds reichen Klage ein

Dann stieß er auf eine weitaus ernstere Bedrohung. Anscheinend hatten große bundesstaatliche Pensionsfonds besonders in Kalifornien durch UCBS große Verluste erlitten. Außerdem waren ihnen durch WorldCom, Enron und Global Crossing große Verluste entstanden. Im Gegensatz zum Durchschnittsanleger hatten diese Fonds allerdings in die *Anleihen* des Unternehmens investiert, mit denen auch Harris zu tun hatte.

Der Anwalt einiger dieser Pensionsfonds wollte Rache. Er wollte Blut sehen. Wenn er nach dem Grund gefragt wurde, dann sagte er, seine Klienten, die Pensionsfondsmanager, wollten Rache. Und wenn irgendjemand *sie* nach dem Grund fragte, dann sagten sie, das liege an den Hunderttausenden Beschäftigten im öffentlichen Dienst in Kalifornien, die Rache wollten.

Die Beschäftigten hatten wegen Enron, Global Crossing, WorldCom und jetzt auch noch UCBS einen großen Teil ihrer Altersversorgung verloren. Diesen armen Menschen stand eine faire Entschädigung zu. Sie waren wütend, und sie wollten ihr Geld zurück.

Zuerst wollte der Anwalt die bankrotten Unternehmen verklagen, aber das war hoffnungslos. Die gerichtlich bestellten Konkursverwalter, die als Leiter der insolventen Unternehmen fungierten, sagten ihm, er solle sich trollen – zum Einklagen war nichts mehr da.

Als Nächstes dachte er daran, die größten Rechnungsprüfungsgesellschaften Amerikas aufs Korn zu nehmen, besonders Arthur Andersen. Aber das war genauso vergeblich. Andersen war der Behinderung der Justiz für schuldig befunden worden und entschwand in die Vergessenheit.

Schließlich fand er leichtere Zielscheiben – Harris und die Großbanken. „Aha!", rief er, „endlich jemand mit wohlgefüllten Taschen!" Er brachte vor, die Banken hätten die Anleihen, an deren Strukturierung und Verteilung sie mitgewirkt hatten, falsch dargestellt. Er sagte, die Banken müssten für die Wiedergutmachung so richtig bluten.

Harris, die MetroBank und andere wurden schwer getroffen. Alleine die Prozesskosten rissen ein Loch in ihre Gewinne, und größere Schadenersatzleistungen konnten sie in den Ruin treiben.

Aufgrund der Gerüchte über weitere anstehende Verfahren fielen die Aktien der Bank- und Brokerhäuser heftig, weil die Anleger ihre Aktienpositionen abstießen. Außerdem verkauften sie weiterhin Technologieunternehmen, Herstellungsfirmen und sonstige Firmen, die im Verdacht buchhalterischer oder finanzieller Schwierigkeiten standen. Diese Unternehmen verkauften ihrerseits ihre Positionen anderer Brokerhäuser, Banken, Technologie- und Herstellungsunternehmen.

Don Walker von Harris & Jones war wie vor den Kopf geschlagen. Im Hinterstübchen war er sich der Gefahren immer bewusst gewesen, aber nicht einmal in seinen wildesten Träumen hätte er damit gerechnet, dass es so schlimm werden würde. Und genauso schockiert war er von den wirtschaftlichen Veränderungen.

Die Bestandskatastrophe

Walker war auch davon ausgegangen, dass es keine Bestandsprobleme geben würde. Er dachte sich, da die Lagerhaltung auf „just in time" eingestellt war, seien die Lagerbestände jederzeit bis auf das

Nötigste reduziert. Aber schon bald wurde ihm klar, dass er hinsichtlich der Lagerbestände drei große Fehler gemacht hatte.

Erstens hatte er das Ausmaß unterschätzt, in dem der Kauf auf Kreditkarte die Umsätze künstlich aufgebläht hatte – und auch die Geschwindigkeit, in der sie abnehmen würden, wenn Kredit knapp wurde. Ein erschreckendes Beispiel war die Automobilindustrie. Monatelang hatten die Unternehmenslenker in Detroit vor sich hin gepfiffen, „entspannt euch, entspannt euch, alles unter Kontrolle". Aber als die Kreditknappheit das Autogeschäft heimsuchte, gehörten sie zu den Ersten, die um die rettende Hilfe baten.

Zweitens hatte er die Zerbrechlichkeit der Finanzierung unterschätzt, die hinter den Lagerbeständen vieler Unternehmen stand. Sobald es schwieriger wurde, diese Vermögenswerte zu finanzieren, versuchten viele Unternehmen, sie auf dem freien Markt zu verkaufen. Dadurch drückten sie die Preise.

Drittens hatte er die Auswirkungen der Bestandsauflösungen im Ausland unterschätzt.

In diesem Stadium bemerkte Walker auch eines der ungewöhnlichsten wirtschaftlichen Ereignisse, die es gibt: Die Lagerbestände nahmen zu, und gleichzeitig sanken die Einnahmen der Unternehmen knapp unter das Niveau, das sie zur Begleichung der fälligen Schulden brauchten. Das Ergebnis war eine plötzliche *Bargeld*knappheit – er bezeichnete das als *illiquide Geldnachfrage*. Das Einzigartige an dieser Geldnachfrage war die Tatsache, dass sie entstand, während die Wirtschaft zurückging – und nicht als sie expandierte.

Wenn die Nachfrage nicht befriedigt werden konnte, dann kam als Alternative nur der Bankrott in Frage – oder, worum viele beteten, eine staatliche Rettung.

Die Liste der Opfer wurde täglich länger: Sie umfasste nicht mehr nur Technologie- und Telekommunikationsunternehmen, sondern auch gigantische Hersteller, Einzelhändler, Broker, Banken, Lebens- und Krankenversicherer, Sach- und Risikoversicherer und sogar Kollektive Krankenversicherungen.

Kapitel 16

Aufruf zum Handeln

Als sein ehemaliges Unternehmen Bankrott machte, besuchte Paul E. Johnston die Beerdigung seines Schwiegervaters, auf die eine kleine Feier zu Hause folgte. Wie so oft wurde sie trotz des eher unschönen Anlasses zu einer Gelegenheit für die Familienmitglieder, sich ruhig – und sogar fröhlich – über aktuelle Ereignisse und künftige Hoffnungen zu unterhalten.

In der hinteren Ecke des Wohnzimmers hörte der CEO interessiert seinen beiden Söhnen zu, die ganz entzückt von der „unglaublich umsichtigen und vorausschauenden Strategie" sprachen, mit der ihre Schwester ihr Erbe vor dem Börsencrash bewahrte.

Jenseits der großen Glastür sah man Linda Dedinis Ehemann Gabriel, der an einem großen Glastisch neben dem Swimming-Pool stand und aufgeregt gestikulierend über etwas sprach, das ihm offenbar sehr wichtig war. Die anderen Familienangehörigen standen am Salatbuffet, und Linda ließ ihre zweijährige Nichte auf dem Schoß herumhüpfen.

Sie ließ das Kind herunter und wollte gerade zum Buffet schlendern, als ihr Vater sie ansprach: „ Bin stolz auf dich, Linda", sagte er liebevoll.

Sie strahlte, als sie sich zu ihm umdrehte und sagte: „Wirklich? Und warum?"

„Die Jungs haben mir gerade von deinen finanziellen Großtaten erzählt, wie du das Familienvermögen bewahrst. Alle Welt – einschließlich meiner Person – verliert an der Börse Kopf und Kragen, aber du verdienst Geld für dich und deine Geschwister. Wie machst du das?"

„Nicht ich mache das, sondern ein nach Stunden bezahlter Finanzplaner-Schrägstrich-Berater, mit dem ich zusammenarbeite. Er kennt sich aus. Er hilft mir, das alles von Grund auf zu verstehen, fast so gut wie ich die Mechanik und die Astronomie verstehe. Er versetzt mich in die Lage, meine eigenen Entscheidungen zu treffen. Du musst ihn einmal kennen lernen."

Sie schauten hinaus zur Swimming-Pool-Terasse und lächelten einander wissend an, als sie sahen, dass Gabriel immer noch angeregt redete. Sie hatten schon oft darüber gesprochen, dass zwar sein Englisch stilvoll und fast akzentfrei war, dass aber sein Körper immer seine Herkunft aus Buenos Aires verriet, ganz unabhängig von der Sprache. „Ich rufe meinen Berater einmal an", sagte sie. „In vielen Dingen ist er wie du. Wenn Ihr Euch einmal zum Sushi oder so trefft, dann garantiere ich dir, dass du das nicht bereuen wirst."

Noch mehr Crashgewinne

Sobald Linda die Verfügungsgewalt über das Aktienportfolio aus dem Nachlass hatte, begann sie mit dem Verkauf, um die Gefährdung durch einen weiteren Niedergang der Börse zu reduzieren.

Lindas Berater war im Büro nicht so leicht zu erreichen wie sonst, aber an einem späten Freitagnachmittag traf sie ihn dann doch noch an. Sie erklärte ihm, dass sie das Aktienportfolio aus dem Nachlass liquidieren wolle, aber im Unklaren sei, wie und wann sie das tun sollte.

„Jetzt, wo wir das Portfolio meines Großvaters verkaufen, sollten wir die Shorts immer noch behalten, oder sollten wir die jetzt auch abgeben?", fragte sie ihren Berater einige Tage später.

„Wenn Sie von dem Abstieg profitieren wollen, dann können Sie dafür genau diesen Fonds verwenden."

„Ist das nicht riskant?"

„Nicht riskanter als die Investition in einen normalen Indexfonds zu Hausse-Zeiten. Hauptsächlich will ich allerdings auf Folgendes hinaus: Als Sie die Shorts als Absicherung benutzt haben, da habe ich Ihnen empfohlen, sie einfach zu kaufen und zu halten, wissen Sie noch?"

„Natürlich. Wegen der Wippe."

„Hm? Ach ja! Jetzt allerdings könnte Sie die Strategie des „Kaufen und Halten" in Schwierigkeiten bringen. Wenn Sie das Risiko kontrollieren wollen, brauchen Sie einen flexibleren Ansatz. Sie brauchen eine Ausstiegsstrategie, damit Sie aus dem Investment herauskommen, wenn der Markt nach oben wendet – egal ob es sich dabei um eine Baisse-Erholung oder um eine ernstliche Wende handelt. Eigentlich ist der flexible Ansatz auch schon bei der Absicherung zu empfehlen, aber für eine spekulative Strategie *muss* das sein."

„Warum kann ich ihn nicht einfach halten, so lange die Baisse herrscht, und ihn verkaufen, wenn der Bärenmarkt vorbei ist?"

„Zwei Gründe: Erstens weiß niemand mit Sicherheit, wann die Baisse wirklich vorbei ist; das weiß man erst lange hinterher. Zweitens gibt es auf jeden Fall steile oder ausgedehnte Baisse-Erholungen, die Ihnen mehr Verlust bescheren könnten als Ihnen lieb ist. Vergessen Sie nicht, dass Sie mit den Shorts auf eine *fallende* Börse setzen. Wenn sich die Börse erholt, geht es mit Ihrer Anlage bergab."

Sie schien enttäuscht zu sein. „Aber Sie hatten so Recht, was die Börse betrifft, als alle anderen *dermaßen* Unrecht hatten. Wenn Sie glauben, dass eine große Erholung ansteht oder wenn Sie glauben, wir hätten den Boden erreicht, können Sie mich dann nicht einfach anrufen und mir Bescheid sagen?"

Anstatt die Frage zu beantworten, stützte der Berater seine Ellenbogen auf den Schreibtisch und sein Kinn in die Hände. Seine Augen blickten Linda direkt an, aber sein Geist war in Gedanken versunken. Nach einer lang erscheinenden Pause bewegte er die Hand ein paar Zentimeter vom Kinn weg und zeigte mit dem Finger auf ein Bücherregal direkt hinter ihr: „Sehen Sie das dünne Buch direkt neben dem Spanisch-Wörterbuch?", fragte er.

„Ja."

„Nehmen Sie es doch bitte einmal kurz aus dem Regal."

Sie drehte sich auf ihrem Stuhl halb um, drückte das Wörterbuch beiseite und zog das Buch heraus. Sie betrachtete den Umschlag und wandte sich dann wieder dem Berater zu.

„Das da? 'Innumeracy'?"

„Genau das, ja. Der Autor, John Allen Paulos, zeigt darin, dass unsere Gesellschaft sehr wohl alphabetisiert sein mag, was Buchstaben angeht, aber nicht rechnen kann, wenn es um das Verstehen von Statistiken und Zahlen geht. Er bringt dem Leser bei, sich nicht von bewussten Verzerrungen oder Ungenauigkeiten täuschen zu lassen, die aus Nachlässigkeit entstehen, wenn etwas durch Zahlen belegt werden soll."

„Zum Beispiel?"

„Zum Beispiel ein CEO, der in seinen Büchern falsche Angaben macht. Oder jemand, der Prognosen erstellt. Warum ließen sich denn Ihrer Meinung nach so viele Menschen von den handverlesenen ‚Daten' und den gezuckerten ‚Schlussfolgerungen' der Wall-Street-Analysten so leicht täuschen? Großenteils aufgrund des ‚Zahlenanalphabetismus'! Aus dem gleichen Grund verehren zu viele Anleger irgendwelche Börsen-Gurus und halten sie für unfehlbare Halbgötter."

Linda zog in Selbstzerknirschung ihre Stirn in Falten: „Ja, verflixt nochmal, ich glaube, ich gehöre auch zu diesen Menschen", sagte sie, während sie an die vielen Male zurückdachte, dass ihr ehemaliger Broker sie über den Tisch gezogen hatte.

Der Berater schüttelte den Kopf. „Nein, nein. Sie haben mich missverstanden. Ich wollte eigentlich darauf hinaus, dass sich die Person, die Ihnen gegenüber sitzt – stets zu Diensten – manchmal lockere und undefinierbare Prognosen zu Schulden kommen lässt und dass *Sie* sehr gut im Anstreben von Genauigkeit sind."

Sie war vollkommen und ehrlich überrascht: „Sie lassen sich ...? Ich bin ...? Wie kommen Sie darauf?"

Genauigkeit anstreben, mit Fehlern rechnen

„Das haben Sie vor ein paar Monaten bewiesen, wissen Sie noch, die Sache mit dem kurzen, schnellen Anstieg? Wissen Sie noch, wie Sie mich dazu gebracht haben, das genauer zu definieren? Sie haben mich erwischt und festgenagelt. Touché! Das war großartig. Und genau das müssen Sie mit jedem Börsenguru und mit jedem Berater machen."

„Zum Beispiel?"

„Sagen wir zum Beispiel, ein Guru prophezeit, dass der Markt nach einer Erholung fallen wird. Die Menschen sehen, wie der Markt hinaufgeht, und die Menschen sehen, wie der Markt wieder hinuntergeht. Dann sagen sie: ‚Wow! Der Mann ist ein Genie!' Aber der Markt geht *immer* nach oben und nach unten, oder? Sogar wenn er erst nach unten geht und sich *dann* erst erholt und fällt, kann der Guru noch behaupten, er habe das vorhergesagt. Er kommt damit durch, weil er nie genau sagt, wann oder wie viel. Der Punkt ist der, dass Sie niemandem blind folgen können – egal ob mir oder jemand anderem. Die Moral von der Geschicht': Streben Sie nach größerer Genauigkeit! Und dann rechnen Sie mit unvermeidlichen Fehlern."

„‚Genauigkeit anstreben‘? ‚Mit Fehlern rechnen‘? Hmm. Kommt mir bekannt vor. Aber wie schützt man sich gegen die Fehler?“

„Man benutzt eine mechanische – absolut zuverlässige – Vorrichtung, die einen aus dem Investment aussteigen lässt, wenn man falsch liegt ... und die einen wieder einsteigen lässt, wenn der Trend wieder in die richtige Richtung geht, damit man nicht etwa eine große Chance verpasst. Und deshalb gebe ich Ihnen noch eine Liste mit Anweisungen – ‚Crashgewinne mit Shortzertifikaten‘ –, die Ihnen genau dabei helfen. Wenn Sie vorhaben, sich daran zu halten, dann achten Sie darauf, dass Sie sich sorgfältig daran halten, okay?“

„Okay.“

„Ein letztes noch: Auch diese Methode ist Fehlern unterworfen.“

„Ich weiß“, antwortete sie. „Keine Garantie.“

Crashgewinne mit inversen Indexfonds

Ein inverser Indexfonds – der steigt, wenn ein Aktienindex fällt – ist eine gute Anlage zum Kaufen und Halten, wenn man ein Aktienportfolio während einer längeren Baisse gegen Verluste absichern will (siehe Anweisungen in Kapitel 11).

Wenn es jedoch Ihr Ziel ist, mit einem inversen Indexfonds von einem Abstieg des Marktes zu profitieren, dann ist Kaufen und Halten nicht zu empfehlen. Der Grund: In Erholungsphasen können Sie Geld verlieren, denn Baisse-Erholungen können besonders steil sein, und sie beginnen häufig dann, wenn die Nachrichten denkbar schlecht sind und man am wenigsten damit rechnet. Das Folgende ist eine einfache Methode, mit der Sie herausfinden können, wann Sie in den inversen Indexfonds investiert bleiben sollten und wann Sie abwarten sollten. Die Methode ist gewiss nicht perfekt, aber Sie sollte es Ihnen ermöglichen, den Löwenanteil der potenziellen Crashgewinne abzuschöpfen sowie sich vor Verlusten zu schützen.

Schritt 1: Informieren Sie sich über den Rydex Ursa Fund, der in Kapitel 11 unter „Aufprallschutz“ beschrieben ist.

Schritt 2: Gehen Sie im Internet zu www.bigcharts.com.

Schritt 3: Am oberen Bildschirmrand sehen Sie ein Eingabefeld mit der Beschriftung „Enter Symbol/keyword". Geben Sie in dieses Feld das Tickersymbol für Rydex Ursa ein: RYURX.

Schritt 4: Sie sehen einen Kurschart von Rydex Ursa über ein Jahr. Klicken Sie jetzt auf den roten Button „Interactive Charting" am oberen Rand. Auf der linken Bildschirmseite erscheint ein Auswahlmenü.

Schritt 5: Erweitern Sie die Menüpunkte, indem Sie auf alle vier Buttons klicken: „time frame", „compare to", „indicators" und „chart style". Dann wählen Sie folgende Einstellungen:
Time = 6 months
Frequency = Daily
Index = None
Moving Average = SMA and 20
Upper Indicator = None
Lower Indicator1 = MACD
Lower Indicator2 = None
Lower Indicator3 = None

Schritt 6: Gehen Sie wieder in den oberen Bildschirmbereich und klicken Sie auf den Button „Draw Chart". Daraufhin erscheinen zwei Charts mit jeweils zwei Linien:

Oberer Chart

- Rydex Ursa oder „RYURX Daily" (schwarze Linie).
- 20-Tages-Linie des Rydex Ursa oder „SMA (20)" (goldene Linie). Dieser Chart zeigt den kurzfristigen Trend.

Unterer Chart

- „MACD (12,26)" (blaue Linie). Diese Linie zeigt das Momentum des Rydex, das Ihnen beim Zeitpunkt für Einstieg und Ausstieg hilft.
- „MACD EMA (9)" (braune Linie). Dieser Indikator ähnelt dem vorigen.

Schritt 7: Gehen Sie einmal pro Woche (am besten am Wochenende) auf diese Homepage und wiederholen Sie die Schritte 5 und 6. Beantworten Sie jedesmal folgende zwei Fragen mit „ja" oder „nein" und schreiben Sie die Antworten auf:

– Steht der Rydex Ursa (schwarze Linie) oberhalb der 20-Tages-Linie (goldene Linie)?

– Steht der „MACD (12,26)" (blaue Linie) oberhalb des „MACD EMA (9)" (braune Linie)?

Schritt 8: Entscheiden Sie, was Sie tun wollen.

– Wenn die Antwort auf beide Fragen „ja" lautet und Sie Vermögen haben, das Sie für Crashgewinne riskieren können, dann kaufen Sie den Rydex Ursa Fonds. Andernfalls kaufen Sie nicht.

– Wenn die Antwort auf beide Fragen „nein" lautet und Sie Anteile des Rydex Ursa Fonds halten, dann verkaufen Sie sie alle.

– Wenn die Antwort auf eine Frage „ja" und auf eine „nein" lautet, unternehmen Sie vorläufig nichts. Wenn Sie Anteile des Rydex Ursa besitzen, halten Sie sie. Wenn Sie draußen sind, bleiben Sie draußen.

Begegnung kluger Köpfe

Es ergab sich dann, dass Johnston nach der Beerdigung den Berater anrief und zu sich nach Hause einlud. Schon ein paar Stunden später trafen sie sich an dem verglasten Swimming-Pool, genau dort, wo am Vorabend Gabriel gestikulierend gestanden hatte.

Sie sprachen über die Wirtschaft, über die Märkte und über Anlagestrategien. Nachdem er den Investoren jahrelang aus dem Weg gegangen war, nahm der CEO die willkommene Gelegenheit wahr, die Welt aus der Anlegerperspektive zu betrachten.

Johnston fand es belustigend, dass Optionen – mit denen in seiner Welt Führungskräfte entlohnt wurden – von den Anlegern zur Absicherung gegen Risiken oder zur Erzielung spekulativer Gewinne verwendet wurden. Er betrachtete das als Ironie. Call-Optionen waren die Waffe, mit der die CEOs die Investoren übers Ohr hauten. Und jetzt setzten die gleichen Anleger Put-Optionen ein, um den Spieß umzudrehen und sich an den Großunternehmen zu rächen – *und* die Chance auf Crashgewinne zu haben.

Besonders faszinierte ihn die Leidenschaft des Beraters für die Mündigkeit der Anleger, eine entscheidende Dimension, die in dem Reformvorschlag leider fehlte, den er für das Komitee entwarf. Er sollte der SEC, dem NASD, der NYSE und dem Staat New York vorgelegt werden.

Als die Spiegelung der Sonne auf dem Pool langsam dahinschwand, entschuldigte er sich für einen Augenblick und ging in sein Büro, das von Osten her auf die Terrasse blickte. Er druckte zwei zweizeilig gesetzte Exemplare seines Entwurfs aus und kam sofort wieder zurück. Die beiden Männer gingen ihn gemeinsam durch und merkten gar nicht, dass sie in der Abenddämmerung kaum noch lesen konnten.

Johnstons Frau brachte Eistee und schaltete die Außenbeleuchtung ein, während die beiden Randbemerkungen am Entwurf machten. Der Berater empfahl, die Anleger eindeutiger zum Handeln aufzufordern.

Ein paar Tage danach lud Johnston den Berater ein, sich den Vorsitz des Komitees mit ihm zu teilen. Der Berater lehnte jedoch ab und sagte, er bleibe lieber anonym; er wolle Johnston und seinem Komitee lieber aus dem Hintergrund helfen. Bei Bedarf wollte er an Johnstons Reden und Berichten direkt mitwirken, aber seiner Ansicht nach brachte es dem Komitee keinen Nutzen, wenn sein Name darunter stand.

Das Komitee stieß indes von allen Seiten auf heftigen Widerstand. Die Wall Street schien sich einzig und allein darum zu kümmern, dass die Märkte nicht fielen, und ihr einziges Interesse an einer Reform bestand darin, die Regulierer loszuwerden, die ihr im Nacken saßen.

Gleichzeitig trafen die Reformvorschläge, die bei den Regulierungsbehörden eingereicht wurden, auch dort überwiegend auf taube Ohren. Die Antwort lautete entweder „machen wir doch schon" (auch wenn das in Wahrheit gar nicht stimmte) oder „daran arbeiten wir bereits" (was niemand nachprüfen konnte).

Daraufhin beschloss Johnston, die Regulierer zu umgehen und einen direkten Aufruf an die Anleger zu starten. Der Berater nahm den alten Entwurf und schrieb die Rede vollständig um, wobei er spezielle Anweisungen für Einzelpersonen hinzufügte.

Innerhalb von wenigen Tagen stand die Logistik für ein Seminar, das in Midtown Manhattan abgehalten werden sollte. Es sollten Hunderte von Anlegern anwesend sein, und C-Span sollte es landesweit übertragen. Aus Gründen der Höflichkeit wurden Einladungen an die Vorsitzenden der SEC, des NASD und der NYSE sowie an mehrere Generalstaatsanwälte verschickt, aber Johnston rechnete nicht ernsthaft damit, dass jemand von Rang kommen würde.

Am vorbestimmten Tag jedoch war Johnston angenehm überrascht, die vertrauten Gesichter einiger Top-Vertreter an einem Tisch zu erblicken, der neben dem Podium für Diskussionsteilnehmer platziert worden war. Er war auch glücklich zu sehen, dass die Kameras von CNN Financial News und CNBC hinter denjenigen von C-Span um gute Positionen kämpften.

Oliver Dulles stellte Johnston als Hauptredner vor, während Johnston im Publikum umherblickte. Der Sall war gedrängt voll. Dutzende von Menschen aller Altersklassen – besonders aber aus der Generation der über 50-jährigen – standen an den Seitenwänden oder saßen auf dem Boden. Fast einhundert weitere waren noch in den Fluren und drängten herein. Zuerst sprach er eher leise, wurde dann aber immer energischer ...

„Vor noch nicht langer Zeit fanden in der amerikanischen Unternehmenswelt und an der Wall Street vier feine, aber irritierende Veränderungen statt.

Erstens wurden bei Tausenden von US-Unternehmen immense Ausgaben vergraben, Scheinvermögen wurden zusammengebraut und Gewinne wurden übertrieben.

Zweitens häuften wir bis über unsere Köpfe Schulden an – häufig ohne auch nur einen Gedanken an die Rückzahlung zu verschwenden.

Drittens belohnte die Wall Street viele dieser äußerst fragwürdigen Unternehmen mit den begehrten Kauf-Einstufungen.

Viertens hatten praktisch alle Brokerhäuser, die jene wackligen Unternehmen anpriesen, massenhaft Gebühren für Investmentbanking und Beratung von ihnen kassiert, hatten ihnen Millionen von Dollar geliehen oder waren begierig darauf, künftig mit ihnen Geschäfte zu machen.

Das war der gewaltigste Vertrauensbruch der Neuzeit. Arglose Anleger wurden betrogen. Billionen von Dollar – die Ersparnisse und Rentenpläne von Millionen Amerikanern – wanderten in den Mülleimer.

Ich gehörte früher dieser Welt an, aber inzwischen habe ich mich verwandelt. Ich bin zu einem der lästigsten Menschen der Wall Street geworden. Ich habe mir geschworen, jederzeit Sturm zu läuten, wenn Ihr Wohlstand bedroht ist, egal wie viele mächtige Feinde ich mir damit mache.

Doch jetzt ist die Zeit gekommen, mehr zu tun – viel mehr.

Angesichts weiterer erschreckender Enthüllungen über Anlegerbetrug durch die Säulen der Wall Street – Merrill Lynch, Morgan Stanley, Salomon Brothers ...

Angesichts des endlosen Stroms schwerer, neu aufgedeckter Abrechnungslügen von Unternehmen wie WorldCom, Xerox, Tyco und sogar einiger Bundesbehörden ...

Angesichts der äußerst realen Bedrohung durch weitere überraschende Bankrotte wie von Kmart, Adelphia, United ...

... schwindet das Vertrauen schnell dahin, das Sie einst in unsere Finanzmärkte gesetzt hatten.

Es geht nicht nur um einen Crash, sondern um die Bedrohung unserer gesamten Zukunft – als Anleger und als Staatsbürger.

Wenn die betrügerischen Unternehmen und Broker, die bisher überführt wurden, die Einzigen wären, dann würden der Schock und die Bestürzung im Markt vielleicht nach und nach abflauen.

Oder wenn die Unternehmen, die in letzter Zeit Insolvenz beantragt haben, die letzten tauben Nüsse wären, dann würden wir vielleicht das Licht am Ende des Tunnels sehen. Aber nein, *der Trommelschlag schockierender Enthüllungen hat gerade erst angefangen*!

Hören Sie sich folgende Fakten an:

Bisher haben die Behörden erst belastendes Material gegen wenige bedeutende Brokerhäuser freigegeben. Aber es sind weitere Untersuchungen des verbreiteten Empfehlungsbetrugs in *Dutzenden* großer Brokerfirmen der Wall Street im Gange.

Bisher wissen wir nur von Abrechnungsunregelmäßigkeiten bei ein paar Dutzend Unternehmen. Jedoch führt die Tatsache, dass viele der schlimmsten Manipulationen als „legal" galten, zwangsläufig zu dem Schluss, dass vielleicht *Tausende* solche Praktiken angewendet haben.

Bisher sind ein paar Hundert börsennotierte Unternehmen bankrott. Doch Tausende weitere könnten konkursgefährdet sein.

Vielleicht dauert es viele Monate, bis alle Bilanzbetrügereien aufgedeckt sind und bis die Unternehmen, die gegen den Bankrott ankämpfen, endlich das Handtuch werfen. In der Zwischenzeit vertieft jeder Tag, jede Enthüllung und jede Pleite die Vertrauenskrise weiter.

Sie als Anleger haben die Nase voll, und das aus gutem Grund. Für Sie gibt es eine Grenze des Erträglichen – eine unsichtbare psychische Grenze, hinter der es kein Zurück mehr gibt. Wenn nicht jetzt etwas getan wird, ist das Vertrauen dieser Generation in die Wall Street endgültig zerstört.

Wie kann man diese düstere Zukunft von unserem Land und von anderen großen Nationen abwenden?

Ich wünschte, ich könnte Ihnen sagen, dass die *Politiker* nicht gleichgültig zusehen, aber zu viele von ihnen befürchten, dass sie die Wahlkampfspenden von der Wall Street verlieren könnten, oder sie haben zu viel Angst, sie könnten die Schuld für den Niedergang der Börse bekommen.

Ich wünschte, ich könnte sagen, dass sich die großen *Firmen der Wall Street* freiwillig bessern. Aber während sie kürzlich versprachen, so etwas nie wieder zu tun, boten sie scharenweise einflussreiche Lobbyisten auf, um jegliche Gesetzgebung im Keim zu ersticken, die sie zwingen könnte, ihre Versprechen auch zu halten.

Ich wünschte, ich könnte Ihnen sagen, dass auch nur eine einzige, einsame *Brokerfirma* den Mut hätte, sich hinzustellen und zu sagen: „Sie haben Recht. Wir haben gelogen, betrogen und den arglosen Anlegern Milliarden von Dollar gestohlen. Jetzt bezahlen wir freiwillig für unsere Verbrechen."

Aber keiner gesteht – nicht einmal wenn er auf frischer Tat ertappt wird. *Niemanden* scheint es zu kümmern, dass jedes Leugnen und jede Verdunkelung von Fakten noch mehr Anleger zu der Überzeugung gelangen lässt, die Wall Street sei nichts weiter als ein großer Mummenschanz.

Sehen wir den Tatsachen ins Auge: Betrügerische Broker und Unternehmenslenker haben keine Angst vor dem Kongress – sie glauben, sie hätten ihn schon vor langer Zeit gekauft und bezahlt. Auch die SEC scheinen sie nicht zu fürchten. Die meisten betrachten sie als zahnlosen Wolf. Sie fürchten auch das NASD nicht, einen Verband, der von den großen Brokern aus großen Brokern und für große Broker geschaffen wurde.

Aber eine Person gibt es, vor der sie sich fürchten: Jemanden, der mit ein paar Tastendrucken auf dem Telefon oder mit einem Mausklick ein großes Loch in ihre Geschäfte reißen kann. Jemanden, der dafür sorgen kann, dass ihre meistgefürchteten Konkurrenten – die Hand voll ehrlicher Firmen, die der Versuchung zum Anlegerbetrug selten oder niemals erliegen – über sie triumphieren.

Und dieser Jemand, meine Damen und Herren, sind Sie.

In der Minute, in der Sie – und die Tausenden anderer Anleger, die sich um die finanzielle Zukunft dieses Landes sorgen – sich Gehör verschaffen, wird ihre Arroganz verschwinden.

Im Moment machen sich die betrügerischsten Broker und CEOs um Sie keine allzu großen Sorgen. Sie halten Sie für Schafe: zu scheu, zu selbstzufrieden, zu blöde, die Macht einzusetzen, die Sie über sie haben. Ich möchte, dass Sie ihnen das Gegenteil beweisen. Ich möchte, dass Sie genau jetzt mit mir sechs Schritte durchgehen.

Ihre erste Handlung: Verkaufen Sie Ihre anfälligsten Aktien *jetzt*!

Das bringt mehr Gottesfurcht in die Herzen der CEOs, als Sie sich vorstellen können. Aber damit Sie das Beste daraus machen können, verkaufen Sie intelligent – so wie es auf den Blättern steht, die hier überall ausliegen.

Ihre zweite Handlung: Bringen Sie Ihr Geld in Sicherheit!

Ihre dritte Handlung: Schützen Sie Ihr Vermögen! Stellen Sie sicher, dass Sie Anlagen haben, die Sie vor dem Abstieg bewahren.

Ihre vierte Handlung: Positionieren Sie sich dann so, dass Sie von dem weiteren Abstieg sogar profitieren.

Diese Maßnahme ist nicht jedermanns Sache. Aber wenn Sie es sich leisten könnten, einen gewissen Geldbetrag zu verlieren und wenn Sie diszipliniert genug sind, es nicht zu übertreiben, dann bietet Ihnen die sinkende Börse die Chance auf beträchtliche Gewinne, wobei Sie nicht mehr riskieren als den Betrag, den Sie investiert haben. Wenn dann der Markt den tiefsten Grund erreicht hat, haben Sie vielleicht mehr Geld, das Sie zu besten Preisen in die besten Unternehmen investieren können; damit stützen Sie eine dauerhafte Erholung.

Ihre fünfte Handlung: Machen Sie bei unserer Mission mit, die Betrügereien der Wall Street zu beenden.

Wir verlangen, dass das Federal Accounting Standards Board (FASB) sofort die Kungeleien mit der Industrie beendet und dass es nicht jedesmal zurückweicht, wenn es mit bedeutsamten Reformen auf Widerstand stößt.

Wir verlangen, dass alle Parteien – die Führungskräfte der Unternehmen, die Rechnungsprüfer, die Investmentbanker und Broker – sofort alle Funktionen und Ämter aufgeben, die durch Interessenkonflikte belastet sind. Für die Rechnungsprüfungsfirmen bedeutet dies eine vollständige Trennung zwischen dem Beratungs- und dem Prüfungsbetrieb. Für die Wall-Street-Firmen bedeutet es eine ebenso saubere und vollständige Trennung zwischen Investmentbanking und Research.

Wir verlangen die volle Offenbarung aller versteckten Risiken. Das bedeutet, dass alles gesagt wird – über die Schulden und über besondere Engagements wie zum Beispiel Derivate. Das bedeutet auch, dass genau gesagt wird, welche Derivate dem Schutz dienen und welche der Spekulation – auf welche Art und wie viel.

Wir bitten die amerikanische Regierung und die Regierungen Japans sowie der Europäischen Union dringend, unsere Forderungen voll zu unterstützen. Wir verlangen, dass sie Fairness-Regeln aufstellen und sicherstellen, dass Sie alle Informationen bekommen, die Sie brauchen. Wir bitten den Staat, dass er den Markt seine Arbeit tun lassen soll. Sie sind der Markt. Letzten Endes können Sie bessere Arbeit leisten als jeder Bürokrat.

Diese Schritte sind für die Wiederherstellung des Glaubens an den Markt jetzt erforderlich. Wenn der Glaube nicht wieder hergestellt wird, wird die weltweite Vertrauenskrise nicht nur weiterhin außer Kontrolle trudeln, sondern könnte auch die Chance auf eine letztliche Erholung vereiteln.

Sie bekommen eine der besten Gewinnmöglichkeiten, wenn Sie gute

Unternehmen zum richtigen Zeitpunkt für einen Bruchteil ihres Höchstwertes kaufen können. Aber wie können Sie das beruhigt tun, wenn der gesamte Markt ein Sündenpfuhl der Korruption und Täuschung ist? Diese großartigen Investmentgelegenheiten entstehen vielleicht gar nicht erst, wenn wir nicht unsere Kräfte vereinen und genau jetzt handeln."

Diese Botschaft erreichte Hunderttausende von Anlegern, aber Millionen beachteten sie überhaupt nicht. Genausowenig wie die meisten Spitzenpolitiker der Nation.

Kapitel 17

Schwindelgefühl

Johnston und der Finanzberater sprachen endlos über die Vergangenheit und die Zukunft.

Sie unterhielten sich bei Sushi im Selbstbedienungsrestaurant oder trafen sich auf der anderen Seite der Straße zu einem ausgiebigeren Essen. Sie luden Dulles dazu ein, der ihnen Einsichten über das „kollektive Bewusstsein der Entscheidungsträger Amerikas" vermittelte, und Tamara Belmont, die sie regelmäßig über ihre Szenarien auf dem Laufenden hielt, welche sie entsprechend den beginnenden Ereignissen abänderte.

„Warum", so fragten sie sich, „sträubten sich die führenden Entscheidungsträger des Landes so sehr gegen Veränderungen? Warum konnten sie das Licht nicht sehen? Und warum handelten nicht einmal jene, die es sahen, nach ihrem Weitblick?"

Sie kamen zu folgendem Schluss: Die Menschen in höchsten Positionen litten an heftigen Schwindelgefühlen und an Höhenangst. Sie waren desorientiert, hatten Angst zu fallen und fürchteten sich sogar vor dem Blick nach unten.

In ihrem tiefsten Unterbewusstsein fühlten diese Entscheidungsträger, dass sie mit schweren Bürden belastet zu hoch hinaufgeklettert waren. Zu viel Wohlstand, zu schnell. Zu viele Schulden, aber kein Geld, auf das man weich fallen konnte.

Aber ihr Bewusstsein rebellierte genauso hartnäckig gegen den Blick nach innen wie gegen den Blick hinab aus steiler Höhe.

Johnston war der Meinung, dass es für eine Kursänderung nie zu spät sei. Gewiss war es nie zu spät, den Niedergang bewusst zu steuern, den langfristigen Schaden zu begrenzen und die Gesundung durch die nachfolgende Erholung zu maximieren. Selbst nachdem die Krise schon im Gange war, hatte er das Gefühl, dass es viele Möglichkeiten gab, die wahren Risiken zu enthüllen und Maßnahmen zur Abhilfe zu ergreifen.

Dulles dagegen, der vorher der Optimist gewesen war, wurde jetzt immer skeptischer. Er befürchtete, dass Tamaras Szenario B das wahrscheinlichere war. Jedesmal wenn die Regierung versuchte, die Konjunktur auf Trab zu bringen anstatt das Anlegervertrauen wiederherzustellen, förderte sie seiner Meinung nach erneut die Zuversicht der Anleger. Schlechtes Geld wurde mit gutem erkauft. Das Misstrauen spülte das Vertrauen hinweg. Wenn die Regierung weiter diesen Weg beschritt, so argumentierte er, würde sie ihre Glaubwürigkeit, ihre Macht und am Ende jeglichen Anschein nennenswerter Kontrolle verlieren.

Und vor allen Dingen befürchteten sie, dass die grundlegenden gesellschaftlichen Institutionen, die das Land zusammenhielten – insbesondere die Familie – weiter zerfallen würden, selbst während der vorübergehenden „guten Zeiten" zwischendurch.

Tamara war der gleichen Meinung. Sie erzählte ihren Kollegen erneut von dem Gespräch, das sie während ihrer Japanreise mit Familie Miyazaki geführt hatte – vor allem mit dem 81-jährigen Herrn Miyazaki senior, der sich bitter über den Niedergang der Familie und den Anstieg der Kriminalitätsrate in Japan beklagt hatte. „Und ironischerweise", sagte sie, „erscheinen die japanischen Statistiken aus unserer amerikanischen Perspektive wie ein soziales Paradies."

Sie zählte an ihren Fingern einige grundlegende Zahlen auf.

„Erstens ist die Ehescheidungsrate in Amerika die höchste der Welt – von 1.000 Personen (Männern, Frauen und Kindern) lassen sich hier zu Lande jedes Jahr 4,95 scheiden. Und obwohl sich in Japan die Scheidungsrate seit 1975 verdoppelt hat, liegt sie immer noch bei 2,3 Promille, beträgt also weniger als die Hälfte der amerikanischen Quote.

Zweitens breiten sich die Teenager-Schwangerschaften in den Vereinigten Staaten wie eine Epidemie aus. Von 1.000 Mädchen im Alter zwischen 15 und 19 Jahren bekommen pro Jahr 52 ein Kind; das ist weltweit mit Abstand der höchste Anteil. Myazakis Tochter, die noch die Highschool besucht, erzählte mir, dass einige ihrer Klassenkameradinnen vom rechten Wege abgekommen seien. Sie sagte, sie dächten, sie **müssten** unbedingt teure ‚angesagte' Mode tragen, die sie sich nicht leisten können. Also verkaufen sie ihren Körper, um Geld zu verdienen – in Japan ein schockierendes neues Phänomen. Darauf sagte ich ihr, dass die Anzahl von Teenagern, die Mutter werden, in den Vereinigten Staaten **zehnmal** so hoch ist wie in Japan. Ihr klappte der Unterkiefer herunter.

Jemand, der mit am Tisch saß, meinte, das liege vielleicht daran, dass es in Japan mehr Abtreibungen gebe. Aber als ich zurück in die Vereinigten Staaten kam, überprüfte ich das. In Wirklichkeit haben wir in Amerika mehr Schwangerschaftsabbrüche – laut UNICEF sind es in den USA 4,3 pro Tausend und in Japan 2,7 Pro Tausend.

Die Miyazakis schauderte auch, als sie über die steigende Kriminalitätsrate in Japan sprachen. Aber laut einer Statistik der Vereinten Nationen kommen auf 100.000 Einwohner der Vereinigten Staaten 641 Gefängnisinsassen. Im Gegensatz dazu sitzen in Japan von 100.000 Menschen nur 48 hinter Gittern, das ist weniger als ein **Dreisigstel** der US-Quote."

Tamara machte eine Pause. Johnston und Dulles sagten nichts. Also stellte sie eine rhetorische Frage. „Liegt das daran, dass wir besser darin sind, Verbrecher zu fangen und sie einzusperren? Liegt das daran, dass bei uns mehr schwere Jungs hinter Gittern sitzen und dass in Japan mehr schwere Jungs frei herumlaufen? Wohl kaum! Die Chancen eines Verbrechers, in Japan ungeschoren davonzukommen, betragen nur einen Bruchteil der entsprechenden Chancen in den Vereinigten Staaten. Die traurige Wahrheit ist: In den Vereinigten Staaten laufen mehr gefährliche Menschen in den Straßen herum als im Gefängnis sitzen.

Wenn man **alle** angezeigten Straftaten zusammenzählt, befinden sich die Vereinigten Staaten unter 60 Ländern, über die die UNO Statistiken führt, unter den schlechtesten zehn. Auf 1.000 Personen kommen in Amerika 84,39 Strafanzeigen jährlich. Japan indes belegt unter den großen Industrienationen mit 19 Anzeigen immer noch den besten Platz – das ist weniger als ein Viertel der Kriminalitätsrate in den Vereinigten Staaten. Und das, obwohl die japanischen Staatsbürger einen größeren Anteil der tatsächlichen Verbrechen anzeigen – und die Polizei einen größeren Anteil davon aufnimmt – als ihre Pendants in den Vereinigten Staaten."

Tamaras Hauptargument: In Japan bewirkte die staatliche Stützung der Wirtschaft nur eine Verlängerung des Todeskampfes, während die Gesellschaft degenerierte. Sie meinte, wenn sich die Vereinigten Staaten ähnlich verhielten, würde auch das amerikanische Gesellschaftssystem ungeheuer leiden. Es gab allerdings einen großen Unterschied: Für die meisten Amerikaner war eine intakte Familie bereits eine vom Aussterben bedrohte Art.

Die Diskussion fand kaum ein Ende. Aber noch während sie sprachen, ging es mit den Weltmärkten weiter bergab. Weitere Unternehmen machten Bankrott. Die Arbeitslosigkeit, die sich ein wenig gebessert hatte, wurde wieder schlimmer.

Der Hilferuf der Wall Street

Die Optimisten der Wall Street wurden wieder schwermütig, und selbst die hartnäckigsten Bullen wurden zu Angsthasen.

Nichtsdestoweniger bauten die meisten Führungskräfte der Banken und Brokerhäuser auf eine bestimmte Hoffnung. Sie glaubten, angesichts des Ausmaßes der Krise würde der Präsident der Vereinigten Staaten ein großes, allumfassendes Rettungsprogramm akzeptieren. Sie glaubten, die amerikanische Regierung habe die Macht dazu und wo ein Wille sei, da sei auch ein Weg.

Diese Entscheidungsträger der Wall Street fühlten sich moralisch verpflichtet, eine Delegation zum Präsidenten zu schicken und ihn zum Krieg gegen die fallenden Märkte zu überreden – nicht nur um der etablierten Unternehmensgiganten Amerikas willen, die das Herz und die Seele der Wirtschaft waren, sondern auch um der gesamten modernen Welt willen.

Solange nur der Aktienmarkt fiel, gaben sie zu, dass es schwierig sein würde, den Präsidenten zu Maßnahmen zu überreden. Aber jetzt begannen zusätzlich zu den Aktien auch die Anleihenpreise zu fallen – nicht nur von Unternehmensanleihen, sondern auch von US-Schatzanleihen.

Das war allen ein großes Rätsel. Ja, sie konnten verstehen, dass manche Unternehmensanleihen fielen – sie wurden herabgestuft, weil einige Emittenten am Rande des Bankrotts standen. Aber sie konnten nicht begreifen, wieso die Preise der amerikanischen Schatzanleihen fielen. Dieser Niedergang der Schatzanleihen rief die größte Besorgnis hervor. Und dies bewog letztlich auch zwei Top-Unternehmen der Wall Street dazu, um ein Treffen mit dem Präsidenten im Oval Office zu bitten, ja sogar fast, es zu fordern.

Das erste dieser Unternehmen war Harris & Jones, das seinen Namen kürzlich in Harris & Jones umgeändert hatte. Außer Unternehmensinsidern wusste niemand davon, aber die Firma litt aufgrund der massiven Klagen und des unaufhaltsamen Abstiegs des Marktes unter ernsten Finanzproblemen.

Das zweite Unternehmen war die MetroBank, die ebenfalls in Finanznot war, nachdem sie in fast alle größeren Pleiten und Bankrotte der letzten Jahre verwickelt gewesen war.

Über die finanziellen Schwierigkeiten der beiden Firmen gab es zwar noch keine Gerüchte, aber man munkelte, dass sich Harris & Jones und MetroBank in der Anfangsphase von Fusionsverhandlungen befänden. In der Tat betrachteten beide Megafirmen einander als potenzielle Retter, als neue Kapitalquelle. Als sie jedoch gegenseitig ihre Bücher unter die Lupe nahmen und die „komplexe Buchhaltung" des jeweils anderen durchschauten, wurde klar, dass die einzige verbliebene Kraftquelle, die das notwendige Kapital für die Rettung zur Verfügung stellen könnte, die US-Regierung war.

Also gab es neben ihrer offenkundigen Mission, den Markt und die Wirtschaft zu retten, noch eine zweite, verdeckte Mission – sich selbst zu retten. Mitarbeiter der Unternehmen kontaktierten Mitarbeiter des Weißen Hauses und baten dringend um einen Termin. Sie gehörten zu den mächtigsten Finanzinstituten der Erde, und sie machten sich große Sorgen um die allernächste Zukunft; sicher würde der Präsident sie empfangen.

Eine überraschende Einladung

Auch der amerikanische Finanzminister machte sich Sorgen. Wenn er auch öffentlich nicht darüber sprach, so war er sich der Finanzdämonen sehr wohl bewusst, die die lawinenartig abstürzenden Aktien- und Anleihenmärkte unvermeidlich wecken würden.

Der Vorsitzende der Federal Reserve hatte noch tiefer gehende Ängste. Er dachte, er habe alles in seiner Macht Stehende getan, um die Umstände abzuwenden, die jetzt eingetreten waren. Er war besorgt, weil seine mächtigste Waffe – niedrigere Zinsen – zerbrochen war.

Diese beiden Männer – der Minister und der Vorsitzende – waren einander nicht rechenschaftspflichtig. Der Finanzminister gehörte der Exekutive der amerikanischen Regierung an, der Vorsitzende der Federal Reserve dagegen nicht.

Zur Überbrückung dieser Lücke trafen sich diese beiden Personen, die mit Abstand die mächtigsten Wirtschaftspolitiker des Landes waren, einmal wöchentlich zum formlosen Informations- und Gedankenaustausch. Sie waren in vielen Dingen unterschiedlicher Meinung, aber über ein grundlegendes Prinzip gab es kaum Uneinigkeit:

Wenn das Finanzsystem nicht akut bedroht ist, sind staatliche Rettungsaktionen zu vermeiden. Wenn jedoch ein Notfall eintritt, ist eine aggressive Intervention die einzige Möglichkeit. Das brachte allerdings ein entscheidendes Dilemma mit sich: Was genau war ein „echter finanzieller Notfall" und was nicht?

Die Antwort drehte sich fast ausschließlich um die Massenpsychologie der Investoren. Wenn die Öffentlichkeit relativ ruhig war, war es kein Notfall und ein paar aufmunternde Worte genügten. Aber wenn die Öffentlichkeit in Panik war, blieb kaum eine andere Wahl als schwere Geschütze aufzufahren – Hunderte Milliarden neuen Geldes oder noch mehr mussten dann in das System gepumpt werden.

Das wollte weder der Minister noch der Vorsitzende. Daraus folgte, dass der Schlüssel zur Minimierung von Notfällen Vertrauen war, insbesondere das Anlegervertrauen. Wie konnten sie das Anlegervertrauen wiederherstellen? Wie konnten sie ihre eigene schwindende Glaubwürdigkeit als Wirtschaftspolitiker wiederbeleben? Darauf hatten sie keine Antwort.

In genau dieser Situation bekam Oliver Dulles eines Freitagnachmittags einen Telefonanruf von einem Mann, der sich als Referent des Finanzministers vorstellte. Er lud Paul E. Johnston ein, am Wochenende an einer kurzen Besprechung des Ministers mit seiner Mannschaft teilzunehmen; und wenn alles gut ging, sollte er sich dann am Montagmorgen im Oval Office mit dem Präsidenten treffen.

Der Mann sagte, Johnston habe unter den Anlegern inzwischen viele Anhänger. Der Minister brauche seine speziellen Einsichten und gleichzeitig auch seine Unterstützung bei den Bemühungen der Regierung, das Anlegervertrauen aufzubessern. „Es kommt alles auf den Tisch, was mit Vertrauen zu tun hat“, sagte er, „und es wird ausführlich über Zukunftsszenarien diskutiert.“

„Zufällig haben wir dazu einen neuen Bericht“, rief Dulles reflexartig aus. „Sollen wir ihn mitbringen?“

Der Referent zögerte, aber aus Höflichkeit antwortete er: „Natürlich, bringen Sie Ihren Bericht nur mit. Wahrscheinlich wird er nicht zur Sprache kommen, aber es schadet nichts, wenn Mr. Johnston ihn für alle Fälle dabei hat.“

Dulles bedankte sich ruhig und nüchtern. Aber sobald er aufgelegt hatte, sprang er aus dem Stuhl auf und schoss in derartiger Eile in Johnstons Büro, dass er mit Tamara Belmont zusammenstieß, die ihm entgegenkam. „Kommen Sie in drei Minuten in mein Büro“, rief er. „Aber zuerst muss ich noch mit Paul sprechen.“

Johnston war überrascht, blieb aber ruhig. Er lehnte sich zurück und schaute aus dem Fenster hinaus, das im dritten Stock lag. Bisher war ihm nie bewusst gewesen, dass sie nur zwei Häuserblocks vom Weißen Haus entfernt waren. In seinem Denken war es immer meilenweit – ja sogar Lichtjahre – entfernt gewesen. Jetzt war seine tatsächliche Nähe lebendig geworden. Er sagte Dulles, er werde über seinen Vorschlag zur Reformierung der Wall Street sprechen, der von den Regulierern der Wertpapiermärkte abgelehnt worden war. „In Ordnung“, sagte Dulles, „aber Sie vergessen die große, dringendere Sache, die zeitlich so gut passt, dass denen die Köpfe wegfliegen werden.“

„Wovon reden Sie?“

„Von dem Bericht über Risiken und Nutzen von Crashs. Von den beiden Szenarien, die Ms. Belmont mit ihrem Team erarbeitet hat. Der Mann vom Schatzamt, mit dem ich gerade gesprochen habe, sagte, es würde über Zukunftsszenarien gesprochen. Das passt absolut. Sehen Sie nicht den Zusammenhang? Das ist die Gelegenheit, auf die wir gewartet haben – eine Chance, den Widerstand und die Angst vor dem tiefen Fall so langsam zu überwinden.“

Dulles behielt mit seinen Argumenten schließlich die Oberhand, und er eilte zurück in sein Büro, wo Tamara geduldig auf ihn gewartet hatte.

„Was ist los?", fragte sie und versuchte, ihre Befürchtungen zu verbergen.

„Ihr Bericht. Wie weit sind Sie damit?"

„Fast fertig."

„Fast? Sagen Sie schon! Was fehlt denn noch?"

„Nur die letzte Überprüfung, Korrekturlesen und Formatieren. Nichts Großes mehr."

„Schaffen Sie das bis Sonntagmorgen?"

„Soll das ein Witz sein? Das Ding ist riesig. Ich brauche dafür mindestens eine Woche", sagte sie.

Er sagte, sie solle sich keine Sorgen machen. Er würde das ganze Büro mobilisieren. Notfalls würde er Hilfe von außen holen. Er würde ihr sogar ein paar Arbeitsstunden schenken. Daraufhin teilte sie den Bericht in drei Abschnitte auf und gab ihren Mitarbeitern, die mit dem Projekt bereits vertraut waren, entsprechende Anweisungen.

Aber die Arbeitskräfte reichten immer noch nicht. Daher rief Dulles, als Johnston auf dem Treffen mit den Mitarbeitern des Finanzministeriums war, alle zusammen, die er finden konnte. Lindas Berater überprüfte den Abschnitt über Teufelskreise inhaltlich, und Linda selbst war zur zweiten Überprüfung der Statistiken über die Gewinne der Nasdaq-Unternehmen verdonnert worden.

Am Montag, um 10:30 Uhr, als Johnston für die zwei Blocks weite Fahrt zum Weißen Haus in eine Limousine stieg, rannte Dulles die Treppen hinunter, um ihn noch zu erwischen, und übergab ihm Kopien von dem Bericht des Komitees. Der neue Titel lautete: „Crash Benefits."

Kapitel 18

Die große Rettungsaktion

Nach einer geheimen Besprechung des Rettungsteams hinter verschlossenen Türen – unter Teilnahme des Präsidenten, des Finanzministers, des Vorsitzenden der Federal Reserve und des Vorsitzenden der Börsenaufsicht SEC – wurden drei ehemalige oder derzeitige Topmanager der Wall Street dazugebeten: der CEO von Harris & Jones, der CEO der MetroBank und Paul E. Johnston, der Vorsitzende des CECAR. Den Vorsitz führte der Finanzminister.

Finanzminister: Meine Herren, wir sind an einem bedeutenden Scheideweg angelangt. Der Aktienmarkt taucht erneut ab und unsere konjunkturelle Erholung, die zuvor so gut lief, versagt jetzt. Aufgrund des Haushaltsdefizits können wir keine Steuern mehr kürzen. Wegen des sinkenden US-Dollar können wir die Zinsen nicht mehr senken.

Ironischerweise haben uns die Wirtschaftsexperten die ganze Zeit erzählt, die meisten Fundamentaldaten deuteten auf Jahre hinaus auf eine gesunde Wirtschaft. Wir haben die niedrigste Inflation und die niedrigsten Zinsen seit Jahrzehnten. Aber der Aktienmarkt hat wieder nach unten gewendet. Der Aktienmarkt ist unsere Achillesferse, und die schmerzt uns jetzt.

Was die meisten Menschen jedoch nicht wissen, ist, dass die größte Bedrohung nicht der Aktienmarkt ist, sondern der Anleihenmarkt und letzten Endes der US-Dollar selbst.

Somit stehen wir heute vor einer beispiellosen Reihe drängender Fragen: Haben wir einen echten finanziellen Notfall – ist es an der Zeit, dem fallenden Aktienmarkt den Krieg zu erklären?

Wenn die Antwort „ja" lautet, stellt sich die nächste Frage: Können wir unsere traditionellen Mittel einsetzen? Oder müssen wir unkonventionelle Waffen hervorholen? Konkret gefragt, sollten wir unsere normale Vorgehensweise umgehen und öffentliche Mittel unmittelbar in die Tresore der amerikanischen Unternehmen leiten, indem wir einfach ihre Wertpapiere kaufen? Sollen wir Aktien kaufen, um den Aktienmarkt nach oben zu drücken?

Fed-Vorsitzender: Ich bin überzeugt, dass es sich nicht um einen dringenden Notfall handelt. Wir haben Insolvenzen, aber das ist nichts Neues. Wir haben fallende Aktien und Anleihen. Auch das hat es schon viele Male gegeben. Ich habe zwar schon seit einigen Tagen nicht mehr mit den Angehörigen des Federal Reserve Board oder des FOMC – des Federal Open Market Committee – gesprochen, aber ich kann mir ziemlich genau vorstellen, was sie sagen würden, wenn sie hier wären.

Finanzminister: Und was wäre das?

Fed-Vorsitzender: Wahrscheinlich gäbe es verschiedene Meinungen bezüglich der ersten Frage – ob ein Notfall vorliegt oder nicht. Aber über den besten Mechanismus für die Reaktion auf jedweden Notfall gäbe es keine Meinungsverschiedenheiten: Sie würden nachdrücklich fordern, dass alle Mittel über die normalen Fed-Kanäle geleitet werden, namentlich durch das Bankensystem. Sie würden nachdrücklich vor jedem Versuch warnen, das Bankensystem zu umgehen und Stammaktien zu kaufen. Einen derart radikalen Schritt würden sie als unnötig und gefährlich betrachten.

Präsident: Inwiefern gefährlich?

Fed-Vorsitzender: Zur Veranschaulichung der Gefahren nehme ich Sie mit nach Japan und zurück in den September 2002: Mitte jenes Monats gab die Bank of Japan bekannt, dass sie an der Tokyo Stock Exchange Aktien kaufen wolle, um dem Markt Erholung zu verschaffen und die Aktienportfolios der japanischen Banken aufzubessern, die am Rande des Bankrotts standen. Der Nikkei erholte sich planmäßig. Aber einige Tage danach, am Freitag, dem 20. September, brach der Markt für japanische Staatsanleihen in Stücke. Zum ersten Mal seit Jahren konnten einfach nicht genug Bieter für die Aneihenauktion gefunden werden. Die staatliche Anleihenauktion der zweitgrößten Wirtschaftsmacht der Welt brach zusammen.

Ist Ihnen klar, meine Herren, wie relevant – und wie unmittelbar bedrohlich – das ist? Ich wiederhole: Die zweitgrößte Wirtschaftsmacht der Welt – unfähig, ausreichend Käufer für ihre eigenen Staatsanleihen zu finden?

Deshalb bin ich grundsätzlich gegen direkte Interventionen und deshalb schlage ich vor, dass wir zuerst versuchen, die Ursachen des Börsenabstiegs anzugehen und erst dann über eine Intervention nachzudenken – aber nur über die üblichen Kanäle.

(Die CEOs von Harris &Jones und der MetroBank murmelten protestierend und schüttelten die Köpfe. Ihrer Meinung nach war keine Zeit mehr für weitere Recherchen. Sie glaubten, es wäre nicht einmal mehr genug Zeit, über die üblichen Kanäle Geld einzupumpen. Ein unmittelbares und massives Eingreifen des Staates war genau das, worum sie bitten wollten.)

MetroBank: Bei allem Respekt, Herr Vorsitzender, ich stelle die Relevanz der Vorgänge in Japan in Frage, die Sie gerade beschrieben haben. Japan hat eine zwölfjährige Depression hinter sich, wir nicht. Die dortigen Banken liegen in Trümmern, unsere nicht.

Und außerdem wissen wir ja schon, was den Aktienmarkt zum Sinken bringt: Das zurückgehende Anlegervertrauen. Wie könnte man das Anlegervertrauen besser anheizen als dadurch, dass die mächtige Regierung der Vereinigten Staaaten ihren Worten auch Taten folgen lässt und Aktien kauft? Wir haben die Macht. Wir haben die Mittel. Wenn es jemals in der Geschichte einen Augenblick gab, von dieser Macht klug Gebrauch zu machen, dann jetzt. Lassen Sie uns **handeln**!

Johnston: Mich würde interessieren, welche Maßnahmen Sie im Sinn haben. Aber ich möchte von vornherein klarstellen, dass die wahren Kräfte, die hinter dem Niedergang der Börse stecken, andere sind als Sie glauben. Der Börsenboom und meiner Meinung nach auch der Wirtschaftsboom gründeten sich weitgehend auf ein Fundament aus Falschheiten. Für den Fall der Märkte ist kein größeres wirtschaftliches Ereignis wie eine Rezession nötig. Es ist auch kein äußeres Ereignis wie ein Terroranschlag oder ein Krieg nötig. Alles, was nötig ist, damit das Kartenhaus einstürzt, ist die Manifestation einer allgegenwärtigen Kraft: der Wahrheit über die Unternehmensgewinne, über den Bundeshaushalt, über die Konjunktur. Die Wahrheit kommt heraus, und schon geht es bergab. Ohne Erneuerung der Wahrhaftigkeit können Sie das Vertrauen nicht wiederherstellen.

(Johnston blickte in die Runde, weil er die Reaktion sehen wollte, aber anscheinend stießen solche Bemerkungen auf taube Ohren.)

Enrons große Fassade der Macht verbarg eine Anhäufung von Lügen. Sobald die Fassade fiel, war es im Nu aus. WorldComs große Fassade der Kraft und der Macht war eine noch größere Anhäufung von Lügen. Sobald das herauskam, war auch die Kraft weg – und zwar sofort.

Und jetzt frage ich Sie: Welcher Anteil unseres Bundeshaushalts wird durch Abrechnungspraktiken à la Enron maskiert? Wie viel von unserer Wirtschaft stützt sich auf ähnliche Tricks ?

Finanzminister: Wir wissen alle, dass Enron seine Gewinne um drei Milliarden US-Dollar zu hoch angegeben hat. Wir wissen sehr wohl, dass diese drei Milliarden den größten Unternehmensbetrug in der Geschichte unseres Landes darstellen. Aber die Regulierungsbehörden haben entschlossene Schritte unternommen, so etwas in Zukunft zu verhindern. Worauf wollen Sie also hinaus?

Johnston: Verzeihen Sie, dass ich Sie in der Sache korrigiere, aber aus den drei Betrugsmilliarden, die anfänglich entdeckt worden waren, wurden schnell vier Milliarden, dann sieben Milliarden und dann mehr als neun Milliarden Dollar. Jede Spur führte zur Enthüllung immer größerer Unregelmäßigkeiten. Ich will darauf hinaus, dass wir das gleiche Muster in viel größerem Maßstab in der Buchführung von Regierungsbehörden, in der Wirtschaft, bei den Banken und Versicherungen entdecken. Wir haben gerade erst die Oberfläche angekratzt. Zahllose schockierende Enthüllungen liegen noch vor uns.

Wir wissen alle, dass wir in einer unvollkommenen Welt leben. Wir akzeptieren die Tatsache, dass es immer ein paar schwarze Schafe geben wird, die Verbrechen begehen. Das ist nicht das zentrale Thema. Das zentrale Thema ist sämtliches Unternehmensgebaren, das als „vollkommen legal“ galt und gilt. Und in diesem Bereich nehmen die Manipulationen rasant zu. Wenn es legal war, dann heißt das, dass fast jedes Unternehmen in Amerika die Chance hatte, daraus Vorteile zu ziehen. Das ist einer der Hauptgründe, wieso der Aktienmarkt fällt und wieso mehr als 10,5 Billionen Dollar Vermögen verschwunden sind.

Präsident: Ich verstehe nur eines nicht: wohin? Wohin ist das ganze Geld gegangen? In Immobilien? In Anleihen? Ins Ausland?

Johnston: Ich glaube, dass das Geld größtenteils nirgendwo hingegangen ist.

Präsident: Was? Wieso nicht?

Johnston: Zunächst einmal weil es niemals vorhanden war. Das Vermögen war großteils eine Fantasie, eine Blase. Hinter der riesigen Anhäufung von Reichtümern – in Internetaktien, Technologieaktien, Telekomaktien und sogar in vielen Industrieaktien – stand keine Substanz, keine echten Vermögenswerte oder Gewinne, in manchen Fällen nicht einmal Umsätze. Es wurden Aktien für das Drei- oder Vierhundertfache des Umsatzes verkauft. Beachten Sie, nicht des Gewinns, sondern des Umsatzes! Viele dieser Unternehmen erzielten keinerlei Gewinn. Und doch wurden sie als „die großen Anführer der New Economy" gepriesen.

Die Millionen Amerikaner, von denen der Minister vorhin sprach, die Menschen, die auf ihren Depotauszügen immer größere Zahlen sahen – was waren denn diese Zahlen im Grunde? Sie waren Trugbilder. Reinste Buchgewinne. Noch schlimmer, die Buchgewinne beruhten auf papiernen Unternehmengewinnen, die aus übereinander getürmten Lügen bestanden.

Die erste Schicht Lügen kam von den CEOs, die ihre Gewinne übertrieben und falsch angaben, die ihre Verluste verbargen und ihre Schulden vergruben – typischerweise unter dem legalen Deckmantel der „Rechnungslegung nach GAAP". Die zweite Schicht Lügen fügten die Rechnungsprüfer hinzu, die die erste Schicht mit dem Stempel „geprüft und für gut befunden" absegneten. Eine dritte Schicht wurde von Unternehmen der Wall Street geschaffen, die diese verzerrten Zahlen als Evangelium akzeptierten und dann die Unternehmen in falschen Berichten unter der Rubrik „Einstufung" hochlobten. Und nicht zu vergessen die vierte Schicht von provisionsabhängigen Brokern und Finanzplanern unter der Rubrik „Ratschläge", während sie die ganze Zeit wussten, dass das nur verkappte Verkaufstricks waren.

Herr Präsident, ich habe einen Bericht bei mir, der die gesammelte Weisheit einiger der klügsten Köpfe unseres Landes zum Thema Marktzusammenbrüche enthält sowie zu den möglichen Folgen und Maßnahmen, die die Regierung als Reaktion ergreifen oder nicht ergreifen sollte. Nach Abschluss der Sitzung werde ich Ihren Mitarbeitern Kopien davon geben. Der Titel lautet: „Crash Benefits."

Ich bitte Sie inständig, nicht vorschnell zu urteilen und nicht anzunehmen, dass jeder Crash um jeden Preis aufgehalten werden muss, dass jede Deflation bekämpft werden muss, koste es, was es wolle. Stattdessen fordere ich alle hier Anwesenden auf, den Bericht durchzusehen und etwas über den Nutzen von Crashs zu erfahren."

Präsident: Mr. Johnston, ich dachte, sie hätten sich heute zu uns gesellt, um etwas dazu beizutragen, wie man das Anlegervertrauen stärken kann, und dass Sie uns bei diesem Ziel gerne unterstützen würden. Ich verstehe nicht, was Sie mit „Crash Benefits" oder dem Nutzen von Crashs meinen. Auch sehe ich nicht, wie das zu unserem Ziel passt.

MetroBank: Mr. President, ich glaube, Sie haben den Nagel auf den Kopf getroffen. Wir sind heute hier, damit wir einen Weg finden, den Markt zu stützen, das Kapital der wichtigsten Teilnehmer aufzubessern und das Anlegervertrauen zu heben, aber Mr. Johnstons Ziele scheinen anders gelagert zu sein. Er spricht von „Crash Benefits", aber diese beiden Wörter erscheinen in sich widersprüchlich. Welchen Nutzen könnte ein Crash hervorbringen? Kommen wir lieber wieder zurück zum Thema.

Präsident: Ja! Wollen wir sagen, dass die große Blase vor allem Abrechnungs-Mumpitz war? Wenn das das große Problem ist und die Wirtschaft ansonsten fundamental stark ist, worum machen wir uns dann solche Sorgen? Befürchten wir, dass die bisherigen Reformen nicht ausreichen? Schön. Dann bringen wir noch ein paar Reformgesetze durch. Ich habe den *Accounting Reform Act 2002* unterzeichnet. Ich werde jetzt gerne ein weiteres Reformgesetz unterzeichnen. Jedesmal wenn wir das tun, stellen wir wieder ein bisschen Vertrauen her.

Johnston: Ich wünschte, es wäre so einfach. Aber die Enthüllungen über die Buchhaltung waren nur der Auslöser – der Mechanismus, der die Blase platzen ließ. Wir haben über die Jahre eine ganze Reihe von Rissen in unserer Wirtschaft identifiziert. Das sind Spalten, an die in guten Zeiten nur wenige Menschen denken, aber in schlechten Zeiten drohen sie auszubrechen wie ein Vulkan.

Da wäre zunächst der Bundeshaushalt. Wenn der Haushalt fundamental solide wäre, dann kämen wir vielleicht damit davon, noch ein paar Dollar Steuergelder auszugeben. Aber unglücklicherweise ist das absolut nicht der Fall. Zusätzlich zu den offiziellen Defizitschätzungen von mehr als 500 Milliarden US-Dollar gibt es noch ein Defizit, das nicht in den Büchern erscheint und das sich ebenfalls auf mindestens 500 Milliarden beläuft.

Präsident: Stimmt das?

Finanzminister: Ich fürchte, ja.

Johnston: Das zweite Risiko ist der Dollar. Der US-Dollar ist jahrelang gestiegen, und darum nahm man oft an, der Dollar sei stark und stelle kein Risiko dar. Stimmt nicht. Ausländische Investoren halten US-amerikanische Aktien und Anleihen im Wert von 4,6 Billionen US-Dollar. Sie sind der größte Eigentümer der meisten unserer Wertpapierkategorien – größer als die inländischen Banken, Versicherungen oder sonst ein Inlandssektor für sich genommen. Wenn Sie irgendwie deren Vertrauen erschüttern, wenn Sie sie auf irgendeine Weise verschrecken, dann gute Nacht.

Das Risiko des Dollar-Verfalls

Präsident: Können wir es uns nicht leisten, den US-Dollar eine Weile fallen zu lassen? Würde das nicht dazu beitragen, dass Amerika wettbewerbsfähiger wird? Würde das nicht den Verlust amerikanischer Arbeitsplätze an Billiglohnländer wie China und Indien aufhalten?

Johnston: Vielleicht. Aber nur unter der Annahme, dass der Niedergang des Dollar kontrollierbar ist. Nehmen Sie einmal an, er fällt unkontrolliert. Was wollen Sie dann tun?

Und außerdem gibt es noch ein drittes Risiko – die Immobilien. Ich komme auf die vorherige Frage zurück: Wo ist das ganze Geld aus dem Aktienmarkt hingekommen? Nun, zu einer bestimmten Zeit sagten viele Menschen, das meiste gehe in Immobilien. Das stimmte aber nur zum Teil. Die hauptsächliche Geldquelle für Immobilien sind schon immer Hypothekendarlehen, und momentan stehen Hypotheken von fast sechs Billionen US-Dollar aus. Allerdings wächst dieser Betrag nicht mehr. Jetzt wird dieser Sektor schwächer, und wenn das so weitergeht, können wir uns von der Erholung getrost verabschieden. Stattdessen dürfen wir die chronische Rezession begrüßen, vielleicht sogar eine Depression.

Und es gibt noch ein viertes Risiko – die Derivate. Darüber können wir Ihnen nicht viel erzählen, und genau das ist der Kern des Problems. Sie sind ein weitgehend unbekanntes Risiko. Wir wissen nur, dass ihr gesamter Nennwert, der zugegebenermaßen das Problem etwas übertrieben darstellt, in den Vereinigten Staaten nahezu 50 Billionen US-Dollar und im Ausland vielleicht noch einmal 60 Billionen US-Dollar beträgt – das ist mehr als alle zinstragenden Schulden der Welt zusammen. Und wir wissen auch, dass gewisse US-Großbanken – zum Beispiel Morgan Chase, Bank of America und Citibank – im Zentrum des Derivate-Marktes stehen. Der hauptsächliche Anlass zur Sorge ist die Tatsache, dass jede dieser Banken laut OCC mindestens 100 Prozent ihres Kapitals mit Derivaten riskiert.

MetroBank: Wissen Sie, Mr. President, ich bin wirklich froh, dass Mr. Johnston die Risiken aufgezeigt hat, mit denen wir konfrontiert sind, denn meiner Meinung nach unterstreicht dies den eigentlichen Grund, aus dem wir heute hier sind. Unser Finanzsystem hält einen weiteren Niedergang der Aktien- und Anleihenmärkte möglicherweise nicht aus, und deshalb dürfen wir das nicht zulassen.

Wenn wir keine drastischen Maßnahmen ergreifen, werden diese größtenteils schlafenden Risiken hervortreten und es uns zunehmend erschweren, die Märkte zu kontrollieren, um eine Kettenreaktion von Insolvenzen zu verhindern. Wenn der Aktienmarkt unter die jüngsten Tiefs fällt, wenn die Konjunktur wieder ein paar Quartale lang zurückgeht, dann kommen wir an das Ende der Zündschnur. Eine oder mehrere dieser Bomben gehen dann los – mit unübersehbaren Auswirkungen. Wir müssen die brennende Lunte jetzt ersticken! Wir müssen einen neuen Weg finden – einen speziellen Mechanismus –, um den Aktienmarkt wieder nach oben zu wenden.

Präsident: Was ist mit Zinssenkungen?

Fed-Vorsitzender: Wir haben die Fed Funds Rate schon in den Keller absinken lassen, und es hat uns wenig gebracht. Die Bank of Japan hat ihre Zinsen auf null Prozent gesenkt, und es hat ihr wenig gebracht.

Präsident: Weitere Steuersenkungen?

Finanzminister: Nein, das Defizit ist schon außer Kontrolle.

Präsident: Mehr Kredite und leicht verfügbares Geld?

Fed-Vorsitzender: Schon passiert.

Präsident: In Ordnung. Sie können gerne alle Vorschläge auseinandernehmen, die ich mache. Damit habe ich kein Problem. Aber Sie, meine Herren, Sie sind hier die Denker, die Experten. Wenn diese Vorschläge nicht taugen, bieten Sie mir eine Alternative an. Aber geben Sie mir keine schwächliche Spielzeugpistolen-Lösung, die eines fernen Tages ein bisschen Wirkung zeigt. Der Aktienmarkt fällt jetzt. All die erschreckenden Risiken, von denen wir gehört haben, bestehen jetzt. Also will ich eine Kanonen-Kugel-Lösung, die einen großen Knall auslöst – ebenfalls jetzt.

Federal Reserve: Wir alle begreifen die Dringlichkeit. Aber kurz gesagt stehen wir vor folgendem Dilemma: Es gibt grundsätzlich zwei Möglichkeiten – entweder versucht man, den Aktienmarkt zu retten, oder man versucht, den Markt für Staatsanleihen zu retten. Beides zusammen geht nicht.

Nehmen wir an, wir entscheiden uns für die erste Möglichkeit – den Aktienmarkt zu retten. Ergebnis: Wir zerstören weltweit das Vertrauen in die US-Regierung und torpedieren somit den gesamten Markt für Staatsanleihen.

Nehmen wir an, wir wählen die zweite Möglichkeit und retten den Aktienmarkt nicht. Ergebnis: Der Aktienmarkt taucht ab, und wir torpedieren die gesamte Wirtschaft.

Das sind die zwei Möglichkeiten: Den Anleihenmarkt töten oder die Wirtschaft töten.

Präsident: Ich habe genug von diesem Gerede, „schlecht wenn wir es tun, schlecht wenn wir es nicht tun". Was schlagen Sie vor, was wir tun sollten?

Johnston: Nichts.

Präsident: Sie meinen, Sie wissen es nicht?

Tatenloser Präsident oder marktneutrale Regierung?

Johnston: Nein, Sir, ich weiß genau, was wir in dieser Situation tun sollten: Nichts. Uns nicht beirren lassen. Gehen Sie in der Geschichte zurück und sehen Sie sich die Erfahrungen der Vergangenheit an. Jede aggressive Maßnahme rief unerwartete Reaktionen des Marktes hervor. Und jedes Mal war die Aufeinanderfolge von Aktion und Reaktion kürzer und kürzer. Als Nixon Löhne und Preise einfror, schlug das ein wie eine Bombe; das führte zu galoppierender Inflation und zu dem Ölembargo der arabischen Staaten. Präsident Fords Haushaltsdefizite und seine lockere Geldpolitik waren das Vorspiel zum ersten Zusammenbruch des US-Dollar. Carters Rettungspaket für den Anleihenmarkt verursachte im Jahre 1980 eine plötzliche Rezession. Als in den Jahren 1984 bis 1986 Unmengen Geld in das System gepumpt wurden, führte das zu einem weiteren Einbruch des Dollars und zu dem schlimmsten Börsencrash der Geschichte. Clintons Deregulierung öffnete die Schleusen für die größte Spekulation auf Technologieaktien in der Geschichte der Menschheit.

Jetzt treffen alle Krisen aufeinander. Wir haben eine Bilanzkrise, eine Haushaltskrise, eine Rezessionskrise, eine Börsenkrise, eine Anleihenkrise, eine Bankrottkrise, eine Dollarkrise, eine Brasilienkrise, eine Argentinienkrise, eine Japankrise – und alles zur gleichen Zeit. Ungeachtet der Konsequenzen bleibt Ihnen nur eine Wahl, und zwar die Finger davon zu lassen – nicht etwa weil irgendeine unsichtbare Hand alles auf magische Weise wieder heil machen würde, sondern weil in dieser speziellen Situation das Nichteingreifen die weiseste Entscheidung ist, die ein wahres Staatsoberhaupt treffen kann.

Präsident: Wollen Sie einen Präsidenten, der nichts unternimmt?

Johnston: Nein. Aber jetzt im Moment brauchen wir eine marktneutrale Regierung. Lassen wir den Markt die Entscheidung treffen. Uns bleibt keine andere Wahl.

Präsident: Sie schlagen vor zuzulassen, dass Millionen von Anlegern sämtliche Fäden ziehen und wie der oberste Puppenspieler nicht nur über das bestimmen, was in der Wirtschaft geschieht, sondern auch über das, was die Fed und das Weiße Haus als Reaktion darauf tun oder nicht tun können? Ich kann nicht zulassen, dass das passiert.

Johnston: Aber das tun Sie doch bereits! Sie haben die Kontrolle über die Märkte verloren. Je mehr wir reden und tun, desto schlimmer wird es.

Präsident: Nein! Wir müssen jetzt handeln. Für die Arbeitsplätze von Millionen Menschen geht es um Leben oder Tod. Wie könnten wir uns da zurücklehnen und zuschauen?

MetroBank: Wir haben einen Plan.

Präsident: Ja? Erzählen Sie mal.

Der Rettungsplan

MetroBank: Wie Sie wissen, ziehen die MetroBank und Harris &Jones ernsthaft eine Fusion in Betracht. Was Sie vielleicht nicht wissen: Wir haben bereits über diese breiteren politischen Fragen diskutiert, teilweise über genau die gleichen Punkte, die heute angesprochen wurden. Um es kurz zu machen, wir schlagen einen Sieben-Punkte-Plan vor.

Präsident: Bitte fahren Sie fort.

MetroBank: Die Federal Reserve of New York, die als Broker und Händler des Staates fungiert, ist autorisiert, Anleihen von Privatunternehmen zu kaufen. Die Regierung ist in der Lage, den Wert dieser Anleihen dem Wert von Staatsanleihen weiter anzunähern. Sie ist in der Lage, Geld zu erzeugen und dieses Geld hinzuleiten wo sie will.

Präsident: Ich stimme Ihnen zu: Wir können Geld schöpfen.

MetroBank: Ja, wir können Geld in theoretisch unbegrenzter Menge erzeugen. Das steht in unserer Macht. Und angesichts der ungewohnt neuen inneren und äußeren Bedrohungen, vor denen unser Land steht, ist jetzt der Zeitpunkt gekommen, diese Macht auch einzusetzen. Das ist das Kernstück unseres Plans. Aber lassen Sie mich kurz zurückgehen und ihnen den Plan Stück für Stück darlegen.

Punkt eins: Am Aktienmarkt müssen die Käufer belohnt und die Leerverkäufer bestraft werden. Wir schlagen vor, dass die Federal Reserve die Margin-Anforderungen für den Aktienkauf lockert, so dass es den Anlegern leichter fällt, direkt bei ihren Brokern Geld zu leihen. Gleichzeitig erhöht die Fed die Anforderungen an Shortseller, damit es ihnen schwerer fällt, sich Geld für den Leerverkauf zu leihen, Geld für den Ausverkauf unseres Landes. Die Federal Reserve hatte diese Macht schon immer, und sie hat sie in früheren Jahren auch schon genutzt. Sie hat die Margin-Anforderungen nach Bedarf angepasst. Jetzt ist die Zeit gekommen, diese Macht wieder aufleben zu lassen.

Punkt zwei: Die Federal Reserve of New York begibt sich an den freien Markt mit dem Ziel, den Aktienmarkt zu stützen. Aber anstatt unmittelbar Aktien zu kaufen, kauft sie Unternehmensanleihen. Das ist das Entscheidende. Das ist im Prinzip das, was die Reconstruction Finance Corporation im vergangenen Jahrhundert getan hat. Laut Gesetz dürfen Sie das auch. Die Fed kann das tun. Die Fed kann die Anleihen Hunderter Großunternehmen kaufen. Die Fed nimmt die Anleihen in ihr Portfolio auf, und die Unternehmen bekommen das Geld.

Punkt drei: Wir erkennen an, dass dieser Schritt sehr ungewöhnlich ist, ein großer Traditionsbruch. Daher haben wir uns gedacht, dass Sie einen politischen Deckmantel brauchen, um den Plan der Öffentlichkeit schmackhaft zu machen. Der Staat kauft keine beliebigen Anleihen, sondern ausschließlich Anleihen von Unternehmen, die saubere Bücher vorweisen können oder die eine wichtige Rolle für die innere Sicherheit spielen. Wir denken, dass das so ziemlich jedes Unternehmen sein kann, wenn man will. Das bietet Ihnen den Vorwand – pardon – die Flexibilität, die Sie brauchen. Und was am wichtigsten ist, dadurch spült der Staat Geld in den privaten Sektor ... und stützt den Aktienmarkt!

Punkt vier: Die Fed kauft die Unternehmensanleihen unter einer einfachen Bedingung: Jedes Unternehmen muss mindestens 75 Prozent des neuen Vermögens für den Rückkauf umlaufender Aktien verwenden. Sie erinnern sich an die fremdfinanzierten Übernahmeangebote in den 1980er-Jahren; damals haben die Unternehmen dies im großen Maßstab betrieben. Sie liehen sich Geld von Banken und großen Finanziers. Dann benutzten sie das geliehene Geld für den Rückkauf ihrer eigenen Aktien. Und Sie erinnern sich sicher, wie das den Aktienmarkt angeschoben hat. Wir schlagen im Prinzip das Gleiche vor, nur dass die

Finanzierung diesmal größtenteils vom Staat kommt. Dieses Mal organisiert die Regierung die ganze Angelegenheit.

Punkt fünf: Es gibt das Problem mit den Investoren aus dem Ausland. Wir wollen nicht Milliarden in unseren Aktienmarkt pumpen, nur damit dann alles in das Ausland sickert. Also belegen wir die Devisenmärkte mit diversen Währungskontrollen. Wir erschweren es den Ausländern, den Erlös aus Aktienverkäufen in ihre eigene Landeswährung zu konvertieren. Dadurch wird das Dollar-Leck wirkungsvoll geschlossen.

Punkt sechs: Als vorübergehende Notmaßnahme hebt die Federal Reserve die Rücklagenanforderungen an die Banken auf. Das bedeutet, dass die Banken mehr Geld für die Kreditvergabe an Unternehmen haben – die damit ihre lecken Bilanzen abdichten können. Wir wollen ja nicht, dass der Staat der einzige Lieferant neuer, frischer Liquidität ist. MetroBank und andere wollen auch mithelfen.

Und schließlich Punkt sieben: Wenn die Regierung verkündet, dass sie alle oder die meisten unserer Vorschläge umsetzt, dann sind wir bereit, unsere Eckzinsen zu senken. Das ist sozusagen das Sahnehäubchen.

Fed-Vorsitzender: Nein. Warum dieser unorthodoxe Ansatz, wo wir doch einfach weiterhin unsere Standardprozedur durchführen können? Warum können wir nicht dem Bankensystem liquides Vermögen geben? Das regt die Banken an, dieses Geld bedürftigen Unternehmen zu leihen. Was ist daran falsch?

MetroBank: Die Wirkung ist verwässert. Der Aktienmarkt braucht einen direkten Schuss in die Vene. Die traditionelle Methode – orale Verabreichung – ist zu langsam.

Fed-Vorsitzender: Zu langsam? Was wollen Sie damit sagen?

MetroBank: Ich will damit sagen, dass es nicht funktioniert. Mr. President, es heißt immer, die Zinsen seien bereits so weit gesenkt wie es geht. Es heißt auch, es seien bereits Rekordmengen an Geld in das Bankensystem gepumpt worden. Hat dies das Anlegervertrauen wiederhergestellt? Nein. Hat es den Abstieg des Aktienmarktes aufgehalten? Nein. Also gibt es bei der traditionellen Methode eindeutig ein ganz einfaches Problem: Sie funktioniert nicht!

Sie brauchen einen direkteren Ansatz. Sie müssen Unternehmensanleihen kaufen, und wenn das nichts hilft, müssen wir noch weiter gehen. Dann müssen Sie wirklich Aktien kaufen.

Fed-Vorsitzender: Das dürfen wir nicht tun! Die Regierung darf keine Unternehmensanleihen kaufen. Die Regierung darf keine Aktien kaufen. Wem wollen Sie denn etwas vormachen? Für jeden Dollar, mit dem der Staat Unternehmensanleihen kauft, muss er sich einen anderen Dollar von der Öffentlichkeit leihen, indem er Staatsanleihen ausgibt. Das funktioniert einfach nicht. Die Halter von Staatsanleihen werden das als List betrachten – als heimlichen Weg, auf dem die Regierung indirekt Aktien kauft. Die ausländischen Investoren werden Ihnen ins Gesicht lachen. Das wird bei uns genauso nach hinten losgehen wie in Japan.

Johnston: Meine Herren, ich bitte Sie. Lesen Sie unseren Bericht, „Crash Benefits". Er wird Ihnen zeigen, dass der Fed-Vorsitzende nicht nur auf kurze, sondern auch auf längere Sicht Recht hat. MetroBank und Harris &Jones haben eindeutig Angst vor dem Fall ...

Harris & Jones: Wo haben Sie diesen Eindruck gewonnen?

Johnston: Schließlich fürchten wir uns alle vor dem Fall: Aber vor einem Crash brauchen wir uns nicht zu fürchten. Wir müssen lernen, damit zu leben, ihn zu steuern und unsere Ressourcen für den Tag aufzusparen, an dem es wirklich einen großen Nutzen bringt. Zum jetzigen Zeitpunkt würde das bloß die Staatsanleihen schädigen und der gesamten Nation schaden.

MetroBank: Mr. President, wollen wir Millionen von Arbeitsplätzen, Tausende von Unternehmen und die gesamte Wirtschaft retten? Oder wollen wir es den Anlegern in Staatsanleihen und den ausländischen Investoren Recht machen? Sie haben die Wahl.

Der Präsident wusste, dass das ein riskantes Wagnis war. Der Vorsitzende der Federal Reserve und der Finanzminister hegten sogar noch größere Befürchtungen. Aber Johnston hatte Recht. Alle, und besonders der Präsident, teilten die gleiche Angst – die Angst vor einem Fall des Aktienmarktes, der das ganze Land in einen Abgrund stürzen würde.

Obwohl ein Teil der Vorschläge der MetroBank abgelehnt wurde, bereitete sich die Administration in der Woche danach darauf vor, den Plan im Kern zu befolgen. Auf den Fed-Vorsitzenden wurde starker Druck ausgeübt, damit er die Strategie ausprobieren sollte, aber er leistete immer noch Widerstand. Er war unerbittlich dagegen, es den Investoren zu erleichtern, sich von ihren Brokern Geld zu leihen. Noch heftiger war seine Opposition gegen den Vorschlag mit den Unternehmensanleihen.

In seiner nächsten wöchentlichen Begegnung mit dem Fed-Vorsitzenden überbrachte ihm der Finanzminister jedoch folgende Mitteilung des Präsidenten: „Wenn die Fed nicht handelt, dann hat der Präsident die Unterstützung des Kongresses, auch ohne die Fed zu handeln. Er wird den fraglichen Unternehmen die massiven Finanzmittel für den Aktienrückkauf zukommen lassen."

Das wäre nach Meinung des Fed-Vorsitzenden noch schlimmer gewesen. Er dachte sich, wie unpassend das Vorgehen der Fed auch sein mochte, könnte er so wenigstens die Kontrolle behalten, verhindern, dass es vollständig aus dem Ruder lief und es so weit wie möglich verschweigen. Schließlich gab er nach. Er würde kooperieren.

Die Fed wollte eine indirekte Aktienmarkt-Rettungsaktion durchführen, und der offene Kauf von Unternehmensanleihen durch den Staat war dabei eines der wichtigsten Instrumente. Auf diese Weise konnten Mittel in Großunternehmen geleitet werden, die das Geld ihrerseits in den Aktienmarkt zurückleiten würden; dies würde eine höhere Nachfrage nach Aktien schaffen und die Preise hochtreiben.

Daher gab es ein paar Tage danach Gerüchte, die New York Fed plane den Kauf von Anleihen von 14 der 30 Unternehmen, die im Dow Jones Industrial Average vertreten sind; dazu sollte noch eine größere Anzahl weniger bedeutender Anleihen kommen – eine durchgreifende, beispiellose und nie dagewesene Rettungsaktion. Man munkelte auch, diese Unternehmen würden bald gigantische Aktienrückkauf-Programme ankündigen. Je nach Reaktion des Marktes sollte das Programm dann auf eine breitere Palette von Unternehmensanleihen einschließlich Junkbonds und todgeweihten Unternehmen ausgedehnt werden.

Die erste Reaktion kam vom Anleihenmarkt.

Kapitel 19

Die große Erholung

Die Senkung der Eckzinsen war ein Witz. Was brachte es, wenn die Banken ihre Zinsen senkten, aber kein Geld zu verleihen hatten? Die Devisenkontrollen hatten ebenfalls nichts mit der Wirklichkeit zu tun und wurden niemals durchgesetzt, nicht einmal symbolisch.

Aber nichtsdestotrotz lösten die Gerüchte, dass die Federal Reserve Bank of New York Anleihen ausgewählter Unternehmen „mit blütenweißer Abrechnungsweste" kaufen wollte, und die Gerüchte, dass sie mit dem Kauf von Anleihen anderer Unternehmen – sogar Junkbonds – weitermachen würde, die schärfste Erholung in der Geschichte der Unternehmensanleihen aus.

Und diese Erholung griff dann auf den Aktienmarkt über. Der Dow Jones stieg innerhalb eines einzigen Tages um mehr als 500 Punkte, und die Erholung hielt wochenlang an, wenn auch in verlangsamtem Tempo. Jubelrufe hallten durch die beschädigten Korridore der Wall Street.

Manche Aktien stiegen innerhalb weniger Handelstage um fast 50 Prozent. Der Dow Jones stieg innerhalb von nur fünf Handelstagen um 1.400 Punkte.

Eine Junkbond-Emission, die für 62 angeboten wurde, sprang innerhalb von Stunden auf 79. Eine andere sprang zwölf Punkte nach oben und beschloss die Handelssitzung mit einem Nettozuwachs von zehn Punkten.

Versorgungsanleihen, Kommunalanleihen und sogar die Anleihen von Drittweltländern kletterten sprunghaft nach oben.

Ein paar Tage danach jedoch kam der Handel am Markt für Unternehmensanleihen zum Stillstand. Wenn die Anleger ihren Broker anriefen, bekamen sie zwar eine Auskunft über den Marktpreis, der sich irgendwo in der Stratosphäre befand. Aber das war Fiktion. Es gab praktisch keinen Handel auf diesem hohen Niveau, denn es gab keine Käufer. Das war das erste Anzeichen für Schwierigkeiten.

Das zweite Anzeichen für Probleme erschien am Markt für Staatsanleihen. In den ersten paar Tagen rührten sich die Preise nicht, weil die Investoren versuchten, die Gerüchte zu deuten. Und dann, sobald ihnen klar wurde, dass der Staat von ihrem Geld Unternehmensanleihen kaufte, begannen sie ihre Staatsanleihen abzustoßen.

Die Lebensversicherungen kämpften um die Verkürzung ihrer Laufzeiten, indem sie langfristige Staatsanleihen verkauften und die Papiere mit der kürzesten Laufzeit kauften. Die Treuhandabteilungen der Banken warfen Ballast ab. Staatspapierhändler stießen ihren Anleihenbestand ab oder verkauften hastig Futures auf Schatzanleihen als Hedge. Die Verwalter von Investmentfonds, von Hedgefonds, von Pensionsfonds – alle strengten sich an, ihre Staatsanleihen loszuwerden. Die Investoren aus dem Ausland verkauften sogar noch aggressiver. Ihnen war es egal, ob Inflation oder Deflation herrschte. Sie wollten aussteigen.

Wie Anfang des Jahres 1980 gab es keine Käufer. Die Händler waren nicht einmal in der Lage, kleinere Mengen Staatsanleihen zu verkaufen: Folgendes ging gegen Ende der Woche durch die Nachrichtenagenturen und durch das Internet:

> Die stark unterbewerteten mittleren und minderwertigen Unternehmensanleihen erfreuen sich der angeblich steilsten Erholung seit Menschengedenken, aber die Händler beobachten die Zinsspannen und halten nach Anzeichen für die längerfristigen Auswirkungen des Vorhabens der Federal Reserve Ausschau, Unternehmensschuldpapiere in der Hoffnung zu kaufen, damit dem Aktienmarkt die dringend nötige Unterstützung zu bringen, nachdem er sich in den letzten Wochen bis knapp vor den Kollaps verflacht hatte, weil das Vertrauen der Anleger in das Rechnungs- und Finanzwesen der Nation rapide geschwunden war, aber all diese Besorgnisse verblassen im Vergleich zu der Tatsache, dass die staatlichen Wertpapierhändler anscheinend nicht in der Lage sind, selbst kleine Mengen mittel- und langfristiger Schuldpapiere zu platzieren.

Die meisten Anleger, die diesen Satzbandwurm lasen, sagten, das lasse sie gleichgültig. Andere, die des stetigen Stroms an „Gewäsch" überdrüssig waren, machten sich nicht einmal die Mühe, das zu lesen.

Drei Tage später rief der Finanzminister, der kurz davor noch mit dem Fed-Vorsitzenden gesprochen hatte, den Präsidenten an: „Es bringt nichts. Unser Plan für den Aktienmarkt ist ein Tropfen auf den heißen Stein.

Andererseits ist der Markt für Staatsanleihen eine Wasserstoffbombe. Die Zinsspannen werden schmaler – und zwar in der falschen Richtung."

Der Präsident wusste nicht viel über Zins- oder Renditespannen. „Was sind die Ursachen und die Konsequenzen der veränderten Spannen?", fragte er.

„Ich meine damit die Rendite-Differenz zwischen einer Schatzanleihe und einer Unternehmensanleihe. Ein Großunternehmen muss für ein Darlehen immer mehr bezahlen als das US-Schatzamt. Normalerweise beträgt der Unterschied etwa einen ganzen Prozentpunkt.

Aber vor ein paar Monaten, als das volle Ausmaß der Bedrohung durch Unternehmensbankrotte zum ersten Mal sichtbar wurde, stieg die Rendite auf Unternehmensanleihen mittlerer Qualität um 2 1/4 Prozent, die Rendite von Staatsanleihen aber nur um ein Viertelprozent. Anders gesagt wuchs die Spanne um zwei volle Prozentpunkte. Eine rote Warnlampe leuchtete auf. Das zeigte, dass das Vertrauen in sämtliche Unternehmen – unabhängig von ihrer Kreditwürdigkeit – zusammengebrochen war. Aber das war vor der Ankündigung unseres Rettungspakets."

„Und jetzt?"

„Jetzt passiert das Gegenteil. Die Renditen auf Unternehmensanleihen sind wieder steil gesunken, aber die Renditen der Staatsanleihen sind steil gestiegen. Die Spanne zwischen den beiden hat sich praktisch auf null verengt – ein sehr schlechtes Zeichen." Der Finanzminister war sehr zufrieden mit sich, weil er eine sehr klare und einfache Erklärung geliefert hatte.

„Aber ist das nicht das, was wir wollten – den Markt für Unternehmensanleihen nach oben bringen, ihn wieder auf das Niveau von Staatsanleihen heben?"

Der Minister schüttelte den Kopf und versuchte, seiner Stimme Festigkeit zu geben, damit seine Frustration über die Unwissenheit des Präsidenten hinsichtlich der Anleihenmärkte nicht durch das Telefon zu spüren war. In der Vergangenheit hatte er schon mehrmals versucht, dem Präsidenten zu erklären, dass gegensätzliche Zins- und Preisbewegungen immer das Gleiche bedeuteten, dass aber die Zinsspannen

Verschiedenes bedeuten konnten, auch wenn sie sich in die gleiche Richtung bewegten.

Wie macht man solche Dinge einem Präsidenten verständlich, ohne herablassend zu klingen? Der Minister wusste es jedenfalls nicht. In der nächsten halben Stunde erkärte er die Geschehnisse am Markt, so dass sich der Präsident nach beträchtlichen Anstrengungen ein Bild von den Anleihenmärkten machen konnte, das ähnlich wie die Charts in Abbildung auf Seite 288 aussah.

„Jetzt verstehe ich“, sagte der Präsident schließlich. „Wir wollten die Unternehmensanleihen auf das Niveau der Staatsanleihen bringen. Und jetzt passiert genau das Gegenteil. Die Staatsanleihen fallen auf das Niveau der Unternehmensanleihen. Kurz gesagt heben wir sie nicht an, sondern sie ziehen uns herunter.“

„Ja, Mr. President. Wir haben uns sehr weit vorgebeugt, um sie aus dem Treibsand zu ziehen. Aber jetzt ziehen sie uns mit hinein und wir versinken ebenfalls im Treibsand.“

Der Präsident dachte einen Augenblick nach, bevor er weitersprach. „Die Frage ist, warum? Glaubt man nicht, dass wir es ernst meinen? Wieso haben wir das Vertrauen nicht wieder hergestellt? Auf der Besprechung hieß es, wir könnten Geld erzeugen und das Gesetz verleihe uns die Macht, dieses Geld hinzuleiten wo immer wir wollen.“

„Die Antwort lautet, dass wir Geld erzeugen können, aber keinen Kredit.“

„Was ist der Unterschied?“, fragte der Präsident.

„Das ist ein sehr großer Unterschied. Wenn wir mehr Geld erzeugen wollen, brauchen wir nur die Druckerpressen schneller laufen zu lassen – oder wir pumpen es elektronisch ein. Und wenn wir es austeilen, kann uns niemand daran hindern. Aber wenn wir Kredit schöpfen wollen, müssen wir Investoren und Banker dazu bringen, dass sie Darlehen vergeben – und ich versichere Ihnen, dass dies im derzeitigen Umfeld abnehmenden Vertrauens nicht einfach ist. Wenn es so einfach wäre, hätten wir Bethlehem Steel, Enron, Kmart, Global Crossing, WorldCom und die anderen Giganten, die Insolvenz beantragt haben, retten können. Aber aus gutem Grund konnten wir das nicht.“

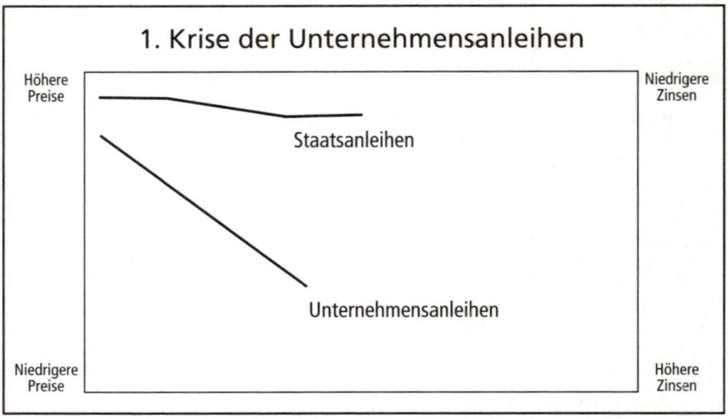
1. Krise der Unternehmensanleihen
Höhere Preise
Niedrigere Zinsen
Staatsanleihen
Unternehmensanleihen
Niedrigere Preise
Höhere Zinsen

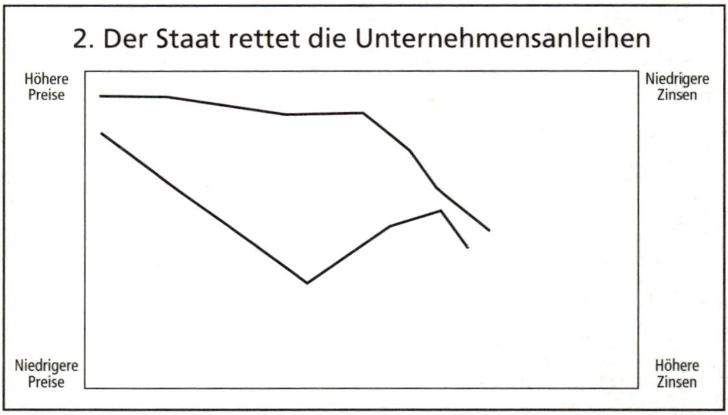
2. Der Staat rettet die Unternehmensanleihen
Höhere Preise
Niedrigere Zinsen
Niedrigere Preise
Höhere Zinsen

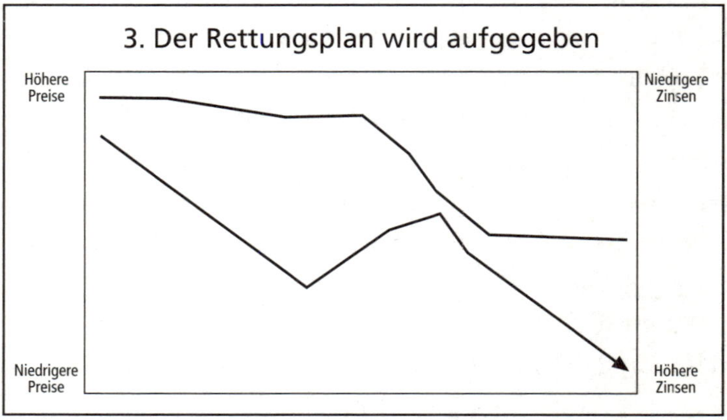
3. Der Rettungsplan wird aufgegeben
Höhere Preise
Niedrigere Zinsen
Niedrigere Preise
Höhere Zinsen

Bei jedem ernsten Niedergang des Marktes stellt sich die entscheidende politische Frage, ob der Staat eingreift, und wenn ja, wie. Die Charts veranschaulichen, mit welchem Ergebnis in drei Phasen zu rechnen ist, wenn der Staat versucht, irgendwie die Unternehmensanleihen zu stützen.

Phase 1: Krise der Unternehmensanleihen. Da sich die Insolvenzen und Konkurse ausbreiten, vertrauen die Anleger nicht mehr darauf, dass die Unternehmen Zins und Kapital ihrer Anleihen zahlen können. Deshalb verkaufen sie Anleihen und drücken damit die Anleihenpreise nach unten (die Zinsen dagegen nach oben). Da die Anleger aber immer noch dem Staat trauen, sind die Auswirkungen der Krise auf Staatsanleihen schwächer. Durch den Fall der Unternehmensanleihen verbreitert sich die Spanne zwischen Unternehmens- und Staatsanleihen rapide.

Phase 2: Der Staat rettet die Unternehmensanleihen. Der Staat kauft mit dem Geld der Menschen, die in Staatsanleihen investiert haben, Unternehmensanleihen. Das steigert kräftig den offenbaren und tatsächlichen Wert der Unternehmensanleihen. Aber gleichzeitig mindert es den Wert der Staatsanleihen und veranlasst die Anleger zum Verkauf ihrer Staatspapiere. Die Unternehmensanleihen steigen, aber die Preise der Staatsanleihen fallen. Als Resultat verengt sich die Preisspanne.

Phase 3: Der Rettungsplan wird aufgegeben.Um einen Zusammenbruch seiner Staatsanleihen zu verhindern, ist der Staat gezwungen, die Rettung der Unternehmensanleihen aufzugeben und die Konsequenzen des zusammenbrechenden Marktes für Unternehmensanleihen zu akzeptieren.

Falls der Staat im Auge hatte, Aktien statt Anleihen zu kaufen, ergibt sich eine Ereignisfolge, die der hier beschriebenen sehr ähnlich ist.

Der Präsident wurde langsam ungeduldig. „Also worauf wollen Sie hinaus?“

„Ich will darauf hinaus, dass man Geld erzeugen kann, aber kein Vertrauen.“

„Ich würde denken, je mehr Geld wir ihnen geben, desto mehr Vertrauen müssten sie haben.“

„Aber nein! Es ist genau umgekehrt. Je mehr staatliche Gelder wir leichtsinnig ausgeben, desto weniger Vertrauen haben die Menschen und desto mehr fürchten sie, dass die Staatsanleihen an Wert verlieren werden.“

„Oh! Aber können wir nicht einfach noch mehr Unternehmensanleihen kaufen? Das sollte sie doch davon überzeugen, dass wir es ernst meinen.“

„Nein, das überzeugt sie nur davon, dass wir noch mehr gutes Geld für schlechtes Geld ausgeben – dass wir ihr gutes Geld in schlechtes Geld stecken.“

„Und was ist mit dem Gesetz?“

„Das Gesetz gibt der Federal Reserve das verbriefte Recht, private Wertpapiere zu kaufen. Es gibt ihr – uns – nicht die Macht, wirklichen ökonomischen Wohlstand zu schaffen."

„Und warum haben wir das nicht gemerkt, als wir über den Rettungsplan von MetroBank und Harris diskutiert haben?“

„Wir haben es gemerkt, aber Sie haben sich über uns hinweggesetzt und wir haben zugestimmt. Wir hofften, dass der Markt das verkraften würde. Wir haben die Klugheit der amerikanischen und ausländischen Anleger schwer unterschätzt – sehr schwer.“

Der Präsident klang immer noch völlig irritiert. „Sie sagen, der Markt ist empfindlich. Sie sagen, der Markt ist schlau. Das verstehe ich jetzt, aber ...“

Die Gereiztheit des Ministers war immer mehr zu spüren. „Nehmen wir an, ich wäre ein Anleger aus dem Ausland und besäße US-Schatzanleihen. Das bedeutet, dass ich der US-Regierung vertraue und dass ich Ihnen Geld für Ihre Regierungsgeschäfte geliehen habe. Dann nehmen Sie mein Geld und geben es einer dritten Partei, nämlich einem privatwirtschaftlichen Unternehmen. Daher sage ich zu Ihnen: ‚Warum und weshalb haben Sie das getan? Wenn ich mein Geld diesem Unternehmen leihen wollte, dann würde ich das schon selber machen, auf direktem Wege. Aber das habe ich nicht getan. Ich habe es nicht getan, weil ich dem Unternehmen nicht vertraue. Ihnen habe ich vertraut, aber jetzt kann ich auch Ihnen nicht mehr vertrauen. Jetzt sind sie einer von denen.' Also kauft der Anleger unsere Anleihen nicht mehr, oder noch schlimmer, er verkauft die Staatsanleihen, die er schon hat, und dann haben wir ein Problem. Dann können wir unsere Staatsanleihen nicht mehr verkaufen, um die alten zu bezahlen, die fällig werden. Und dann sind wir, die Vereinigten Staaten, zahlungsunfähig."

Der Präsident zögerte ein paar Sekunden, bevor er antwortete, aber es entstand eine Spannung, die sie wie Stunden erscheinen ließ.

„Dann was?"

Der Minister traute seinen Ohren nicht. Der Präsident riskierte den Bankrott der Regierung der Vereinigten Staaten aus Leichtfertigkeit, aus purer Leichtfertigkeit. Der Minister konnte seine aufkochende Frustration und seine Angst nicht mehr zurückhalten. „Wollen Sie, dass der gesamte Markt für US-Staatspapiere geschlossen wird? Wollen Sie derjenige sein, der Hunderttausende Staatsbedienstete entlassen muss, weil er kein Geld mehr hat, um die Gehälter zu bezahlen? Wollen Sie der letzte Präsident der Vereinigten Staaten sein? Wollen Sie eine neue Republik mit einer neuen Verfassung riskieren? Wollen Sie mit einem harten Streich alles zerstören?"

Dem Minister brach vor Erregung die Stimme. Schweigen herrschte.

„Ich weiß die Ernsthaftigkeit Ihrer Gefühle zu schätzen, aber Sie missverstehen mich. Ich sagte ‚Dann was?', um meiner Überraschung und meinem Unglauben Ausdruck zu verleihen, dass unser Land jemals an den Punkt gelangen könnte, den Sie gerade so dramatisch beschrieben haben."

In den nächsten Tagen dachte der Präsident angestrengt über seine Entscheidungsmöglichkeiten nach. Er ging das Sitzungsprotokoll durch. Allein in seinem Schlafzimmer las er sogar einen streng geheimen Bericht über die Gefahren eines Crashs.

Schließlich rief er mitten in der Nacht den Finanzminister an und bat ihn, dem Fed-Vorsitzenden eine dringende Mitteilung zu überbringen. „Sagen Sie ihm erstens, er soll alle Unternehmensanleihen abstoßen, die wir bisher gekauft haben. Zweitens soll er beteuern, dass die US-Bundesregierung trotz ihrer gesetzlichen Befugnis keine Wertpapiere aus dem Privatsektor mehr kaufen wird. Drittens soll er versprechen, dass immer streng zwischen Unternehmens- und Staatspapieren unterschieden wird. Ich für meinen Teil werde diejenigen Maßnahmen treffen, die ich für die Behebung dieser extrem gefährlichen Situation für notwendig erachte."

„Aber Mr. President", murmelte der Minister, „wir sind noch gar nicht so weit gegangen, die Unternehmensanleihen zu kaufen; wir haben nur unsere Absicht durchsickern lassen, das zu tun."

„Risiko, Risiko und noch mehr verflixtes Risiko"

Während der Finanzminister immer noch mit dem Präsidenten über den Anleihenmarkt diskutierte, focht Linda Dedini mit ihren beiden Brüdern einen ähnlichen Kampf über den Aktienmarkt aus.

Da sie auf vollständige Rettung an allen Fronten aus Washington bauten und aufgrund des Elans einer großartigen Erholung des Aktienmarkts waren die bezahlten Schergen der Wall Street wieder voll da. „Das ist jetzt wirklich der Boden", sagten sie. „Jetzt ist die große Hausse wirklich zurückgekehrt", beteten sie vor. „Schnappen Sie sich unglaubliche Werte! Der größte Schnäppchen-Verkauf des Jahrhunderts!"

In dieser Situation drängten ihre beiden Brüder sie, die langweiligen Sparkonten zu vergessen, so exotische Anlagen wie Shorts abzustoßen und sofort mit beiden Füßen voll in den Markt zu springen.

Eine angesagte Biotech-Aktie, an der sie einen Narren gefressen hatten, wurde von drei Wall-Street-Firmen und zwei unabhängigen Analysten als Kauf eingestuft. Eine andere Aktie, eine Krankenhauskette, wurde von mehr als 15 Analysten empfohlen. Sie führten Prognosen renommierter Wirtschaftsexperten über die unvermeidliche konjunkturelle Erholung an, die von den neuen Plänen der Regierung voll gestützt werden sollte. Voller Neid erzählten sie von Freunden, die 30

Prozent Gewinn mit Aktien gemacht hatten, die ein paar Wochen zuvor niemand mit der Kneifzange anfassen wollte.

Sie stellte sich unerbittlich dagegen. „Nein, Ihr habt es immer noch nicht begriffen. Der Markt steckt immer noch voller Risiken, Risiken und noch mehr verflixten Risiken. Ich fasse noch einmal zusammen: Es besteht immer noch das Risiko, dass Euch das Unternehmen in seinen Berichten belügt und dass die Rechnungsprüfer weggesehen haben. Es besteht immer noch die Gefahr, dass Euch die Wall Street belügt und die Lüge des Unternehmens noch verstärkt. Es besteht die Gefahr überzogener Schulden und das Derivate-Risiko, ganz zu schweigen von all den Gefahren, die es am Aktienmarkt schon immer gegeben hat – Rezession, Gewinnrückgänge und offene Anlegerpanik."

„Aber du bist die Einzige, die das sagt", gab der ältere Bruder zurück.

„Ich gehöre zu den wenigen, die es sagen, aber es gibt noch viele andere Menschen, die es wissen. Die Analysten wissen es, die CEOs wissen es, ja sogar die SEC und der Generalstaatsanwalt von New York haben davor gewarnt. Ihr vergesst anscheinend, dass diese Analysten die gleichen Menschen sind, die angeblich keine Ahnung davon hatten, dass die Aktien, die sie vor ein paar Jahren empfohlen haben, den Bach hinunter gegangen sind. Es hat sich nichts geändert. Ich kann nicht glauben, dass ihr ihnen immer noch glaubt."

Sie war eigentlich außer Atem, machte aber kaum eine Pause. „Schaut Euch mal ihre Vorgeschichte an. Gerade vor jedem Niedergang haben sie eine derart leuchtende Zukunft gemalt, dass man eine Sonnenbrille brauchte. Und dann, wenn sich alles zum Schlechten wendete, haben sie da etwa Bedenken geäußert? Nein. Sie stellten sich alle im Fernsehen hin und sagten voraus, die ‚Korrektur' wäre bald vorüber und wir sollten ‚mehr Aktien kaufen'. Und jetzt? Schaut mal, was die jetzt sagen. Die sagen, dass der Staat unser großer Retter ist, dass er all unsere Probleme beseitigen wird, dass er den Aktienmarkt nach oben drückt, dass er garantiert dafür sorgt, dass die Anleger Gewinn machen."

„Also wann werden wir wirklich den Boden erreichen?", fragten sie.

„Wenn sie schließlich das Handtuch werfen und nicht mehr nach dem Boden suchen."

Linda konnte sie überzeugen. Und dank der Anweisungen, die sie von ihrem Berater bekommen hatte, war sie aus den Shorts ausgestiegen, bevor die Erholung ihr die bisherigen Gewinne wieder wegnahm.

Jetzt, da der Erholung die Luft ausging, war sie bereit, wieder einzusteigen, damit sie vom nächsten Crash profitieren konnte.

Am nächsten Tag stellte sie fest, dass die Börsenerholung den Preis fast aller Put-Optionen gedrückt hatte, an denen sie interessiert war. Sie kaufte vier IBM-Puts mit einer Restlaufzeit von zwei Monaten für 1,25 US-Dollar pro Aktie. Sie kaufte ein paar langfristige Optionen, sogenannte LEAPS-Puts, auf einen der großen Aktienindizes. Sie ging methodisch vor und baute ein bescheidenes, aber mächtiges Portfolio aus Put-Optionen auf, das als gute Mischung von allem ein bisschen enthielt – langfristige und kurzfristige Puts, Puts auf Aktien und Puts auf Indizes, sehr preiswerte Puts, die aus dem Geld waren sowie ein paar kostspieligere Puts, die näher am Geld waren.

Sie hatte sogar eine Prise äußerst billiger Put-Optionen gekauft, die extrem weit aus dem Geld waren. Sie wusste, dass das ein gewagtes Spiel war, denn sie hatte mit dieser Art Puts schon einmal 2.000 Dollar verloren. Aber sie kaufte sie trotzdem.

Sie wusste, wenn sich der Markt weiter erholte oder noch ein paar Monate seitwärts lief, würde der Wert ihrer Put-Optionen verfallen und sie würde eventuell jeden Cent verlieren. Dank ihrer Erbschaft waren ihre Rente und das Geld für die Collegeausbildung jetzt gesichert. Sie hatten sogar genug für die Krankenversicherung von Gabriels Eltern auf die Seite gelegt, die im Begriff standen, von Argentinien in die Vereinigten Staaten umzuziehen.

Für die Optionen setzte sie ausschließlich Geld ein, dessen Verlust sie sich leisten konnte, ohne ihre Ziele zu gefährden.

Überdies war die gesamte Investition in Optionen klein im Vergleich zu dem Betrag, den sie in die Shorts investiert hatte. Nein, sie konnte damit ihr Geld nicht in 60 Tagen verdoppeln oder verdreifachen, so wie es mit Gewinn bringenden Optionen möglich war. Sie hoffte auf einen Jahresertrag von „nur“ 20 bis 30 Prozent. Aber das war nicht zu verachten, vor allem weil alle anderen in dieser Zeit 20 bis 30 Prozent verloren.

Für den Fall, dass der Markt steigen sollte, hatte sie für die Shorts einen Ausstiegsplan, der ihre Verluste begrenzte. Für die Optionen hatte sie keinen Ausstiegsplan. Wenn es nicht funktionierte, dann würde sie sie wegwerfen wie Lotterielose und sie vergessen.

Und was das Wichtigste ist, der überwiegende Teil ihres Geldes war in konservative Instrumente investiert – größtenteils am Geldmarkt und in ein paar längerfristige amerikanische Staatsanleihen, die sie wegen der höheren Rendite gekauft hatte. Der Partner ihres Vaters, Oliver Dulles, hatte sie vor dem Kauf der langfristigen Anleihen gewarnt. Erst hatte sie diesen Rat befolgt, aber dann war sie auf eine einzigartige Information gestoßen, die dieser Auffassung zu widersprechen schien.

Auf jeden Fall fand sie, dass sie einen Ausgleich brauchte. Das gesamte Geld in kurzfristigen Geldmarktfonds anzulegen erschien ihr unklug. Sie hielt es nicht aus, ihr ganzes Geld in Anlagen mit derart geringer Rendite zu lassen. Was die längerfristigen Schatzanweisungen und Schatzanleihen betrifft, so dachte sie sich, dass sie sie schlimmstenfalls bis zur Fälligkeit behalten und dann ihr Grundkapital zurückbekommen würde. Mit der niedrigen Rendite konnte sie leben, vor allem weil die Deflation schlimmer wurde und eine galoppierende Inflation höchst unwahrscheinlich zu sein schien.

„Ich bin glücklich", hatte sie zu Dulles bei einer der Diskussionsveranstaltungen ihres Vaters gesagt. „Fast mein gesamtes Geld ist immer noch vor meiner Haustür geparkt. Wenn ich es brauche, kann ich zugreifen, ob's stürmt oder schneit."

Eigentlich hatte Linda Dedini mit dem „geparkten" Geld große Pläne. Dort wollte sie sich die Summen hernehmen, die sie brauchte, wenn die wahren Schnäppchen kamen. Ihr Großvater hatte ihr einmal gesagt, sie sollte so in den Markt investieren wie man in eine Schlacht zieht: „Investiere dein wertvolles Geld so, als wäre es die letzte lebensrettende Munition – schieße erst, wenn du das Weiße im Auge des Feindes erkennst."

Unter der Anleitung von Harris & Jones hatte sie diesen Rat ignoriert, und sie hatte die Folgen nur knapp überlebt. Sie würde nicht den gleichen Fehler noch einmal begehen.

Auf dem Sterbebett hatte ihr Großvater ihr auch noch ein kleines Geheimnis ins Ohr geflüstert: „Glaub' nicht an die Familienlegende", hatte er ihr anvertraut, „ich war nie ein ‚Visionär' oder ein Anlage-‚Genie', wie sie behaupten. In Wirklichkeit habe ich in meinen jungen Jahren mit dämlichen Investitionen tonnenweise Geld verloren."

Kapitel 20

Das Gap

Normalerweise geht es in der Welt der Börse und der Wirtschaft nicht geradlinig abwärts. Gewöhnlich gibt es Erholungsphasen, die ein Zickzackmuster erzeugen. Aber wenn man als Anleger die Kurscharts genau überprüft, findet man gelegentlich etwas, das die Charttechniker als „Gap“ bezeichnen – eine Lücke zwischen dem Ende der einen und dem Anfang der nächsten Linie.

Ein Gap bedeutet, dass es in dieser Zeit keine Transaktionen gegeben hat und dass der Preis plötzlich von einem Punkt zum nächsten gesprungen ist. Genau das passierte im Prinzip mit den Finanzmärkten, als die Federal Reserve ihre Pläne zum Anleihenkauf und zur Stützung des Aktienmarktes plötzlich abblies. Für einen Moment schienen Aktien und Anleihen über dem Rand einer Klippe mitten in der Luft zu hängen, und im nächsten Moment schienen sie wieder unterwegs zum felsigen Grund zu sein.

Oliver Dulles und Paul E. Johnston sahen mit wachsender Angst zu, wie Vieles aus ihren Crash-Szenarien eintraf. Ja, es gab viele Unterschiede zwischen den Szenarien und dem tatsächlichen Geschehen. Aber es gab einen allgemeinen Aspekt, der zweifellos zutraf: Mit den meisten Dingen ging es abwärts.

Sie luden Tamara Belmont zu einem zwanglosen Abendessen in der Chinatown von Washington ein, nur ein paar Blocks vom Büro entfernt. „Wir haben jetzt offensichtlich den Crash“, sagten sie. „Und wo bleibt der Nutzen?“

Darauf wusste sie keine sofortige Antwort.

Schließlich einigten sie sich nach langer Diskussion darauf, dass es noch zu früh war. Der Crash war noch nicht vorüber. Sie brauchten Geduld. Sie einigten sich außerdem darauf, dass zumindest bislang eher das langsame, wechselhafte Szenario galt. Erst musste die Regierung noch den Versuch aufgeben, den Markt zu stützen.

„Ich habe beschlossen, dass wir die Studie ‚Crash Benefits‘ zu diesem Zeitpunkt nicht veröffentlichen“, sagte Johnston, während er an seiner Lychee knabberte.

„Warum denn nicht, verflixt noch mal?“, fragte Tamara und kämpfte gegen die irritierende Erinnerung an ihre Tage bei Harris an.

„Weil …"

„Paul, bitte, Sie haben keine Ahnung, wie viel Arbeit …"

„Ich weiß, ich weiß. Ich habe die ganze Zeit mit Ihnen und Ihren Mitarbeitern verbracht. Ich kenne den Schweiß und die Tränen, die in diesen Bericht eingeflossen sind. Aber es war unsere Mission, unseren politischen Führern die Botschaft zu übermitteln, dass die Konsequenzen einer Einmischung viel schlimmer wären als untätiges Zusehen, oder?"

„Ja, aber …"

„Jetzt erfüllen Anleihenkäufer aus der ganzen Welt diesen Auftrag für uns. Sie tun bereits alles, was wir zu tun vorhatten – und zwar wirkungsvoller als wir es uns hätten träumen lassen. Der Verkaufsdruck sagt mehr als Berichte, Reden und andere Aktionen. Und dann gibt es noch einen weiteren Grund, aus dem ich ihn gerade jetzt nicht veröffentlichen will."

„Und welchen?", fragte sie, immer noch schwer enttäuscht.

„Ich fürchte, man würde den Bericht missverstehen. Jedesmal, wenn ich im Oval Office versuchte, die Hauptpunkte zu erklären, verstärkte das nur ihre Entschlossenheit einzugreifen, um den Niedergang aufzuhalten. Sie erkennen nicht den Unterschied, den wir zwischen den beiden Szenarien gemacht haben.

Sie sehen nur ‚abwärts' und ‚fallend'. Was bringt es also, wenn wir jetzt veröffentlichen? Sie merken schon, dass sie fallen, aber sie haben immer noch Angst, nach unten zu blicken. Was ich eigentlich sagen will: Wenn wir den Bericht jetzt veröffentlichen, dann sehen sie darin nicht die Hoffnung, sondern nur das Düstere, und sie benutzen ihn nur als Vorwand für einen weiteren Versuch, die Dinge künstlich aufzublasen."

Johnston versprach, den Bericht zu einem späteren Zeitpunkt zu veröffentlichen, „wenn das richtige Klima herrscht", und sie war einverstanden.

Die Zeit fliegt

Viele Monate lang setzten Regierungen überall auf der Welt ihre aggressiven Interventionen fort. Sie versuchten, bankrotte Unternehmen zu retten und die Finanzmärkte anzukurbeln. Aber dann passierte etwas Merkwürdiges: Der Rhythmus der Ereignisse – ja sogar die Zeit selbst – schien sich zu beschleunigen.

Es war diese plötzliche Implosion zum Anfang des 21. Jahrhunderts, die man später das „Gap" nannte – ein Phänomen, das die späteren Historiker nie vollständig begreifen sollten. „Es änderte sich alles so schnell", sagte ein Beobachter, „und die Marktteilnehmer waren so sehr mit der Rettung ihrer eigenen Vermögenswerte beziehungsweise ihres Hinterteils beschäftigt, dass sich nur wenige die Zeit nahmen, die Ereignisse festzuhalten."

Manche sagen, die Veränderungen hätten sich derart beschleunigt, dass sich tatsächlich die normale zeitliche Abfolge von Ursache und Wirkung umkehrte – ein Zeitsprung, in dem die Reaktion der Aktion vorausging.

Die Investoren begannen schon mit dem Verkauf von Unternehmensanleihen, lange bevor angekündigt wurde, dass die New York Federal Reserve den Plan von MetroBank und Harris & Jones aufgab. Die Aktien gewisser Unternehmen wurden bereits verkauft, bevor selbst Unternehmensangehörige Wind von dem bevorstehenden Bankrott bekommen hatten. Aber es gab keine mysteriöse Umkehrung der Zeit. Es gab ausschließlich eine hyperaktive Gerüchteküche, aus der streng geheime Insiderinformationen routinemäßig und schnell heraussickerten; sie verbreiteten sich so schnell wie das Computervirus mit dem Namen „Love Bug".

Unabhängig von der Ursache war eines sicher: Während des Gaps machte die Wirtschaft eine schnelle strukturelle Wandlung durch.

Die Wirtschaftsexperten waren auf so etwas nicht vorbereitet. All ihre Computermodelle gingen von einem geschmeidig arbeitenden Wirtschaftssystem aus, das sich strukturell nicht veränderte. Sie hatten keine Möglichkeit, katastrophenartige Ereignisse wie Unternehmensbankrotte oder auch nur einen Kollaps des Aktienmarktes einzubauen. Tatsächlich gingen ihre Computerprogramme grundsätzlich davon aus, dass es kein Technologiedesaster, keinen Telekomcrash, keine Zahlungsunfähigkeit eines größeren Landes, keine auffliegenden Derivate, keine gigantischen Bankenpleiten in Japan und überhaupt keine ungewöhnlichen Katastrophen gab. Aber es war offensichtlich, dass diese Ereignisse eintraten, und zwar immer häufger.

Tamara Belmont erklärte dieses Phänomen Linda Dedini auf einer Cocktailparty des Presseclubs. Linda dachte kurz darüber nach und antwortete dann mit einer Erkenntnis, die auf ihrem physikalischen Wissen basierte.

„Wenn man einen Ballon aufbläst", sagte die Physiklehrerin, „dehnt er sich aus. Wenn man misst, wie viel Luft man hineinpumpt, dann kann man vorhersagen, wie groß der Ballon wird."

„Ja? Und?"

„Ich glaube, dass die Wirtschaftswissenschaftler das mit ihren Vorhersagemodellen tun. Aber vorauszusagen, wann der Ballon platzt und zu beschreiben, wie er sofort danach aussieht, das ist eine vollkommmen andere Sache. Man weiß nicht, wie das geht. Unsere mathematischen Kenntnisse sind einfach noch nicht so weit fortgeschritten."

Tamara nickte zustimmend, begann dann aber, die These ihrer Studie zu verteidigen.

„Verstehen Sie mich nicht falsch, ich stimme ihrem Bericht zu", antwortete Linda. „Ich stimme Ihnen seit jenem hektischen Wochenende zu, als Dulles mich anrief, damit ich die Tabellen und Diagramme überprüfte. Ich greife Sie nicht an, und ich greife nicht einmal den Berufsstand der Wirtschaftswissenschaftler an. Ich sage nur, dass wir bescheidener sein sollten und anerkennen sollten, dass die Zukunft schwieriger vorherzusehen ist als wir normalerweise zugeben wollen."

„Sonst sind Sie doch immer so praxisorientiert und so präzise. Jetzt werden Sie philosophisch."

„Na gut, dann erkläre ich es Ihnen präziser: Das Verhalten stetiger Prozesse – wie die Ausdehnung des Ballons oder unserer Wirtschaft – kann mithilfe der Differentialrechnung beschrieben werden, die vor 300 Jahren entwickelt wurde. Leider hat noch niemand eine gleichermaßen effiziente mathematische Methode für die Beschreibung und Vorhersage diskontinuierlicher Phänomene entwickelt, wie wir sie momentan erleben, zum Beispiel auch Ihrer Szenarien. Deshalb segeln wir steuerlos ohne Kompass auf rauer See. Wir haben keine Möglichkeit herauszufinden, was dabei herauskommen wird."

Die eher kleine Tamara schaute herausfordernd zu Linda auf, die groß und schlank war und eine Brille trug. „Aber bedeutet das nicht auch einen Silberstreif am Horizont? Gibt uns das nicht mehr Freiheit, die Ereignissen zu steuern, mehr Kraft, im richtigen Moment etwas zu bewirken?"

Der Ruf nach Erleichterung

Eine Welle von Bankrotten schwappte wie eine Flutwelle von Küste zu Küste, und für viele Institutionen kam der Tag der Abrechnung. Wer war solvent und wer insolvent? Wer würde sich über Wasser halten, wer untergehen? Wer würde nach dem Konkursgesetz gerichtlichen Schutz genießen? Wer würde in der Liquidierung laut Chapter 7 ertrinken?

Diese Fragen stellten sich zuerst hinsichtlich Dot.com-Unternehmen, dann anderen Technologie-Unternehmen und dann auch hinsichtlich Bluechip-Gesellschaften. Und jetzt stellte sie sich auch hinsichtlich von Einzelpersonen, Einzelhandelsunternehmen, Herstellungsbetrieben, Versorgungsgesellschaften, Stiftungen, Stadtverwaltungen, Regierungen von Bundesstaaten und sogar von Regierungen bedeutender Nationen.

Die Antworten hatten wenig mit der schieren Größe oder mit Macht zu tun. Vielmehr hing das Überleben hauptsächlich von der Menge an Bargeld und Kapital ab, die das Unternehmen oder die Institution vor den akuten Stadien der Krise angesammelt hatte – und davon, wie schnell von diesem Moment an Schutzmaßnahmen getroffen wurden.

„Welche Ursachen hat das?", frage der Präsident in einer von vielen Dringlichkeitssitzungen.

„Zu viele Brände gleichzeitig", lautete die Antwort. „Niemand hat mehr Zeit, sich um Ursachen zu kümmern."

Die amerikanische Wirtschaft brauchte eine Ruhepause, Zeit zu überlegen und zu entlasten, einen Waffenstillstand nach dem Bombardement der Ereignisse.

Als Erste verspürten die Technologieunternehmen dieses Bedürfnis, dann große Unternehmen der Wall Street, denen die Klienten davonliefen, und dann die großen Handelsbanken, nachdem große Einleger ihre unversicherten Einlagezertifikate hastig zurückzogen – und schließlich dann gigantische Versicherungsesellschaften, nachdem die Versicherungsnehmer ihre Lebens- und Rentenversicherungen zu Bargeld machten.

Millionen amerikanischer Haushalte konnten die Mindestzahlungen für ihre Kreditkarten nicht mehr leisten. Und noch weniger konnten ihre erststelligen und zweitrangigen Hypotheken bezahlen, die größte einzelne Schuldenkategorie der Nation. Als Resultat stieg die Quote rückständiger Hypotheken über das Niveau, das später als „Absurditätsschwelle“ bezeichnet wurde, also das Niveau, ab dem es physisch unmöglich war, schriftliche Verträge, Anordungen und Versprechungen aller Art einzuhalten.

Wie sollten die Hypothekenagenturen auf die ganzen Klagen reagieren? Wie sollten sie die rechtlichen Schritte gegen all jene bewältigen, die nicht zahlten? Nach welchen neuen Kriterien sollten die Banken entscheiden, welche Fälle verfolgt und welche als Verluste abgeschrieben werden sollten? Die Kreditkartenauszüge, Hypotheken, Rücknahmebescheinigungen und der ganze andere Papierkrieg war nur noch genau das – ein Haufen Papierkrieg. Und was das Wichtigste war: Wie sollten die Banken und staatlichen Agenturen, die Hypothekenanleihen ausgaben oder dafür bürgten, die Anleger bezahlen? Die Situation wurde allgemein als „absurd“ bezeichnet.

Eine Basisbewegung machte sich breit: Aus Besprechungen, die im ganzen Land hinter verschlossenen Türen abgehalten wurden, drang das Wort „Moratorium“. Zuerst war es nur ein Flüstern, aber bald schon ein Ruf, eine der drängendsten Forderungen des 21. Jahrhunderts. Ein Moratorium beinhaltete eine Form der weltweiten Erleichterung, eine Stundung der Schuldenzahlungen. Aber wie genau es umgesetzt werden sollte, wusste niemand.

Im kalifornischen Silicon Valley, in der New Yorker Silicon Alley und in anderen Technologiezentren der Welt riefen führende Unternehmen nach einer speziellen Gesetzgebung zur „Unterstützung der Hochtechnologie"; sie beriefen sich dabei auf die Unterstützung, die das japanische Ministerium für Industrie und Handel in den 1970er- und 1980er-Jahren für Forschung un Entwicklung gewährte. In der Zwischenzeit wollten sie Schuldenentlastungen – staatliche Kredite oder staatlich verbürgte Bankdarlehen.

In Hartford in Connecticut und in anderen Versicherungszentren der Vereinigten Staaten baten die Versicherer die politischen Vertreter der Bundesstaaten, die „Kredite politisch einzufrieren", um den „Zerfall der Liquidität" zu verhindern. Viele Banken indes riefen nach Befreiung von den Abhebungen, weil dies der einzige Weg sei, nicht die Tore schließen zu müssen.

Am lautesten verlangten einige Unternehmensriesen nach einem Moratorium. Sie sprachen vom „Einfrieren der Schulden", mit der Begründung, der Gang der Geschäfte habe nur dann eine Chance auf Besserung, wenn etwas gegen den Mittelabfluss und die Schuldenzahlungen getan werden könnte. Sie hofften, dass dies von einer Stundung der Handelskredite und der entsprechenden Zinsen begleitet sein würde, damit sie nicht Insolvenz anmelden und die Gerichte weiter überlasten müssten.

Die Federal Reserve reagierte mit heftigem Widerspruch: „Anstatt der Realität ihrer eigenen Insolvenz ins Auge zu sehen, verlangen diese Unternehmen von uns eine Art ‚kollektiven Konkurses' unter anderem Namen. Sie wollen, dass wir irgendwie alle Schuldverpflichtungen verschieben, stunden oder sogar aufheben, die sie zu leisten haben. Wie üblich vergessen sie dabei die andere Seite der Bilanz – die Gläubiger. Für jede Firma, der Erleichterung gewährt wird, wird eine andere – der das Geld geschuldet wird – tiefer ins Loch gestoßen. Da sich alle von Hinz Geld geliehen haben, um Kunz zu bezahlen, werden kollektive Zahlungsunfähigkeiten in einer Kettenreaktion von Bankrotten von einem Sektor auf den nächsten überspringen."

Die Anzahl der Bankenpleiten, die Ende der 1990er-Jahre fast auf null zurückgegangen war, stieg nun wieder an. Die Zinssätze, die gesunken waren, kletterten nun wieder nach oben. Wieder waren aller Augen auf Washington gerichtet, von wo man eine Lösung der Krise erwartete.

Kapitel 21

Das Spiel der Schuldzuweisungen

Während die Wirtschaft trudelte und die Empörung der Bevölkerung wuchs, stand ganz oben in der Aufgabenliste der führenden Kongressmitglieder weder die Unterstützung noch die Ablehnung der Forderungen, sondern die Frage, wer für die Krise verantwortlich war.

Im Senat schlugen viele Vertreter öffentliche Anhörungen vor, aber die führenden Senatsmitglieder fürchteten, dass die Fakten, die bei Befragungen enthüllt würden, die Anleger weiter alarmieren könnten, und bestanden auf Anhörungen unter Ausschluss der Öffentlichkeit.

Ein Sonderausschuss „Verantwortlichkeit für den Crash" wurde gewählt, und diverse offizielle Vertreter aus dem Weißen Haus, dem Finanz- und dem Handelsministerium, der SEC und anderen Behörden wurden als Zeugen geladen. Die Funktionäre wurden einer nach dem anderen befragt, zuerst noch höflich, aber dann ohne Gnade.

„Wie konnten Sie das zulassen?", fragten die Senatoren. „Wie in aller Welt konnten Sie zulassen, dass diese Katastrophe unser Land gerade in diesem kritischen Moment heimsucht?"

Die Zeugen antworteten diplomatisch, indem sie offen über die allgemeinen Wirtschaftsbedingungen sprachen, aber nichts Wesentliches enthüllten. Sie beharrten darauf, sie hätten nicht gewusst, dass das passieren würde. Niemand habe es wissen können.

„Und warum haben Sie dann nichts getan, als es anfing?", fragten die Senatoren. „Haben Sie zuerst einmal untätig herumgesessen und Popcorn gegessen, während vor Ihren Augen die Horrorshow ablief? Haben Sie denn kein Konzept, keine Verbindung zur richtigen Welt, zum Leiden von Millionen Amerikanern?"

„Wir hatten keine Ahnung, was in der Zukunft passieren würde, Sir. Niemand hatte eine Ahnung", wiederholte ein Zeuge nach dem anderen, teilweise im annähernd gleichen Wortlaut.

„Kommen Sie!", sagte die Ausschussvorsitzende. „Sie hatten die besten ökonomischen Köpfe der Welt. Sie hatten einen ökonomischen Krisenstab. Sie müssen doch einen Schimmer davon gehabt haben, was im Gange war, eine Vorahnung des finanziellen und steuerlichen Desasters, das im Begriff stand, uns heimzusuchen. Bekam der Präsident keine Zustandsberichte? Erhielt er keine Warnung?"

„Nun ja, es gab wöchentliche Berichte zum ‚Stand des Crashs'", sagte ein Zeuge schließlich.

„Okay. Jetzt kommen wir wenigstens ein bisschen voran. Ich will diese Berichte sehen. Schaffen Sie sie her."

In den nächsten Wochen wühlten sich die Mitarbeiter der Ausschussmitglieder durch Stapel von Zustandsberichten, dazugehörigen Memos, Emails und diverser anderer nicht vertraulicher Unterlagen, die regelmäßig durch das Oval Office oder nahe daran vorbei gingen. Das Weiße Haus hatte beschlossen, die „Leichen unter Papier zu vergraben" und hatte alles Mögliche mitgeliefert, von Pizzadienst-Quittungen bis hin zu Kassenbüchern.

Eines Tages schließlich rief ein Mitarbeiter aus: „Heureka! Seht euch das an!"

Früh am nächsten Morgen, als die Anhörungen unter Ausschluss der Öffentlichkeit fortgesetzt wurden, klopfte die Vorsitzende lautstark an ihr Mikrofon und hielt einen Bericht hoch, damit alle ihn sehen konnten. „Heureka! Sehen Sie sich das an!", rief sie. „Sehen Sie. Der Titel sagt schon alles: ‚Crash Dangers, Gefahren eines Crashs'."

„Und was ist das?", fragte sie rhetorisch. „Ganz offenbar ist das ein ausführlicher Bericht, der für einen Mitarbeiter des Weißen Hauses in höchster Position abgefasst wurde. Datiert ist er auf einen Monat vor Beginn der schlimmsten panischen Phasen. Koordiniert wurde er vom Domestic Council, und er basiert offenbar auf Beiträgen von verschiedenen Behörden. Tatsächlich, gleich hier auf der ersten Seite werden als Quellen Angaben des Council of Economic Advisors, des Finanz- und des Handelsministeriums sowie des CIA genannt. Der Leser bekommt darin eine Punkt für Punkt detaillierte Beschreibung eines Crash-Szenarios, das ironischerweise stark an das erinnert, was wir jetzt erleben. Die Charts und Tabellen sehen aus, als wären sie aus aktuellen Tageszeitungen gerissen oder aus dem Drehbuch eines alten Horrorfilms fotokopiert worden. Der Bericht enthält Rezepte, wie genau man diese Schrecken bekämpfen kann, Rezepte, die offensichtlich nie eingelöst wurden. Es ist nicht ganz klar, an wen der Bericht gegangen ist, und auch die Namen der Autoren werden nicht enthüllt. Also noch einmal, zum dritten –

nein, vierten Mal in meiner langen Laufbahn in diesem Gremium: Wer hat das gelesen und wann? Wer wusste es, und wann wussten sie es?"

Die Kongressabgeordnete spielte auf die vielen Male an, dass diese Frage in der jüngsten Geschichte der Vereinigten Staaten im US-Kongress gestellt wurde – während der Watergate-Anhörungen unter Präsident Nixon, während der Iran-Contra-Anhörungen unter Präsident Reagan und während der Whitewater-Anhörungen unter Präsident Clinton. Jetzt wurde diese Frage erneut gestellt.

Der nächste Zeuge war ein Mitarbeiter des Weißen Hauses, der die Besprechungen des Präsidenten im Oval Office koordinierte. Er beantwortete die Fragen der Senatorin sehr überlegt, vielleicht zu überlegt.

Aber die Senatorin war ein alter Fuchs. Schon vor Langem hatte sie ein Gespür dafür entwickelt, wann Zeugen oder Politiker etwas anderes denken als sie sagen. Ausnahmslos machten sie die Pause zwischen zwei Sätzen eine Sekunde länger, oder sie fügten auswendig gelernte Phrasen ein, um die Lücke in der Antwort zu füllen, während ihr Geist offensichtlich eilig einen anderen Weg beschritt. Solche subtilen Hinweise waren ein verräterisches Geschenk. Also hakte die Senatorin nach und setzte die Befragung fort.

„Hat der Finanzminister diesen Bericht gelesen?"

„Das kommt ganz darauf an, ob ..."

„Antworten Sie einfach mit ‚ja', ‚nein' oder ‚ich weiß nicht.'"

„Ja."

„Haben seine Mitarbeiter diesen Bericht gelesen?"

„Ja."

„Was haben sie damit gemacht?"

Während die Befragung weiterging, verließ ein untergeordneter Mitarbeiter, der meinte, das Verdienst, den Bericht entdeckt zu haben, müsse ihm zukommen, den Saal und tätigte draußen auf dem Flur von seinem Handy aus einen Anruf.

Am nächsten Morgen standen Auszüge aus dem Bericht „Crash Dangers" auf der Titelseite der Washington Post, und tags darauf stand der volle Text im Wall Street Journal und in der New York Times.

Linda Dedini schlug das Wall Street Journal auf, das der Hund wie üblich schon ein bisschen zerfetzt hatte, und las den Artikel, der zu ihrer Überraschung einen Text enthielt, der ihr merkwürdig bekannt vorkam. Sie blätterte zum Innenteil und war noch mehr überrascht, einen Chart zu sehen, der mit Tamaras altem Chart über die Vermögensvernichtung an der Nasdaq identisch war. Sofort rief sie Tamara an, um sie zu alarmieren.

„Ja, ich habe es gestern in der Washington Post gesehen", sagte sie und wusste nicht, ob sie lachen oder weinen sollte. „Anscheinend haben sie Teile aus unserem ‚Crash Benefits' genommen und mit Material aus einem anderen Bericht kombiniert. Es scheint, als hätten sie das dann dem Präsidenten gegeben. Aber sie haben die gesamte Abhandlung über die Konsequenzen aus Szenario B weggelassen und nur die Konsequenzen nach Szenario A dringelassen. Sie haben die ganze Hoffnung herausgenommen und nur die Düsternis dringelassen. Dann haben sie ihre eigenen Politik-Empfehlungen eingebaut, indem sie alle Warnungen von Szenario B in Empfehlungen umgekehrt haben. Ich weiß genau, wie die so was machen. Ich kenne das aus meiner Zeit bei Harris."

„Ah, jetzt verstehe ich", sagte Linda. „Das war ein systematischer Versuch, den Präsidenten zu verschrecken, damit er die Wirtschaft und den Aktienmarkt stimuliert."

„Nein. Ich glaube eher, der Präsident oder der Finanzminister hat so etwas verlangt, um damit dem Fed-Vorsitzenden den Arm auf den Rücken zu drehen – damit er bei ihren unguten Plänen zur ‚Rettung' des Aktienmarktes mitmachen sollte. Das ist allerdings nur eine Spekulation meinerseits. Aber das ist ja jetzt auch egal. Das Wichtigste ist jetzt, dass jemand den Kongress auf einen anderen Weg schickt, bevor es zu spät ist. Die müssen mit dem Spiel aufhören, jemand anderem die Schuld in die Schuhe zu schieben, und sich auf das konzentrieren, worum sie sich kümmern sollten – die Erholung."

Relativität

Linda war jetzt über die wirtschaftlichen Ereignisse gut informiert. Obwohl sie Physikerin war, kam ihr Verständnis physikalischer Prinzipien bei den Mitarbeitern des CECAR so gut an, dass sie sie eines Tages einluden, vor der Gruppe zu sprechen. Sie gaben kein Thema vor. „Kommen Sie doch einfach zu uns und halten Sie einen kleinen15-minütigen Vortrag über das, was Ihnen gerade in den Sinn kommt“, sagten sie.

Sie nahm die Einladung jedoch sehr ernst. Während sich die Probleme an den Finanzmärkten verschärften, war das CECAR von einer kleinen Gruppe aus einem halben Dutzend Researchern zu einer der größeren Denkfabriken Washingtons geworden, die die besten Köpfe aus den anschwellenden Reihen der neuen Arbeitslosen von der Wall Street anzog. Das Komitee hatte in der Nähe von Arlington in Virginia größere Räumlichkeiten bezogen. Zu ihrem „kleinen Vortrag“ würden über 60 Menschen kommen, und deshalb bereitete sie sich sorgfältig darauf vor. Vor dem CECAR-Publikum hielt sie ihren Vortrag mit einer Leidenschaft, die alle überraschte.

„Das größte ungelöste Geheimnis, vor dem wir stehen, ist die Frage, wieso in der Ära nach Einstein die Mehrheit der Amerikaner immer noch an die ‚absoluten Wahrheiten‘ unserer Zeit glaubt:

- Dass die technische Revolution das wirtschaftliche Gedeihen absolut garantiert.
- Dass ein Zusammenbruch des Ausmaßes von Enron oder WorldCom vollkommen unmöglich ist.
- Dass ein Niedergang der Börse wie in den Jahren 1929 bis 1932 absolut undenkbar ist.

Aber dieses Mal wurden viele absolute Wahrheiten vollkommen zerschlagen. Es herrscht große Nachfrage nach relativen Wahrheiten, relativen Weisheiten, die die alten ersetzen.

Aber Viele können ihre alten Gewohneiten nicht abschütteln und suchen immer noch nach den gleichen absoluten Antworten ...“

Unter denen, die von Lindas Leidenschaftlichkeit überrascht waren, befand sich auch ihr Vater. Er hatte sie immer als sein „großes schüchternes Mädchen“ gekannt. Er beschloss, beim nächsten Mal über das gleiche Thema zu sprechen.

Eine Woche danach gab es weitere Anhörungen, diesmal aber vor dem Repräsentantenhaus und dieses Mal öffentlich. Der Besucherbalkon war mit Zuschauern überfüllt, die das Spektakel erleben wollten. Überall standen Kameras von verschiedenen Nachrichtensendern. Obwohl viel Fachsprache darin vorkam, waren die Mitschriften dieser Anhörungen nach Pornografie und Musik die beliebtesten Internet-Downloads.

Die meisten Gesichter im Anhörungssaal waren ernst. Johnston, der einer der Star-Zeugen war, sagte Folgendes aus:

„Die meisten Amerikaner wollen, dass die Schulden vollständig erlassen werden. Oder sie wollen, dass die Krise absolut endet. Aber in der Natur ist nichts absolut. Alles ist relativ.
Die derzeitige Verkaufswelle am Aktienmarkt ist ein gutes Beispiel. Endlich gesteht man allgemein ein, dass wir sie nicht aufhalten können. Sie muss ihren natürlichen Verlauf nehmen. Aber dies wirft eine neue, sehr drängende Frage auf.
Ist Kaufen immer weiß und Verkaufen immer schwarz? Oder gibt es jeweils verschiedene Schattierungen mit unterschiedlichen Konsequenzen? Wir glauben fest an Letzteres und dass es unsere Pflicht ist, die Konsequenzen etwas näher zu betrachten.
Gerade jetzt verschleudern irrationale Verkäufer in den Vereinigten Staaten und im Ausland alles, unabhängig vom wahren Wert.
Sie bestrafen unehrliche Unternehmen und solche, die manipuliert haben, voller Rachsucht, und sie bestrafen die ehrlichen und aufrechten Unternehmen fast mit dem gleichen Zorn.
Sie kündigen ihre Aktiendepots unabhängig von der Vorgeschichte ihres Brokers.
Sie ziehen ihr Geld aus den Finanzinstituten ab, unabhängig davon, wie sicher sie sind. Mit dem Schlechten verkaufen sie auch gleich das Gute.
Tragischerweise können im Kielwasser irrationaler Verkäufe sogar Unternehmen mit wertvollen Technologien, innovativen Ideen und großartigen Produkten kein Kapital beschaffen. Viele sind kaum in der Lage, ihre Schulden zu bezahlen. Manche werden trotz guter

Unternehmensführung in den Bankrott gedrängt.

Tragischerweise verlieren integre und solide finanzierte Brokerhäuser Kundschaft und rutschen teilweise tief in die roten Zahlen.

Tragischerweise gehen einigen Banken und Versicherungen mit unbeflecktem Ruf und fleckenloser Bilanz Einleger verloren.

Am tragischsten ist vielleicht die Tatsache, dass sogar Investoren, die die richtigen Entscheidungen treffen und die besten Vermögenswerte der Welt kaufen, hilflos zusehen müssen, wie der Wert ihrer Portfolios zurückgeht.

Im Gegensatz dazu kann rationales Verkaufen möglicherweise eine konstruktive Kraft sein. Die Anleger verkaufen dann das Schlechte und kaufen das Gute. Sie würden dann die leichtfertigen CEOs bestrafen und diejenigen belohnen, die das Richtige getan haben.

Früher oder später würde rationales Verkaufen den Unternehmen mit den besten Lösungen und Produkten neue Chancen eröffnen. Die Anleger, die in die besten investiert und den Rest verkauft haben, würden dann reich belohnt werden.

Was wird es also werden? Panik oder Vernunft? Das destruktive oder das konstruktive Szenario?

Auch darauf gibt es keine absolute Antwort, kein Schwarz und Weiß. Wir werden immer eine Mischung aus beidem haben. Vernunft und Gefühl bestehen immer nebeneinander. Nie wird es das eine ohne das andere geben. Wir können aber konkrete Schritte unternehmen, um zur Vernunft zu ermuntern, ob es nun um Verkauf oder Kauf geht, und um die Gefühle zu dämpfen, sei es nun Angst oder Gier.

Es ist noch nicht zu spät, all die Schritte zu unternehmen, die unser Komitee schon vor Monaten in Midtown Manhattan vorgeschlagen hat, bevor die Panik begann. Meiner schriftlichen Zeugenaussage liegt eine Kopie dieser Vorschläge bei. Sie haben sich nicht geändert. Und sie sind auch nicht überzogen:

Beseitigen Sie die Interessenkonflikte an der Wall Street! Bringen Sie die Interessen der Firmen mit den wahren Interessen der Anleger in Einklang! Reißen Sie die Mauern nieder, die den Informationsfluss blockieren! Offenbaren Sie alle riskanten Aspekte!

Es ist auch noch nicht zu spät, die Empfehlungen zu verfolgen, die wir der Finanzmarkt-Arbeitsgruppe des Präsidenten einen Monat vor Beginn der panischen Abstiegsphase vorgelegt haben.
In den letzten Tagen gab es viel Aufhebens um einen ‚Crash Dangers' betitelten Bericht des Domestic Council. Aber jetzt enthülle ich vor diesem verehrten Gremium und vor der amerikanischen Öffentlichkeit den wahren Ursprung eines Großteils dieses Berichts. Und zwar ist das dieser Bericht mit dem Titel ‚Crash Benefits'.
Ich wiederhole: Der Originalbericht heißt nicht ‚Crash Dangers' und seine Schlussfolgerungen sind das genaue Gegenteil des schamlosen Berichts, der Anfang der Woche in den Zeitungen war. Der Untertitel lautet ‚Konstruktive Vor ..."

Bevor Johnston den Untertitel für das Protokoll zu Ende sprechen konnte, gab es auf dem Balkon eine plötzliche Unruhe. Mehrere Reporter liefen eilig in den Bereich neben dem Zeugenstand, wo Kopien der schriftlichen Aussage auslagen. Andere, die schon Exemplare genommen hatten, gingen zum hinteren Saalende, und in ihrer Hast, ihre Storys abzuliefern, schlugen sie die Ausgangstüren hinter sich zu. Johnston wartete, bis die Unruhe abgeflaut war, und fuhr dann fort.

„Wie ich schon sagte, der Untertitel unseres Berichts lautet ‚Konstruktive Vorschläge für eine nachhaltige Erholung'.
Als brave Bürger, welche konstruktive Rolle können wir da spielen? Wie können wir zum rationalen Verkaufen ermuntern und irrationales Verkaufen verhindern? Und was noch wichtiger ist, wie können wir den Anlegern eine noch konstruktivere Funktion geben – rationales Kaufen?
Als Erstes müssen wir aufhören, mit dem Finger auf andere zu zeigen. Der einzige Ort, wo man das tun sollte, ist zu Hause vor dem Spiegel. Ich habe das selbst einmal durchgemacht, und ich gebe zu, dass das sehr schmerzhaft war. Jetzt müssen wir das Gleiche auf nationaler Ebene tun, und das wird genauso schmerzhaft werden. Ich habe es überlebt, und andere überleben das auch.

Unsere zweite Aufgabe ist die Reduzierung der Schulden. Wir haben die ganze Zeit gewusst, dass wir durch unsere Schulden Kredit von der Zukunft nehmen. Die Zukunft ist jetzt da. Wir wussten, dass die nächste Generation den Preis für unsere Exzesse zahlen muss. Jetzt sind wir selbst diese Generation ..."

Von diesem Punkt an konzentrierten sich die Anhörungen dermaßen auf Schulden und ihre Beseitigung, dass sie später als die „Schulden-Anhörungen" bekannt waren.

Bevor der nächste Zeuge an der Reihe war, hielt der Vorsitzende des Finanzausschusses des Repräsentantenhauses einen zehnminütigen Vortrag über das Sparen. Während die Konjunktur in den Vereinigten Staaten immer noch zurückging, erholte sich die japanische Wirtschaft schon wieder, und die chinesische war nach einem schweren Rückschlag sogar noch stärker als die japanische. Der Senator sagte, die Ursache dafür sei die viel höhere Sparquote in Japan und die noch höhere Quote in China – trotz des nach wie vor niedrigen Pro-Kopf-Einkommens. Im Gegensatz dazu beklagte er die viel zu niedrige Sparquote in Amerika. Daher hatte er es sich insgeheim zur Aufgabe gemacht herauszufinden, wie man die Amerikaner dazu bringt, dass sie mehr sparen.

„Wir brauchen nur irgendwie die Sparquote zu steigern", sagte er, „dann sind wir über den Berg." Er fragte jeden Zeugen: „Was würde passieren, wenn Amerika eine viel höhere Sparquote hätte?"

Der nächste Zeuge war Donald Walker, der ehemalige Researchdirektor des inzwischen bankrotten Unternehmens Harris & Jones. „Wenn wir plötzlich eine höhere Sparquote hätten, dann hätte das katastrophale Folgen", verkündete er. „Der Vorsitzende der Federal Reserve persönlich äußerte vor Jahren, die Verbraucher müssten weniger sparen und mehr ausgeben. Seiner Meinung nach sollten wir auf diese Weise die Wirtschaft stützen, und ich stimme ihm zu."

Der Vorstandsvorsitzende der MetroBank, die ebenfalls mit dem Bankrott kämpfte, befand sich auch unter den Zeugen und vertrat einen anderen Ansatz. „Herr Senator, leider enthält diese Frage ein Gutteil Wunschdenken. Die Sparquote der Vereinigten Staaten ist nicht gestiegen, sondern gesunken. Der amerikanische Durchschnittsbürger hat keine ausreichenden Ersparnisse, kein ausreichendes Kapital. Das ist die fundamentale Ursache für die chronische Kapitalknappheit unserer Finanzinstitute."

Als die Anhörung auf den folgenden Tag vertagt wurde, hob der Kongressabgeordnete offensichtlich angewidert und missbilligend die Hände. Am nächsten Tag rief er erneut denjenigen Zeugen auf, von dem er sich Unterstützung erhoffte, Paul. E. Johnston.

Der Senator wiederholte seine Frage: „Sollten wir nicht für mehr Ersparnisse sorgen, und ist das überhaupt möglich?"

„Ja, das sollten wir. Und ja, das ist möglich", sagte Johnston. „Das ist genau das, was wir gestern empfohlen haben. Das ist das Spiegelbild der Vorschläge zum Schuldenabbau, die wir gestern vorgelegt haben. Das eine geht nicht ohne das andere. Gestehen wir es ein, wir waren selbstsüchtig; als wir so viele Schulden gemacht und in Saus und Braus gelebt haben, dachten wir nur an uns selbst. Jetzt müssen wir an unsere Kinder und Enkel denken."

Der Kongressabgeordnete lehnte sich zurück und sagte: „Wir haben in dieser Anhörung immer wieder gehört, dass diese oder jene Lösung nicht funktionieren kann. Wollen Sie hier einen Vorschlag machen, wie wir eine Panik verhindern können? Oder wollen Sie hier genauso wie die anderen in großartigen und vagen Begriffen sprechen und Mängel an den Vorschlägen anderer finden?"

„Sir, es gibt keine Lösung – zumindest nicht die Art, die Sie suchen –, die das Problem in kurzer Zeit beseitigt. Sie müssen der Natur ihren Lauf lassen und nur eingreifen, um chaotische Märkte zu vermeiden und um das Herz der Finanzzentren am Leben zu erhalten."

„Also gut, und was ist die langfristige Lösung?", beharrte der Kongressabgeordnete mit erhobener Stimme.

„Hier ist sie, Sir: Zuerst brauchen wir eine Periode mit niedrigerem Lebensstandard und höherer Sparquote – harte Arbeit und Opfer. Zweitens müssen wir unsere Produktionsschwerpunkte neu ausrichten, und zwar durch Neuausrüstung und Rekapitalisierung. Drittens müssen wir die Unternehmenskriminalität beenden und vor allen Dingen neu definieren, was wir im Unternehmensbereich als ‚kriminell' betrachten. Viertens müssen wir die Exportsubventionen und die Handelsschranken aufheben. Fünftens müssen wir lernen, entsprechend unseren Verhältnissen zu leben und aufhören, die künftigen Generationen auf dem Altar der neuesten Spielzeuge von heute zu opfern. Sechstens müssen wir unseren Bürgern unbeschränkten Zugang zu allen exakten und unverfälschten Informationen gewähren, die sie wollen oder benötigen, damit sie die Möglichkeit haben, für sich selbst zu sorgen und ihr Vermögen sowie ihre Gesundheit vorbeugend zu schützen."

Johnston beugte sich vor und sprach leise, aber langsam und deutlich in das Mikrofon: „Früher dachten wir, die Ursache all unserer Probleme seien die Unternehmenskorruption und die frisierten Bücher. Aber jetzt haben wir entdeckt, dass dies nur die äußeren Anzeichen eines tiefer gehenden Problems waren – überzogener, unbezahlbarer Schulden. Wenn Sie aber nun hinter diese Schulden blicken, werden Sie erkennen, dass es eine noch tiefere Schicht sozialer Probleme gibt, die sträflich vernachlässigt werden und die der Produktivität sowie der Lebensqualität schweren Schaden zufügen. Alles läuft auf Integrität hinaus."

„Wie definieren Sie Integrität im Bereich der Wirtschaft?"

„Wachstum, stabile Bevölkerung und stabile Preise über einen langen Zeitraum hinweg – Schaffung wahren Wohlstands anstatt falschen Geldes und Kredits. Aber um das zu erreichen, brauchen wir gleichzeitig gute Zeiten und harte Opfer. Das erfordert Integrität auf individueller Ebene. Das bedeutet, mehr zu arbeiten, weniger auszugeben und mehr zu sparen – eine fundamentale Wandlung der Werte, Gewohnheiten und der Moral. Das ist nichts Neues. Wir haben das früher getan und können es wieder tun. Aber es ist eindeutig mehr als nur eine finanzielle Verschiebung. Es erfordert einen psychologischen, kulturellen und politischen Wandel. Und es geschieht bereits, einfach als natürliche Reaktion auf die schweren Zeiten."

Er machte eine kleine Pause, nahm ein paar Broschüren in die Hand und schwenkte sie. „Unser Komitee hat Informationen für Verbraucher zusammengestellt: ‚Wie man in schlechten Zeiten Schulden abbaut', ‚Wie man in schlechten Zeiten seine Arbeit behält', ‚Geld sparen in schlechten Zeiten‘. Wir fordern Sie auf – den Kongress und das Kabinett –, diese Informationen der Öffentlichkeit kostenlos zur Verfügung zu stellen, den Menschen in schweren Zeiten mehr zu helfen, Schulden abzubauen, Arbeitsplätze zu schützen und vor allem mehr zu sparen."

„Tun wir das nicht bereits?"

„Nein! Sie tun genau das Gegenteil. Sie sagen den Verbrauchern: ‚Geht und gebt Geld aus, Geld Geld Geld. Unterstützt die Wirtschaft, indem Ihr Eurer Herzblut ausgebt!‘ Sie sagen nicht, wo sie das Geld herbekommen, das sie ausgeben sollen. Nichts dazu, wie viele Schulden sie für die Ausgaben aufnehmen müssen. Und jedes Mal, wenn die Wirtschaft ein kleines bisschen wächst, müssen wir dafür bezahlen. Wir häufen neue Schulden auf unsere alten Schulden. Wir erfinden immer neue Abrechnungstricks, um sie zu verstecken. Wir stürzen uns in spekulative Exzesse. Und wir sorgen dafür, dass der nachfolgende Fall noch tiefer wird."

„Das ist für meinen Geschmack alles zu schwammig", sagte der Senator. „Ich habe nur eine praktische und bodenständige Frage: Wie werden wir jetzt diese verflixten Schulden los?"

Johnston antwortete nicht gleich.

„Nun? Haben Sie auf diese Frage keine Antwort?"

„Doch Sir, gewiss. Jetzt im Moment ist eine drastischere Methode angezeigt."

„Und zwar?"

„Liquidierungsgesetz. Beendigung der Geschäftsaktivität. Ausverkäufe. Kein Konkursgesetz mehr. Das Konkursgesetz wurde gebraucht und missbraucht. Die Gerichte versinken bis zur Bewegungsunfähigkeit in Chapter-11-Konkursen. Wir haben nicht genug Richter. Wir haben nicht genug qualifizierte Konkursverwalter, die Tausende von untoten Unternehmen verwalten können. Abgesehen von großen Ausnahmen gibt es nur zwei Möglichkeiten: Auf eigenen Füßen stehen und alle Rechnungen selbst bezahlen – oder Bankrott und Liquidierung nach Chapter 7. Das ist die einzige Möglichkeit, den toten Ballast loszuwerden und den Weg für gesunde Unternehmen frei zu machen."

„Und was ist mit den Arbeitsplätzen?"

„Was wäre Ihnen lieber, ein guter Job in einem sterbenden Unternehmen oder ein weniger guter, aber annehmbarer Job in einem florierenden Unternehmen mit Wachstumschancen?"

Angesichts der Gerüchte in Washington und an der Wall Street über den Untergang weiterer Großunternehmen und sogar Banken hatte die Rede über Chapter 7 einen derart wahren Klang, dass in dem Ausschuss einen Augenblick Stille herrschte.

Nach einer kurzen Pause fragte ein anderer Kongressabgeordneter: „Wollen Sie damit sagen, es wäre die beste Lösung, das System mit unserem Segen zusammenbrechen zu lassen? Wer ist verantwortlich dafür, dass dieser Mann zu den Zeugen gehört?" Er wandte sich um zu den Kongressmitarbeitern. Dann wandte er sich wieder Johnston zu und fragte: „Wie lange wird diese Krise anhalten?"

„Je länger Sie dagegen ankämpfen, desto länger schleppt sie sich hin. Je früher Sie ihre Unvermeidlichkeit erkennen und damit arbeiten, desto früher können wir sie hinter uns bringen. Sie können den Prozess auch verlangsamen. Sie können ihn rationaler und angenehmer gestalten. Sie können die Konkurs-Gesetzgebung zur Entlastung der Gerichte umgestalten. Sie können das und noch viel mehr tun, um die Krise von einer rein zerstörerischen in eine konstruktivere Kraft umzuwandeln. Aber wenn Sie auf Rettungsaktionen zurückgreifen, zieht die Krise die Regierung mit sich hinab. Sehen Sie, in den früheren Anhörungen sollte bewiesen werden, dass das Weiße Haus nicht genug getan habe, um den Crash aufzuhalten. Unser Bericht und die Ereignisse, die seither eingetreten sind, beweisen, dass es zu viel dafür getan hat. Zum Glück hat es die gescheiterten Bemühungen nicht fortgesetzt."

„Aber wie sollen wir Ihrer Ansicht nach die Erholung beginnen?"

Johnston hatte darauf eine Antwort, aber er sagte nur wenig und wurde aus dem Zeugenstand entlassen. Sein Komitee hatte seine Aufmerksamkeit einem anderen Ziel zugewandt. Es stellte riesige Finanzdatenbanken zusammen und wollte damit eine neue, enorme Aufgabe angehen:

Die wenigen verbleibenden liquiden Ressourcen der Welt zusammenzustellen. Das Komitee hoffte, dass die Anwendung dieser Ressourcen zum richtigen Zeitpunkt eine Erholung an den entscheidenden Finanzmärkten herbeiführen könnte.

Wer sich den Bemühungen anschloss, hätte den Vorteil, unterbewertete Vermögenswerte nahe am absoluten Tiefpunkt zu kaufen. Gleichzeitig würde man dem Land im Augenblick der größten Not helfen.

Aber Johnston wusste, dass jede Regierung oder internationale Behörde über die Bemühungen des Komitees die Nase rümpfen würde, solange es noch nichts Konkretes hatte. Der Internationale Währungsfonds würde vielleicht sagen, das Komitee leide an einer ungesunden Mischung aus Naivität und Illusionen. Das Finanzministerium würde wohl etwa das Gleiche sagen. Er schwor sich, in der Öffentlichkeit so lange nichts zu sagen, bis er fühlte, dass die Zeit reif war.

Wie man in schlechten Zeiten Schulden abbaut

Es ist wohl bekannt, dass Schulden zu einer höchst süchtig machenden Finanzdroge werden können. Doch versuchen einen die Banken häufig mit Kreditkarten und Darlehen zu locken. Wenn Sie Ihre Schulden bereits als Bürde empfinden, dann kann Sie jeder eventuelle Einkommensverlust in den Abgrund stoßen. Und sogar wenn Sie das Gefühl haben, sie hätten Ihre Schulden im Griff, kann ein konjunktureller Rückgang die Schulden plötzlich viel größer erscheinen lassen. Wenn die schlechten Zeiten Ihren Haushalt treffen, dann leisten Sie vielleicht nur noch die Mindestzahlungen auf Ihr Kreditkartenkonto. Sie stellen fest, dass das Guthaben auf Ihrem Girokonto schon vor dem Monatsende schrumpft oder gar völlig verschwindet – und Sie greifen auf Ihre Ersparnisse zurück, um die Lücke zu schließen. Sie füllen Anträge auf weitere Darlehen aus (zusätzliche Schulden!). Handeln Sie schnell und beugen Sie solchen Problemen vor. Wenn es schon angefangen hat, müssen Sie nur umso schneller handeln. Befolgen Sie folgende Schritte:

Schritt 1: Erklären Sie den Schulden den Krieg.

Wenn die Schulden möglicherweise Ihr Leben zerrütten und Ihrer Familie ernsten Kummer bereiten, dann versichern wir Ihnen, dass sie nicht Ihr Freund sind, sondern Ihr Feind. Nehmen Sie

Ihre geistige Energie zusammen, um sie zu vernichten. Sie würden ja auch nicht zulassen, dass Kakerlaken Ihre Wohnung verseuchen oder dass Termiten Ihr Haus zum Einsturz bringen. Den Schulden dürfen Sie das auch nicht erlauben.

Schritt 2: Greifen Sie als Erstes Ihre Kreditkarten an.

Nehmen Sie eine Schere. Legen Sie die Schere auf Ihren Esstisch. Sammeln Sie alle Kreditkarten ein, die zu Ihrem Haushalt gehören, Ihre eigene, die Ihres Ehepartners und die aller anderen Personen, für die Sie finanziell verantwortlich sind. Legen Sie sie ebenfalls auf den Tisch. Und dann genießen Sie das erfrischende „Schnipp-Schnapp"-Geräusch, das zu hören ist, wenn Sie alle Karten in zwei Teile zerschneiden, erfreuen Sie sich an der Genugtuung, sie alle auf einmal mit einer sauberen, schwungvollen Handbewegung zusammenzufegen und beobachten Sie frohlockend, wie sie brav in den Mülleimer purzeln.

Schritt 3: Greifen Sie als Nächstes Ihre Kreditkartenauszüge an.

Suchen Sie die letzten Auszüge zusammen. Wenn Sie nicht alle haben, keine Panik. Bis zum Monatsende sind mit Sicherheit alle da. Suchen Sie auf den Auszügen jeweils den jährlichen Zinssatz. Schreiben Sie die entsprechende Zahl auf jeden Auszug oben in großen Ziffern hin. Dann sortieren Sie die Auszüge – die mit den höchsten Zinsen nach oben, die mit den niedrigsten nach unten.

Schritt 4: Erhöhen Sie Ihre monatlichen Mindestzahlungen.

Nehmen wir an, es geht um 200 Euro. Reicht denn das Minimum nicht aus? Nein! Die Kreditkartenunternehmen verlangen bewusst sehr, sehr niedrige Mindestraten. Sie **wollen**, dass Sie so viele Schulden wie möglich anhäufen, damit sie so viele Zinsen wie möglich bekommen.

Schritt 5: Rechnen Sie aus, wie viel mehr als die Minimalzahlungen Sie leisten können.

Versuchen Sie, mindestens das Dreifache des Minimums zusätzlich abzuzahlen. Wenn sich die Summe auf 200 Euro beläuft, sollte es also Ihr Ziel sein, mindestens 600 Euro zusätzlich aus Ihrem Monatsbudget zu pressen.

Schritt 6: Bezahlen Sie zuerst die Schlimmsten ab!

Nehmen Sie die kompletten 600 Euro und bezahlen Sie die Kreditkarte mit dem höchsten Zinssatz. Falls zwei oder mehr Karten den gleichen oder fast den gleichen Zinsen unterliegen, nehmen Sie die 600 Euro für die Karte mit dem größten Saldo.

Schritt 7: Denken Sie darüber nach, Ihre Ersparnisse zu benutzen, um aus den Schulden herauszukommen.

Die Zinsen, die Sie bezahlen müssen, betragen wahrscheinlich etwa das Zehnfache der Zinsen, die Sie bekommen! Das ist nicht gerade ein gutes Geschäft.

Schritt 8: Keine neuen Kreditkarten. Punkt.

Wenn Sie sich die Kreditkarten erst einmal abgewöhnt haben, fangen Sie nicht wieder damit an. Wenn Sie die Bequemlichkeit einer Karte brauchen, dann nehmen Sie eine Kontokarte. Aber bitten Sie Ihre Bank, Ihnen eine echte und reine Bankkarte zu geben, keine mit eingebauten Kreditkartenfunktionen. Wenn Sie in Ihrer Post neue Karten finden, werfen Sie sie sofort weg.

Schritt 9: Fangen Sie an, anderweitige Privatkredite abzuzahlen.

Wenn Sie es bis jetzt geschafft haben, mit 600 Euro weniger im Monat auszukommen und wenn sich Ihre finanziellen Umstände nicht geändert haben, dann sollten Sie in der Lage sein, dabei zu bleiben. Nehmen Sie das Geld, um eventuelle anderweitige Darlehen zu bezahlen.

Schritt 10: Bezahlen Sie Ihre Hypothek.

Den meisten Menschen ist nicht klar, dass sie dafür nichts weiter zu tun brauchen als den Scheck etwas größer auszustellen als sonst, ihn in den Antwortumschlag zu stecken und ihn an die Hypothekengesellschaft zu schicken. Die tilgt den zusätzlichen Betrag automatisch. In Fortführung des bisherigen Beispiels: Wenn Sie regelmäßig 1.000 Euro bezahlen, stellen Sie ab jetzt monatlich einen Scheck über 1.600 Euro aus. Sie werden überrascht sein, wie viel schneller Ihre Hypothek abbezahlt ist.

Wie man in schlechten Zeiten spart

Schlechte Zeiten bringen wahrscheinlich Deflation mit sich, und Deflation kann Sie ärmer machen oder sogar in den Bankrott treiben. Sie kann Sie aber auch bedeutend reicher machen. Das liegt ganz bei Ihnen.
Was Sie tun können und was den größten Unterschied macht, ist sparen! Wenn Sie nichts sparen können, dann kann Ihnen die Deflation schaden. Wenn Sie aber sparen können, bringt Ihnen die Deflation ganz hübsche Vorteile.

Vorteil 1: Ihre Ersparnisse reichen weiter. Wenn Sie etwas davon ausgeben, bekommen Sie mehr für weniger Geld.

Vorteil 2: Zum gegebenen Zeitpunkt können Sie großartige Anlage-Schnäppchen kaufen. Die Welt der Vermögensanlagen gleicht dann dem gigantischen Ausverkauf eines großen Kaufhauses.

Vorteil 3: Einnahmen! Im Moment sind die Zinsen niedrig. Aber niedrige Zinsen sind immer noch besser als hoch verzinste Kosten. Und außerdem, wenn Sie auf einen Zeitpunkt warten, zu dem die Anleihenpreise gefallen sind und die Anleihenzinsen hoch stehen, können Sie sich auf viele Jahre hinaus hohe Renditen sichern.

Vorteil 4: Selbst wenn die Wirtschaft nicht schwach ist, können Sie nachts ruhiger schlafen, wenn Sie wissen, dass Sie auf ein weiches Kissen fallen, wenn etwas Unvorhergesehenes eintreten sollte. Und selbst wenn die Inflation wieder ansteigen sollte, kommen Sie dagegen an, wenn Sie Ihre Ersparnisse in einem Geldmarktfonds aufbewahren – denn wahrscheinlich entsprechen dann Ihre Zinseinkünfte immer ungefähr der jeweiligen Inflationsrate.

Wenn Sie all diese Vorteile nutzen wollen, befolgen Sie folgende Schritte:
Schritt 1: Rechnen Sie sich aus, wie viel Sie bequem jeden Monat sparen können. Viele Menschen wollen zu hoch hinaus und geben dann wieder auf. Es ist besser, das Ziel niedrig zu stecken und sich dann gewissenhaft daran zu halten.

Schritt 2: Beschließen Sie, keinen roten Heller auszugeben, bevor Sie Ihren monatlichen Sparbetrag beiseite gelegt haben. Es gibt absolut keine Ausgabe (außer den Grundbedürfnissen natürlich), die wichtiger ist als das Sparen. Das war schon immer so, und in schlechten Zeiten ist das überhaupt keine Frage. Wenn Sie nicht schon einen dicken Sparstrumpf haben, dann müssen Sie das zwangsläufig so handhaben.

Schritt 3: Lassen Sie die Zeit für sich arbeiten. Sie werden völlig erstaunt sein, wie viel Geld Sie anhäufen können, indem Sie einfach Monat für Monat den gleichen bequemen Betrag sparen. Und das schon ohne die Zinsen. Wenn Sie noch die Zinsen und die Zinseszinsen dazurechnen, werden Sie noch mehr staunen.

Kapitel 22

Am Nullpunkt

Nicht alle Neuigkeiten waren schlecht. Trotz des Tumultes überlebten das System der Aktienmärkte und die wichtigsten Finanzinstitutionen.

Wenn man in diesen panischen Tagen nur die Schlagzeilen las, konnte man allerdings denken, die gesamte Broker- und Bankenbranche würde den Bach runter gehen. Die Finanzpresse, die in den Jahren davor die schlechten Nachrichten von der Wall Street untergewichtet hatte, tat nun genau das Gegenteil.

Hinter den Kulissen jedoch sah die Wirklichkeit gar nicht so schlecht aus wie es schien. Zwar machten die großen Bankrotte Schlagzeilen, aber auf jedes untergehende Unternehmen kam ein solides. Das Gleiche galt für Banken, Versicherungen und Brokerhäuser.

Für Anleger, die bereit waren, ein gewisses Risiko auf sich zu nehmen, war dies tatsächlich der ideale Zeitpunkt, Aktien hoch kapitalisierter Finanzgesellschaften zu kaufen. Aber niemand wollte sie haben. Die überwältigende Mehrheit der Anleger und sogar der Analysten glaubte, „alle“ Brokerhäuser und Banken würden bankrott machen und sich „nie wieder“ erholen. Manche gingen sogar so weit zu behaupten, das gesamte kapitalistische System sei „dem Untergang geweiht“ und die Demokratie wäre bald „tot“.

Nichts konnte weiter von der Wahrheit entfernt sein. Die Vereinigten Staaten waren immer noch das stärkste Land der Welt – nicht nur militärisch, sondern auch im Hinblick auf das gesammelte Wissen. In Japan und Deutschland gab es immer noch brillante Köpfe. Kanada, Russland, Brasilien, Großbritannien und ein Dutzend kleinerer Nationen strotzten vor neuen Talenten.

Die Wall Street starb nicht. Wenn überhaupt, dann hatte die Krise Amerika ein paar harte Lektionen beigebracht, es entschlossener, schöner und stärker gemacht. Diejenigen, die es am eigenen Leib erlebten, konnten allerdings nicht so weit blicken. Sie sahen nur die dunklen Wolken, die sich stündlich weiter zu verdunkeln schienen.

Nur eine Hand voll Investoren sah das Licht. Sie kauften Aktien der Finanzunternehmen mit dem meisten Kapital, mit den wenigsten Risiko-Investments und Krediten. Mit der Zeit verdoppelten und verdreifachten sie ihr Geld. Das Gleiche würde schon bald auch für Anleger gelten, die ausgewählte Unternehmen außerhalb des Finanzsektors gekauft hatten.

Aber leider konnten weder die SEC noch die Industrie den Anschein von Chaos vermeiden. Auch konnten sie gelegentliche „Marktinfarkte" nicht verhindern – der Handel mit entscheidenden Aktien musste vorübergehend eingestellt werden oder der Handel an gewissen Futuresmärkten kam aufgrund von Kursbewegungen über das zulässige Tageslimit hinaus zum Stillstand. Diese Ausnahmetage bestimmten die Schlagzeilen, wohingegen die vielen Tage normalen Handels heruntergespielt oder ignoriert wurden. Und schließlich, als man es am wenigsten erwartete und der Pessimismus den Höhepunkt erreichte, geschah es: Der Aktienmarkt stieß auf Grund.

Den Boden kaufen

Ein paar Monate zuvor war Linda Dedini, als sie gerade das Komiteebüro verließ, auf ihren Berater und seine Frau getroffen, die ebenfalls auf dem Heimweg waren. Da sie in dem gleichen Vorort von Washington wohnten, teilten sie sich ein Taxi. Zu diesem Zeitpunkt war es ihr zwar noch nicht klar, aber es stellte sich heraus, dass die Fahrt sehr viel mehr wert war als die halben Taxigebühren.

„Sie haben gesagt, sie könnten mich nicht anrufen, wenn der Markt den Boden erreicht", sagte sie schließlich zu ihm, nachdem es seiner Frau zu anstrengend geworden war, sich den Hals zu verrenken und sich vom Vordersitz aus mit ihr zu unterhalten. „Aber können Sie mir nicht ein Bild von den Bedingungen vermitteln, die zu jenem Zeitpunkt herrschen werden? Ich muss das einfach wissen, nicht nur wegen der Shorts und Puts, sondern wegen allem. Ich muss es auch wegen meiner anderen Investitionen wissen, für meinen ganzen Lebensplan. Bitte, können Sie mir nicht wenigstens ein paar Hinweise geben?"

Der Berater sträubte sich immer noch. Er sagte, das einzige, woran man sich halten könne, sei die Geschichte, und die Ereignisse würden ja bereits sämtliche historischen Aufzeichnungen sprengen. Aber sie bestand darauf, und er gab nach.

„Dividenden. Fangen Sie mit den Dividenden an. Erinnern Sie sich noch an die kleinen Schecks, die man früher von den Unternehmen bekam? Damals, in der guten alten Investment-Zeit?"

„Nicht wirklich. Meine Aktien haben nie Dividenden ausgeschüttet. Aber was ist damit?"

„Sie sind entscheidend. In der Blasenzeit der 90er-Jahre achteten die meisten Anleger überhaupt nicht auf irgendwelche Dividenden. ‚Wer zum Teufel interessiert sich für diese lächerlich kleinen Schecks?', fragten sie. ‚Was soll das, wenn ein CEO nur ein paar lausige Krümel des Gewinns mit einem teilt! Schauen wir, dass unsere Aktienkurse durch die Decke gehen und lassen wir es uns gut gehen!'"

„Und jetzt?"

„Jetzt, wo der Markt auseinanderfällt, achten sie immer noch nicht besonders auf Dividenden. Der Schock der Verluste ist noch zu frisch. Jetzt sagen sie: ‚Wenn ich auf diese blöden Dividendenschecks warte, dann dauert es ja dreitausendvierhundert und gottweißwieviele Jahre, bis ich meine Verluste wieder hereingeholt habe!' Oder es kommen Bemerkungen wie: ‚Sie wollen etwas über Dividenden erzählen? Da, führen Sie meinen Hund aus. Der hört sich alles an, was Sie zu sagen haben.'"

Sie lachten, und er fuhr fort: „Wenn man sich dem Boden eines Crashs nähert, ist es genauso. Wenn Sie genau auf die Dividenden achten, dann sind Sie wahrscheinlich eine der einsamen wenigen. Aber Sie sollten trotzdem darauf achten. Wahrscheinlich stellen Sie irgendwann fest, dass die meisten Aktienkurse so tief sinken – so tief –, dass selbst die mageren Dividendenzahlungen eine recht attraktive Aktienrendite ergeben."

„Wie das?"

„Sagen wir, das Unternehmen schickt Ihnen in jedem Quartal einen Dividendenscheck über 25 Cent oder über einen Dollar für das Gesamtjahr. Dann nehmen wir an, die Aktie kostet 100 Dollar. Wie viel ist das in Prozent?"

„Ein Prozent."

„Richtig. Dann nehmen wir an, die Aktie sackt auf zehn Dollar, und Sie bekommen immer noch jedes Jahr einen Dollar Dividende. Wie viel wäre das in Prozent ausgedrückt?"

„Zehn Prozent. Wow! Ich verstehe, was Sie meinen. Zehn Prozent sind eine großartige Dividendenrendite."

„Genau. Selbst wenn die Dividende halbiert wird, bekommen Sie noch fünf Prozent – fünfmal so viel wie zuvor. Wenn Sie bemerken, dass so etwas überall passiert, dann würde ich davon ausgehen, dass ein echter Boden des Marktes sehr nahe ist."

„Und was noch?"

„Bewertungen natürlich. Das Problem ist nur, wenn so viele Unternehmen nur darum kämpfen, in den schwarzen Zahlen zu bleiben, sind Gewinne kein sehr verlässliches Maß für die Bewertung. Dann muss man auch einen Blick auf ein paar andere Dinge werfen – zum Beispiel die Gesamteinnahmen."

„Ist das das Gleiche wie der ‚Umsatz'?"

„Ja. Nehmen wir an, Sie haben die Aktie eines durchschnittlichen Unternehmens aus dem S & P 500 gekauft. Und nehmen wir an, dass diese Aktie Sie 20 US-Dollar gekostet hat. Die Frage ist, wie viel Umsatz das Unternehmen macht, um den Wert Ihrer einen Aktie zu decken. Zum Beispiel verkaufte sich ein durchschnittliches S & P 500-Unternehmen im Herbst 2002 selbst nach dem tiefen Absinken des Marktes noch mit einem Kurs-Umsatz-Verhältnis (KUV) von 1,17."

„Mit anderen Worten–"

„Mit anderen Worten kamen auf eine Aktie, die 20 Dollar kostete, etwa 17 Dollar Umsatz."

„Ist das gut oder schlecht?"

„Schlecht."

„Wieso?"

„Weil – wenn Sie Ihre schwer verdienten Dollars in ein Unternehmen investieren wollen, dann wollen Sie doch, dass es über ein ganzes Jahr viel mehr als nur einen Dollar einnimmt! Vergessen Sie nicht, dass wir über Umsätze sprechen, nicht über Gewinne."

„Jetzt begreife ich. Aber wie viel kann als gut gelten?"

„Normalerweise, bei einem typischen Börsenboden, würde ich sagen, dass eine Aktie billig ist, wenn man sie für das 0,7-fache des Umsatzes oder weniger bekommt. Aber während einer Panik, wenn man nicht weiß, wer am nächsten Tag große Aktientranchen des Unternehmens abstößt, würde ich wohl lieber warten, bis sie noch billiger ist. Vielleicht das 0,5-fache des Umsatzes, vielleicht auch weniger."

„Das heißt also–"

„Das heißt, dass der Preis der Aktie weniger beträgt als der Umsatz pro Aktie, viel weniger. Vielleicht die Hälfte des Umsatzes oder noch weniger. Zum Beispiel die Aktie, über die wir gerade gesprochen haben. Was habe ich noch mal gesagt, was sie kostet?"

„Die Aktie für 20 Dollar?"

„Genau. Sagen wir, wir nähern uns einem Boden und wollen eine Aktie kaufen, die 20 Dollar kostet. Dann hätten Sie gerne, dass auf eine Aktie mindestens 40 Dollar Umsatz kommen, oder vielleicht noch mehr."

„Aber wird sie dann immer noch so hoch gehandelt? Für 20 Dollar?"

„Nein nein. Ich rede nicht über die gleiche Aktie. Aber Sie haben das Prinzip verstanden. Wenn Sie eine Aktie kaufen, die zehn Dollar kostet, dann sollte der Umsatz mindestens 20 Dollar betragen. Wenn die Aktie fünf Dollar kostet, dann zehn Dollar Umsatz. Klar?"

Der Berater schaute aus dem Fenster und bemerkte, dass sie gerade ankamen. Seine Frau kramte in ihrem Portemonnaie, aber Linda sagte ihr, sie solle sich nicht bemühen. „Das mache ich schon", sagte Linda, „ich steige als Letzte aus." Etwas irritiert, weil das Gespräch schon so bald enden sollte, wandte sie sich wieder an den Berater und fragte: „Noch etwas?"

„Ja, vieles." Das Taxi hielt an, der Berater stieg aus, öffnete die Beifahrertür und wartete, während seine Frau Lindas Angebot überging und den Fahrer bezahlte. Sie gab ihm zehn Dollar mehr für den Rest der Fahrt und als Trinkgeld, aber Linda bemerkte das gar nicht, weil sie so konzentriert auf die letzten Worte des Beraters lauschte. „Hoher Bargeldanteil bei Investmentfonds. Höchstes Handelsvolumen. Ungeheuer pessimistische Stimmung. Hoffnungslose Wirtschaftslage. Große und drastische staatliche Maßnahmen. Entschuldigen Sie. Ich muss jetzt los. Rufen Sie mich nachher an wegen der Einzelheiten."

Als sie das nächste Mal miteinander sprachen, ging es allerdings um andere Themen, und ein paar Monate später hätte sich Linda am liebsten selbst in den Hintern getreten, weil sie bei einem so wichtigen Thema nicht am Ball geblieben war. Sie war völlig überzeugt davon, dass sie den großen Boden verpasst hatte, und sagte ihrem Berater, sie sei eine „vollkommene Idiotin", weil sie sich nicht nach allen Details erkundigt hatte.

„Sie suchen den Heiligen Gral, den es nicht gibt", sagte der Berater trocken.

„Was meinen Sie damit?"

„Sie suchen den ‚großen Boden'. Aber es gibt keinen ‚großen Boden'. Alle großen Sektoren erreichen den Boden zu verschiedenen Zeiten, vielleicht sogar in verschiedenen Jahren. Wissen Sie, wann die Aktien von Versorgungsunternehmen in der Großen Depression des 20. Jahrhunderts den Boden erreicht haben?"

„So Anfang der 30er-Jahre? 1931? 1932?"

„Überraschung! Das war 1942 – fast zehn Jahre nachdem die Industrieaktien den Boden erreicht hatten. Die Preise für Staatsanleihen erreichten schon lange vor dem Aktienmarkt einen bedeutenden Boden, und Unternehmensanleihen mit niedriger Einstufung etwa zur gleichen Zeit. Aber das ist lange her. Keiner weiß, was dieses Mal zuerst auf Grund läuft. Wahrscheinlich ist es einfacher zu schauen, was zuerst wieder steigt. Ich nehme an, es wird mehr oder weniger nach der Qualität gehen."

„Wie war das bitte?"

„Mit anderen Worten, sortieren Sie Ihre ganzen Wertpapiertypen und Ihre Anlagen, beginnend mit der höchsten Qualität, also den liquidesten Investments, und endend mit der niedrigsten Qualität, also den spekulativsten und illiquidesten Investments. Das ist wahrscheinlich die Reihenfolge, in der die Menschen sie kaufen – und die Preise hochtreiben – werden."

„Zum Beispiel?"

„In der ersten Reihe stehen kurzfristige Geldmärkte. Dann Staatsanleihen. Als nächstes hochwertige Unternehmensanleihen und vielleicht Vorzugsaktien der Unternehmen mit der stärksten Bilanz und der besten Bewertung. Dann Stammaktien der gleichen Unternehmen. Spekulative

Sachen wie Junkbonds und Pennystocks dürften als letzte kommen.

Aber denken Sie daran, das ist alles reine Spekulation. Sie werden dann sehr viel mehr darüber wissen als ich jetzt."

„Wie meinen Sie das?", fragte Linda.

„Ich meine damit, dass es ja ganz lustig und unterhaltsam sein mag, darüber Vermutungen anzustellen, aber das ist viel weniger wert als das, was Sie vor Ort mit eigenen Augen sehen – genau dann, wenn es geschieht."

„Aber ich fürchte, ich habe den Boden der Bluechips, des Dow Jones, bereits verpasst. Meinen Sie nicht auch? Glauben Sie nicht auch, dass das vor ein paar Monaten der Boden war, als mein Vater als Zeuge auftrat und die Stimmung so negativ war?"

„Nicht unbedingt. Viele gute Anlagen haben mehrere Böden. Wenn Sie den ersten verfehlt haben, erwischen Sie ihn vielleicht in der nächsten Runde." Er machte eine kurze Pause und fragte dann: „Haben Sie jemals einen Flug genommen, bei dem ein Bus die Menschen vom Terminal zum Flugzeug bringt?"

„Ja, aber ..."

„Das ist das Gleiche. Der Bus fährt mehrmals zurück und holt Passagiere für den gleichen Flug. Es macht nichts, wenn Sie den ersten Bus verpassen, denn dann steigen Sie einfach in den nächsten."

„Angenommen, ich verpasse den Flug?"

„Dann nehmen Sie den nächsten Flug. Das ist dann vielleicht teurer. Und? Sie kommen trotzdem an, oder?"

Der Berater hatte Recht. Während der Markt auf dem Boden wild auf und ab sprang, waren die Aktienumsätze beispiellos hoch. Aber auch nach ein paar Monaten hatten sich die Indizes praktisch nicht bewegt.

Überall wurde immer noch unfassbar viel verkauft – von Anlegern, die bis zum bitteren Ende durchgehalten hatten und schließlich doch das Handtuch warfen, von Anlegern, die das Geld brauchten, um ihr Geschäft zu retten oder etwas zu Essen auf den Tisch zu bringen, von Kleinanlegern, Großanlegern, von Anlegern in den Vereinigten Staaten, in Kanada, Deutschland, Japan, Hongkong, Singapur, Taiwan und Lateinamerika.

Es gab sogar viele Anleger, die nur verkauft hatten, weil sie entdeckten, dass sie ganz allein dastanden und dass alle, die sie kannten, bereits ausgestiegen waren.

„Ich dachte, Sie wären immer noch dabei", sagte ein älterer Rentner zum anderen am Rande eines Altersheims-Swimmingpools im Süden Floridas.

„Nein nein. Ich bin schon lange nicht mehr am Markt. Habe ich Ihnen das nicht erzählt?"

Das hatte er tatsächlich nicht getan. Wenn diese speziellen Anleger verkauften, dann taten sie es stillschweigend, weil es ihnen peinlich war zuzugeben, dass sie eine Schlappe erlitten hatten. Erst wenn der Markt viel weiter gefallen war und die Entscheidung sie vorausschauend erschienen ließ, erzählten sie es schließlich ihren Freunden. Ihnen war nicht klar, dass „allein dastehen" oft eine gute Sache war, ganz besonders an entscheidenden Wendepunkten.

Aber trotz des ganzen Verkaufsdrucks kam es jedes Mal zu ebenso starker Kaufaktivität, wenn sich der Nasdaq Composite, der Dow Jones oder der S & P 500 dem Boden näherten. Tatsächlich war dies der Anfang vom Ende einer der größten Baissen in der Geschichte Amerikas. Aber es war nicht das Ende der Krise – und schon gar nicht der Beginn einer neuen Hausse.

Regierungen auf der ganzen Welt verkündeten, ihre Wirtschaft werde sich erholen. Japan: „Der Schmerz ist noch nicht vorüber, aber die Zeit der Heilung ist gekommen." Frankreich: „Es ist Zeit, dass alle Bürger der Republik wieder Vertrauen in ihr Land investieren." Großbritannien: „Die wirkliche Erholung wird bald beginnen."

Die Märkte ignorierten sie. Die Erholungen fielen in sich zusammen. Der Nasdaq Composite und der Dow Jones sprangen viele Monate lang auf dem Boden auf und nieder.

Gold

Eines Tages, als an einigen Märkten der Handel vorübergehend eingestellt wurde und einige Banken ihre Pforten geschlossen hatten, sagte Johnstons Sekretärin, sie habe einen dringenden, fast verzweifelten

Anruf von seinem Schwiegersohn, Gabriel Dedini. Johnston nahm sofort den Telefonhörer.

„Was gibt's?", fragte er.

„Was es gibt? Nichts gibt's. Alles ist unten und geht noch viel, viel weiter nach unten. Ich rede nicht nur von der Börse. Die Börse ist schon Geschichte, und alle wissen das. Ich spreche von Immobilien. Ich spreche von den Banken, den Versicherungen, der Regierung, der gesamten Gesellschaft. Erinnere dich, ich bin jetzt amerikanischer Staatsbürger.

Ich liebe dieses Land. Meine Kinder – deine Enkel – sind hier geboren. Das ist keine Genugtuung für mich, aber ich weiß, wovon ich spreche. Ich weiß es. Ich und meine Eltern waren dabei, als die Wirtschaft – fast die gesamte Gesellschaft – Argentiniens zusammenbrach. Und jetzt passiert das gleiche hier in den Vereinigten Staaten. Ich spüre das im Bauch. Und alles, was ich sehe, bestätigt das."

„Was zum Beispiel?"

„Zum Beispiel die Demonstrationen in der Wall Street. Die Menschen marschieren die Wall Street hinunter und schlagen auf ihre Scheren oder was auch immer das für metallene Dinger sind. In Argentinien haben sie dafür Töpfe und Pfannen benutzt. Ist das etwa ein Unterschied? Und schau dir den Mob in der einen Bank in Los Angeles an. Ich sage dir, das ist erst der Anfang."

„Ich verstehe deine Gefühle. Das ist ganz normal, wenn es schlecht läuft, aber ..."

„Ha! Genau das Gleiche haben sie in Argentinien gesagt. Sie haben gesagt: ‚Es läuft so schlecht, dass es gar nicht mehr schlimmer kommen kann.' Sie irrten sich. Es wurde noch viel schlimmer. Als die Regierung den größten Bankrott der Geschichte verkündete, sagten sie, es könnte wirklich nicht mehr schlimmer kommen.

Dann verkündete die Regierung die größte Abwertung der Geschichte. Als die Banken ‚vorübergehend' schlossen, sagten sie, es könnte nicht mehr schlimmer kommen. Dann schluckten die Banken unser Geld für alle Ewigkeit. Und ich spreche nebenbei gesagt von amerikanischen Banken mit argentinischen Töchtern, wo wir unser Geld in US-Dollar angelegt hatten. Wir verloren drei Viertel unseres Geldes!"

„Gabriel, beruhige dich. Betrachten wir die Angelegenheit mit mehr Vernunft und weniger Emotionen."

„Ich weiß, was du denkst. Das, was die meisten Menschen denken. Sie denken, Argentinien ist ja nur eines von diesen Ländern ‚südlich der Grenze'. Ich kann dir versichern, dass es das nicht ist. Es ist – oder war zumindest – eine fortschrittliche, vorwiegend aus einer Mittelschicht bestehende, demokratische, industrialisierte und hoch gebildete Gesellschaft, genau wie hier in den Vereinigten Staaten. Es ist dort passiert und kann auch hier passieren."

„Glaubst du wirklich, dass es noch schlimmer kommen kann?"

„Du tust es schon wieder – genau wie in Argentinien! Als in Argentinien die Wirtschaft kollabierte und die Arbeitsplätze verschwanden, da sagten sie, es könne kaum noch schlimmer kommen. Und weißt du was? Die Gesellschaft kollabierte. Junge Leute mit Collegeabschluss gingen ins Müllgeschäft. Weißt du, was das bedeutet? Das heißt, dass man sich zwölf bis 14 Stunden mit seinen kleinen Kindern zusammen durch den Dreck und Unrat der städtischen Mülldeponie wühlt. Angehörige der Mittelklasse! Mit Collegeabschluss! Also sagten alle: ‚Jetzt kann es bestimmt nicht mehr schlimmer kommen.' Aber es kam schlimmer. Gewalt! Als nächstes kamen Gewalt und Blutvergießen. Die Drogenhändler übernahmen die Herrschaft. Sie machten Buenos Aires dicht. Drüben in Brasilien machten die Drogenhändler quasi São Paulo dicht. Das ist der Grund, warum ich meine Eltern unbedingt da rausholen wollte."

„Ich habe davon gelesen. Ist es wirklich so schlimm?"

„Nein, es ist schlimmer, viel schlimmer als das, was du gelesen hast. Es gibt kein gedrucktes Papier, keine Worte, die das beschreiben könnten. Man glaubt es nur, wenn man es gesehen hat. Man muss persönlich dort gewesen sein, um es in seinen Eingeweiden zu spüren und in seinem Herzen zu begreifen."

„Wie kommt es, dass du noch nie darüber gesprochen hast?"

„Soll das ein Witz sein? Linda sage ich das schon seit vielen Monaten. Ich habe ihr gesagt, dass das kommen würde, nicht nur in Argentinien, sondern auch in Uruguay, Paraguay, Brasilien, Venezuela, in der Karibik, in Mexiko und dann hier. Auf dem Empfang nach dem Begräbnis deines Vaters habe ich sozusagen öffentliche Reden darüber gehalten, für jeden, der es hören wollte – am Swimming-Pool, auf dem Parkplatz, überall. Hast du mich nicht gesehen? Hast du mich nicht gehört? Du warst doch da, oder etwa nicht?"

„Ich war, ich war – ja, ich war so beschäftigt mit meinem Entwurf und ..."

„Jesus!" rief Gabriel aus. Dann schwieg er einen kurzen Moment und bemühte sich, von seiner Alarmiertheit zu einer eher praktischen Stimmung überzugehen und langsamer zu werden. „Die eigentliche Frage ist doch, was wir dagegen tun wollen."

„Ehrlich gesagt weiß ich es nicht. An was denkst du?"

„Dein Komitee! Dein Komitee sollte den Versuch aufgeben, das Geld der Menschen zu retten, und damit anfangen, das Leben der Menschen zu retten – angefangen bei deiner Familie. Wir müssen so viele Menschen wie möglich hier herausbringen, heraus aus den Städten, hinaus auf das Land, wo sie sich wenigstens gegen den Mob wehren können. Wir haben unser Ferienhaus verkauft, um an der Börse zu spekulieren, und wir haben alles verloren. Du hast doch noch das Haus in den ... in den ..."

„In den Appalachen."

„Ja, in den Appalachen. Und das Familienerbe. Du musst mir helfen – uns helfen –, Linda dazu zu bringen, aus allem auszusteigen, in das sie gerade investiert hat, und es in einen sicheren Hafen zu bringen, einen wirklichen Hafen. Was sind denn die Schatzpapiere noch wert, wenn das Schatzamt zumacht? Was sind die Puts noch wert, wenn die Optionsbörse geschlossen wird? Una putaria! Das ist es noch wert – einen Puff! Und die Investmentfonds? Die Fonds sind dann nichts mehr wert, und die Fondsmanager wechseln das Land."

„Ich kann nicht sagen, dass ich deiner Meinung bin. Aber nehmen wir einmal an, du hättest Recht. Was würdest du denn mit dem Geld tun?"

„Es gibt nur eine Anlage, die das überleben wird. Gold. Goldbarren. Goldmünzen. Ich würde nicht einmal seltenen Münzen trauen. Hast du gesehen, was der Goldpreis bis jetzt schon gemacht hat? Er ist durch die Decke gegangen. Dort habe ich das Geld meiner Eltern untergebracht, und sie machen damit ein verdammtes Vermögen. Wenn die Gesellschaft zusammenbricht, ist das das Einzige, was noch Wert hat, was man gegen Essen und Unterkunft eintauschen kann sowie gegen Waffen zur Selbstverteidigung. Du sprichst von Erholung, aber es wird keine Erholung geben. Niemand hat mehr Geld, um in eine Erholung zu investieren. Bald werden alle in die Berge flüchten, und zwar im wahrsten Sinne des Wortes."

Für den Moment war Johnston verblüfft und sagte, er würde ausführlich darüber nachdenken. Er ging zurück zu dem runden Glastisch am Swimming-Pool, der die Strahlen des Mondes reflektierte, der sich im ersten Viertel befand. Ja, Gabriels Logik schien klar: Die von der Mittelschicht dominierte argentinische Gesellschaft hatte einen Finanzkollaps erlitten, der das Gewebe der Gesellschaft zerrissen hatte. Jetzt hatten die Vereinigten Staaten, die ebenfalls von der Mittelklasse beherrscht wurden, die industrialisert und gebildet waren, eine ähnliche Finanzkrise erlitten. Was also sollte die Vereinigten Staaten vor einem ähnlichen Schicksal bewahren? Johnston verstand diese Logik, aber er stimmte immer noch nicht zu.

Argentinien hing von ausländischem Kapital, vom Außenhandel und von Auslandsbanken ab, und es hatte im Endeffekt die Kontrolle über sein eigenes Schicksal verloren. Die Vereinigten Staaten hingen zwar ebenfalls von der Außenwelt ab, hatten aber bessere Chancen, die Kontrolle zurückzugewinnen. Und schließlich bestand ja auch für Argentinien Hoffnung.

Wenn die US-Regierung zu aggressiv eingegriffen und die Krise über viele Jahre verschleppt hätte, dann wären Gabriels Argumente wohl plausibler gewesen. Aber es passierte genau das Gegenteil. Der Niedergang ging relativ schnell. Die Regierung hatte den Schwerpunkt in erster Linie auf durchgreifende Reformen verlagert. Der Dollar hatte sich stabilisiert. Insgesamt entsprachen die tatsächlichen Ereignisse eher dem weniger pessimistischen Szenario, das Tamara vor Monaten in ihrem Bericht skizziert hatte.

Ja, Gabriel hatte Recht mit dem Gold. Sein Wert war gestiegen. Aber das spiegelte nicht, wie Gabriel sagte, die Unvermeidlichkeit des gesellschaftlichen Chaos wider. Es spiegelte nur die Ausbreitung des Glaubens wider, dass ein solches Chaos unvermeidlich sei.

Ja, Gabriel hatte Recht mit der Gefahr, dass die Märkte für Futures, Optionen und Aktien geschlossen werden könnten. Aber Börsenschließungen waren nicht, wie Gabriel sagte, theoretisch unbegrenzt, sondern vorübergehend; sie ebneten den Weg für ein solides Zurückfedern.

Auch war es nur zu wahr, dass die meisten Menschen nicht über genügend Kapital für die Neuanlage verfügten. Aber es gab viele Einzelpersonen und Institutionen, denen es gelungen war, sich während des gesamten Abstiegs aus riskanten Investitionen herauszuhalten und die begierig auf den richtigen Moment warteten, im unteren Stockwerk wieder einzusteigen.

Und es gab noch einen Punkt, in dem Gabriel Recht hatte. Es war nicht die rechte Zeit für Investitionen in Put-Optionen und Shorts. Vielmehr war jetzt die ideale Zeit, auf hochwertige Aktien zurückzukommen – vorausgesetzt, die Anleger warteten auf größere Kurseinbrüche.

Dann konnten sie solide Bluechip-Unternehmen zu Preisen weit unter ihrem Buchwert finden. Sie konnten sich zu einem Zeitpunkt in Unternehmen mit nach wie vor hervorragenden Wachstumsaussichten einkaufen, zu dem die übereinstimmende Meinung der Wallstreet-Analysten von ihnen abriet. Und sie konnten sich mit einer relativ geringen Bargeldreserve ihren Anteil an der Zukunft Amerikas, Japans oder Deutschlands sichern. Viele Investitionsgelegenheiten im Ausland – in Ländern, die von der Krise am meisten verwüstet wurden – boten sogar noch größeres Gewinnpotenzial.

In den Vereinigten Staaten waren die besten Schnäppchen die wenigen guten Körnchen in den am schwersten gebeutelten Branchen – unter anderem auch ein paar Hightech-Unternehmen. Zuvor, um den Höhepunkt des Marktes herum, war es den meisten Anlegern entgangen, dass diese Unternehmen finanzschwach waren. Sie kümmerten sich nur um Umsatzzuwächse. Als das erste Unternehmen Konkurs anmeldete, traf sie das daher überraschend.

Jetzt, nahe am Tiefpunkt des Marktes, machten die Anleger den gleichen Fehler, nur umgekehrt. Sie beachteten nicht, dass einige Unternehmen immer noch starke Finanzen hatten; sie verkauften einfach weiter Aktien – nur weil sie zu einer Branche gehörten, die Prügel bezogen hatte. Wenn sie jedoch ein wenig Geld zur Hand hatten, konnten sie die Aktien für ein Butterbrot kaufen und einen sehr schönen Profit machen, sobald die schlimmste Panik überstanden war. Und wenn sich dann später eine echte konjunkturelle Erholung anbahnte, würde die Investition sogar noch mehr wert sein.

Mitunter fanden sie auch ein Unternehmen, das wertvolle Patente besaß und einen direkten Draht zu den vielversprechendsten neuen Technologien dieser Welt hatte – drahtlose Kommunikation, Biotechnologie oder Glasfaseroptik –, das aber wegen finanzieller Fehlplanung gekentert war: Wegen eines hochverzinsten Bankdarlehens, einer unbezahlbaren Anleihenemission oder weil es fällige Rechnungszahlungen von ihren Kunden nicht eingetrieben hatte.

Oder, was noch besser war, sie fanden gelegentlich ein Unternehmen, das eine fleckenlose Bilanz hatte und dessen Aktie nur deshalb zusammengehauen worden war, weil seine Geschäfte denen eines größeren Unternehmens ähnlich waren, das inzwischen mit dem Bauch nach oben im Wasser trieb. Tatsächlich brachte diese „Assoziationspanik" einige der besten Schnäppchen überhaupt hervor.

Welche waren die besten? Die Wall Street war nicht mehr in der Lage, darauf eine Antwort zu geben, vor allem weil so viele Analysten – so sie noch eine Anstellung hatten – von der Panik wie gelähmt waren. Sie suchten keine Schnäppchen.

Es war eine Schande. Wenn die Investoren in der Zeit vor der Panik zu vorsichtig gewesen waren und ihr Geld in den sichersten Anlagen platziert hatten, konnten sie es sich jetzt leisten, es in der entgegengesetzten Richtung ein wenig zu übertreiben. Mit einem bescheidenen Anteil ihres Vermögens konnten sie gewisse Risiken eingehen, die die meisten Investoren zu jener Zeit wohl als „aggressiv" betrachtet hätten. Mit der Zeit würden sie dafür mit Gewinnen in mehrfacher Höhe ihrer Anfangsinvestition belohnt werden.

Aber es war absolut erforderlich, dass sie einen Teil ihres Geldes in Sicherheit beließen. In jenen letzten Tagen der Panik durchschiffte die Nation unsichere Gewässer. Niemand wusste wirklich, was als nächstes passieren würde. Bevor sie keine sichere Bestätigung dafür hatten, dass die Wirtschaft wieder auf dem Wege der Besserung war, wäre es unklug gewesen, das gesamte Vermögen zu riskieren.

Drei Zinsbewegungen

Noch während Gabriel über die Familienleitung mit Lindas Vater sprach, bereitete sich Linda auf einen Anruf bei ihrem neuen Broker vor, dem sie eine lange Liste von Kauforders geben wollte. Als sie ein paar Sekunden Pause hatte, weil sie darauf wartete, dass der Broker abnahm, sprang ihre Erinnerung zurück zu der letzten, entscheidenden Besprechung, die diese folgenschwere Entscheidung in ihrer nunmehr astronomischen Investment-Karriere ausgelöst hatte.

Ihr Berater war krank und nicht zu sprechen gewesen. Bei einem Feiertagsessen im Hause der Johnstons fragte sie daher ihren Vater nach seiner Meinung. „Ich habe Angst vor Aktien, Vater. Ich werde einfach die Erinnerung daran nicht los, wie schlecht es mir letztes Mal mit Aktien ergangen ist, und wie gut es mir ohne sie geht. Alles was ich sehe, sagt mir, dass es Zeit ist, wieder an der Börse einzusteigen, aber ich sage mir auch, dass mein jetziges Programm nicht gerade bankrott ist – warum also daran herumflicken?“

Johnston wurde warm ums Herz, als ihm klar wurde, dass seine Tochter schließlich doch nach seiner Meinung zu Geldanlagen fragte – oder überhaupt zu irgendetwas. „Wie gut ist es denn bisher gelaufen?“, fragte er.

Sie holte einen Ordner, den sie auf dem Geschirrschränkchen gelassen hatte, und zog ein Blatt mit einem Excel-Ausdruck hervor. Auf der linken Seite waren die Anlagekategorien aufgelistet, und daneben standen Spaltenüberschriften wie „Investment“, „Fälligkeit“, „Kaufpreis“, „aktueller Preis“, „offen/geschlossen“, „prozentualer Gewinn/Verlust“ und „Gewinn/Verlust in US-Dollar“ . Auf der rechten Seite stand in der letzten Spalte jeweils eine fett gedruckte Zahl, die den Gesamtgewinn in Dollar für jede Anlagekategorie zeigte, und in der Spalte davor stand eine fett gedruckte Zahl, die den durchschnittlichen prozentualen Gewinn zeigte.

Johnston beugte sich vor und legte sanft seine Hand auf die rechte Schulter seiner Tochter, während er das Spreadsheet untersuchte. „Vielleicht sollte ich meine Lesebrille holen, aber wie heißt die erste Anlagekategorie? Staatsanleihen?"

„Ja", antwortete sie kleinlaut.

„Das ist ja interessant. Du hast da einige langfristige Anleihen. Ich hatte den Eindruck, dein Berater wäre dagegen. Oder war es Oliver, der dir davon abriet, welche zu kaufen?"

„Eigentlich waren es beide. Aber ich dachte mir, ich könnte die Rendite gebrauchen, und da habe ich sie trotzdem gekauft. War das wohl falsch?"

„Nein nein! Die Anleihen sind gestiegen und gestiegen. Wir alle dachten, sie würden untergehen, und an einem gewissen Punkt sind sie auch eingebrochen. Aber jetzt sind sie schön zurückgekommen, und du machst damit hübsche Kapitalgewinne. Woher wusstest du das?"

„Ich – ich wusste es nicht. Aber vor einem Jahr, als ich in deinem Büro war, fragte ich Oliver nach seiner Meinung zu ein paar alten Charts aus den 1930er-Jahren über Zinssätze. Ich dachte auch, das könnte Tamara interessieren. Ich ließ die Charts mindestens eine Woche auf seinem Stuhl liegen, aber keiner von beiden achtete besonders darauf. Sie waren zu sehr mit der Ausarbeitung des Berichts über den Aktienmarkt beschäftigt. Also war ich eines Tages des Wartens müde und ging wieder in das Büro, um mir meine Charts wieder zu holen. Möchtest du sie sehen?"

„Ja sicher."

„Ich liebe Diagramme und komme in meinem Fachgebiet auch nicht ohne aus. Und vor einiger Zeit, als ich darum kämpfte, ein bisschen mehr Rendite aus meinem Portfolio zu pressen, fing ich an, mir Zinscharts anzuschauen und fand diese da in einem alten Chartbuch der Federal Reserve mit lauter Eselsohren. Ich saß gerade mitten in dem Haufen von Sachen, die aus der Research-Bibliothek des Komitees weggeworfen werden sollten (siehe nebenstehende Abbildung).

„Was ist das?“

„Das sind die US-Zinsen der 1930er-Jahre. Kurzfristige US-Staatsanleihen, langfristige US-Schatzanleihen, Unternehmensanleihen und so weiter.“

„Tatsächlich!“

„Ja. Siehst du? Ich habe ein paar senkrechte Linien gezogen. Das sind die Phasen. Genau wie die Mondphasen, bloß dass es hier nur drei sind.“

„Erzähl mir mehr davon.“

„Okay. Phase 1 war ein steiler Zinsverfall. Tamara sagte mir, dass das passsiert, wenn die Federal Reserve die Zinsen drückt, um den Schlag des Börsenniedergangs zu dämpfen und einen rapiden konjunkturellen Verfall abzuwenden. Und am nächsten Tag sagte mir Tamara, die Geschichte schiebe der Fed die Schuld an der Großen Depression zu, weil sie nicht genug getan habe. Aber sie hat doch die kurzfristigen Zinsen gesenkt, hier, oder nicht? Schau, wie die kurzfristigen Zinssätze in diesem Chart in Phase 1 abtauchen.“

Johnston gedachte der jüngsten Kongressanhörungen mit ihren Schuldzuweisungen. Machte die Geschichte hinsichtlich der 1930er-Jahre den gleichen Fehler – beschuldigte sie die Fed einer Depression, die sie unmöglich hätte verhindern können? Aber bevor er zu einer Antwort kommen konnte, brachte ihn Linda auf die Charts zurück.

In den 1930er-Jahren gingen die Zinsen nach unten, dann nach oben und wieder nach unten – und zwar in drei deutlich unterscheidbaren Phasen: In Phase 1 gingen alle Zinssätze zurück, und zwar aufgrund der Deflation und des Versuchs der Federal Reserve, die Deflation zu bekämpfen. In Phase 2 wendeten die Zinsen abrupt und explodierten. Die Zinsen der dreimonatigen Schatzwechsel stiegen auf mehr als das Sechsfache – von rund einem halben Prozent auf drei Prozent. Die Renditen der 20-jährigen Schatzanleihen stiegen auf die Spitzenwerte aus der Zeit vor dem Crash. Die Renditen von Unternehmensanleihen geringer Qualität gingen buchstäblich durch die Decke und erreichten bis zu elf Prozent. In Phase 3 dagegen fielen die Zinsen rapide. Der beste Zeitpunkt für den Kauf lang laufender Anleihen war das Ende von Phase 2 beziehungsweise der Anfang von Phase 3.

Die allgemeinen Zinsbewegungen in den 1930er-Jahren

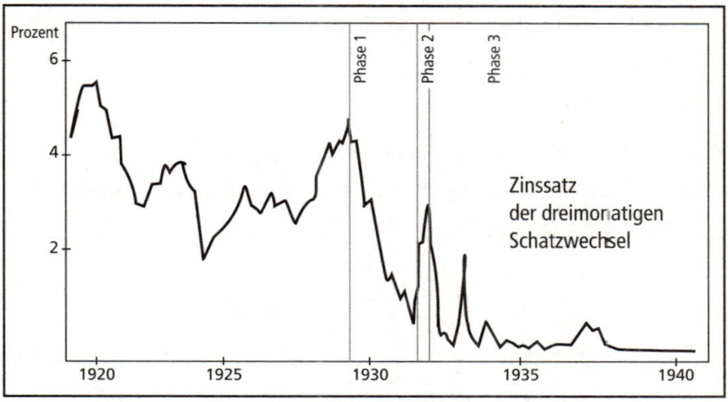

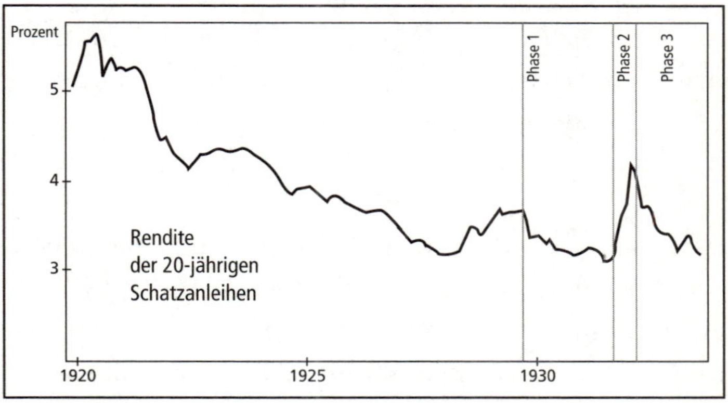

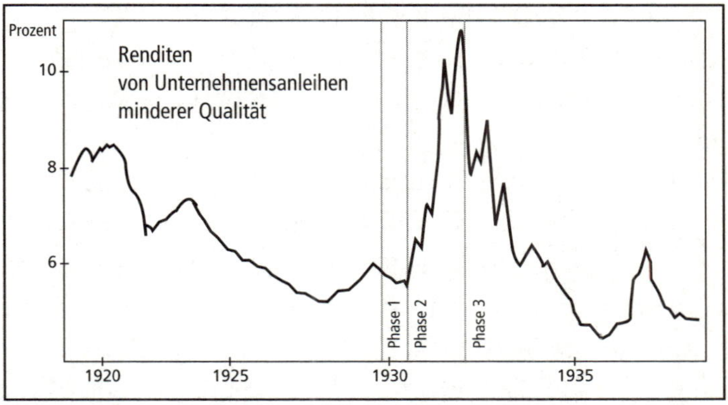

„Phase 2 war eine Zinsspitze, mit der niemand gerechnet hatte – ein schwerer Einbruch der Anleihenkurse. Tamara ist sich nicht sicher, was ihn verursacht hat. Ich nehme an, dass es an einigen der Dinge liegt, von denen mir mein Berater vor längerer Zeit erzählt hat, du weißt schon, Not, Furcht und Neid."

„Hm?"

„Mach dir darüber jetzt keinen Kopf. Was ich dir vor allem zeigen wollte, ist Phase 3. In dieser Phase endete die Spitze, und die Zinsen fielen auf normale Niveaus zurück. Das war das wirkliche Ende der Panik."

„Klingt nach einem verflucht wichtigen Wendepunkt."

„Das war es sicher. Und etwas Ähnliches scheint jetzt auch zu passieren. Nicht nur dem Land, sondern mir persönlich. Als Phase 2 endete und Phase 3 begann – da sahen meine Anleihen auf einmal richtig gut aus. Ich gebe zu, ich habe sie ein bisschen zu früh gekauft. Aber ich habe mir ein paar wirklich hübsche Renditen gesichert – auf Jahrzehnte. Und dann, als die Renditen einbrachen, genauso wie sie es in den 1930er-Jahren getan hatten, rate mal, was da mit dem Preis meiner Anleihen passiert ist?"

„Da brauche ich nicht zu raten, Linda, es steht ja hier in deiner Tabelle. Der Wert deiner Anleihen ist gestiegen. Du hast enorme Kapitalgewinne. Das hast du wirklich großartig gemacht. Meinen Glückwunsch! Gut, dass du sie nicht zu früh gekauft hast, sonst wärst du in die heutige Version der Phase 2 geraten – der Periode, in der die Zinsen gestiegen und die Anleihenpreise abgetaucht sind. Toll!"

Johnston beugte sich noch weiter vor und untersuchte wiederum genau die Tabelle. „Hm, lass mich sehen, was hast denn da noch ... was zum Teu ..."

Sein Blick fiel auf eine fett gedruckte Zahl auf der rechten Seite ziemlich weit unten, und sein Unterkiefer klappte herunter. „Bis du sicher, dass die Kommas in dieser Summe an der richtigen Stelle stehen?"

„Das ist schon in Ordnung. Das ist eine Formel von Excel, die die Reihen hier aufsummiert."

„Kein Witz! Linda, das ist unglaublich! Ist dir klar, was du da gemacht hast? Ist dir klar, dass Gabriel und du jetzt reicher seid als deine Mutter und ich?"

Linda war gleichzeitig stolz und traurig. Sie faltete das Blatt zusammen und sah ihren Vater an. „Wie kann das sein? Du warst jahrelang bei UCBS. Dein Gehalt bis zu deinem Rücktritt beläuft sich auf mehrere Millionen. Es ist unmöglich, dass ich mehr habe als du. Was hast du denn mit dem ganzen Geld gemacht?"

„Leider habe ich mit UCBS-Aktien eine ganze Menge verloren. Wie ein Idiot habe ich sie bis zum bitteren Ende behalten. Außerdem war ich ein schlechter Geldbeschaffer für das Komitee. Ich wusste, wie man Geld für ein normales Unternehmen beschafft, aber für ein Nonprofit-Unternehmen? Ich hatte keinen Schimmer. Ich hätte dafür jemanden engagieren sollen, aber ich dachte immer noch, ich könnte das selber tun, und zwar besser als jeder andere. Nicht gerade klug von mir. Immer wenn es nötig war, bezahlte ich von meinem privaten Girokonto und dachte mir dabei immer, dass ich später Geld aus anderen Quellen beschaffen würde.

Du wärest überrascht, wie viel man in ein paar Jahren für laufende Kosten, für ein paar große Namen und Anzeigenkampagnen verbrauchen kann. Aber reden wir nicht von mir. Viel wichtiger ist die Frage, was du mit dem ganzen Geld tun willst."

„Darüber brauchen wir jetzt nicht zu sprechen. Du hast deine Gründe, ich habe meine", antwortete Linda leise.

„Aber nein. Ich spreche nicht davon, wofür du das Geld verwenden willst. Ich frage, in was du es reinvestieren willst. Du willst es ja nicht für immer in Schatzpapieren und Baisse-Anlagen belassen, oder?"

„Genau das wollte ich dich fragen."

„Mich fragen? Soll das ein Witz sein? Sieh dir noch einmal diese Zahlen an. Ich sollte dich um Rat fragen. Oder nein, dein Berater sollte dich um Rat fragen. Ich gebe die Frage zurück an dich: Was glaubst du, was du jetzt tun solltest?"

„Kaufen! Mit beiden Händen und Füßen kaufen. Den Boden kaufen, auch wenn es nicht exakt der Boden ist. Ich denke mir, ich sollte jetzt anfangen und jedes verflixte Unternehmen kaufen, das ich kriegen kann und das nicht pleite macht."

„Dir ist hoffentlich klar, dass du praktisch die Einzige bist, die jetzt kauft. So gut wie alle verkaufen immer noch. Stört dich das?"

„Nein."

„Das ist gut, denn das sollte es auch nicht. Dein Großvater hat sich todsicher auch nicht darum geschert, wer kaufte und verkaufte, als er seine GMs und IBMs für ein paar Cent gekauft hat."

„Nein, das glaube ich auch nicht." Sie sah keinen Grund, das Geheimnis ihres Großvaters mit ihrem Vater zu teilen.

„Und außerdem warst du ja auch auf dem Weg nach unten allein, oder? Schau dir diese irren Investmentfonds an, die du da hast. Und diese verrückten Put-Optionen. Wie viel Prozent der Bevölkerung investieren wohl in solche Sachen? Was glaubst du, wie viel Prozent der Anleger haben solche Investments gekauft, die gestiegen sind, während der Markt gesunken ist? Ein Prozent? Ein Hundertstel Prozent? Und wie viele von denen wussten wohl wirklich, was sie taten?"

„Ich weiß nicht", antwortete Linda.

„Nun, ist es nicht so, dass 80 Prozent der Optionen am Markt wertlos verfallen? Offenbar warst du schon die ganze Zeit sehr, sehr allein. Ein Exemplar einer sehr seltenen Art. Was hast du dafür genommen?"

„Vor allem Shorts und ein paar Goldaktien. Die Put-Optionen haben zwar prozentual den größten Gewinn gebracht, aber ich wollte da nicht zu viel riskieren, weil sie so volatil sind."

„Ich verstehe, aber welche Indikatoren hast du genommen. Wie hast du es konkret gemacht?"

„Ich würde sagen, zum Teil war es Glück, und zum Teil habe ich das Gleiche gemacht wie im Labor: Präzision anstreben, mit Fehlern rechnen. Apropos Fehler, die Verlustquote meiner Puts war auch ganz schön übel – fast 70 Prozent. Allerdings hatte ich unter den 30 Prozent Gewinnern ein paar Volltreffer; die verschafften mir das Kapital für den Kauf ein paar weiterer guter Puts während der nächsten Erholung, dann in der nächsten wieder und so weiter. Aber die Hauptsache war, dass ich darauf spekuliert habe, dass der Markt nach unten geht. Und genau das hat er auch getan – er ist nach unten gegangen. Ich nehme an, wenn ich das während einer Hausse getan hätte, hätte ich immer mehr und mehr Geld in den Abfluss geschüttet, so wie du es mit deinem Engage ... auweia! Es tut mir Leid, Dad, ich wollte das so nicht sagen. Ich respektiere ..."

„Du brauchst dich nicht zu entschuldigen. Sieh mal, viele Anleger und Regulierer schreien Zeter und Mordio wegen CEOs wie mir, die sie dazu zwingen, ihre erschlichenen Gewinne zurückzugeben. Schau, wie Spitzer sie deswegen verklagt! Und dabei waren das meine Freunde, meine Mentoren – oder meine Rivalen. Das ist doch kaum zu glauben, oder? Also blicke ich auf meine nicht allzu glänzende Karriere als CEO zurück und sage mir: ‚Selbst du hast das Deine auch zurückgegeben – nur auf andere Art.' Und um wieder auf dich zurückzukommen, willst du deine Aktienkauf-Pläne in die Tat umsetzen?"

„Sollte ich? Ich habe Angst."

„Angst wovor? Nimm ein Stück dieses gar nicht so kleinen Vermögens, das du da hast. Nimm zehn oder 20 Prozent, ich weiß nicht. Fang klein an. Wenn du dich damit gut fühlst, investiere mehr. Aber wenn jetzt die wahre Wende kommt – an den Märkten und in der Wirtschaft –, dann musst du nicht alles jetzt gleich kaufen. Du kannst es stufenweise machen, einen Schritt nach dem anderen, und unterwegs immer mehr einsammeln."

„Eigentlich hatte ich daran gedacht, 80 Prozent in amerikanische Aktien und 20 Prozent in Auslandsaktien zu investieren."

„In welche Länder?"

„Brasilien, Australien, China und natürlich Deutschland und Japan, die im Moment ja Anzeichen für die solideste Erholung aller Industriestaaten aufweisen."

Johnston nickte und lächelte stolz. Seine Tochter hatte seinen Rat oder den Rat anderer wahrhaftig nicht nötig. Sie schaffte es ganz alleine sehr gut.

Kapitel 23

Der dunkelste Tag

Aus allen Städten Amerikas kamen anschwellende Wellen des Protestes. Wieder hörte man das neue Wort, das Wort, das die meisten Menschen gar nicht vollständig verstanden – „Moratorium".

Es tauchte in den Zeitungen auf, in Diskussionssendungen im Fernsehen, in Internet-Chatrooms und in den Schulden-Anhörungen vor dem Kongress. Es stand auf den Plakaten und Transparenten der Protestierenden. An der Wall Street und an der Main Street, sogar im Weißen Haus war der Ruf zu vernehmen.

Der Vorsitzende der Federal Reserve trat zurück. Aber sein Nachfolger tat wenig, um den Tumult zu beenden.

Kommunale und Bundes-Angestellte gingen jedes Mal auf die Straße, wenn ihr Gehaltsscheck zu lange ausblieb. Das Motto war einfach: „Keine Bezahlung, keine Arbeit." Sie feilschten nicht um Gehaltserhöhungen oder bessere Sozialleistungen, sondern sie wollten nur regelmäßig ihr Gehalt haben.

In einigen Bundesstaaten hatten Banken, die unter großen Abhebungen litten, von der Federal Deposit Insurance Corporation (FDIC, staatliche Einlageversicherung) die Erlaubnis bekommen, ihren Einlegern nur Abhebungen von höchstens 100 US-Dollar pro Tag zu gestatten. Horden von Einlegern reihten sich vor den Banken auf, quollen in die Straßen und protestierten lautstark, sie wollten sofort ihr Geld haben. Einige gedachten der 1930er-Jahre und skandierten Slogans wie diesen: „Wir stehen nicht um Brot an, wir wollen keine Krümel mehr!"

Die Vereinigten Staaten standen anscheinend am Rande des totalen Chaos.

Aller Augen richteten sich auf einen Mann – den Präsidenten der Vereinigten Staaten. In den Monaten nach seiner Entscheidung, den Rettungsplan von Harris & Jones und MetroBank aufzugeben, war er immer enttäuschter von den Ratschlägen gewesen, die ihm seine engsten Berater gegeben hatten. Es hieß, er habe mehrmals mit der Faust auf den Schreibtisch gehauen – eine für den Präsidenten ungewöhnliche Wutäußerung – und gesagt: „Ich will einen Alternativplan! Ich will einen konstruktiven, rationalen Plan!"

Aber es kam keiner.

Erst als die Krise im wahrsten Sinne des Wortes auf die Straßen schwappte, berief der Präsident eine neue Führungs- und Expertengruppe auf führende Regierungsposten. Einen neuen Fed-Vorsitzenden hatte er bereits ernannt. Weitere Schlüsselpositionen wurden an Paul E. Johnston, den Gründer des CECAR, an die weithin angesehene Chefökonomin des CECAR Tamara Belmont und an andere Mitglieder unabhängiger Denkfabriken vergeben. Sie trafen sich für ein Wochenende zu intensiven Gesprächen auf dem Landsitz des Präsidenten in Camp David.

Die friedliche Stille des Anwesens in den Bergen von Maryland widersprach der wirtschaftlichen Konfusion in der großen Welt. Aber der Präsident versuchte nicht, seine Verzweiflung zu verbergen.

„Die Menschen sagen, sie wollen ein ‚Moratorium'", sagte der Präsident, „aber niemand scheint zu wissen, was ein Moratorium eigentlich ist und was es in Wirklichkeit für Konsequenzen haben würde."

Als Erster antwortete der neu ernannte Fed-Vorsitzende. „Ein Moratorium ist die Aussetzung der Schuldenzahlungen. Aber das ist unmöglich. Wie schon mein Vorgänger wiederholt warnte, müssen die Menschen begreifen, dass sie nicht nur Schuldner sind. Sie sind auch Gläubiger. Wer Geld auf der Bank hat, ist ein Gläubiger. Wer Geld in einem Geldmarktfonds hat, ist auch ein Gläubiger. Und während eines generellen Moratoriums werden Gläubiger nicht bezahlt. Nein, ein Moratorium kommt absolut nicht in Frage. Das können und dürfen wir nicht zulassen."

„Was wir brauchen", fuhr der Vorsitzende fort, „ist ein allgemeiner ‚Ruhetag'. Mit einem solchen Tag ist nichts vergeben. Ganz im Gegenteil, wir müssen alle unseren Verpflichtungen nachkommen. Aber damit stoppen wir die Panik. Wir stoppen diesen Wahnsinn, bevor er soziales und politisches Chaos verursacht."

„Das verstehe ich nicht", sagte der Präsident.

„Anstatt nur einen Markt zu schließen, machen wir alles dicht."

„Alles?"

„Alles! Börsen, Fabriken und Banken. Alle rennen herum wie die Wahnsinnigen. Es herrscht keine Ordnung. An diesem Punkt müssen wir einschreiten und ausrufen: ‚Stopp!' Auf diese Weise stoppen wir die Abhebungen von Banken und bankähnlichen Finanzinstituten. Gleichzeitig erlegen wir allen Finanzmärkten und Transaktionen ein koordiniertes Innehalten auf – einen vorübergehenden Stopp, der nicht länger als ein paar Tage anhält, vielleicht höchstens eine Woche. Und dann, wenn alles still ist, wenn man eine Nadel fallen hören könnte und wir die Aufmerksamkeit aller haben, geben wir einen Plan zur Wiederherstellung des Vertrauens und der Zuversicht aus, genauso wie Franklin D. Roosevelt es tat, am Beginn seiner ersten Amtszeit Anfang der 1930er-Jahre."

Der Präsident sank in seinen Lehnstuhl zurück. „Das ist ein letzter Akt der Verzweiflung."

„Ja, schon. Aber es gibt keine andere Lösung."

Der Präsident überging die letzte Bemerkung. „Ich fürchte, das wäre ein dunkler Tunnel und das Licht am Ende dieses Tunnels wären nur die Scheinwerfer einer rasenden Lokomotive. Wie könnten wir das überleben?"

Der neue Fed-Vorsitzende sprach mit Nachdruck. „Sir, Sie haben keine andere Wahl. Sie befinden sich bereits im Tunnel. De facto haben Sie bereits eine Bankenschließung, eine Produktionsschließung, eine Börsenschließung. Zudem haben Sie in ländlichen Gebieten Agrarüberschüsse und in städtischen Gebieten Knappheit. Wieso? Weil es verkehrstechnische Nadelöhre gibt, weil die Kommunikation versagt, weil das Internet zusammenbricht und weil in Kommunen, in denen schwere Finanznot herrscht, grundlegende Dienstleistungen gestrichen werden. Und all das, weil ihnen das Geld ausgegangen ist! Weil Kredit vernichtet wurde. Sie müssen etwas Drastisches unternehmen, um den wahnwitzigen Rhythmus der Panik zu verlangsamen, um Kontrolle zu gewinnen, die Wogen zu glätten und das Vertrauen wieder herzustellen."

Der Präsident nickte langsam und bedächtig. „Aber was schlagen Sie vor, um das Land wieder zum Laufen zu bringen?", fragte er nach.

„Lassen Sie mich zunächst aufzählen, was wir nicht tun können. Viele verschuldete Menschen hoffen, dass sie das Moratorium aus der Umklammerung befreien wird. Das kann aber nicht sein. Wir können nicht mit einer Bewegung des Zauberstabs reale Vertragsverhältnisse zwischen realen Institutionen aufschieben – geschweige denn aufheben. Um die Schulden zu beseitigen, müssen wir alle – Geschäftsleute, Banker und Bürokraten – uns von Angesicht zu Angesicht gegenübertreten und es ausfechten. Wir müssen neu organisieren und neu aufbauen, auch wenn das große Einschnitte und größere Opfer bedeutet – das wird ein langer, mühevoller Prozess, den wir nicht über Nacht hinter uns bringen werden."

Paul Johnston und Tamara Belmont schauten sich an. Der Fed-Vorsitzende sagte weitgehend die gleichen Dinge, die in den Berichten des Komitees enthalten waren, in Johnstons Reden und in seiner Aussage vor dem Kongress. Deshalb überließen sie dem neuen Vorsitzenden das Reden und sagten selbst nur sehr wenig.

„Folgendes werden wir also tun", fuhr der Fed-Vorsitzende fort. „Wir werden um jeden Preis den Verpflichtungen der Regierung gegenüber der Öffentlichkeit nachkommen. Das ist das absolute Minimum, die letzte Lebensflamme unseres Finanzsystems, die nicht verlöschen darf. Die Erfahrung von Präsident Carter im Jahre 1980 veranschaulicht das. Die Haushaltsschlacht, die Ende der 1990er-Jahre fast die Regierung beendete, beweist das ebenfalls. Unsere Erfahrung mit dem aufgegebenen Rettungsplan von Harris & Jones und MetroBank beweist das erneut. Wir müssen um jeden Preis die Fähigkeit der Regierung aufrecht erhalten, am freien Markt Geld zu leihen."

„Bitte fahren Sie fort", sagte der Präsident.

„Es gibt einen Markt, der niemals schließen kann, eine Schuld die immer zurückgezahlt werden muss, komme was da wolle. Egal wo man wohnt und wer man ist – wenn man ein Anleger oder Sparer ist, der Schatzpapiere gekauft hat, bekommt man sein Geld zurück – prompt und pünktlich."

„Und wenn wir das Geld nicht haben?", fragte der Präsident.

„Dann leihen wir uns noch mehr."

„Und wenn wir uns nichts mehr leihen können?"

„Erhöhen wir die Zinsen."

„Und was ist mit dem Rest der Wirtschaft?", fragte der Präsident.

„Zuerst muss das US-Schatzamt kommen, der Rest der Wirtschaft kommt erst an zweiter Stelle. Abgesehen von lebensnotwendigen Gütern und Dienstleistungen müssen wir unsere Anstrengungen nicht auf die Produktion konzentrieren, sondern auf Kommunikation und Transport. Während die anderen Institutionen lahmgelegt sind, wird das Beziehungsgeflecht zwischen Freunden, Verwandten und Nachbarn als zweite Verteidigungslinie der Gesellschaft gebraucht. Die Telefonnetze, die Fernsehnachrichten, das Internet und die Druckerpressen – dazu noch ein Mindestmaß an Verkehrseinrichtungen zu Lande, zu Wasser und in der Luft – müssen ungeachtet der finanziellen Schwierigkeiten funktionsfähig bleiben.

„Zweitens", fuhr er fort, „müssen Kongressdebatten ungeachtet eventueller Unannehmlichkeiten öffentlich gemacht werden. Drittens müssen die zwischenstaatlichen Kommunikationskanäle bis zum Äußersten ausgenutzt werden, um einen internationalen Feiertag zu organisieren, ohne Rücksicht auf die aktuellen Handelsstreitigkeiten. Sie müssen ..."

Johnston, der während der Diskussion meistens geschwiegen hatte, unterbrach ihn. „Ich bin nicht der Überzeugung, dass wir irgendetwas schließen sollten. Aber wenn Sie es tun, dann bedenken Sie Eines: Ein ungeordneter Markt ist immer noch tausendmal besser als gar kein Markt. Bevor man die Märkte schließt, muss man sicherstellen, dass es einen Mechanismus für die Wiedereröffnung gibt. Man muss liquide Käufer finden, die abgewartet haben, und sie wieder zu den langfristigen Wertpapieren, Unternehmensanleihen, Aktien und so weiter hinlocken."

„Leichter gesagt als getan", lautete die skeptische Antwort aller Anwesenden. „Wer sind die Käufer? Wo gibt es Liquidität? Wer hat Geld?"

An diesem Tag wusste niemand die Antworten auf diese Fragen. Aber der Präsident dachte, er habe keine andere Wahl. Er schickte sich an, einen vollständigen landesweiten Ruhetag zu organisieren – eine vorübergehende Schließung aller Finanzmärkte und der nicht lebenswichtigen Produktion. Dies war das größte Risiko, das je ein Präsident des Landes in Friedenszeiten eingegangen war.

Kapitel 24

Eine echte Erholung

Die Panikverkäufe hörten auf. Eine unheimliche Stille breitete sich über den Globus. Doch in den Herzen und Köpfen der Menschen lauerte die Angst.

Der Durchschnittsbürger stellte sich vor, dass vielleicht irgendein namenloser Bürokrat in seiner tiefen Verzweiflung die Notenpressen anwerfen würde oder dass ein paar Terroristen, die den weltweiten Kampf gegen den Terrorismus überlebt hatten, in einem Selbstmordkommando eine Atombombe zünden würden.

Die Behörden waren besorgt, dass der allgemeine Ruhetag planlos und ungeregelt sein würde.

Die ganz großen Hersteller befürchteten, die Schließung könnte von Dauer sein, während die Konkurrenz aus dem Ausland weiterhin ihre Güter in den Vereinigten Staaten absetzen konnte.

Politologen sagten voraus, dass die Schwindel erregende Wirtschaftskrise im Ausland eine neue Brut von Quasi-Diktatoren an die Macht bringen würde, die von Militärjuntas gestützt wurden, dass Schurkenstaaten die Welt mit geheimen Vorräten an biologischen Waffen erpressen würden, dass jegliche Erholung von religiösen und ethnischen Kriegen sabotiert würde. Glücklicherweise bewahrheitete sich keines dieser gefürchteten Ereignisse wirklich.

Der Präsident und seine neuen Berater kamen erneut in Camp David zusammen. Johnston brachte seinen Stabschef Oliver Dulles mit. Und als Antwort auf die Frage „Wo ist das Geld" brachte der neue Fed-Vorsitzende einen persönlichen Assistenten mit einem Laptop und einer Datenbank der liquidesten börsennotierten Aktiengesellschaften mit. Der Assistent hatte auch einen Ausdruck dabei, den er auf den Tisch legte.

Dulles und Johnston schielten begierig nach den Namen und Zahlen in der Liste. Dann stand der Assistent auf und half ihnen, die langen Blätter auf dem Tisch und auf dem Boden auszubreiten. Eine Spalte zeigte die Bargeldreserven, eine zweite die laufenden Verbindlichkeiten und eine dritte Spalte die kurzfristige Liquidität – den Dollarbetrag an Bargeld und Bargeldäquivalenten dividiert durch den Dollarbetrag der aktuellen Verschuldung.

Aber nach ein paar Minuten genauerer Betrachtung waren sie nicht gerade begeistert, und Dulles formulierte ihre Bedenken: „Sie können alle Pferde zum Wasserloch treiben. Aber wenn sie beschließen, nicht daraus zu trinken oder, was noch schlimmer wäre, wenn sie beschließen, ihre Traglasten dort abzuwerfen, dann sind Sie wieder genau da, wo Sie angefangen haben. Wenn diese Liste repräsentativ ist, dann ist die Aufgabe, die vor uns liegt, schwieriger als ich dachte. Sehen Sie", sagte er und deutete mit dem Finger auf die Ausdrucke, die er hoch hielt, „wenn das Verhältnis gut ist, dann ist die Summe niedrig, und wenn die Summe hoch ist, dann ist das Verhältnis nicht so gut. Wir sind weit von den Tagen J. P. Morgans entfernt, als man alles, was man brauchte, um nach einer Panik alles wieder in Ordnung zu bringen, auf eine Serviette kritzeln konnte."

Egal was für große Namen da standen und wie groß die Zahlen waren, sie erkannten, dass das im Vergleich zu den Schulden, die sie umzingelten, nur ein Tropfen im Ozean war. Auf der anderen Seite erkannten sie aber auch, dass unabhängig davon, wie einschüchternd die Aufgabe war, die vor ihnen lag, etwas immer noch unendlich besser war als nichts.

Später erkannten sie auch noch, dass sie bei ihrer Analyse einen großen Fehler gemacht hatten. Die Zahlen in der Tabelle der Fed beinhaltete ausschließlich börsennotierte Unternehmen. Das bedeutete, dass sie eine große Anzahl Versicherungsgesellschaften, Banken und Brokerhäuser übersehen hatten, die an keiner Börse gelistet waren, die aber beträchtliches Kapital und liquide Reserven besaßen.

Angeführt wurde die Liste von Lebens- und Krankenversicherungen – die New Yorker Teachers Insurance & Annuity Assurance of America mit einem Gesamtvermögen von 130 Milliarden US-Dollar, Northwestern Mutual Life Insurance in Wisconsin mit mehr als 105 Milliarden, New York Life (79 Milliarden), Massachusetts Mutual (71 Milliarden), die kallifornische Pacific Life mit 53 Milliarden, State Farm Life aus Illinois (30 Milliarden) und viele andere mehr. Sie dazu zu überreden, ihre flüssigen Mittel dafür einzusetzen, Aktien und Unternehmensanleihen aus dem Abgrund heraufzuziehen, war aber immer noch eine ernste Herausforderung.

„Bevor irgendwelche liquiden Reserven eingesetzt werden", schrieb der Leiter des ACLI, des Verbandes der amerikanischen Lebensversicherer (American Counsel of Life Insurers) in einem Schreiben an den Präsidenten, „müssen gewisse Bedingungen erfüllt sein." Und worin bestanden diese Bedingungen? In dem Brief war wiederholt die Rede davon, dass „das Haus in Ordnung gebracht werden" müsste, und er beklagte die langsamen Fortschritte, die dabei gemacht wurden. Hier weitere Auszüge:

> „Viele hoffen, dass die letzte Runde an Ausfällen wirklich die letzte bleibt und dass nicht weiterer Liquidierungsbedarf besteht. Das ist jedoch fraglich. Zum Ende des Booms standen in den Vereinigten Staaten 25 Billionen US-Dollar an zinstragenden Schulden aus; einschließlich Westeuropa und Japan waren es über 50 Billionen, und wenn man alle Derivate sowie zinslose Zahlungsverpflichtungen und Bürgschaften einrechnet, waren es mehr als 100 Billionen US-Dollar. Viele dieser Schulden sind mittlerweile faul – sie werden nicht erfüllt. Aber bisher wurde nur ein Viertel der faulen Schulden liquidiert. Wie viele Schulden werden wohl noch faul werden? Das ist ungewiss, aber eines können wir mit Sicherheit sagen: Bevor wir keine konkreten Fortschritte in der Vollstreckung nicht erfüllter Schulden sehen, werden die großen Lebensversicherungsgesellschaften nicht wieder in die Institutionen investieren, die derzeit mit diesen Schulden belastet sind. Bevor wir nicht selbst all unsere faulen Kredite liquidiert haben, sehen wir uns nicht in der Lage, uns an Ihrem Erholungsprogramm zu beteiligen, höchstens mit symbolischen Beträgen."

Aber trotz ihrer zögerlichen Haltung wollten viele starke Versicherungen und Banken bald Geld in Aktien und Anleihen würdiger Unternehmen fließen lassen. In Camp David indes war ein Regierungsvertreter über die Richtung der Debatte sichtlich empört. Im Einklang mit der Sorge um das freie Unternehmertum, das in Washington weit verbreitet war, erhob er protestierend die Stimme: „Wollen Sie, meine Herren, damit sagen, dass der Präsident unter dem Deckmantel eines nationalen Notstands diktatorische Befugnisse haben sollte? Wollen Sie damit sagen, dass er die Privatwirtschaft übernehmen und über die Transaktionen am Markt wachen sollte?“

Er begriff nicht, dass die Panik – zum Guten oder zum Schlechten – diesen Argumenten rein akademischen Charakter verliehen hatte. Aufgrund des rapide gesunkenen Steueraufkommens waren viele staatliche Programme zu fast leeren Hülsen geworden und die Macht des Staates – Steuern zu senken, mehr auszugeben, die Geldmenge zu verknappen oder zu erhöhen – war nur noch ein Schatten ihrer selbst. Zu glauben, die Regierung könne sich jetzt diktatorische Macht aneignen, widersprach der Realität vollkommen.

Besonders der Präsident war sich dieser Veränderung bewusst: „Die Regierung kann keinen landesweiten Notstand ausrufen“, entgegnete er, „weil wir bereits einen landesweiten Notstand haben. Die Regierung kann nichts weiter tun als für Recht und Ordnung zu sorgen, Fairness-Richtlinien aufzustellen und Informationen dafür beizutragen, alles wieder zusammenzubauen.“

Der Regierungsvertreter beklagte sich auch bitter über einen anderen entscheidenden Faktor – die extrem hohen realen Geldkosten. Die Kosten für Verbrauchsgüter gingen zurück. Die Kosten für Geld – die Zinssätze – stiegen dagegen. Mit anderen Worten lag die Inflationsrate deutlich unter null, aber gleichzeitig lagen die Zinsen weit über dem Nullpunkt. Die Spanne zwischen beiden, also der Realzins, befand sich auf dem höchsten Stand in der amerikanischen Geschichte.

Plötzlich redeten alle zur gleichen Zeit – jeder sagte etwas anderes, aber alle sprachen über dieses eine Thema: die hohen realen Zinsen. Wie ein strenger Schulmeister klopfte der Präsident bedächtig so lange auf den Tisch, bis in dem Raum Ruhe herrschte. Nun wurde er philosophisch und bemerkte Folgendes: „Dies ist das erste Mal in unserer Geschichte, dass der Preis für Geld und der Preis für Dinge so weit voneinander abweichende Wege eingeschlagen haben. Könnte es nicht sein, dass uns der Markt etwas sagen will?“

Die anderen blickten feierlich in die Runde.

„Ich bin kein Wirtschaftsexperte“, fuhr der Präsident fort, „aber eines habe ich in den letzten Monaten gelernt, nämlich dass die Zinsen mehr darstellen als nur den Marktwert des Geldes. Sie repräsentieren auch den Wert, den wir Kredit, Glauben und Vertrauen beimessen. Der Markt sagt uns, dass er mehr Vertrauen und mehr Glauben braucht. Gleichzeitig sagen uns die sinkenden Konsumgüterpreise, dass wir in einem Zeitalter des Überflusses leben, dass wir fast unbegrenzt materielle Güter produzieren können, aber häufig die falschen produzieren. Könnte es nicht sein, dass diese Krise ein Blitzlicht ist, das uns einen kurzen Blick auf eine Zukunft mit mehr Glauben und mehr Überfluss gewährt? Ich hoffe nur, dass wir die beiden bewusster auseinanderhalten können. Die realen Zinsen zum jetzigen Zeitpunkt künstlich zu drücken, wäre wie ein ... wie ...“ Der Präsident suchte nach dem passenden Vergleich.

Wiedereröffnung

Schließlich wurde der Markt wieder geöffnet. Aber anders als bei der Wiedereröffnung nach der letzten Börsenschließung am 17. September 2001 war das Handelsvolumen nicht sehr groß. Kein Tamtam. Doch wenn man die Kurse betrachtete, sah man einen riesigen Sprung. Es entstand ein großes Gap zwischen dem letzten Handelstag vor der Zwangspause und dem ersten Tag nach Wiedereröffnung des Marktes. Es war zwar sicher noch nicht zu spät für den Kauf, aber es war zu spät für die niedrigsten Kurse des Jahrhunderts.

Die Federal Reserve stellte unabhängig davon klar, dass jeglicher Versuch, die realen Zinsen zu drücken, wäre wie gegen Donner anzubellen.

Als wieder Zuversicht einkehrte, kam die große Bewegung. Obwohl der Staat nicht eingriff, erholte sich der US-Dollar zügig. Allein schon die Tatsache, dass die Märkte wieder reibungslos funktionierten, wurde von den Investoren aus dem Ausland begrüßt. Plötzlich wurden Mittel zurück in die Aktienmärkte gespült, die auf Bankkonten und an den Geldmärkten gehortet worden waren.

Viele reiche Privatpersonen wendeten mehr als die Hälfte ihres Vermögens auf, um ihr Land zu retten. Und was das Wichtigste war, eine kleine Minderheit von Anlegern, die aus dem Crash Profit geschlagen hatten, begannen ihre Gewinne wieder in den Aktienmarkt fließen zu lassen. Die meisten Anleger waren immer noch skeptisch und fragten: „Ist das jetzt eine echte Erholung? Oder fällt der Markt wieder zurück und lässt die Nation für viele Jahre in einem finanziellen Morast versinnken?“ Das wusste niemand.

Aber mit der Zeit erholte sich die Wirtschaft der Vereinigten Staaten und andere Volkswirtschaften wieder. Währenddessen gab es natürlich immer wieder Konflikte und Unfälle. Es wurden weitere Fehler gemacht. Aber die verhängnisvollsten Fehler wurden vermieden.

Die Leitung des CECAR wechselte und verfolgte neue Ziele, während die früheren Leiter erfolgreiche Laufbahnen in der Regierung und in privatwirtschaftlichen Unternehmen einschlugen.

Linda Dedini und ihr Mann hielten sich allerdings aus der Politik heraus und unterrichteten weiterhin. Und sie investierten in ein diversifiziertes Portfolio inländischer und internationaler Aktien einschließlich einiger einzigartiger Startup-Unternehmen.

Als viele Jahre später ihre Enkel das Portfolio anschauten, staunten sie darüber, wie viel Gewinn damit erzielt wurde, aber vieles konnten sie dabei nicht begreifen. Wie zum Beispiel hatte Großmutter Dedini diese autarken Forstwirtschaft-Konglomerate im entlegenen Bundesstaat Acre im Nordwesten Brasiliens entdeckt?

Wo hatte sie diese kleine japanische Softwarefirma gefunden, die die Technologie fortgeschrittener Computerspiele dafür benutzte, den Kindern auf Hokkaido die Geschichte der Meiji-Zeit nahezubringen und später den Kindern der Erde die Weltgeschichte?

Wie hatte sie von dem großen weltweit agierenden Verlag erfahren, der sozusagen als Tante-Emma-Laden für Vorschulkinder in Pennsylvania angefangen hatte?

Wie hatte sie von den neuen Biotech-Unternehmen erfahren, die aus der Komplementärmedizin eine Billionen-Dollar-Branche machten?

Niemand aus der Familie wusste es, und sie selbst war nicht mehr da, um es zu erklären. Sie musste wohl seit ihren frühesten Jahren eine Visionärin und ein Anlagegenie gewesen sein.

Beckmann / Lenz – Nano-Stocks

Die Autoren erläutern die wissenschaftlichen Grundlagen der Nanotechnologie und präsentieren einen Querschnitt durch die Entwicklungsfelder und Einsatzgebiete. Im Anschluss an jedes Kapitel befinden sich Unternehmen aus dem soeben besprochenen Sektor. Die entsprechenden Portraits bilden gemeinsam mit den wichtigsten Basisinformationen eine umfangreiche Datenbank, in der Investoren auf der Suche nach interessanten Nano-Stocks in jedem Fall fündig werden.

350 Seiten / geb. mit SU / Bestellnr. 036-377 **24,90 Euro**

Harald Gabel – Erfolgreich Handeln mit Turbos und Optionsscheinen

Ein Schwerpunkt von „Erfolgreich Handeln mit Turbos und Optionsscheinen" sind die Grundlagen der Bewertung von Turbo-Zertifikaten sowie die Auswahl des geeigneten Scheins anhand konkreter Szenarien. Dieser praktische Teil macht das Buch einzigartig: Hier geht Autor Harald Gabel anhand verschiedener Szenarien und verschiedener realer Derivate der Frage nach: „Welcher Schein würde zu welchem Zeitpunkt in welchem Szenario die höchste Performance erzielen?"

140 Seiten / Paperback / Bestellnr. 036-248 **19,90 Euro**

Jenks / Eckett – Das Buch der Goldenen Investmentregeln

Im „Buch der goldenen Investmentregeln" verraten 150 der renommiertesten Finanzexperten aus den verschiedensten Bereichen ihre Strategien und Erfahrungen. Die Experten stellen knapp und prägnant die wichtigsten Regeln und Gesetzmäßigkeiten vor, die in ihrem Fachgebiet zum Erfolg führen. Niemals zuvor wurde so viel hochklassige Beratung in ein einziges Buch gepackt. Ob Aktien aller denkbaren Branchen, Derivate, Rohstoffe, Fonds, Währungen oder Trading – absolute Top-Experten verraten ihre Geheimnisse.

816 Seiten / geb. mit SU / Bestellnr. 036-249 **34,90 Euro**

Hubert Roos – Gold-Boom. Gewinne und Sicherheit mit Gold

Neben einer Anlage in physischem Gold können Investoren auf diverse Alternativen zurückgreifen: Zertifikate auf Gold und Goldminenaktien, Goldkonten, Goldminenaktien und Goldfonds. Hubert Roos vermittelt umfangreiches Hintergrundwissen und stellt die Bausteine vor, mit denen jeder Anleger seine persönliche Strategie für Gold in die Praxis umsetzen kann.

140 Seiten / geb. mit SU / Bestellnr. 036-214 **19,90 Euro**